浙江省高校重大人文社科攻关计划项目资助（2018GH012）

# 跨国投资双向技术溢出对我国技术创新能力的影响

李书彦　蒋天颖　陈光梅　著

KUAGUO TOUZI SHUANGXIANG JISHU YICHU DUI WOGUO JISHU CHUANGXIN NENGLI DE YINGXIANG

中国财经出版传媒集团
中国财政经济出版社

**图书在版编目（CIP）数据**

跨国投资双向技术溢出对我国技术创新能力的影响／李书彦，蒋天颖，陈光梅著．—北京：中国财政经济出版社，2018．12
ISBN 978－7－5095－8614－3

Ⅰ．①跨…　Ⅱ．①李…　②蒋…　③陈…　Ⅲ．①对外投资－直接投资－影响－技术革新－研究－中国　Ⅳ．①F832．6②F124．3

中国版本图书馆 CIP 数据核字（2018）第 248021 号

责任编辑：卢元孝　　　　责任印制：刘春年
封面设计：卜建辰　　　　责任校对：李　丽

中国财政经济出版社 出版

URL：http：//www. cfeph. cn
E－mail：cfeph @ cfeph. cn

社址：北京市海淀区阜成路甲 28 号　邮政编码：100142
营销中心电话：010－88191537
北京虎彩文化传播有限公司印装　各地新华书店经销
710×1000 毫米　16 开　21.75 印张　460 000 字
2018 年 12 月第 1 版　2018 年 12 月北京第 1 次印刷
定价：99.00 元
ISBN 978－7－5095－8614－3
（图书出现印装问题，本社负责调换）
本社质量投诉电话：010－88190744
**打击盗版举报热线：010－88191661　QQ：2242791300**

# 目　　录

## 基础理论篇

## 现状趋势篇



## 实证分析篇

# 基础理论篇

# 第 1 章

# 绪　论

## 1.1

### 研究背景和意义

开放是当今世界经济全球化的主流，也是国家繁荣发展的必由之路。在“一带一路”倡议下，我国政府提出了以经济发展带动世界各国繁荣和谐的新愿景和行动纲领。在这一纲领指导下，中国经济和中国投资已经成为全球经济增长的发动机，为全球经济可持续发展提供强大的动力。联合国贸易和发展会议（UNCTAD）发布的《2017 世界投资报告》显示，受世界经济低迷影响，2016 年全球外国直接投资（FDI）流量小幅下降 2%，至 1.75 万亿美元。但是，2016 年中国的对外直接投资（OFDI）飙升 44%，达到 1830 亿美元，首次成为全球第二大对外投资国；吸引外资方面，2016 年中国全球外国直接投资（FDI）流入量达 1340 亿美元，是全球第三大外资流入国。在全球经济低迷和投资增速萎缩的情况下，中国的双向投资（FDI 和 OFDI）仍然保持了较高的增长速度，受到全世界的瞩目。

党的十八大以来，面对世界经济增长趋势放缓的挑战，我国积极建设开放型经济新体制，不断推进高水平对外开放。习近平总书记在党的十九大报告中提出，要“推动形成全面开放新格局”“中国开放的大门不会关闭，只会越开越大”“发展更高层次的开放型经济”。这是以习近平同志为核心的党中央适应经济全球化新趋势、准确判断国际形势新变化、深刻把握国内改革发展新要求作出的重大战略部署。

回顾中国的对外开放步伐，大致经历了三个阶段。

第一个阶段，改革开放初期到1992年，我国的社会主义市场经济还处于探索阶段。这个时期，我国外向型经济主要采取“出口导向”战略，在资金上以“引进来”为主，通过“招商引资”，弥补国内建设资金不足。在引进、使用外资的过程中，带来了管理、技术的进步，逐步完善和建立了中国特色社会主义市场经济体制。这一时期，虽然我国出台了很多鼓励外商直接投资的政策，但真正进入中国市场的投资还很少：1979～1991年，我国累计利用FDI仅234亿美元，FDI占国内固定资产投资的比重也很低。与此同时，我国对外直接投资也开始起步，1979年8月，国务院颁布了15项经济改革措施，其中第13项明确规定允许出国办企业。这是1949年以来第一次把对外直接投资作为一项政策确定下来，从此，我国企业跨国直接投资拉开了序幕。1979年11月，北京市友谊商业服务公司与日本东京丸一商事株式会社合资在东京开办京和股份有限公司。这是我国改革开放后在海外开办的第一家合资经营公司，从而拉开了我国对外投资的序幕。但是，一直到1991年前，尽管我国对外投资规模有所扩大，但总体投资规模以及企业平均投资规模仍然较小。

第二个阶段，邓小平“南方谈话”和党的十四大的召开，确立了我国社会主义市场经济体制改革的目标，我国的改革开放步伐进一步加快，对外开放的领域由沿海到内地、由南到北延伸，从而使我国的外商直接投资实现了飞跃式增长。1992年当年，我国的外商直接投资就由1991年的42.66亿美元增长到110.07亿美元，首次突破百亿美元大关。1993年、1994年和1996年分别又突破200亿、300亿和400亿美元，之后基本上稳定在400亿美元以上。1993年起，我国的实际利用外资额就稳居发展中国家第一位，世界第二位，仅次于美国。这一阶段的主要特点是：第一，大型跨国公司开始大量对华投资，截至2000年年底，《财富》杂志评选的全球500强中有近300家企业在华投资。这些跨国公司的项目规模大，1999年外商直接投资的平均规模达238.32万美元。跨国公司不仅带来了资金、技术、管理，也带来了世界水平的竞争。第二，外商投资企业独资化倾向越来越强烈，跨国公司更看重企业的控制权。主要表现为新建企业倾向选择独资，对已参与的合资企业采取增资扩股等方式取得控制权。第三，外资的投资领域进一步扩大，中西部地区利用外资状况有所改观，投资行业也涉及高技术、基础设施等行业。但是这个阶段，我国对外投资的规模仍然很少。

第三个阶段，自从我国2001年成功加入世贸组织后，明显加大了对外商投资的开放力度，放宽了外商投资的股本限制，放开了原来禁止外商投资的诸多行业领域。与此同时，我国开始实施"走出去"战略，从限制对外投资逐渐向放松对外投资管制和鼓励对外投资转变。投资环境的不断改善及我国经济持续良好的发展态势，使得外商对华投资信心倍增。在全球FDI自2001年开始持续低迷、连续三年萎缩的情况下，我国吸引外商直接投资却迭创新高，在2000年和2003年连续两年取代美国成为吸收FDI世界第一大国。从对外投资规模来看，2001年以来，中国对外直接投资连续14年增长，2016年达到历史新高1700亿美元，年均增幅高达35%。

由此可见，我国对外开放的进程，逐渐进入由商品市场转向资本市场的市场化，由贸易大国转向投资大国、产品输出转向产业输出的新阶段，出现市场、资源能源和投资深度融合的新格局，高水平"引进来"和大规模"走出去"共同发展①。

无论是"引进来"还是"走出去"，我们的目的是什么？党的十九大报告关于建设现代化经济体系的论述中强调，坚持"引进来"和"走出去"并重，加强创新能力开放合作。当今世界，新一轮技术变革和产业变革推动全球化进程深入发展，国际分工更加专业化，资本、技术和人才等高端要素跨国流动更加频繁，新业态新产业层出不穷。要抓住新技术变革的历史机遇，我国必须以更加开放的视野、更加主动的姿态融入全球创新网络，在更高层次上构建开放创新机制。在实施新一轮高水平对外开放过程中，要更加突出与创新驱动战略之间的良性互动机制：一是"高水平引进来"，通过优化国内营商环境，利用大国市场吸引全球人力、技术资本；二是"大规模走出去"，依托"一带一路"等开放合作平台，在全球配置先进生产要素和资本。在中国经济发展进入新常态的背景下，我国实施新一轮高水平对外开放的主要目的就是要得到更多全球智慧和资源，为

① 李沁筑．中国双向直接投资发展路径与机制［D］．上海大学，2017.

建设创新型国家凝聚要素[①]。

技术溢出是指外国资本通过、资本流动、跨国贸易等渠道进行的非自愿性扩散，这种扩散能促进东道国的技术进步和经济增长，而母国却无法从本国支付中获得全部的补偿，是经济外部性的一种表现形式。国际技术溢出传导渠道主要国际商品贸易（包括国际服务贸易）、国际资本流动、劳务输出、人口迁移以及信息交流等。本书在研究 FDI 和 OFDI 促进企业技术进步的作用机制的基础上，通过实证检验测度我国 FDI 技术溢出和 OFDI 逆向技术溢出的实际效果，并提出相应的对策建议。通过理论分析，理清我国 FDI 和 OFDI 促进企业技术进步的微观机制，有助于我国根据实际状况采取差别化政策，采取措施，努力提高吸收能力，促进国内技术进步。这样，本书研究的结论就具有政策参考的实际价值。

## 1.2 重要概念的界定

### 1.2.1 FDI 和 OFDI

国际直接投资（FDI）根据研究视角的不同进行分类：从投资国的角度，FDI 也被称为对外直接投资（outward foreign direct investment，OFDI），从东道国的视角，FDI 也可以称为外商直接投资（inward foreign direct investment，IFDI）。

（1）FDI（foreign direct investment）。

FDI 即外商直接投资，从东道国角度一般称外国直接投资，从资金来源国即投资国的角度称为对外直接投资，国际直接投资则是对其统称的说法。

经济合作发展组织（OECD）和国际货币基金组织（IMF）认为，国际直接投资是指“一国（或地区）与在另一国的企业（国际直接投资企业、分支企业

① 刘志彪．在新一轮高水平对外开放中实施创新驱动战略［J］．南京大学学报（哲学·人文科学·社会科学），2015（2）．

或国外分支机构）建立长期关系，具有长期利益，并对之进行控制的投资”①。

日本学者小岛清认为，外商直接投资是向接受投资的国家传播资本、经营能力、技术知识的经营资源综合体。经营资源指在经营企业中发挥各种能力的主体，“从表面上看是以经营者为核心的，更实质的讲，是指经营管理上的知识和经验，包括专利、技术秘密以及市场调查方法等广泛的技术性专门知识，销售、采购原料、筹措资金等在市场上的地位，以及商标及信用、情报收集、研究与开发等的组织。”②

综合起来看，国际直接投资是指一国（或地区）的投资者通过垄断优势的国际转移，获得部分或全部外国企业的经营控制权，实现最终目标与直接目标高度统一的长期投资行为，是国内投资的延伸和特殊表现形式。

根据《中国统计年鉴》中的定义，本书中的外商直接投资指“外国企业和经济组织或个人（包括华侨、港澳台胞以及我国在境外注册的企业）按我国有关政策、法规，用现汇、实物、技术等在我国境内开办外商独资企业、与我国境内的企业或经济组织共同举办中外合资经营企业、合作经营企业或合作开发资源的投资（包括外商投资收益的再投资），以及经政府有关部门批准的项目投资总额内企业从境外借入的资金。”③

（2）OFDI（outward foreign direct investment）。

OFDI即对外直接投资，是一国（母国）投资者投入各种生产要素到另一国家（东道国），通过新设或并购企业，获取管理权的一种跨境的经济活动，跨国企业是对外直接投资的主体。根据2004年我国商务部和国家统计局公布的《对外直接投资统计制度》，对外直接投资是指我国国内投资者以现金、实物、无形资产等方式在国外及中国港澳台地区设立、购买国（境）外企业，并以控制该企业的经营管理权为核心的经济活动。

Dunning（1981）指出，当一国的经济发展到某一阶段时，外资的进入（FDI）和对外直接投资（OFDI）并存，随着经济发展水平的不断提高，FDI逐渐减少，OFDI持续增加。这是从一国发展的角度考察双向直接投资，并提出一

---

① 联合国跨国公司与投资司．1995年世界投资报告［R］．对外经济贸易大学出版社，1996：536.

② 小岛清．对外贸易论［M］．南开大学出版社，1987：422.

③ 中华人民共和国国家统计局．中国统计年鉴2003［M］．中国统计出版社，2003.

个国家双向直接投资的一般发展规律。

### 1.2.2 FDI技术溢出

FDI的溢出效应（spillover effect）是经济学意义上的一种外部效应，是指由于广义FDI资本内含的人力资本、研发投入等因素通过各种渠道导致管理方法、生产技能等各种知识的非自愿扩散，促进了当地的技术或生产力的增长，进而对东道国经济长期增长做出贡献，而其又无法获取全部收益的一种外部效应。结合我们研究的主要内容，本书中FDI的溢出效应指的是FDI对我国经济增长和技术创新能力产生的间接作用。

在这里有必要对文献中经常见到的其他几个相关概念进行界定。

Caves（1974）在其研究中，将跨国公司的进入所产生的溢出效应区分为生产率溢出（productivity spillover）和技术溢出（technology spillover）。前者指跨国公司的进入会引起当地市场竞争的加剧，而竞争的加剧又必然使大部分生产率低下的企业被淘汰，从而使资源的配置效率有所改善。后者指的是，跨国公司的子公司或分支机构转移给当地公司一定的技术（无论以何种形式），或者由于竞争的加剧而迫使本地公司增加技术投资，改善技术状况的情形。

但是在实际中，很难区分FDI的生产率溢出和技术溢出。因为FDI本身就是资本和技术的双重载体，往往资本要素的配置过程所产生的生产率溢出也包含着技术溢出；而技术与生产率密切相关，技术溢出何尝又不意味着生产率溢出。因此在大多数文献的研究中，通常并不区分“溢出效应”与“技术溢出效应”。但是两者研究的侧重有所不同，一般来说，FDI“溢出效应”的研究范围较广，包含产出和技术两个层面的分析，既包含FDI作为资本要素对东道国资本配置的影响进而产生的“生产率溢出”，也包含在此过程中通过各种途径产生的“技术溢出”。而FDI“技术溢出效应”则侧重于对技术水平的考察和分析。

本书按照文献中一般的界定方法，将生产率溢出和技术溢出都视为所研究的FDI溢出效应的范围。在实证检验中从产出和技术两个角度分别进行实证分析。

### 1.2.3　OFDI 逆向技术溢出

OFDI 会产生对投资母国的技术溢出效应，这种技术溢出与传统研究中 FDI（外商直接投资）母国对东道国技术溢出效应的方向恰恰相反，因此称为 OFDI 逆向技术溢出效应。随着发展中国家从事对外投资活动的增多，发展中国家跨国公司逐渐通过对外投资项目，吸引和学习东道国有关先进技术，这种现象多发生在发展中国家跨国企业对发达国家的对外投资行为中，称为逆向技术转移，主要通过技术溢出等方式来实现。发展中国家跨国企业通过与东道国的技术领先者建立紧密的联系，降低生产成本，获得积极的外溢效应；利用与发达国家跨国公司及其相关产业的联系，实现知识获取，获得反向外溢。为了便于区分，习惯上把对外直接投资对东道国的技术外溢称为正向的技术溢出，对外直接投资对母国的技术溢出则称为逆向技术溢出。

## 1.3 研究内容和结构

我国实行对外开放、积极引进 FDI 的政策，在很大程度上是基于 FDI 能够通过溢出效应促进我国的经济增长和技术进步。本书通过统计数据发现，我国引进 FDI 在行业间存在很大差异；即使外资引进情况相同，但由于行业生产本身的差异也会造成溢出效应的不同。因此，本书在总体上检验我国 FDI 溢出效应的基础上，着重从行业层次进行比较研究，结合各行业的特点分析溢出效应产生差异的原因。产出角度的检验并不能充分说明 FDI 溢出效应对我国技术创新能力的提高，为此本书还进一步以我国的专利数量为指标检验 FDI 溢出效应对我国创新能力的影响，与产出角度的检验具有一定的互补性。在 OFDI 的研究部分，本书在分析相关相论和机制的基础上，通过实证分析，检验我国不同地区 OFDI 逆向技术溢出效应的差异及其原因。本书首先通过时间序列数据分析我国 OFDI 逆向技术效应的总体情况，然后通过面数据分析我国东、中、西三大区域的差异，并对影响因素进行分析；最后还专门考察了浙江省民营企业OFDI逆向技术溢出相应的情况。在对策研究部分，本书围绕我国及浙江省对外开放的实际，提出了许多对策建议。总体上，本书的研究紧密围绕FDI技术溢出这一主线，从理论、实证和政策等方面进行了系统的研究，具有一定的理论和实践价值。

本书的研究结构安排如下：

第1章：绪论。主要说明本书的研究背景、相关概念以及以研究内容框架。

第2章：国际直接投资理论的发展。主要回顾和总结国内外学者围绕FDI理论的研究状况。重点梳理FDI理论的研究方法和重要结论，通过对前人研究文献的梳理分析以找出合理的研究切入点。

第3章：FDI技术溢出的机理研究。主要结合我国的实际从理论上分析FDI溢出效应的发生过程、特点与机制。

第4章：OFDI逆向技术溢出的机理研究。主要对OFDI逆向技术溢出的动机、作用机理和影响因素进行梳理，构建OFDI技术溢出的理论框架。

第5章：我国利用FDI的进程及发展趋势。通过数据，详细分析我国引进外商直接投资的行业分布、地区分布等，对我国引进外资的情况进行全景回顾。

第6章：我国"走出去"战略实施情况。详细分析我国企业"走出去"的情况，包括国家"走出去"战略的实施，以及我国对外直接投资的总体情况、行业分布、国家分布等。

第7章：产出视角FDI技术溢出的实证研究。从总体上对FDI的溢出效应进行检验；然后再分别从时间和行业（33个细分行业）的角度深入分析FDI溢出效应随时间的变化趋势和在行业间的差异。并对影响FDI溢出效应的重要因素——行业的内外资企业技术差距、外资比重、市场集中度和行业自身的特征进行检验和分析。

第8章：创新能力视角FDI技术溢出的实证研究。建立模型直接检验FDI对我国创新产出的影响。通过对专利总体指标进行分类（发明专利、实用新型、外观设计）的检验，得到FDI对我国创新产出影响的具体情况，进而与产出角度检验互相补充。

第9章：我国OFDI的逆向技术溢出效应——基于时间序列数据的研究。结合对外直接投资逆向技术溢出的机理，通过构建模型进行实证分析，验证对外直接投资逆向溢出效应，首先以TFP为技术进步的指步来测算OFDI的逆向技术溢出效应；然后以专利授权量为技术进步指标进行测算。

第10章：我国OFDI逆向技术溢出的区域差异——基于省际面板数据的研究。运用我国31个省区市的面板数据，更加系统深入分析我国OFDI的逆向技术溢出效应。在总体测算的基础上，着重比较OFDI逆向技术溢出效应在东、中、西部的差，并分析其内在原因。

第11章：OFDI逆向技术溢出对民营企业技术进步的影响——以浙江为例。在测算浙江民营企业全要素生产率（TFP）的基础上，实证检验OFDI的浙江民营企业技术进步的逆向溢出效应。结果发现，浙江省对外直接投资增长率与民营企业全要素生产率增长率之间存在长期稳定的均衡关系，但是相关系数并不高。然后结合浙江民营企业"走出去"的实际情况，对利用对外直接投资捉进民营企业技术进步提出了相应的对策建议。

第12章：我国利用FDI技术溢出效应的对策研究。提出深化FDI溢出效应的途径：完善相关法规体系，即制跨国公司的垄断行为；深化产业关联效应，对外资实施嵌入式发展模式；提高我国的技术吸收能力。

第13章：对浙江省利用外资优化产业结构的思考。本章从浙江省利用外资的现状出发，解析浙江省外资利用所取得的成就和现状，结合我国改革开放的新形势，剖析浙江省在利用外资方面优势与劣势，并对浙江省引进外资优化产生结构中存在的问题提出对策建议。

第14章：跨国并购对我国制造企业转型升级的影响——以宁波均胜并购德国普瑞为例。本章采用案例分析方法，通过这案分析和专家排序法，按照定量分析与定性分析相结合、静态绩效与动态价值相统一的原则，综合评价跨国并购对企业转型升级的效应。通过剖析宁波均胜并购德国普瑞这一"弱并强"的典型案型，分析了我国民营企业通过跨国并购，获取知识溢出提高国际竞争力的路径。

第15章："走出去"战略深化与政府服务研究——以宁波为例。研究如何促进我国企业更好"走出去"开拓国际市场，着重分析政府在"走出去"过程中的政策支持和服务措施。

第 16 章：新形势下浙江省扩大开放的若干对策建议。结合浙江省对外开放实践，围绕浙江省自由贸易区建设，“义甬舟”开放大通道建设，提出具体的政策建议，提出了创建浙江省自由贸易港和梅山自由贸易岛等战略设想。

# 第 2 章

# 国际直接投资理论的发展

理论来源于人类的实践活动，同时又对实践活动起到重要的指导作用。国际投资是商品经济发展到一定阶段的产物，最早可以追溯到第一次工业革命时期。17～18 世纪，随着生产和贸易的全球化，出现了以国际借贷、国际证券投资为主要形式的国际间接投资，其标志是跨国银行的出现。但以上活动主要是货币资本的运动，而本书关注的是生产资本的运动，即国际直接投资，其标志是跨国公司的出现。20 世纪初，跨国直接投资才开始大量出现并在全球经济中产生重要影响，与此同时，跨国直接投资的理论也应运而生。从 20 世纪初到 50 年代末，西方关于外商直接投资理论的研究比较少，并且基本上是经验性和归纳性的，还没有形成完善的理论体系。但是，随着第二次世界大战的结束，全球经济治理体系逐渐完善，世界银行、国际货币基金组织和关贸总协定成为第二次世界大战后支撑世界经贸关系的三大支柱。在此推动下，自 20 世纪 50 年代后期起，跨国公司的海外直接投资迅猛发展，日益成为国际投资的主流和世界经济发展的主导因素。这一现象引起了西方学者的普遍关注，于是自 60 年代初期开始，许多西方经济学者对跨国公司海外直接投资行为进行了深入、系统的研究，形成了分析视角各异、理论派别众多的当代外商直接投资理论。本章在对国际贸易理论进行回顾的基础上，挖掘其蕴涵的国际分工思想，然后系统梳理国际投资理论，为本书的研究奠定理论基础。

## *2.1*

## FDI 理论的经济思想溯源

当前，随着实践的发展，从不同角度的研究出发，出现了名目繁多的国际直接投资理论，但其经济思想的渊源都可以追溯到古典国际贸易理论。从时间来看，国际贸易活动早于国际投资活动，国际投资是在国际贸易发展到一定阶段后产生和发展起来的。因此，本节在梳理国际贸易理论起源和发展的基础上，溯源FDI的产生和理论萌芽。

### 2.1.1 重商主义

古典贸易理论起源于15~17世纪的重商主义（mercantilism），又称重商制度（mercantile system）。重商主义建立了一套国家重商政策的经济学说，一般被认为是世界上最早出现的政治经济学体系。它是欧洲国家在封建社会晚期采取的促进资本积累和经济发展的经济政策，主要反映了商业资产阶级利益，是“对现代生产方式的最早的理论探讨”①。

重商主义产生的背景是西欧商业的繁荣和商业资产阶级的兴起。14~15世纪，随着欧洲生产技术的进步，社会分工扩大，商品经济迅速发展，意大利等地一些城市先后出现了资本主义萌芽，与此同时，资本主义生产关系在农村也开始发展起来。在15~16世纪，西欧封建主义生产关系逐渐衰落，资本主义生产方式开始萌芽。资本主义工商业的萌芽和发展使欧洲的封建社会渐趋瓦解，欧洲开始向资本主义社会过渡。它引发了一系列重大历史变革，如新航路的开辟、殖民扩张、文艺复兴、宗教改革、资产阶级革命等。

15世纪末到16世纪初的地理大发现，大大加快了国际贸易的进程。1453年，土耳其人占据拜占庭和君士坦丁堡后，对过往商人征收重税乃至封闭了通往东方的贸易道路，阻断了欧洲与东方的贸易通道，欧洲人非常依赖的香料出现了供给危机。欧洲人必须寻找新的通商路线和新的市场。恰好当时，地图学、航海术与造船术都取得了突破性的进展，卡瑞克帆船与卡拉维尔帆船相继出现在西班牙和葡萄牙沿海地带，为远洋探险提供了技术保障。这些应用了新技术的帆船首次能离开地中海，在大西洋的广阔水域进行探索。15世纪到18世纪，欧洲西班

① （德）马克思．资本论第三卷［M］．中央编译局译．北京：人民出版社，1975：376.

牙、葡萄牙的船队，开始在世界各处的海洋上进行探索和远航，试图寻找新的贸易路线和贸易伙伴，以发展欧洲新生的资本主义①。

在当时，欧洲西海岸以及地中海沿岸各国的新兴资产阶级，在新技术和发财致富贪欲共同推动下，不断地委派航海家、探险家代为寻找尚未被发现的新领地，渴望得到新的土地资源和源源不断的黄金资源。由于长期以来，欧洲国家同东方贸易中处于逆差地位，输出的黄金远远多于输入的黄金，因此导致贵金属大量流出欧洲。因此，欧洲各国资产阶级对黄金的渴望十分强烈，似乎金银就是满足人生一切欲望的万能之宝。最早开始海洋探险的西班牙人和葡萄牙人，就是在这种强烈的“求金欲”的驱动下，开始了一次又一次大西洋的探索之旅，最终发现了通往遥远东方的新的航路，以及后来发现的美洲新大陆。地理大发现是当时世界上最轰动的大事件，从客观上扩大了世界市场，给当时处于萌芽状态的资本主义生产关系注入了一针强心剂，使得工业、商业、航海业迅速繁荣起来。同时，又极大地促使西欧走上了殖民扩张的道路，促使遍布世界各地的殖民地生产网络的形成，从而又开辟了一个世界性的大市场，加速了当时西欧资本主义生产方式和生产关系的发展。

重商主义就是在这个时期登上了历史舞台。重商主义的发展大致可以分为早期（15～16 世纪中叶）和晚期（16 世纪下半叶至 17 世纪中叶）两个阶段。这两个阶段的经济思想基本相同，都认为一切经济活动的目的都是获取金银或货币，财富的源泉是对外贸易。但是国内的贸易不是财富源泉，因为一部分人所得就是另一部分人所失，不会增加国内的货币量。只有对外贸易，特别是对外贸易顺差，才能使国外货币流入本国，从而增加本国的财富，使国家兴旺发达。因此，创造贸易顺差就要做到“多卖少买，多收入少支出”这个基本原则。重商主义者鼓励国内生产的发展，特别是手工工场大量生产能在国外高价畅销的商品。同时，国家必须管制对外贸易，采取各种立法手段和行政措施，奖励出口、限制或禁止进口国外商品，特别是禁止奢侈品的输入。

早期重商主义也称为重金主义时期，产生于 15～16 世纪中叶，以货币差额

---

① 人民教育出版社历史室．世界近代现代史［M］．人民教育出版社，2000：4.

论为核心观点，强调少买。这个时期重商主义者主张政府应当禁止货币输出，反对商品输入，这样才能储藏更多的货币。早期的重商主义是一个相对保守的时期，只强调货币的数量而不是贸易的重要性。

晚期重商主义以贸易差额论为核心观点，强调多卖。16 世纪下半叶到 17 世纪进入了重商主义的第二阶段，即晚期重商主义，与早期不同的是，虽然目的也在于增加货币总量，但开始强调贸易的顺差所能带来的好处，相比消极地禁止货币输出和反对商品输入，对外贸易中做到商品的出口大于进口能更加积极地增加货币总量。因此西欧各国在这一时期都力图实施鼓励出口限制进口的措施。

当代重商主义以各种形式不断重返历史舞台。从表面上看重商主义的发展似乎在其后的自由主义面前止步了，然而重商主义并没有死去，它仍然在国际经济舞台上有着自己清晰的身影，甚至有学者为其冠以“新重商主义”之名。所谓的新重商主义主要是由对外贸易的保护主义政策发展起来的，尽管它源于重商主义却又有不同。以美国为例，特朗普上台后，重拾重商主义，提出所谓以公平贸易替代自由贸易的主张。但是从其所采取的措施来看，是典型的重商主义思想。短期内，通过寻求削减对外贸易逆差来追求贸易平衡。长期则追求对外贸易顺差最大化。尽管美国新重商主义的经济目标是削减美国的贸易逆差，追求最大化的经济利益，这与传统的重商主义单纯地积累金银的目的并不相同，但是在其具体行为中，新重商主义的保护措施繁多且具有很大的攻击性，在美国的影响下甚至发展了一系列排他性的贸易保护集团。

### 2.1.2 绝对优势理论

经济学的创立者、英国古典经济学家亚当·斯密（Adam Smith）最早系统提出了国际分工理论，并对国际贸易对国家带来的利益进行了科学的分析。他在代表巨著《国富论》中，提出了“绝对优势说”。他认为国际分工能够提高劳动生产率，从而使不同国家在某些产品的生产上具有绝对优势（absolute advantage），从而促进了国际贸易的产生，各国通过生产具有优势的产品交换别国具有优势的产品，从而使得各国都从贸易中获取利益。

亚当·斯密把分工作为提高劳动生产率的重要法宝。他认为，交换是人的天然利己心驱动下进行的有目的活动，人类的交换倾向必然会产生社会分工。至于是交换而产生分工还是由于分工而产生交换，如同先有鸡还是先有蛋的问题，在此不过多解释，总之，两者互为条件。在分工和交换的作用下，社会劳动生产率得到了巨大进步。亚当·斯密在《国富论》中详细论述了其观点。他举了做针的例子：分工前，一个粗工每天至多能制造 20 枚针；分工后，平均每人每天可制造 4800 枚针，每个工人的劳动生产率提高了几百倍。由此可见，分工可以提高劳动生产率，增加国民财富。

在国际分工基础上开展国际贸易，能够给各国都带来好处。亚当·斯密由家庭推及国家，论证了国际分工和国际贸易的必要性。他认为，适用于一国内部不同个人或家庭之间的分工原则，也适用于各国之间。国际分工是各种形式分工中的最高阶段。他主张，如果外国的产品比自己国内生产的要便宜，那么最好是输出在本国有利的生产条件下生产的产品，去交换外国的产品，而不要自己去生产。他举例说，在苏格兰可以利用温室种植葡萄，并酿造出同国外一样好的葡萄酒，但要付出比国外高 30 倍的代价。他认为，如果真的这样做，显然是愚蠢的行为。每一个国家都有其适宜于生产某些特定产品的绝对有利的生产条件，如果每一个国家都按照其绝对有利的生产条件（即生产成本绝对低）去进行专业化生产，然后彼此进行交换，则对所有国家都是有利的，世界的财富也会因此而增加。

顺着国际分工的逻辑，我们不难理解，国际投资也是国际分工的一种形式。这也是为什么说古典国际贸易理论是 FDI 理论的源泉。在 18 ~ 19 世纪，跨国投资还没有大范围出现，所以亚当·斯密论述的都是国际分工与国际贸易理论。

### 2.1.3　比较优势理论

英国古典经济学家大卫·李嘉图（David Ricardo）于 1817 年在其代表作《政治经济学及赋税原理》中提出了比较成本贸易理论（后人称为“比较优势贸易理论”）。他通过分析，强调了比较优势（comparative advantage）而非绝对优势在国际贸易中的重要性。他提出：在现实中，一国可能不具备绝对优势（absolute advantage），是否可以进行国际贸易呢？通过分析，他认为，只要一国具备比较优势（comparative advantage），就可以进行互惠互利的国际贸易活动；并且在现实中，每个国家与其他国家相比，不一定具有绝对优势但一定能具有比较优势。因此，大卫·李嘉图相当于是把国际贸易的利益范围扩大到所有的国家。比较优势理论是依照比较优势即生产成本的相对差别而实行国际分工和贸易的理论。

需要指出的是，国际贸易的理论发展都有其深刻的历史背景。大卫·李嘉图提出比较优势理论绝对不是简单的理论推导，而是当时英国经济和贸易发展的需要。亚当·斯密提出绝对优势理论以后，在英国产生了广泛的影响。但是由于两个国家刚好具有不同商品生产的绝对优势的情况是极为偶然的，亚当·斯密的绝对优势理论仍然面临一些挑战。1815 年英国政府为维护土地贵族阶级利益而修订实行了《谷物法》。《谷物法》颁布后，英国粮价上涨，地租猛增，它对地主贵族有利，而严重地损害了产业资产阶级的利益。昂贵的谷物，使工人货币工资被迫提高，成本增加，利润减少，削弱了工业品的竞争能力；同时，昂贵的谷物，也扩大了英国各阶层的吃粮开支，而减少了对工业品的消费。《谷物法》还招致外国以高关税阻止英国工业品对他们的出口。为了废除《谷物法》，工业资产阶级采取了多种手段，鼓吹谷物自由贸易的好处。而地主贵族阶级则千方百计维护《谷物法》，认为，既然英国能够自己生产粮食，根本不需要从国外进口，反对在谷物上自由贸易。

大卫·李嘉图适时而出，他在 1817 年出版的《政治经济学及赋税原理》，提出了著名的比较优势原理（law of comparative advantage）。这是一项最重要的、至今仍然没有受到挑战的经济学的普遍原理，具有很强的实用价值和经济解释力。他认为，英国不仅要从外国进口粮食，而且要大量进口，因为英国在纺织品生产上所占的优势比在粮食生产上优势还大。故英国应专门发展贸易比较优势纺织品生产，以其出口换取粮食，取得比较利益，提高商品生产数量。

根据比较优势原理，一国在两种商品生产上较之另一国均处于绝对劣势，但只要处于劣势的国家在两种商品生产上劣势的程度不同，处于优势的国家在两种商品生产上优势的程度不同，则处于劣势的国家在劣势较轻的商品生产方面具有比较优势，处于优势的国家则在优势较大的商品生产方面具有比较优势。两个国家分工专业化生产和出口其具有比较优势的商品，进口其处于比较劣势的商品，则两国都能从贸易中得到利益。这就是比较优势原理。也就是说，两国按比较优势参与国际贸易，通过“两利取重，两害取轻”，两国都可以提升福利水平。

### 2.1.4　相互需求理论

1948 年，英国经济学家约翰·穆勒（John Stuart Mill）提出了相互需求理论（theory of reciprocal demand），又称“国际需求方程式”。该理论进一步拓展了比较优势理论，从需求和交换比率方面论述国际分工和国际贸易的理论。穆勒在《政治经济学原理》中指出，太卫·李嘉图的比较优势贸易理论只能确定国际贸易条件的上下限，但不能决定贸易条件本身。他主要从生产成本即供给角度来论证国际贸易问题，没有考虑需求因素对国际贸易的影响。相互需求理论主要从三个方面来论述：

第一，国际贸易条件，即用本国出口商品数量表示的进口商品的相对价格，其水平高低取决于两方面因素：“其一，外国对本国商品需求的数量及其增长同本国对外国商品需求的数量及其增长之间的相对关系；其二，本国可以从服务于本国消费需求的国内商品生产中节省下来的资本数量”。因而，“在国际贸易中享有最为有利的贸易条件的国家正是那些外国对它们的商品有着最大需求，而它们自己对外国商品的需求最小的国家”。

第二，一个国家向其他国家出口商品的意愿取决于它能从外国获得的进口商品的数量。即：一国的出口规模随其国际贸易条件而变化。基于国际贸易条件由两国间的相互需求决定，在某一特定贸易条件下，一国愿意提供的出口商品的数量正好等于其贸易伙伴国在同一贸易条件下所愿意购买的进口商品的数量，或一国的出口总额恰为它愿意支付的进口总额。也就是说，某一特定的贸易条件为贸易双方共同遵守。在这样的贸易条件下，两国的进口需求与出口供给两两对等，国际贸易处于均衡状态。

第三，在双边贸易中，对方出口商品的需求，以及贸易双方共同遵守的国际贸易条件，随着由各国消费者的消费偏好等因素决定的对方出口商品的需求强度的相对变动而发生变化。倘若外国对本国出口商品的需求甚于本国对外国出口商品的需求，外国的相对需求强度较大，本国的相对需求强度较小，则外国在同本国的竞争中就不得不做出某些让步，本国就可以享有比较有利的国际贸易条件。

## 2.2 发达国家的FDI理论

传统FDI理论都是基于新古典贸易理论范式，即："理性人"假设和企业同质性。20世纪60年代兴起的新古典FDI理论，认为FDI动机是发达国家企业具备所有权优势、区位优势和内部化优势，通过FDI实现全球利益最大化。比较著名的有垄断优势理论（Hymer，1960）、内部化理论（Buckler，1976；M. Casson，1979；A. Rugman，1987）、国际生产折衷（Hymer，1960）以及竞争优势理论（Porter，1990），这些理论都是基于发达国家视角，可以看作发达国家FDI理论。

### 2.2.1 垄断优势理论

垄断优势理论（monopolistic advantage theory）又称所有权优势理论，是最早研究FDI的理论，可以说是FDI理论的先驱。垄断优势理论由美国麻省理工学院教授海默（Stephan Hymer）于1960年首先提出。他在博士论文《国内企业的国际经营：外商直接投资研究》中提出之后，又经过其导师金德贝格（C. P. Kindleberger），以及约翰逊（H. G. Johnson）、凯夫士（R. E. Caves）等学者的先后充实完善，最终形成完整的理论体系。垄断优势理论之所以有深远的影响，是因为其开创了以FDI为研究对象的新领域。垄断优势理论的目的在于阐明跨国公司在海外投资的动机，其主要分析视角是从跨国公司的"垄断优势"着眼，系统考察FDI的动机。

（1）垄断优势理论对跨国投资动机的解释。

海默首先论证了外商直接投资同外国金融资产投资的根本不同：金融资产投

资是简单的资产交易过程，其不涉及实际生产，而对外直接投资则包括非金融以及无形资产的转移。跨国公司之所以能够并愿意到海外进行直接投资，主要原因是其在生产技术、管理等方面具备一定的垄断优势，通过发挥这些优势，能够在全球市场获取更多的利润。由于当时美国跨国公司的海外投资在全球具有支配性地位，因此，他在研究中，选取美国企业为研究对象，分析了美国企业国际化经营过程中具有的垄断优势，因此也被称为“企业特定优势”。

海默详细阐述了跨国公司进行直接投资的动机。他认为 FDI 源于市场本身的缺陷，市场缺陷就是指不能仅依靠市场来使资源的配置达到最有优化的情况。他从传统的市场竞争和利润最大化理论视角，分析了跨国投资企业的产生和进行跨国投资行为的动态过程：海默认为，由于市场缺陷的存在，在企业经过激烈竞争后，部分公司通过拥有并控制多家公司成为垄断者或处于寡占地位。在这种情况下，垄断就被成为部分企业的特定优势。也就是说，垄断的形成本身就是企业对外投资的先天优势，也是企业对外投资能够盈利的根本原因。

企业的本性就是要追求利润最大化。如果某个企业在特定产品上具有特殊优势，那么在追求利润最大化的驱动下，该企业会自然而然地竭力将自身的优势发挥到极致，这就是导致跨国企业和海外投资的最根本原因。也就是说，跨国投资行为是具有特定优势的企业在全球范围追求利润最大化的本能的、自觉的行动。

反过来思考，为什么具有垄断优势的企业可以进行海外投资行为呢？这是因为跨国公司具备垄断优势，能够消除东道国的市场障碍，抵消本地企业的部分优势，在这方面有一定的补偿作用。这些补偿优势可能是：商标、专利和专有技术、管理技能、营销技巧、规模经济和融资渠道等，这部分的论述是由海默的导师金德伯格所作的补充，进一步完善了跨国投资企业在东道国市场能够“扎根”的理论依据。

综上所述，垄断优势理论的基本主张是：不完全竞争市场的环境是考察跨国公司的对外直接投资行为的前提条件；正是不完全竞争的产品和生产要素市场，造成了投资母国企业形成某种特有的生产优势，这种优势使得企业愿意并能够到国外进行有利可图的投资。

（2）垄断优势理论对“垄断优势”的具体分析。

跨国投资企业所具有的垄断优势主要体现在两个方面：一是企业独占无形资

产所产生的特定优势，二是企业规模经济所产生的优势。这两个方面的优势都是一般国内企业所不具备的。具体来说，垄断优势主要包括以下方面：①技术优势，包括生产过程中的特有技术、专门知识以及固化了技术的有形资本，如生产设备、工艺流程等；②企业的规模优势，主要包括企业从事某行业生产所形成的垄断优势，以及生产扩大所达到的规模经济优势；③管理能力优势，主要是企业在经营中对特定的领域所积累的管理诀窍、组织协调方法等；④金融优势，主要是指企业在资本市场、融资环境上具有特有优势，一般是美国这样发达的国际所具有的成熟的金融市场环境支撑。

海默的垄断优势理论思想源于产业组织理论，这与传统的基于完全竞争的国际分工理论有很大不同。在产业组织理论中，不存在完全竞争的市场结构，现实中更多的是不完全竞争的市场结构。而不完全竞争的产物，就是形成垄断或者寡头市场，能够有条件开展外商直接投资的，正是这些具有垄断优势的企业。因此，海默的垄断优势理论具有开创性和划时代的意义。一方面海默将直接投资与证券投资等间接投资从本质上区别开来，开辟了新的研究领域，为以后的 FDI 理论的研究奠定了基础。另一方面，以产品市场不完全代替完全竞争市场进行分析，也逐渐成为国际投资理论各学派的研究基点。

（3）垄断优势理论的补充和完善。

海默提出垄断优势理论以后，引起了学界的广泛关注。后来的学者围绕垄断优势理论进行了大量的理论和实证研究，对垄断优势理论进行不断的充实和完善。

第一个方面的研究是对技术优势的进一步阐述。约翰逊（Johnson）把技术作为跨国公司与其子公司之间的一种特定的垄断优势。他认为，技术本身是一种公共产品，一旦跨国公司母公司掌握某项专门技术之后，其子公司可以廉价地使用。也就是说，跨国公司一旦开发出某种具有垄断地位的技术，就会迫不及待地通过 FDI 在全世界寻求更大的生产规模，获取更大的报酬，这就是跨国公司对外直接投资的动力所在。约翰逊的分析是从微观企业的视角，凯夫斯（Caves）则进一步从宏观层面来分析：他认为跨国公司的垄断优势在于开发、生产和销售差别产品的技术优势，而这些企业大多是在发达国家，因此 FDI 是从技术先进的发达国家流向技术水平劣势的发展中国家。这与当时的跨国投资国际流向是相符的，因此也可以说是研究发达国家的 FDI 理论。

第二个方面的研究是关注寡头市场的结构与行为。规模经济是形成垄断或寡头市场的重要因素，这也是跨国公司优势的重要来源。首先，企业产品的研发具有规模经济效应，其大小主要取决于一国市场的容量。国内市场大的企业具有先天优势，FDI 带来的生产规模的扩大则会进一步加强这一优势。也就是说，大国企业具有天然的规模经济优势。这也是为什么美国企业在技术创新上具有比别的国家更大的规模经济效应的原因。其次，当本国市场趋于饱和，国外市场又存在较大贸易壁垒时，跨国投资企业通过 FDI 开发国外市场，会进一步扩大规模经济优势，进一步巩固了对外投资的垄断优势，弥补了自身的本土化劣势。很多学者专门研究了不同市场结构下，跨国公司会采取何种行为。尼克博克（Knickerbockers）提出了跨国企业寡头行为理论。该理论认为，一个国家的寡头企业在 FDI 决策时，非常重视竞争对手的行为，并且会把 FDI 作为一种预防策略。一旦有一家寡头企业到海外投资，其他企业往往也会迅速跟进，以抵消先行者可能得到的经济优势。从逻辑上看，该理论是产业经济学寡占行为理论在 FDI 上的拓展。

### 2.2.2　内部化理论

20 世纪 70 年代，巴克利（Buckley）、卡森（Casson）与拉格曼（Rugman）等西方学者，受到科斯（Coase）交易成本理论的启发，以发达国家跨国公司为研究对象，以新厂商理论和市场不完全的基本假定为出发点，提出了内部化理论（the theory of internalization of market）。该理论形成以巴克利 1976 年的《跨国公司的未来》和卡森 1978 年的《国际经营论》出版为标志。内部化理论认为跨国公司生产以外的活动如研究与开发、培训等，与中间产品（半成品和原材料，结合在专利权、人力资本中的各种知识）密切相关。中间产品市场尤其是知识产品市场的不完全，使企业不能有效利用外部市场来协调其经营活动，这构成内部化的关键前提。当内部化过程超越国界时，跨国公司便应运而生。跨国公司国际直接投资是为了避免因交易不确定性而导致的高交易成本[①]。

（1）内部化的动机。

内部化理论的重要假设和前提条件是市场的不完全。跨国公司FDI的过程就是中间产品市场的内部化，通过内部化可以降低市场不完全导致的交易成本，获得更大的利润。由此可见，内部化理论实际上是将科斯（Coase）的交易成本理论拓展并运用到FDI理论之中。跨国公司FDI的内部化收益主要包括：由于统一生产经营而减少了议价所带来的收益、通过制定差别价格以及转移价格所带来的额外收益、减少政府干预所带来的收益、减少由无形中间产品的市场不完全性所带来的收益以及进行内部期货交易所带来的收益。市场内部化成本包括资源浪费成本、信息交流成本、东道国风险成本和内部化管理成本等。随着内部化理论的不断完善，逐渐成为比较流行的FDI理论。

市场内部化理论非常重视技术保护对企业的作用，企业优势尤其是技术优势以最低成本进行转移非常关键。但是，市场不完全性制约了企业的运行效率，FDI则有利于形成企业内部高效行政结构，从而代替低效的市场结构。该理论尤其重视中间产品，认为中间产品不仅仅是半成品、原材料，还包括结合在专利和人力资本中的各种知识。因为知识产品的形成需要长期的研究与开发努力，知识是能够产生垄断优势的，知识是很难定价的，所以通过内部转移能有效解决。FDI的实质不在于资本转移，而是企业管理与控制权的扩张，最终使企业管理机制替代市场机制进行资源配置，从而克服了知识垄断带来的外部性。1985年，代巴克利和卡森在原有的“内部化”理论基础上，进一步论证了服务企业也有内部化中间市场的优势：服务行业中消费中买者的不确定性是市场不完善的根源，会导致比较高的交易成本，由此使企业FDI成为一种必要。

（2）内部化理论的局限性。

尽管内部化理论科学论证了企业跨国投资的动机，但是还有一些局限性。首先，内部化理论只解释了为了降低交易成本而进行FDI行为，而没有考虑与减少交易成本无关的FDI行为。在全球化时代，很多公司为了获取特定资源、开发某

---

① 陆雄文．管理学大辞典［M］．上海辞书出版社，2013.

个市场，获取市场力量或削弱竞争者并不一定仅仅从成本、效益角度来分析。其次，内部化理论是一种静态的分析，把重点放在当前收入最大化上，而对于未来财富的创造和日趋知识密集、创新密集的全球市场所要求的长期管理战略方面的建议很少（Dunning，1998）。最后，从逻辑上看，内部化理论在本质上是同义反复的：该理论预测跨国公司内部化过程会持续到进一步内部化的成本超过收益（Buckley，1983）。据此逻辑，内部化成本将决定内部化的程度，而内部化程度能够解释内部化成本。这本质上是同义反复，而一个同义反复的理论是不能被驳倒，内部化理论实际上趋向诡辩论。并且，内部化理论是不能被直接检验的。除此之外，内部化理论也不能解释 FDI 的地理方向和布局，因而经常被区位理论学者所批评。

### 2.2.3　国际生产折衷理论

英国经济学家邓宁（Dunning）提出的国际生产折衷论（the eclectic theory of international production）是关于国际贸易和国际投资统一的、综合的理论。该理论在 1977 年出版的《贸易、经济活动的区位与跨国企业：折衷理论的探索》中首次提出，并在 1981 年出版的《国际生产与跨国企业》一书中系统阐述。邓宁的国际生产折衷论研究的视角，突破了国际投资单一维度，将直接投资、国际贸易、区位选择等综合起来加以考虑，使国际投资研究向比较全面和综合的方向发展，因此被称为“折衷理论”。折衷理论的核心是分析企业是否具备三大优势：所有权特定优势、内部化特定优势和区位特定优势。

所有权特定优势主要包括两个方面：一是由于独占无形资产所产生的优势，二是企业规模经济所产生的优势。所有权特定优势的主要内容。包括：①技术优势，包括技术、信息、知识和有形资本等；②企业规模优势，包括垄断优势和规模经济优势；③组织管理能力优势；④金融优势（包括货币）。这些优势组成了企业比投资所在国公司更大的优势，可以克服在国外生产碰到的附加成本和制度风险。这主要表现为企业所拥有的某些无形资产，特别是专利、专有技术和其他知识产权。简单地说，就是指企业拥有或掌握某种财产权和无形资产的优势。

内部化特定优势，是指跨国公司运用所有权特定优势，以节约或消除交易成本的能力。内部化的根源在于外部市场失效。邓宁把市场失效分为结构性市场失效和交易性失效两类，结构性市场失效是指由于东道国贸易壁垒所引起的市场失效，交易性市场失效是指由于交易渠道不畅或有关信息不易获得而导致的市场失效。

区位特定优势是东道国拥有的优势，企业只能适应和利用这项优势。它包括两个方面：一是东道国不可移动的要素禀赋所产生的优势，如自然资源丰富、地理位置方便等；二是东道国的政治经济制度、政策法规灵活等形成的有利条件和良好的基础设施等。

具体来说，国际生产折衷论认为企业从事国际直接投资由多重因素决定的，主要包括企业本身所拥有的所有权优势、内部化优势和区位优势三大基本因素。那么如何决定生产的布局呢？遵循如下规律：企业若仅拥有所有权优势，则企业会选择技术授权，赚取技术授权的利益；企业若具有所有权优势和内部化优势的双重优势，则选择出口；企业若同时具备三种优势，才会选择国际直接投资。表2－1是邓宁教授提出的选择方案。

**表2－1　　邓宁的选择方案**

| 方式 | 所有权优势 | 内部化优势 | 区位优势 |
|---|---|---|---|
| 对外直接投资（投资式） | √ | √ | √ |
| 出口（贸易式） | √ | √ | × |
| 无形资产转让（契约式） | √ | × | × |

注："√"代表具有或应用某种优势；"×"代表缺乏或丧失某种优势。

### 2.2.4　国际产品生命周期理论

1966年，美国哈佛大学商学院教授雷蒙德·弗农（Raymond Vernon）在《产品周期中的国际投资和国际贸易》一书中提出了国际产品生命周期理论（international product life cycle model）。该理论根据产品生命周期的一般原理，侧重于从技术进步、技术创新和技术传播的角度解释和说明国际贸易和国际投资的发生，丰富了国际贸易和投资理论。产品生命周期理论经历了从技术差距说到理论完善的研究过程。以克鲁格曼为代表的新国际贸易理论从技术创新和国际贸易模式之间关系的视角，用模型验证了弗农的产品生命周期理论。

（1）产品生命周期产生的渊源。

比较优势理论、要素禀赋理论等古典国际贸易理论，都没有从技术角度解释国际贸易和投资的发生，因此不能很好地解释工业品贸易现象。1956 年，经济学家欧文·克拉维斯在论文《可获得性以及影响商品贸易构成的其他因素》中指出，“使一国能够出口技术先进的产品的关键因素，是该国与其他贸易伙伴相比，具有技术上的优势”[①]。1961 年，美国经济学家波斯纳（M. Posner）在论文《国际贸易与技术变化》中提出了国际贸易的技术差距理论，同时也分析了资本的跨国流动。在技术差距模型的基础上，弗农将市场学的产品生命周期与国际贸易理论整合起来，把比较利益学说从静态发展为动态，从而提出了产品生命周期理论（product life cycle，PLC）。

弗农认为，所有的产品都是有生命周期的，即一种新产品从开始进入市场到被市场淘汰的整个过程。当然，这里的生命是指市场上某产品的营销生命，是一个产品在市场上的存在状态。他进一步阐述，任何一个产品都要经历形成、成长、成熟、衰退这样一个完整的周期。由于技术水平、消费能力等条件的差异，不同技术水平的国家，产品的周期会存在一个较大的时差。也就是说，在某时点上同样的产品在不同国家存在技术差距，从而导致同一产品在不同国家市场上的竞争地位的差异。而这个差异，决定了不同国家在国际分工中的地位，决定了国际贸易和国际投资的变化。产品生命周期理论从技术创新、进步和传播的角度来分析国际贸易产生的基础，本质上是将国际贸易中的比较利益动态化，从而深入研究产品出口优势在不同国家间的传导。

（2）产品生命周期的阶段。

根据产品生命周期理论，由于世界各国在科技水平、经济发展程度等方面存在差别，导致同一产品的新产品开发、生产销售存在时间差，这个时间差就是弗农所定义的国际产品生命周期。这个时间差也是导致不同国家具有不同的比较优

① I. B. kravis. Availability and Other Influence on The Commodity Composition of Trade. Journal of Political Economy，1956（4）.

势的根源，因此也是贸易和投资产生的根源。通过以上分析，可以发现产品生命周期理论本质上是比较优势理论的动态化，其主要是以产品生命周期来解释跨国公司如何从国内生产逐渐走向出口，最后开展对外投资的过程。弗农把产品的生命周期分为三个阶段：创新阶段、成熟阶段和标准化阶段，如图 2 - 1 所示。

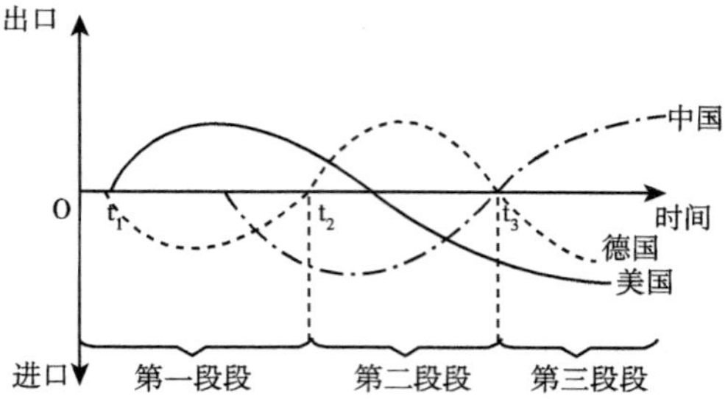


**图 2 - 1　产品生命周期理论图解**

第一个阶段是新产品阶段。技术先进国家的生产者率先开发出某种新产品，但是新产品还处于创新、改进阶段。生产者正根据消费市场的反应，努力改善产品性能以满足消费者的需求，尚未进行大规模标准化生产。从宏观来看，在此阶段生产新产品的国家一般是国民收入较高的发达国家，如美国。因此，在国内生产并在国内消费可能是比较有利的，因为新产品的设计和生产最初就是为了满足国内消费者的需要。需要强调的是，这里还没有从企业异质性视角进行分析，对于企业技术水平的差距还是从国家的宏观角度进行分析，因此新产品总是在发达国家率先出现的。这与现实并不完全吻合，正是以后的异质性企业理论所着重弥补的理论缺憾。

第二个阶段是产品成熟阶段。新产品经过不断的改进、完善，逐渐积累了更大的消费群体，产品特性趋于稳定；同时，随着生产规模的不断扩大、生产技术的逐渐成熟，单位生产成本开始趋于下降。这时候，随着消费群体的扩大，产品的需求价格弹性也逐步增大，降低成本对提高竞争力、增加利润的作用非常明显。同时，由于国内消费者和生产者日趋成熟，市场竞争非常激烈，技术门槛不断降低，生产企业垄断地位被严重削弱。此时，国内生产者扩大生产规模，既满足国内市场，又开拓国际市场，充分利用生产的规模经济，是可行的。因此，就出现了国内生产规模急剧扩大，产品在满足国内市场的同时，又不断扩大出口的新局面。

第三个阶段是产品标准化阶段。在这一阶段中，随着生产技术的进一步稳定成熟，产品逐渐标准化。产品的技术壁垒不断被突破，乃至于几乎所有的厂家都能进行生产，国外也不断涌现出与本国生产相似产品的竞争对手。在这种市场环境下，原来新产品生产企业所具有的“垄断优势”也逐渐瓦解，市场几乎是完全竞争，价格不断下降，发展中国家也出现对该产品的大量需求。这时，企业之间的竞争几乎就是价格竞争，生产成本将成为生产布局的主要因素。因此，欠发达国家由于低廉的劳动成本，就可能成为最理想的生产国，尤其是劳动密集程度较高的产品。因此，产品的生产布局开始在全球范围内调整，跨国公司到海外投资设厂便可能成为有利可图的，因为这可以帮助它利用当地相对较低的劳动成本，绕开贸易壁垒，应当地市场的需要随时对产品做出局部修改等。

### 2.2.5　边际产业扩张理论

该理论由日本经济学家小岛清提出，他根据 20 世纪六七十年代日本对外直接投资的特点，在其代表性著作《对外直接投资论》中提出的，也被称为边际产业扩张理论（the comparative advantage theory）。小岛清认为，海默等人站在发达国家的立场上，将境外直接投资视为发达国家的寡头垄断企业发展和扩张的结果，这种解释基本上符合当时美国企业的境外直接投资情况。但是，从当时日本的情况看，与美国的情况却截然不同。日本境外直接投资的主体大多是中小企业，并且所拥有的技术也多是劳动密集型技术，并不存在垄断优势，这与美国对外直接投资有明显区别。他通过统计分析认为日本的境外直接投资与国际贸易存在密切关系，日本的对外直接投资与国际贸易更多的是互补关系，而不是替代关系。对外直接投资应该从本国已经处于或即将处于比较劣势的产业依次进行。这就是所谓的边际产业扩张理论。

边际产业扩张理论认为，对外直接投资应从本国已处于或即将处于比较劣势的产业依次进行，这些边际产业却是东道国具有比较优势的产业。从边际产业开始进行对外投资，可以促进东道国的产业增强竞争力，从而优化东道国的产业结构，从而扩大两国间的比较成本差距，为实现数量更多、获益更大的贸易创造条件。需要说明的是，这里的“边际产业”具有双重含义：对于投资国母国来说，它位于比较优势顺序的底部，但是于东道国来说，则位于比较优势顺序的顶端。

与其他境外直接投资理论相比，边际产业扩张论的特点非常明显，他否定了以海默为代表的西方经济学家所坚持的垄断优势因素在境外直接投资中的决定作用。该理论认为相对不发达的国家，尤其是快速崛起中的工业化国家也可以运用与东道国生产力水平相适应的标准化技术，占领东道国市场，并且不会影响本国具备比较优势产业的出口。这与美国的情况大不相同，美国的垄断企业对外投资的同时，往往也产生贸易替代效应，导致反向进口或者贸易逆差。

应该肯定，小岛清的理论比较符合日本 20 世纪六七十年代发展境外直接投资的实践，反映了这个后起的经济大国寻找最佳对外发展途径的愿望。但是，该理论无法解释日本 20 世纪 80 年代以来境外直接投资实践。因为随着日本企业垄断优势的增强和产业结构的变化，加上国际贸易保护主义日趋盛行，日本贸易替代性的境外直接投资逐步增加，许多大型企业纷纷加入了境外直接投资的行列，从而导致其投资方式越来越与美国方式趋同。此外，该理论仅以日本的境外直接投资为研究对象，不能用于指导发展中国家境外直接投资实践。因为在当今世界经济体系中，这些国家的经济和技术发展处于相对滞后状态，如果按照“边际产业”来规划境外直接投资，恐怕既无法进入发达国家市场，也很难在发展中国家开辟很大的投资场所。

## 2.3 发展中国家 FDI 理论

跨国投资活动始于 20 世纪 50 年代，主要在发达国家之间或者发达国家向发展中国家投资。因此，前面所述的垄断优势理论、内部化理论、国际产品生命周期理论和边际产业扩张理论，以及综合的国际生产折衷理论，都是基于发达国家视角进行研究。自 20 世纪 70 年代以来，韩国、巴西、中国等发展中国家也纷纷兴起对外直接投资活动，原来的国际主流 FDI 理论对此很难做出解释。为此，经济学家们开始重新审视原有的国际投资理论体系，从发展中国家视角探讨 FDI 的动因、方式，产生了不少 FDI 理论成果。这些理论主要有小规模技术理论（Wells，1977）、技术地方化理论（Sanjaya Lall，1983）、投资发展周期论（Dunning，1988）、技术创新产业升级理论（Cantwell，1990；Tolentino，1993）等针对发展中国家的理论，进一步丰富了 FDI 理论体系。Dunning（1993）还从国际商务视角，将 FDI 具体分为资源寻求、效率寻求、市场寻求及战略资产寻求等四种动机，产生较大影响。

### 2.3.1　小规模技术和技术地方化理论

传统的 FDI 理论是基于发达国家视角，将垄断优势及规模经济作为 FDI 的必要条件。根据这些理论，由于发展中国家一般不具备垄断技术优势或者规模经济，应当很少进行对外直接投资。但是在 20 世纪七八十年代却出现了发展中国家 FDI 的热潮。针对这个现象，1977 年哈佛大学教授路易斯 · 威尔斯（Louis T. Wells）提出了小规模技术理论（small-scale technology theory），专门解释发展中国家对外直接投资的动机、路径和发展规律。该理论首次在他 1977 发表的《发展中国家企业的国际化》一文中提出，1983 年威尔斯又通过专著《第三世界跨国公司》对该理论进行了更详细的论述。威尔斯从更微观的视角研究了发展中国家跨国企业如何进行 FDI 决策。他认为发展中国家跨国公司的技术也有其“特定优势”，这种优势与发展中国家特有的社会经济环境密切相关。具体来说，主要有以下三个方面：

第一，发展中国家跨国公司拥有专门为小市场服务的小规模生产技术。由于发展中国家消费水平低，国内市场容量有限，很多发展中国家具有鲜明的民族特征和消费偏好，因此发达国家的工业化产品仍然无法满足发展中国家消费者的个性化需要。而发展中国家的企业则可以通过技术改造，进行更加灵活多样的生产，以满足本国小规模、多元化的需求。以此为基础，这部分生产就逐渐形成了“小规模生产技术”，成为发展中国家 FDI 的“特定优势”之一。如我国的瓷器、竹编制品、宣纸，土耳其的地毯等，这些产品的小规模技术主要是劳动密集型制造技术，生产的灵活性很大。发展中国家通过引进部分生产技术，然后结合实际加以改造，既能满足本国的需求，也可以将这种技术投入国际直接投资中，从而产生竞争优势。

第二，发展中国家跨国公司具有接近市场的地理优势。首先，发展中国家的跨国公司对当地的资源条件、产业配套状况更熟悉，能够充分整合、利用当地资源优化生产流程，使得技术更加适合当地生产，带来低成本优势。其次，发展中国家跨国企业通过到地理邻近国家，或者文化相近、经济发展水平相似的国家进行 FDI，可以形成一定的竞争优势。最后，发展中国家 FDI 还呈现出一定的民族特色，为海外同种族群体提供民族文化特色的商品，这方面更具有领先发达国家跨国公司的优势。

第三，发展中国家跨国公司具有价格相对较低的优势。首先，发展中国家劳动力成本较低，在劳动密集型产品的生产上具有先天优势；其次，发展中国家企业在生产运营上，更注重成本控制，在营销、广告等费用的开支相对较低。因为发展中国家的消费群体不如发达国家依赖品牌传播，所以产品更加物美价廉，产品性价比高，具有价格优势和竞争优势，有利于抢占市场份额。

威尔斯的小规模技术理论打破了传统 FDI 理论的观点，认为发展中国家将自身生产技术与市场特征结合起来，也能够形成满足小规模、多样化市场需求的竞争优势。另一位经济学家拉奥（Sanjaya Lall，1983）提出的技术地方化理论（localized technological change theory）也具有相似的结论。他提出的技术地方化概念与小规模技术理论有共通之处，认为发展中国家的跨国公司通过主动消化、改进国外先进技术，能够使产品更加适合本国经济条件和市场需求，形成特定的竞争优势。该理论认为，发展中国家跨国经营企业技术形成包含着企业特定的、内在的创新活动，这些与发达国家不同的创新活动构成了发展中国家跨国公司的特有优势。首先，发展中国家具有与发达国家不同的外在环境，因此在发展中国家形成的技术知识，是与该国的生产环境、要素价格乃至产品质量密切相关。其次，发展中国家生产的产品既适合本国的经济和需求，也同样能够适应相同收入水平国家的消费需求。基于以上原因，发展中国家企业能在较低技术水平上，根据独特的外在资源条件和环境因素，形成一国 FDI 企业的特有优势，这种优势既可以带动其对其他发展中国家的 FDI，同时发展中国家企业对成熟技术的创新也能够促进对发达国家的 FDI。

小规模技术和技术地方化理论从不同角度阐述了发展中国家企业跨国经营中的竞争优势，论证了发展中国家企业 FDI 的可能性，对于发展中国家企业 FDI 有重要的指导意义。小规模技术理论认为发展中国家企业可以通过错位竞争，满足国外市场特色化需求参与国际竞争。而技术地方化理论则更强调发展中国家创新的主动性，认为通过引进、消化先进国家技术之后，可以根据自身特点进行创新，然后再到与母国经济环境相似的国家进行直接投资，由此可形成不同于发达国家的独特的竞争优势。

### 2.3.2　投资发展周期理论

20 世纪 80 年代初，邓宁（Dunning）针对国际生产折衷理论缺乏动态分析的缺陷，提出了著名的投资发展周期理论，其目的在于进一步补充、完善国际生产折衷理论。投资发展周期理论主要是从国家生产力发展的动态角度，来解释一国的经济发展水平与国际直接投资地位的关系。这个理论既适用于发达国家也适用于发展中国家，但是特别引人注目的是该理论在发展中国家的应用，因此本章将其放到本节来分析。投资发展周期理论认为，从国家宏观角度观察，一个国家 FDI 倾向取决于两大因素：一是经济发展的阶段，主要是参考标准是人均 GDP 指标；二是该国所拥有的所有权优势、内部化优势和区位优势，这些因国家而异。以此为基础，邓宁根据人均国民生产总值水平，划分了四个对外投资发展阶段。

第一阶段（人均 GDP≤400 美元），既没有 FDI 输出也很少有 FDI 流入。这个阶段由于该国经济落后，科技水平低下，所以该国企业还没有所有权优势，很难有对外投资；同时由于本国经济落后，市场规模小，投资环境较差，外资流入量也很少。我国改革开放启动的 1978 年，人均 GDP 仅有 156.4 美元，无论是引进外资还是对外直接投资，数量都非常少。一直到 1993 年，我国人均 GDP 接近 400 亿美元之后，引进外资的步伐才开始明显加快。

第二阶段（400 美元 < 人均 GDP≤2000 美元），随着人均收入的提高，国内市场不断扩大，对外资的吸引力增加，外资大量流入。但由于国内经济发展有

限，科技水平仍然比较落后，国内企业的国际竞争力仍然不强，没有所有权优势，对外投资仍然很小。这个阶段正好对应我国 1994 ~ 2006 年，我国的外资引进大幅度提升，从 1993 年的不足 300 亿美元增长到 2005 年的 600 亿美元以上。但是，我国的对外直接投资仍然很少，“走出去”还在酝酿阶段。

第三阶段（2000 美元 < 人均 GDP≤4750 美元），随着本国企业实力的增长，逐渐具备所有权优势，对外直接投资大幅度上升，其速度甚至超过引进外资的速度。但是，由于对外投资还处于起步阶段，净对外投资仍为负值。进入这一阶段，标志着一国已走上国际生产专业化道路。按照这个标准，我国 2006 ~ 2010 年处于该阶段。在这 5 年间，我国引进外资从 630 亿美元增长到 1032 亿美元，增长了 63.8%；而对外直接投资则从 212 亿美元增长到 688 亿美元，增长了 2.2 倍，明显对外直接投资的增速要远远快于吸引外资的增速。但是，总体上吸引外资规模还是要大于对外直接投资的规模。

第四阶段（人均 GDP > 4750 美元），处于这一阶段的国家经济发展水平较高，科技实力增强，已经拥有了强大的所有权优势。此时，该国的对外直接投资迅猛增长，净对外投资额为正值并逐渐扩大。我国在 2011 年达到了这个标准，并且我国在 2013 年对外直接投资超过了引进外资规模，净对外投资额为正值并逐渐扩大，截至 2016 年，我国对外直接投资额为 1962 亿美元，而引进外资额为 1260 亿美元，净流出额达到 702 亿美元。

按照邓宁的投资发展周期理论，跨国投资是经济发展的必然结果，与一个国家的经济发展程度密切相关，是随着经济发展而进行动态演进的。从跨国投资的实践看，世界上发达国家和包括我国在内的发展中国家，国际投资的变化情况基本符合该趋势。

### 2.3.3 技术创新产业升级理论

20 世纪 80 年代中后期，发展中国家在 FDI 领域异军突起，发展中国家不但向临近或经济发展水平接近的发展中国家投资，还出现了韩国、巴西等新兴工业化国家向欧美发达国家 FDI 迅猛增长的趋势。这个现象在小规模技术和技术地方化理论里都找不到答案，一时成为学术界研究的热点问题。在这种背景下，1990年英国学者坎特威尔（Cantwell）开始关注并考察发展中国家的国际直接投资行为，并与他的学生托兰惕诺（Tolentino）共同提出了发展中国家的技术创新产业升级理论。该理论主要从技术累积过程出发，强调 FDI 前期经验的获得、局部技术变动的影响和技术积累对 FDI 后期变化的作用，动态地刻画了 FDI 的变化特征，专门解释发展中国家和地区向发达国家 FDI 迅速增长的现象。该理论提出后，就得到理论界的高度评价。

技术创新产业升级理论建立在两个基本命题之上：第一，发展中国家的产业升级伴随着企业技术水平的提高，而企业技术水平的提高则需要循序渐进、不断积累的"学习"过程，因此发展中国家主要是通过消化和吸收发达国家技术从而促进产业升级和经济发展；第二，根据垄断优势理论，发展中国家企业技术水平的提高能够带来相应的垄断优势，也就是说，随着发展中国家技术能力的提升，其 FDI 活动也会逐步增加。

根据以上两个基本假设，坎特威尔和托兰惕诺认为，发展中国家 FDI 的行业和区位分布是会随着时间而逐渐变化，并且是可以根据规律预测的，一般遵循如下规律：首先，发展中国家刚开始进行对外直接投资时，倾向于向地理上邻近的国家或者经济、文化相似的国家进行投资；其次，随着投资逐渐增多，经验不断积累，文化、种族等因素的重要程度逐渐下降，该国开始逐渐向非临近甚至文化差异比较大的国家进行投资，但是投资的形式一般是制造业和服务业的相对简单的产业环节；最后，发展到高级阶段，该国跨国企业逐渐向更加复杂和高端的制造业和服务业进行投资，并且开始向距离很远、文化差异很大的国家，甚至到发达国家进行直接投资。

技术创新产业升级理论动态解释了发展中国家经济发展和 FDI 的演变规律，尤其是新兴工业化国家 FDI 结构由向发展中国家投资逐渐向发达国家转移和由传统产业向高技术产业流动的变动轨迹。技术创新产业升级理论对于发展中国家通过 FDI 来加强国内技术创新与积累，进而促进产业结构升级、提高产业国际竞争力具有重要的意义。

### 2.3.4 竞争发展阶段的理论

1990年年初，波特在出版的《国家的竞争优势》中，提出了“国家竞争优势论”。他在研究影响国家竞争优势的基本因素的基础上，提出了著名的国家竞争发展阶段理论。波特根据国家具有的竞争优势把国家经济发展划分为四个阶段：要素驱动阶段、投资驱动阶段、创新驱动阶段和财富驱动阶段。前三个阶段国家竞争优势不断提高，一般伴随着持续的经济繁荣；第四个阶段是竞争优势逐渐趋向衰落的阶段，意味着该国要再造竞争新优势。竞争发展阶段理论揭示了经济发展过程中主要驱动因素的变化途径。

资源要素驱动阶段：当一个国家的经济处于初始发展阶段时，要想在国际生产中取得成功，必须从自然资源、廉价劳动力等基本生产要素中取得竞争优势，因此这个阶段被称为资源要素驱动阶段。处于该阶段的本国企业，对于世界经济周期及汇率都很敏感，并且容易受到要素优势丧失的危险。有一些国家，由于占有充足的资源，甚至能够维持较高的收入，但是经济基础却是非常的薄弱。

投资驱动阶段：该阶段国家的经济基础依然薄弱，但是国家通过改善要素供给和基础设施，鼓励本国企业投资兴建一些现代化的生产设施。国家的各类经济主体，都积极进行投资，通过改进基础设施和引进技术，利用本国资源要素低廉的优势，从而推动经济发展。在此阶段FDI取决于国内企业主动投资的意愿和能力。企业有能力对引进的技术加以消化、吸收和改进，是一国达到投资驱动阶段的主要因素。

创新驱动阶段：在此阶段，本国企业不满足于改进技术和方法，开始进行发明创造，企业更加注重自主研发能力，技术创新已经成为国家竞争力的核心要素。从宏观来看，国内总体科学技术基础、创新的市场环境都非常有利于企业的创新产生。一些企业通过积累市场资源和技术知识，率先转移到创新阶段，从而获得高级竞争优势。随着全球经济一体化，外部环境逐步改善，这些企业从起初的只在国内创新、生产和经营，开始在全球范围对外直接投资，从而扩大创新的产出和经济利益，成为全球特定行业领域的领导者。处于该阶段的企业拥有产品的生产技术优势并且产品具有异质性，因此在国际竞争中处于优势地位，抵抗经济波动的能力较强，不容易受到成本的冲击和汇率的波动影响。

财富驱动阶段：在此阶段，企业进行投资和技术创新的意愿减弱，金融投资的比重上升，财富成为国家竞争力的主要因素。因此，大多数经济学家也认为，财富驱动阶段是一个最终走向衰落的阶段。因为在这个阶段，企业追求的是财富泡沫而不是技术创新，随着企业持续投资创造新动机的削弱，大量的资金被投入跨国并购或者金融资产，即经济增长的动力持续衰竭，经济的泡沫反而越来越大。随着这阶段向前发展，很多的公司在经济波动和金融危机中破产倒闭，失业和不充分就业持续存在，生活水平开始下降。

波特对国家经济发展阶段的划分完善了 FDI 理论。竞争发展阶段理论创新性地将经济发展中的要素特征与竞争优势结合起来，论证了一个国家从依靠资源要素驱动、投资驱动、创新驱动以及财富驱动四个阶段递进的演变规律。在每一个发展阶段，都有特定的跨国投资模式与之相配合。在经济全球化背景下，一国的竞争优势是动态前进的，随着国内产业结构的升级和产业竞争力的提高，一国逐渐具备了对外直接投资的能力。

## 2.4 小结

国际贸易、国际投资都是国际生产分工发展到一定阶段的产物。由于国际投资是直到 19 世纪上半叶才开始出现并发展，但是其理论思想与国际贸易一脉相承，归根结底都是国际分工的产物。15 ~ 17 世纪的重商主义学说，追求货币的积累，在当时的历史条件下主要是通过“奖出限入”的贸易政策来实现。在现代经济条件下，通过跨国投资也能够赚取财富，实现一国的财富积累。亚当·斯密的绝对优势理论和大卫·李嘉图的比较优势理论，从本质上讲，就是通过国际分工实现贸易利益最大化。在当时的条件下，生产要素的不可流动性，使得商品流动成为国际分工和交换的载体。目前，随着科技的发展，生产要素（资本、劳动）都可以跨国流动，那么通过生产要素的跨国流动，尤其是资本的跨国流动，同样可以促进国际分工，从而提高劳动生产率，实现全球利益最大化。

可见，古典国际贸易理论是国际直接投资的理论源泉。重商主义学说、亚当·斯密的绝对优势思想、大卫·李嘉图的比较优势思想和约翰·斯图亚特·穆勒的相互需求思想，以及赫克歇尔及学生俄林的“资源禀赋说”，均为国际直接投资理论提供了基础和营养。古典经济学派的经济自由主义思想，对国际直接投资理论影响深远，一直影响到当今投资自由化、便利化的思潮①。

经济学家们对国际投资的兴趣可以追溯至很早以前。不过，试图运用现代经济分析方法理解国际直接投资的原因和演变趋势的努力始于20世纪60年代。国际直接投资的研究对象是跨国公司的对外直接投资行为，研究的核心是跨国公司对外直接投资的动机、决定因素、行为方式和条件等。目前对对外直接投资的研究较多，已经形成了比较完善的理论体系。但对这些庞杂的理论进行分类是具有挑战性的工作，到目前为止，不同学者从不同角度进行了大量的梳理，主要有以下线索：

一是以FDI理论发展的时间先后顺序，评述其相关理论，可以划分为早期三大FDI理论（垄断优势理论、产品生命周期理论和内部化理论）、国际生产折衷理论、小岛清比较优势论和发展中国家对外直接投资理论等。这种划分的缺陷是，随着研究的深入和理论的发展，难以从时间维度建构科学的理论体系。

二是以研究对象来划分，可以分为发达国家FDI理论和发展中国家FDI理论。发达国家FDI是当今FDI理论研究的主流，而新型市场经济国家FDI理论的研究也逐渐受到重视。所以很多理论梳理主要以主流的发达国家FDI理论为主。这种划分方法虽然简洁明了，但是却日益显示出简单粗暴，随着微观视角跨国投资理论的研究，很难从国家的维度去区分和建构理论体系。

三是从研究的视角来划分，可以分为对FDI动因的研究、FDI进入模式的研究、FDI绩效和FDI区位等的研究。这样的区分缺点也比较明显，因为每个理论可能包含若干个方面，很难将一个理论对应一个视角，也常难以建构科学的理论体系。

但是，以上的区分还是基于国家宏观层面的区分。一般认为，发达国家到发

---

① 高薇. 国际直接投资理论的演变及其对中国的启示［D］. 吉林大学，2011.

展中国家的 FDI 是垂直型 FDI，主要是充分利用成本和要素价格差异；发达国家之间或发展中国家之间的 FDI 是水平型 FDI，主要是市场寻求型。但是，这种粗糙的分类方法与现实越来越矛盾。

综上所述，西方经济学关于对外投资的理论，尤其是发展中国家对外投资的理论，尽管有些分析框架或许不符合中国国情，但对于我国实施“走出去”战略至少具有借鉴意义。如对中国企业走出去的规模、行业选择、东道国的国别选择及对外投资政策的制定等具有参考价值。

# 第3章

# FDI技术溢出的机理研究

经过近40年的改革开放，中国已成为全球最大的FDI流入国之一。利用FDI的溢出效应促进经济增长和技术进步是我国吸引外商直接投资的重要目的。但是，从跨国公司的视角来看，虽然跨国公司是世界先进技术的主要发明者，但追求利益最大化是其天然的本性，跨国公司更倾向于内部化实现其技术转移。那么，我们不仅要问，FDI是否能促进东道国技术进步？如果能，那么FDI是如何促进东道国技术进步的？本章将在回顾当前FDI技术溢出理论的基础上，结合我国的实际情况，来深入分析我国引进外资促进国内技术进步的机制。

## 3.1 国内外研究综述

国内外关于FDI溢出效应的研究文献相当丰富，几十年来国内外学者对FDI溢出效应的研究主要集中于三个层面，如图3－1所示。第一层面，也是最基础的层面，学术界的基本问题是：对于特定国家的特定时期而言，FDI的溢出效应是否存在？也就对FDI溢出效果的评价。第二层面研究的问题是：FDI溢出效应是如何产生的？也就是作用机制或者说是溢出渠道的研究。第三层面研究的问题是：哪些因素对FDI的溢出效应产生了影响？也就是制约因素的问题。本章对国内外学者相关研究的回顾也正是在这三个层面上依次展开。

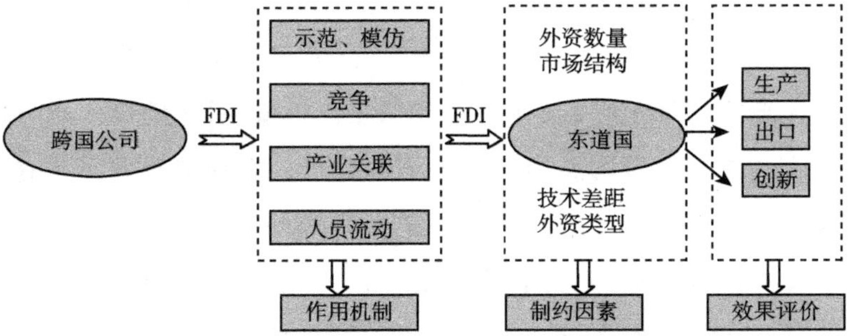


图 3－1　FDI 溢出效应研究框架

### 3.1.1　FDI 溢出效应的效果评价

澳大利亚经济学家 MacDougall 是最早进行 FDI 溢出效应研究的学者。1960 年，MacDougall 在分析 FDI 的一般福利效应时，第一次把溢出效应视为 FDI 的一个重要现象。同一时期博伦兹斯坦、格雷戈里奥等人通过大量的实证研究，使用来自 69 个发展中国家的小组数据以检验来自经合组织的 FDI 对发展中国家经济增长的影响，发现 FDI 确实为东道国经济增长做出了积极的贡献，并且其对于增长的效应是高于国内投资对经济的效应。早期的研究大多是从宏观层面对 FDI 溢出效应是否存在进行实证研究。

Caves 较早地从产业层面对 FDI 的溢出效应进行了计量研究，他将外资作为一个独立的生产要素纳入当地企业的生产函数中。通过对澳大利亚 1969 年产业层面数据的计量分析，Caves 发现外资确实对澳大利亚相关产业的劳动生产率有着正面积极的影响（Caves，1974）。Caves 把这方面的问题称为 FDI 的溢出效应，并归纳为以下四种情况：（1）外资企业出现后所带来的种种压力，迫使东道国企业充分发挥现有技术的效率，提高产品生产质量；（2）外资企业将相关技术提供给上游或下游的企业厂商；（3）外资企业培训的技术工人、管理人员进入东道国内资企业；（4）外资企业带来的市场竞争压力，迫使东道国企业增加技术投入，提高技术水平和进行技术创新。

类似的研究，如 Globerman（1979）对加拿大的研究、Blomstrom（1983，1986）对墨西哥的研究、Kokko 等（1996）对乌拉圭的研究、Flores 等（2000）

对葡萄牙的研究、Sjoholm（2001）对印度尼西亚的研究、Dimelis 和 Louri（2002）对希腊的研究都得出了肯定的结论，证实了 FDI 溢出效应的存在。此外，还有一些学者通过国别研究得出了不同的结论。Cantwell（1989）通过对 1955～1975 年在欧洲内进行投资的美国跨国公司的分析，发现美资并不是在所有行业都产生了溢出效应，FDI 的溢出效应主要产生在那些技术差距较小的产业。

随着 FDI 在我国经济中的地位不断上升，FDI 受到中国学者的广泛关注，他们从多种角度对 FDI 进行了研究，包括 FDI 的自身效应与溢出效应。从目前来看，国内多数研究集中在 FDI 的溢出效应，如技术的溢出效应、对贸易的带动效应等。从实践角度来看，这些研究加深了对跨国直接投资的认识，从而为更好利用 FDI 打下基础；从理论角度来看，这些研究成果也是对 FDI 理论的丰富和发展。

很多国内学者从不同角度论证了溢出效应的积极作用。江小涓、李蕊（2002）通过对比方法，探讨了工业内 FDI 的技术溢出效应；徐涛（2003）在经验分析的基础上，通过生产函数变形方法探讨了跨国直接投资的技术溢出效应；刘金钵、朱晓明（2004）分析了 FDI 产生技术溢出效应的机理，建立了衡量技术溢出效应的回归模型，并利用模型对我国工业领域内 FDI 的技术溢出效应进行了测量。结果显示，1993～2002 年，我国工业领域内的 FDI 对技术进步起到了促进作用。

在产业和行业层面上，严冰（2003）利用我国 35 个行业 1998～2003 年的经济数据建立模型，回归分析得出：整体上 FDI 溢出效应在我国还是很明显的，但是在不同行业、不同地区差异很大，有的行业 FDI 溢出效应并不明显；从技术细分看，跨国公司对我国管理和模仿应用层面的技术溢出效应较明显，但是核心技术的溢出效应不明显。另外，严兵还初步考察了行业间 FDI 溢出效应，发现在我国行业间的溢出效应不明显。张雪倩（2003）以中国汽车工业为例分析跨国公司在中国的溢出效应。通过实证分析得出结论：跨国公司在中国汽车工业的投资对于促进中国的技术进步和提高产业结构升级有积极作用。俞春娇、郭晓兰（2004）分析了产业联系在 FDI 溢出中的重要性以及我国企业与外商投资企业的产业联系的现状，并在此基础上提出加强国内企业与外商投资企业的产业联系，促进 FDI 外溢效应的相关政策。

### 3.1.2　FDI 溢出效应的传导机制

随着人们对 FDI 溢出效应研究的不断深入，人们更多关注 FDI 溢出效应的传导机制和影响因素，并且研究的层面深入具体的产业和行业：一方面从具体的行业来分析溢出效应，重视不同行业市场结构的差异；另一方面逐渐重视不同行业间前后向的关联效应。

关于溢出效应的作用机制，Caves（1974）根据技术扩散对当地厂商的不同影响，比较全面地分析了 FDI 溢出效应可能产生的途径。首先，本来具有强大行业壁垒的产业由于跨国公司的强行进入，垄断扭曲受到遏止，资源配置得到改善；其次，来自跨国公司不断增加的竞争压力或示范效应，刺激当地厂商更加有效地使用现有资源，推动当地技术效率提高；最后，由于竞争和反复模仿等原因，跨国公司的进入将加快技术转移和扩散的速度。目前，理论界对 FDI 溢出机制和渠道的研究基本上可以归纳为以下四个方面，如表 3－1 所示。

**表 3－1　FDI 溢出效应的发生途径**

| 发生途径 | 作用机理 |
|---|---|
| 示范－模仿 | · 学习并采用更先进的生产方法和管理技能<br>· 通过逆向工程来研发新产品 |
| 竞争 | · X 非效率的降低<br>· 提高研发和采用新技术的速度 |
| 关联 | · 跨国公司对产业上下游合作伙伴提供帮助<br>· 更高的技术标准促使当地合作企业提高技术水平 |
| 人力资本流动 | · 人力资本质量的提高<br>· 技能知识随着人力资本的流动而转移 |

（1）示范－模仿效应。

示范－模仿效应即 Kokko（1992）所说的传染效应（contagion effect）。指由于跨国公司与东道国本土企业之间存在技术差距，东道国企业可能通过学习、模仿其行为提高自身技术和生产力水平。外资企业不仅将新设备、新产品或者新的加工方法引入国内市场，还带来了产品选择、销售策略以及管理理念等非物化技术。示范－模仿效应刺激东道国企业以各种方法获取该产品的生产工艺和技术。通常，技术生产面临相当大的一次性成本和未来收益的不确定性，但技术复制（或模仿）成本很低。这里主要有两种技术模仿：纯技术复制和逆向工程，逆向工程指通过对外资企业生产的产品加以细致研究获取相应技术。FDI 技术转移扩大了东道国的可得技术库，这是当地企业模仿乃至创新的前提。

蒂尔顿（1971）和莱克（1979）在研究欧洲半导体工业时，强调了美国跨国公司的技术示范效应；雷德尔（1975）在研究中国香港经济中发现，跨国公司子公司的示范效应是推动 20 世纪 60 年代香港制成品出口迅速增长的一大原因；曼斯菲尔德和罗米欧（1980）认为，由于跨国公司母公司转移给子公司的技术一般要比外售的更加先进，因此子公司的技术进口引起了当地竞争对手的竞相模仿。

（2）竞争效应。

这一效应多发生于产业内各厂商之间（intra-industry）。竞争强调的是技术效率的改善和技术水平的提高，竞争效应取决于市场环境、跨国公司子公司与东道国企业的相互影响。文献中此类效应的作用具有两面性。有关正向影响的研究认为，竞争效应一方面指跨国公司子公司与东道国企业争夺有限的市场资源，加大了市场竞争，刺激当地企业更加有效地使用现有的资源，推动当地技术效率的提高和技术升级；另一方面指在本来具有强大行业壁垒的产业，由于跨国公司的强行进入而在一定程度上消除垄断，社会福利水平得以提高。

Kokko（1992）认为由于竞争而产生的溢出效应主要决定于外国公司与当地厂商的市场特征及其相互影响。旺和布洛姆斯罗姆（1992）将溢出视为跨国公司子公司和当地企业间策略性竞争的内生现象，构建了一个关于跨国公司子公司与当地企业博弈的基本模型，如图 3－2 所示。一方面，他们假设跨国公司能意识到技术扩散的成本；另一方面，假定当地厂商也能意识到溢出的存在。无论跨国公司子公司还是当地企业，都可以通过其投资决策影响溢出水平；跨国公司对新技术的投资越多，溢出越多；当地企业对学习的投资越多，其吸收溢出的能力就越强。事实上，由于溢出促进了当地企业的技术进步，缩小了技术差距，从而减少了跨国公司的准租金；跨国公司子公司为了维护其产品的“技术比较优势”，被迫引进或开发新技术，以恢复其市场份额和利润，结果导致新一轮的溢出，即所谓的溢出正反馈。同理，当地厂商的学习行为也存在着这种效应。

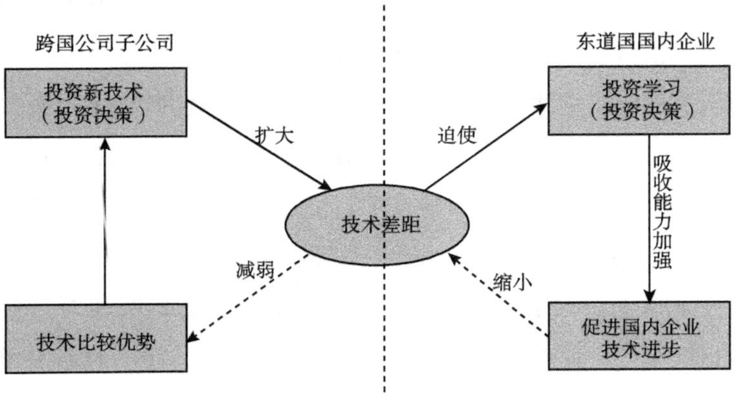


图 3－2　跨国公司子公司与当地企业博弈的基本模型

（3）关联效应。

关联效应被视为一种产业间溢出，包括前向联系和后向联系。后向联系指跨国公司子公司通过技术转让、人员培训、建立质量标准等，帮助当地供应商改善产品质量和产品多样性以及劳动生产率；前向联系指跨国公司子公司向下游当地企业提供了更先进的投入品，向经销商传授先进的营销方式等。通常，跨国公司子公司会向当地供应商或客户收取一定的费用，但不可能攫取全部的生产力溢出得益。与技术溢出的其他途径不同，产业关联需要通过市场交易而发生。通过后向联系，跨国公司子公司促进了当地中间品产业发展，进而由于前向联系提高了本土竞争性企业的生产力。Ariken 和 Harrison（1991）认为，来自前向联系的溢出在大多数行业都很重要。FDI 企业引进先进技术设备对引进国当地有关技术设备维修业务发展的促进也被认为是前向联系的表现之一。

（4）人力资本流动。

发达国家的经验证实，国外资本所具有的竞争优势是无法脱离其人力资源而完全物化在设备和技术上的。跨国公司子公司对当地雇员的培训扩大了人力资本供给。因此，跨国公司海外投资项目的有效运转，往往和当地人力资源的培训开发结合在一起，如当地技术及管理人员和跨国公司总部派遣的专家一起工作；对当地人员进行培训；当地技术人员参与对技术、产品和工艺的改进工作甚至研发活动；高级管理人员了解、参与跨国公司全球网络的运作过程。当雇员离开跨国公司子公司流向其他企业或自创企业时，在跨国公司子公司受雇时所学的各种管理经验和技术知识就会随之外流，发生外溢效应。

对于以人员的流动方式产生的溢出，西蒙 1991 年在研究中国台湾经济时给予了充分的论证。他发现中国台湾技术扩散的主要媒体是技术人员的流动，他们在外资企业工作若干年后，用学到的技术、信息和其他形式的技术创立自己的企业。说明人力资本流动也是技术溢出的一种重要方式。这里的流动既包括人力资本的“有形”转移，也包括人力资本“无形”转移。跨国公司对当地雇员的培训是技术溢出的基础。经过技术培训的技术工人和管理人员一旦将来由跨国公司流向其他企业或自创企业时，其在子公司受雇时所学的各种技术也随之外流，从而引起溢出。

国内研究方面，姜磊、高云超（2004）利用 Barro（1995）、罗默（1987，1990）提出的生产函数构建经济增长的内生模型，其中 FDI 被认为是要素技术扩散渠道，通过资本品种数量不断增加来实现技术进步；并结合中国实际给出实证分析，FDI 对中国有明显的技术溢出效应，但其大小在整个技术进步水平中的比例不断减小，证明中国正从依靠 FDI 的技术溢出效应实现技术进步不断转向靠内部研发实现技术进步的良性过程。

### 3.1.3 FDI 溢出效应的影响因素

在影响 FDI 溢出效应的因素上，国外经济学家通过大量的实证研究发现，外资数量、东道国国内各产业的竞争程度、当地企业对新技术的吸收能力以及与外资企业的技术差距、外资企业类型等被认为是影响 FDI 溢出效应的主要因素。

（1）外资数量。

FDI 溢出效应的大小与该国外资数量有一定关系。外资数量衡量了一国的对外开放程度，这种开放度通常用产业内外资的比重来衡量。因为外资比重越大，当地企业与其接触的机会就越多，示范－模仿效应发生的可能性就越大。Findley（1978）、Batiz（1991）从中间产品投入多样化的角度证实了对外开放程度与 FDI 技术外溢效应之间的正相关性。Kokko（1994）对墨西哥制造业中外资企业与当地企业经营行为进行了分析，结果表明，外资企业与当地企业的劳动生产率是由两者共同决定的，通过示范－模仿机制产生的溢出效应主要由外资比例决定。

（2）市场竞争程度。

东道国国内市场竞争程度越高，外资企业对当地企业的溢出效应越明显。一方面，较高的市场竞争程度迫使外资企业尽早采用母公司的新技术以提高其市场竞争力；另一方面，国内企业在激烈的市场竞争中也会逐渐积累较强的学习能力和模仿能力。已有研究多采用赫芬德尔指数（Herfindahl index）来衡量由于外资进入所带来的竞争也对当地企业的生产率产生了重要的、积极的影响。Sjoholm（1999）利用赫芬德尔指数对印度尼西亚进行的研究结果也表明，在竞争充分的产业内，FDI 的溢出效应效果更为明显。

（3）东道国企业技术吸收能力。

很多学者把研究的重点放在东道国企业对技术的吸收能力上。新增长理论认为在国际技术溢出过程中，技术溢出效果与发展中国家、发达国家之间的技术差距，尤其是初始的技术差距成正比。新增长理论的技术扩散模型一般假设由于落后国家对先进国家的技术模仿成本要远远小于先进国家的技术创新成本，而且初始技术水平差距越大，落后国家的模仿回报率越高，因此落后国家完全有可能利用这一后发优势实现赶超效应，即存在技术趋同效应（technology convergence）。然而，很多对 FDI 技术溢出的实证研究却并不支持这一观点。Imbriani 和Reganati（1997）对意大利的检验表明外资企业技术溢出效果与内、外企技术水平差距成反比，Kokko（1994）、Kokko，Tansin 和 Zejan（1996）对墨西哥、乌拉圭的研究也发现，如果外资企业技术水平显著高于国内企业，则几乎不存在任何外溢效应。关键原因在于如果内、外资企业技术水平差距过大，虽然可供国内企业进行技术模仿、学习的机会很多，然而由于内资企业自身没有足够的技术能力去吸收、模仿外资企业的技术，导致最后技术溢出效果很小。Liu 等（2000）通过对英国 48 个制造业产业 1991～1995 年数据的研究，发现 FDI 对英国制造业的生产力有着明显的促进作用，这种作用不仅依赖于外资的数量，同时还依赖于英国国内企业自身的生产技术水平。

关于 FDI 溢出效应的影响因素，我国学者基本上认同国外学者的结论。很多文献把技术水平差距、人力资本存量、经济开放程度、市场竞争程度作为解释变量，把 FDI 溢出效应的大小作为被解释变量，建立线形相关统计模型进行回归分析，考察各个影响因素的影响程度。包群、赖明勇（2003）通过计量分析证明：经济开放度的提高、基础设施的建设与完善都有助于促进外商投资企业的溢出效果；内、外资企业的技术差距和我国国内市场竞争程度两类变量对 FDI 溢出的影响还难以确定；同时，以外商投资额占总投资比重来衡量的国内市场竞争度对 FDI 外溢的影响也难以确定。严兵（2003）通过对我国 35 个行业 1998 ~ 2003 年的经济数据建立模型分析影响因素，得出了大致相同的结论：中外技术水平差距对溢出效应的影响不确定；引进外资规模（开放程度）对 FDI 溢出效应有明显的作用。

## *3. 2*

## FDI 溢出效应的内涵及特征

### 3. 2. 1　FDI 溢出效应的参与主体

（1）跨国公司。

在 FDI 的溢出效应中，FDI 的输出方起到十分关键的作用。在以 FDI 为载体的国际资本和技术转移中，资本和技术的输出方一般情况下为跨国公司。资本和技术输出方的行为受输出意愿和输出能力两个基本变量的制约。一般这两个变量被统称为跨国公司对外直接投资的动因。

关于对外投资者的投资动因，理论上已经相当成熟，主要包括以下几种理论：

①垄断优势理论。垄断优势理论最先由斯蒂芬·海默（Stephen Hymer）在 20 世纪 60 年代提出，他认为，跨国公司对外直接投资的动因在于其拥有一系列

垄断经营优势。继海默之后，他的导师金德尔伯格（Charles P. Kindleberger）进一步研究了跨国公司拥有的垄断优势，从而形成了垄断优势理论较完整的理论体系。在这种理论中，跨国公司的垄断优势主要表现在如下方面：一是市场垄断优势，如产品性能差别、特殊销售技巧、控制市场价格的能力等；二是生产垄断优势，如经营管理技能、融资能力、管理人才优势、掌握的技术专利与专有技术；三是规模经济优势，即通过内部的横向一体化或纵向一体化，在供、产、销等各环节的衔接上提高效率；四是政府的课税、关税等贸易限制措施产生的市场进入或退出障碍，导致跨国公司通过 FDI 利用其垄断优势。

②产品生命周期理论。产品生命周期理论由美国哈佛大学教授弗农（Raymond Vernon）在 20 世纪 60 年代最先提出。他把产品生命周期分为三个阶段，并以三种类型国家（即：作为创造发明国的美国、其他发达国家和发展中国家）在不同阶段的生产、进出口和消费特点分析对外直接投资过程。第一阶段是新产品引入市场阶段。弗农假定美国技术领先，因此，在这个阶段产品生产和销售主要发生在美国，当生产有一定发展时出口到其他发达国家。第二阶段是成熟产品阶段。在这一阶段，国内市场日趋饱和，国外市场需求扩大，产品开始增加向其他国家的出口，并逐步扩大对外直接投资。第三阶段是标准化产品阶段。为了降低成本适应竞争，各发达国家的产品生产企业开始在发展中国家直接投资，将产品返销母国或其他发达国家。接受直接投资的发展中国家成为产品净出口国，母国和其他发达国家逐渐成为产品净进口国。

③内部化理论。内部化理论最早出现于 20 世纪 70 年代末，该理论的代表人物是英国学者巴克利（P. J. Buckley）、卡森（M. Carson）和加拿大学者拉格曼（A. M. Rugman）。内部化理论的基本观点是：跨国公司对外直接投资的动因是市场的不完全性，即市场交易难以保证企业获得最大利润，于是企业通过跨国经营活动将中间产品内部化，以获取最大利润。产品生产过程中生产阶段较多的企业倾向于对外直接投资将中间产品内部化。

④国际生产折中理论。国际生产折中理论由英国经济学家邓宁在 1977 年提出。这是一种综合理论，它将以前经济学者提出的生产要素禀赋论、垄断优势论、内部化理论以及区位理论有机结合起来。根据国际生产折中理论，一国企业

进行对外直接投资，必须具备三种优势，即所有权优势、内部化优势和区位优势。

值得注意的是，这四种理论都是以跨国公司为立足点发展起来的，它们都阐述了跨国公司对外直接投资进行资本、技术转移的目的，那就是追求企业利润最大化，而绝不是帮助其他国家提高经济增长速度和技术水平，虽然客观上能起到一定程度的作用。

（2）东道国企业。

输入方是 FDI 转移过程的另一个主体。FDI 输入方通常是一个企业，在本书中，这个企业指的是跨国公司在东道国通过并购或新建投资建立的“三资”企业，包括合资、合作与独资企业。FDI 输入方也有两个变量对 FDI 的溢出过程起决定作用，一是它获取内部化技术的意愿，出于本书分析工作的前提，这一点毋庸置疑；二是它吸收相关技术的能力，这是至关重要的条件。对于一个企业来讲，这种能力主要包括在各种技术中进行选择的能力、掌握引进技术的能力以及对产品和生产过程进行一定程度的创新的能力。企业的吸收能力主要受企业 R&D 投入和企业的人力资本因素的制约。本书突破微观的企业视角，而是从一个较为宏观的视角来研究 FDI，把 FDI 的东道国看作一个整体作为国际资本、技术转移过程的输入方。这样，输入方的吸收能力就包括东道国的经济发展水平（R&D 水平和人力资本存量包括在内）、市场结构、行业关联效应等多个因素。

东道国的吸收能力与其经济发展水平密切相关，经济水平越高，一国的技术基础越好，技术吸收能力也越高。当国家之间的经济发展水平相差较大时，由于落后国家技术吸收能力太低，发达国家只能转移较落后的技术，或者把发展中国家作为向落后国家转移技术的桥梁。而如果差距太大，技术转移将不会发生，因为该地区如此落后，技术差别如此之大，使得先进技术在此地区不能应用。同时，技术转移的成本很高，因为技术应用和改造需要最低技术能力和基础，以及必要的物质和人力资本。随着经济水平的不断提高，一国的技术基础也得到改善，该国也具备了一定的 R&D 能力，那么跨国公司才会向该地区转移较先进的技术。

东道国的市场结构也会影响技术转移的速度和类型。研究表明，既非完全竞争也非完全垄断，而是温和的寡头竞争市场最有利于技术转移。在经济技术落后的发展中国家，跨国公司往往能占据行业主导地位，垄断地位使跨国公司失去了采用先进技术的压力。而在竞争的条件下，跨国公司将不得不采用先进的技术，而且技术传递是多方向的。在某一行业，如果东道国具有较强创新能力的一些企业，跨国公司的进入使这些企业不得不加强研发，竞争力的加强迫使跨国公司引进更先进的技术，而这又进一步增加了当地企业的学习渠道，有利于技术能力的提高。这样能够形成一种螺旋式技术进步的态势。

东道国当地上、下游配套行业形成的行业关联效应同样是构成吸收能力的重要因素。例如，中国天津地区集中了通讯行业外商投资企业的关键原因就在于当地具有良好的配套产业群，类似的产业群还有长江三角洲地区的半导体产业群、珠江三角洲地区的电子产业群等。这种产业群，又称为产业集聚，从规模经济、技术互补性等方面对东道国的吸收能力有重要的影响。

（3）东道国政府。

政府是 FDI 转移过程中的一个重要参与者。但是，输入国政府与输出国政府在 FDI 转移过程中的重要性并不完全一致。由于大多数国家的政府并不限制向国外的投资，因此，与 FDI 输入国政府相比，输出国政府对技术转移的影响是较弱的，而输入国政府的作用明显而有影响力。在许多发展中国家，输入国政府不仅是通过经济政策起作用的介入者，而且也是许多 FDI 转移的直接参与者。此外，在一个高度控制的经济体系中，政府对于外源技术依赖程度、国际收支平衡状况、进出口的增长和当地资源的利用效率等问题都非常敏感。

东道国政府的政策对技术转移过程起着重要的作用，根据 Blomstrom 和Kokko（1992）的技术转移模型，提高东道国的市场竞争性能够迫使跨国公司不断引进新的技术。同样地，提高东道国企业的学习能力和劳动力水平能够降低技术转移的成本，这也会鼓励新技术的引进。因此，鼓励本国企业投资，加强市场竞争，提高本国人力资源教育水平的政策能够促进技术的转移。

另外，东道国对 FDI 的优惠税收政策会鼓励 FDI 的进入，如中国对“三资”企业所得税的“二免三减半”政策有效地促进了 FDI 的进入。从法律政策方面来讲，对知识产权的保护力度也会直接影响先进技术的输入。在进入一个外国市场时，跨国公司通常会考虑自己的技术会不会被竞争对手很快地掌握，为了保持自己的技术优势，跨国公司会考虑尽量到知识产权保护力度大的地区投资。

### 3.2.2 FDI 溢出效应外部性的内涵

由经济学原理可知，外部效应是指一个行为主体的行为对其他客观主体经济福利的影响，包括正的外部效应和负的外部效应。FDI 进入东道国以后，对东道国也产生外部效应，正的外部效应主要表现为 FDI 对东道国的溢出效应，负的外部效应主要表现为 FDI 对东道国企业的挤出效应。

FDI 对东道国企业的正外部效应主要表现为 FDI 的溢出效应。外商直接投资对东道国的溢出效应主要表现为：宏观层面主要表现为 FDI 对东道国经济发展水平的影响，如对东道国 GDP 的影响，对东道国资本形成、就业状态、税收和东道国进出口等影响；中、微观层面 FDI 溢出效应主要表现为 FDI 对东道国某些行业或企业层面的影响，一般可以描述为外商直接投资的进入使得东道国的本土企业或行业获取的劳动生产效率或产出水平的提高。外资企业对东道国企业负的外部效应的主要表现为 FDI 的挤出效应，挤出效应的主要含义是指对东道国企业的市场和东道国资本的投资机会进行侵占，造成东道国企业倒闭或市场萎缩，或者造成东道国资本投资量的减少等。FDI 的挤出效应主要表现为对国内企业市场和国内资本的挤出效应。外国企业的进入可能会对当地的企业造成一定的冲击，许多企业会在此冲击中倒闭或市场份额大大降低，在某种程度上被挤出市场。另外，外资企业的资本实力强大，国内的投资资本可能被挤出。

FDI 的外部效应可以分为溢出效应与挤出效应，两种效应其实是相互关联的。在 FDI 产生挤出效应的过程中，实际上也产生了溢出效应，主要表现为 FDI 挤出的都是实力较小而经营不善的企业，而在挤出过程中实际上向实力较为强大的东道国企业提供新的竞争平台，促使其提高自身竞争力，从而实现了经营模式、技术水平的溢出。这两种效应是同时存在、不可分割的，因此在计量上我们往往得到的是这两种效应的中和，即综合的外部性。

### 3.2.3 FDI 溢出效应的特征

FDI 的溢出效应具有一些独特特性，既表明了它的重要性，又体现了对它加以准确研究的困难所在。

（1）非市场化。

资本的转让或技术购买都是市场化的行为，也就是说，会给一个市场定价，用利息或技术费用的收入或支出就能衡量资本或技术活动的强弱。但 FDI 的溢出没有市场价格，它的产生基于知识的外部性特征：给他人造成成本或收益，却无须支付代价或无法得到补偿。外部性误导资源配置，如果有正的溢出，意味着给其他机构带来了好处却没有得到相应的收入，表明外企没有获得足够的经济报酬，东道国给予各种优惠以鼓励国际直接投资就是合乎道理的；如果直接投资有负的溢出，即给其他机构造成损失却不用付出代价，意味着政府限制外资是合理的举动。从理论上来说，弄清楚外资在哪些区域和产业有正的或负的溢出，就可以采取相应的鼓励或限制政策。现在各国之所以纷纷出台鼓励政策以吸引外资，就是基于这样的看法：外资有正的溢出。

（2）无目的性。

资本或技术转让有供求双方，转让的对象是谁、转让包括哪些内容、什么时候生效、以何种方式执行、要求达到什么效果等问题都可以明确谈判，加以约定。但 FDI 的溢出效应却完全不同，它并不是有意为之的，事先并不会明确知道溢出的对象、内容、效果等，但并不表明人们对此无能为力，通过一定的措施还是可以促进或减轻溢出的产生的。因为这种范围和内容的不确定性，溢出的效果常常被人低估。

（3）难以衡量。

作为外部效应的溢出效应无法直接衡量。现有的衡量方式基本上属于间接性的，其准确性受到许多因素的影响。发展中国家倾向于认为国际直接投资产生正的溢出效应，所以纷纷采取各种优惠措施以吸引外资，实际上溢出的方向和大小在各个国家的情况不尽相同，现有文献并没有一个统一研究结果，这方面的研究还有待深入，尤其需要对更多国家、更多产业和更多企业的实证研究，为这一新的领域进行理论分析提供更为广泛和深入的实践基础。

# 3.3

# FDI溢出效应对我国经济的影响机制

## 3.3.1 对我国工业经济增长影响的传导过程

FDI对我国工业经济增长的传导机制归结为以下几种渠道：劳动投入效应、资本形成效应及外溢效应。

其中FDI溢出效应又可以通过微宏观两个层面对所进入东道国各行业的生产率产生影响：在宏观层面上可以影响东道国的产业结构及东道国的对外贸易等方面，从而推动东道国的经济增长；在微观层面上可以通过影响东道国企业人力资本水平、管理效率和技术水平等，进而对一企业的生产率产生影响，最终推动东道国的经济增长。

FDI对东道国经济增长的传导机制如图3－3所示。FDI可以通过资本形成效应以及劳动投入效应从“量”上来直接推动经济增长；也可以从“质”上来影响东道国企业的技术水平、人力资本水平、对外贸易及产业结构等方面，从而提高生产率即广义的技术进步而间接地推动东道国经济的长期增长。

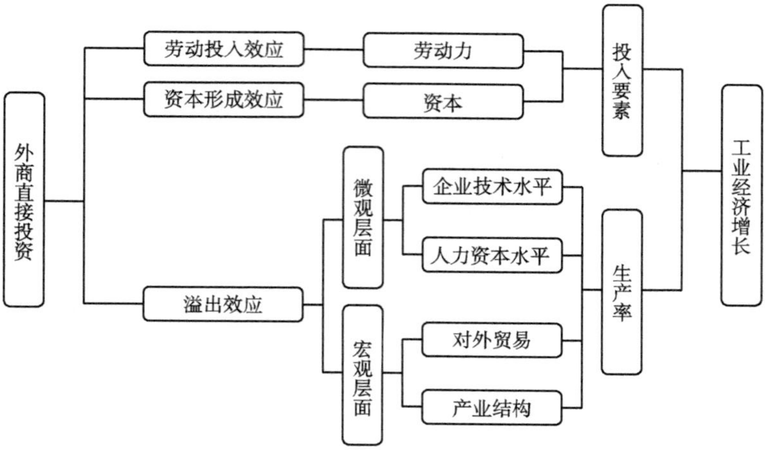


图3－3 FDI我国工业经济增长影响的传导机制

### 3.3.2　对我国工业经济增长影响的作用机制

（1）FDI 溢出效应对我国产业结构的影响。

FDI 的“溢出效应”会对东道国的产业结构升级产生影响。主要通过三个层次：第一是技术转让和扩散；第二是产业的前后向关联作用；第三是示范与竞争效应。外商直接投资对我国产业结构产生的影响既有正面的，也有负面的。

作为产业结构优化的决定性因素，外资的技术转让和扩散是其产业带动效应的核心，存在着外资流入→技术溢出→产业升级的运行机制。外商直接投资是带动国际技术转移的主要渠道，跨国公司在其中起着重要作用，跨国公司引起的技术扩散主要表现在两个方面：一是母公司把技术和创新活动引入东道国子公司，尽管是在母公司的控制和监管下进行的，但将为东道国总体技术水平的提升带来溢出，尤其是通过其研究开发机构和子公司雇员培训，为东道国培育大批人才从而提高了东道国创新能力；二是以签订许可证协议、管理合同和合作生产合同等形式的转让，有利于东道国全要素生产率的提高和产业结构的升级。

外商直接投资的前后向关联作用形成了外资的产业带动效应，使外资在各个部门中的投资和生产引起一定的连锁反应，使大批企业被纳入跨国公司的国际化生产网络体系，从而使其生产和经营方向同大公司主导的产业结构变动保持高度的相关性。作为供应商的国内企业则以较低的代价获得外商较全面的技术支持，从整体上提高国内产业的技术水平及国内产业的国际竞争力。

外资流入影响产业结构的第三层次是示范与竞争效应，这种间接效应主要表现在以下四个方面：一是当地企业通过效仿由在东道国从事经营活动的跨国公司子公司使用的生产技术而提高其生产效率和技术水平；二是由于跨国公司的进入引起东道国市场的竞争加剧，当地公司被迫转向更有效地使用现有的技术和资源，从而加速企业技术改造，促进竞争力提高；三是竞争加剧迫使东道国企业加快技术创新，寻求更有效的新技术，从而促进技术进步；四是在外资集中的区域，因收入提高和消费示范效应，在一定程度上引起需求结构的变化，这种需求拉动效应显然会推动产业结构向高级化发展。

总之，外资流入的示范和竞争效应，会在不同层面上对东道国原有生产结构和产品结构产生冲击和推动作用，并逐步通过各产业间投入产出关系的相互传导推动产业升级，从而促进我国工业经济的增长。

（2）FDI溢出效应对进出口贸易的影响。

从理论上阐明FDI与贸易的内在联系，是分析FDI贸易效应的基本前提。从FDI角度可将两者的关系概括为以下几个方面。

一是贸易替代效应，即从静态角度，商品可以通过贸易或投资方式进入东道国市场，选择了投资，便会替代贸易，尤其是在两国生产函数相同或类似的情况下。根据传统国际贸易理论的基本观点，从某种程度上讲，要素的流动是对贸易的替代，反之也是如此。因为要素的国际流动使要素价格趋于一致，从而减少不同国家要素禀赋之间的差异。因此，当产生贸易的原因是要素禀赋差异时，要素的流动和商品贸易是相互替代的。

二是贸易创造效应，即FDI可以在母国和东道国之间创造新贸易机会，使贸易在更大规模上进行。有关国际贸易和FDI关系的最近研究强调：FDI的流入引起国际贸易比较优势的动态改变。FDI在促进劳动力的国际化分工和增加生产要素的流动性方面发挥了十分重要的作用。这时生产要素不仅包括劳动力和资本，还包括技术、管理技能和其他一些经验。FDI的流入增加了东道国投资资本，引起要素比例的改变和劳动生产率的提高，并根据不同国家不同的生产成本，在全球范围内重新分配经济资源和生产能力，这将可能产生比较优势方面的动态变化，从而导致国际贸易结构和模式的转变。FDI还可以为零部件和最终产品提供进入全球化生产系统和分销系统的市场进入。此外，跨国公司的全球性生产、市场营销和研发活动，为国际间技术转移、信息传播和商品流动提供了广泛的联系。可见，FDI与国际贸易之间又存在相互支持、相互补充的关系。

三是市场扩张效应，FDI实现的生产扩大，既会加深对东道国的市场渗透，也会进一步拓展新的第三国市场，从而使贸易导向的生产带来总贸易量的净增。FDI的贸易效应会受到投资动因、行业与产品特性以及东道国政策的影响，不同行业在不同国家的投资项目会产生不同的贸易效应。

（3）FDI 溢出效应对东道国人力资本的影响。

引进 FDI 能够大量增加就业，为东道国创造新的就业机会，与此同时还对东道国人力资本的质量产生影响。

跨国公司在东道国投资，在人力资本的引进上一般都是采取人才本地化的原则，即在东道国引进人才。这些人才经过跨国公司的培训并参加生产和研发的各个阶段，很多都掌握了跨国公司的大量技术。这些人才的流动和职业转移，就会将他们在跨国公司里获取的技术溢出到新的部门或企业。用“干中学”来描述这一路径是：外商生产性投资→人力资本平均水平提高→劳动力流动→技术扩散。

FDI 有助于我国人力资本发展。一方面，FDI 先进产业的定位扩大了对人力资本的需求，通过劳动力市场和价格信号（工资）推动当地人力资本发展；另一方面，外商投资企业对当地雇员的培训（包括“干中学”以及正式培训）扩大了人力资本供给，而这些员工后来为当地企业雇用或者自办企业时，可能把由此获得的技术、营销、管理知识扩散出去。在发展中东道国，由于当地员工的技术水平、管理素质与跨国公司的要求有一定的差距，因而跨国公司要花费大量的精力去进行在岗培训，它们对当地工人与管理人员提供的培训开支要高于当地企业。来自跨国公司的劳动者流向当地企业是非常重要的，那些受过训练的管理者，在离开了跨国公司后，通常在当地创办企业，成为推动当地经济发展的重要力量。

（4）FDI 溢出效应对东道国国内企业技术水平的影响。

推动国内企业的技术进步是引进外商直接投资的主要目标之一。外商直接投资对技术进步既有有利的一面，也有不利的一面。

首先，通过技术的资本化，即技术与设备相结合、生产技术和管理技术相结合，资金、技术和人才相结合可提高生产效率。由于内部化优势，外商往往将先进的技术转移给其分支机构，这是其他外在形式无法获得的。因此，通过建立外商投资企业，对引进先进技术、加速技术进步具有积极作用。其次，国内企业通过消化外国先进技术，最终实现国产化并有所创新，这是一条加速技术进步的重要途径。

但是在引资过程中还存在这样的现象，如一些项目引进的技术设备老化、陈旧，甚至低于国内水平，部分外商还通过提高进口价来加高转让成本等。

## 3.4

## FDI 溢出效应对我国技术创新能力的影响机制

FDI 溢出效应对东道国技术创新能力的影响主要是通过示范－模仿、竞争、关联和人力资本流动等途径实现的。这些效应并不是孤立存在的，它是与作为创新主体的东道国国内企业的技术创新动力、创新产出的市场和盈利能力相联系的。把 FDI 溢出机制与创新机制结合起来分析，两者是有内在联系的。从图 3－4 中可以看出，其实 FDI 作为创新源的一种，其整个溢出过程同技术创新的发生过程有着很多的类似之处。FDI 的溢出途径包括示范、竞争、关联以及培训等，而创新的激励系统包括技术、市场、能力等，而这其中示范效应和关联效应的结果就直接导致了技术机会的变化，竞争效应的结果则与市场结构的变化相对应，培训效应则带来了东道国企业能力的变化。同时，东道国的政策环境对于 FDI 的流入有着一定程度的影响，而其自身能力又对各种效应的发生起着制约作用。尽管 FDI 的作用是多方面的，但是仅从技术溢出的角度来看，实际上其溢出的结果就是带给东道国产业技术创新以及技术进步的影响。因此，本节从创新角度的检验分析实际上是对技术溢出效应的深化。

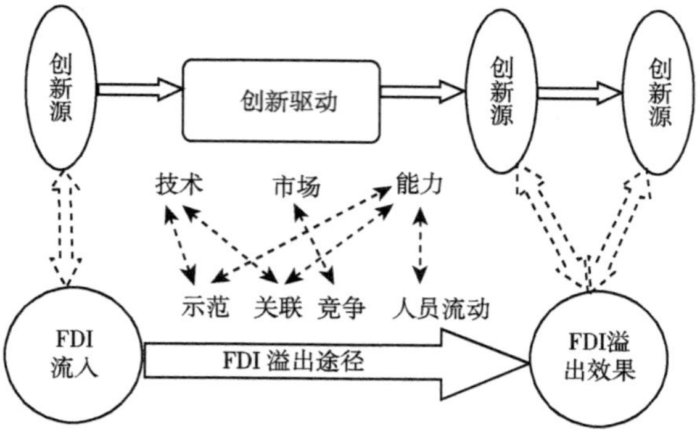


**图 3－4　FDI 溢出效应对创新能力的影响**

### 3.4.1　示范 - 模仿效应

通过模仿的方式来学习外商投资企业的技术和先进管理经验是利用 FDI 溢出效应提高技术水平的简单和直接的形式，也可以说是吸收 FDI 技术溢出的初级路径。但是这是大多数国内企业进行技术积累、培育创新能力的重要阶段。这一路径通过以下两种方式实现。

（1）直接的模仿和学习。

这主要是通过直接的采用和仿照跨国公司的生产技术，产品的特征、包装、口味，以及跨国企业的先进管理经验，达到提高东道国企业技术水平的目的。这种方式的优点在于简单而直接，这种技术溢出效应是大多数企业都能够得到的；而且该方式纵使在跨国公司对技术进行严格锁定的情况下也或多或少会带来溢出。但这种路径所溢出的技术大多是技术含量低、很容易就能获取的部分，对于那种核心或者是先进的技术，就很难通过这种路径获得。

在改革开放初期，我国大多数企业正是通过示范 - 模仿方式实现了技术水平的提升。这种方式的溢出效应也多发生在技术含量低、知识壁垒不高的劳动密集型行业，比如纺织服装、食品制造、木材家具、文化体育用品以及一些技术壁垒较小的家用电器等行业。

（2）通过“逆向工程”跟踪、掌握跨国公司较先进的技术。

所谓“逆向工程”是指在直接的模仿和学习的基础上，研究和揭示跨国企业的内在技术，并据为己用。如把跨国公司的高技术产品拆开来搞清楚它是如何制造、如何工作的，从而揭示并得到这一新技术，技术溢出也就产生了。这种路径的优点在于它能够绕开和有效突破跨国企业的技术锁定。缺点就在于它不能直接地溢出新技术，“逆向工程”技术创新的核心是在于提高自我创新能力，真正的溢出部分只能起模仿和示范的作用；而且这种路径的溢出效应的获得还需要东道国的企业有一定的技术创新能力，否则这种“逆向工程”就无法开展。

以我国轿车行业为例，轿车行业是一个资金、技术密集型的行业。从国外的经验来看，开发一款新车至少需要投入数亿美元的资金，还要面临着巨大的风险。在资金、技术上，国内企业都无法与跨国公司相提并论，因此通过合资生产的方式逐步消化、吸收国外企业先进技术，通过技术示范效应，采用“逆向工程”等手段开发新产品可以降低成本、防范风险。

### 3.4.2 竞争效应

竞争这种技术溢出路径的作用机理主要是激励和刺激东道国的企业改善技术提高效率和研发水平，从而达到技术水平的提高，所以这是一种间接的技术溢出途径。它的作用也包括以下几个方面。

（1）降低东道国企业的 X 非效率。

X 效率在企业理论中是指实际产出与理论产出差额的研究。那么这里的 X 非效率就是指东道国企业内部资源配置的低效率，导致这种 X 非效率的原因主要有企业基本决策单位各自之间的不协调、这些基本决策单位各自的惰性区域的存在以及这种惰性区域移出的巨大成本等。在国外的跨国企业进入东道国之后，带来了巨大的竞争压力，在不改革创新就没有出路的背景下，将会极大地调动东道国企业的基本决策单位，使他们能够协调提高效率，移出惰性区域，从而有利于东道国企业的技术创新。

（2）提高研发和采用新技术的速度。

为什么竞争机制的引进能够提高东道国企业的研发和采用新技术的速度呢？主要是竞争的引进，迫于生存和发展的威胁，东道国的企业会加快技术的革新，因为技术的革新是企业发展的根本，这样就会使得企业更加积极地投入技术的研发，并通过多种途径引进和采用新技术这样就提高了研发和采用新技术的速度（见图 3－5）。

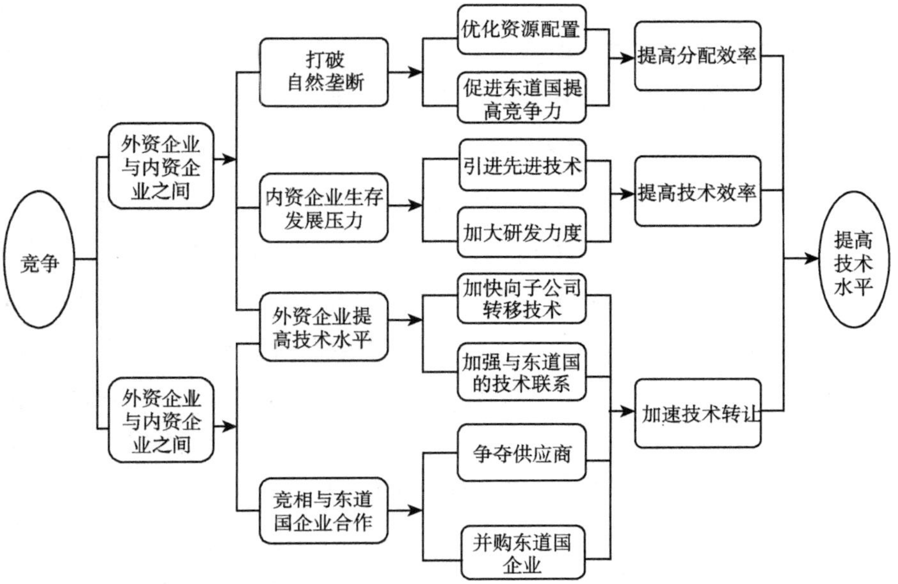


图 3-5　竞争效应促进国内企业技术水平的提高

### 3.4.3　关联效应

产业关联对一国经济结构优化、技术水平提高具有很大影响。按某一产业在产业群体和其他相关产业中的作用和联系方式，该产业与其他产业间的产业关联关系可分为前向联系（forward linkage）和后向联系（backward linkage）。企业通过这种产业的前向联系和后向联系，可以形成一个稠密的、与企业产品生产相关的企业联系网络，形成劳动的专业化分工，使网络内部企业形成专业化生产。

前向关联具体是指由我国本土企业为跨国公司的子公司提供的成品市场营销服务，半成品、零部件或原材料的再加工和各种服务。前向关联有助于尽快形成当地的生产体系，开发其制成品市场，促进当地研究与开发的发展。后向关联具体是指我国本土企业向跨国公司子公司提供生产所需的原材料、零部件或半成品、零部件、原材料的再加工，以及市场营销等服务。通过后向关联可以形成溢出效应的有关“互补性活动”。通过研究发现，跨国公司子公司与我国本土企业合作，在以下几种联系中促成了溢出的产生和发展：帮助潜在的与之有联系的供应商建立生产设施；为改善供应商产品的质量或推动创新而向当地供应商提供技术援助或信息服务；提供或帮助购买原材料和中间产品；提供培训并协助管理；通过发掘新客户帮助供应商从事多样化经营等。跨国公司子公司与我国本土供应商间的接触与信息流动，使得我国本土厂商有可能从跨国公司子公司先进的产品、工序技术、经营管理能力或市场知识中“搭便车”产生溢出效应。

由于各产业的特点不同，其关联作用大小以及强弱也不同。假如某个产业的关联系数大，那么该产业就会成为牵头产业，它有着极强的前波后及作用。以汽车为例，随着轿车国产化率的提高，其产业关联效应也越来越大，如北京吉普有150多个工厂直接为其配套，上海大众有170多个协作厂。再如我国的电子工业，通过内引外联，彩电及其关键部件彩色显像管的生产已经基本上满足了市场需要，同时大大地促进了相关产业的发展（见图3－6）。

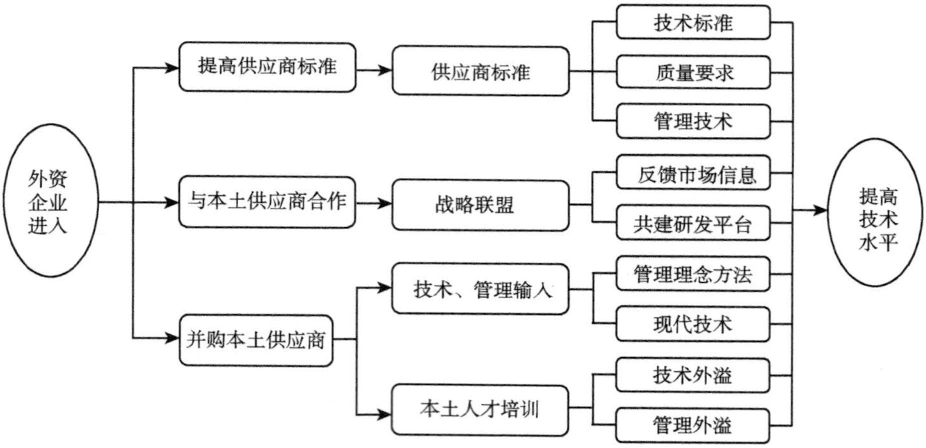


图3－6　关联效应促进国内企业技术水平的提高

### 3.4.4　人力资本流动效应

由于我国的人力资本的水平较低，跨国公司需要对我国的当地雇员提供培训机会和培训设施。而这些雇员由合资企业流向其他内资企业或自创企业时，其在跨国公司工作时所学的专业技术和经营管理技术也随之外流，从而产生溢出效应。此外，还可以通过培训内容的交流、示范作用等各个方面，对行业人力资源的整体水平产生重要影响。

以我国的轿车行业为例，近年来，跨国汽车巨头在对华投资中出现了一个重要的现象，即研发本土化。过去跨国汽车公司在对华合作中基本上不重视本土研发，而采取直接引进技术的方式。这主要是由于国内汽车技术水平很低、消费市场不成熟等原因导致跨国公司没有本土研发的压力和动力。但是，随着我国汽车市场的不断扩大，世界主要的汽车跨国公司都进入我国，产品竞争异常激烈，加上我国的汽车消费者也日趋成熟，导致跨国公司开始注重本土研发以推出适应我国市场的新车型。从 2004 年起，轿车跨国企业逐步加快了在中国建立研发中心的步伐。从 2004 年 6 月，通用汽车宣布与上汽集团共同投入 21 亿元人民币，用以加强对其在华合资研发机构——泛亚汽车技术中心的建设。上海大众也在德国大众帮助下，投资 12 亿元建设了技术研发中心和质量管理中心。东风日产乘用车研发中心落户广州，总投资额 3.3 亿元人民币。该研发中心将与日产总部的技术研发中心紧密合作，共同进行对乘用车领域的开发，以提高整车匹配以及部分总成的研发能力。继通用、大众、日产之后，投资 1000 多万美元，集汽车新技术、新结构、新装置、新型车开发与研究的丰田汽车技术研发（上海）有限公司成立。此外戴姆勒克莱斯勒、现代及本田等也都表示将在中国投入巨资建立研发中心。

据估计，跨国汽车巨头有近 40 亿元资金投入在中国的研发中心，研发中心的建设直接吸纳上万名汽车行业的科技人员。这些科技人员在参与跨国公司高端研发过程中，积累了大量的世界汽车行业先进技术，提高了我国汽车行业的科技水平，为参与自主品牌设计、提高自主创新能力提供了智力保障。同时，这些研发人员在工作转换中，也必将带来技术溢出效应。例如，我国的本土汽车企业吉利汽车在北京建立了吉利汽车工业研究院，该研究院多数研发人员都有在合资公司从事研发的背景。奇瑞汽车在创立伊始，其技术骨干也大多是原上海大众、上海通用的研发人员组成。由此可见，外资企业研发本土化趋势将进一步增强我国汽车技术水平的提高，而人员流动效应将扮演重要的角色。

# 第 4 章

# OFDI 逆向技术溢出的机理研究

OFDI 会产生对投资母国的技术溢出效应，这种技术溢出与传统研究中 FDI（外商直接投资）母国对东道国技术溢出效应的方向恰恰相反，因此称为 OFDI 逆向技术溢出效应。长期以来，有关国际直接投资技术溢出效应的研究偏重于对东道国的影响，而对投资母国的逆向技术溢出效应未受到应有的重视。主要原因是，第二次世界大战以来的跨国投资多是由发达国家流向发展中国家，一般认为发达国家是技术输出国，自然不会存在由发展中国家向发达国家的“逆向技术溢出”。但是 20 世纪 80 年代以来，发展中国家对外直接投资，尤其是对发达国家直接投资越来越普遍，引起了人们对发展中国家的技术寻求型对外直接投资（technology resourcing OFDI）的关注。90 年代，学者们开始系统研究 FDI 的逆向技术溢出问题，并逐渐成为跨国投资领域的热点话题之一。

## 4.1 OFDI 的动机和行为

投资动机是企业决定是否对外直接投资的内在动力，也是跨国投资企业对外直接投资的目标。前面所述的 FDI 理论的核心内容主要就是在阐述投资动机及其实现途径和效果。本节专门论述 FDI 动机的类型，尤其是发展中国家对外直接投资的技术寻求动机，为分析 OFDI 逆向技术溢出奠定理论基础。

### 4.1.1　OFDI 动机和行为研究脉络

国际直接投资（FDI）理论起源于第二次世界大战后的跨国投资实践。经济学家提出了一系列旨在阐明 FDI 动因及其行为的理论和模型，形成了数十种 FDI 理论流派。从假设条件和理论基础来看，主要分为三个流派：新古典 FDI 理论、异质性企业 FDI 理论和当前正在形成的行为经济学范式 FDI 理论。具体如表 4－1 所示。

表 4－1　　OFDI 动机和行为的理论观点

| 理论流派 | 有关 FDI 动机、行为的观点 | 代表性文献 |
| --- | --- | --- |
| 新古典 FDI 理论 | 发达国家：跨国企业利用所有权优势、区位优势和内部化优势，通过 FDI 实现全球利益最大化 | Hymer（1960）；Buckler（1976）；M. Casson（1979）；Helpman（1984）；A. Rugman（1987）；Porter（1990）；Kuemmerle（1999）；Makino 等（2004）；Driffield & Love（2007）；Driffield（2009） |
| | 发展中国家：FDI 原因主要在于企业资源寻求、效率寻求、市场寻求及战略资产寻求等动机 | Wells（1977）；Dunning（1988、1993、1998）；Kolstad & Wiig（2012）；程惠芳（1998）；楚建波、胡罡（2003）；欧阳峣（2006）；吴晓波等（2010）；李逢春（2013）；金源等（2017） |
| 异质性企业 FDI 理论 | 生产率异质性：生产率最高的企业进行 FDI；最低的企业在国内生产和销售产品；居中的企业选择出口方式 | Melitz（2003）；Bernard 等（2003）；Helpman（2004）；Ghironi 等（2005）；Grasseni（2007）；洪联英等（2007）；李春顶等（2009）；陈景华（2014）；易靖韬、蒙双（2016）；李磊等（2017） |
| | 其他的异质性：所有制性质、劳动力质量、企业家才能等“异质性”因素对企业 FDI 有影响 | Buckley（2007）；Sdermana（2008）；Deng（2009）；Ramondo（2013）；冼国明（2013）；覃毅（2014）；李元旭（2014）；王璐瑶、罗伟（2015）；刘军（2015）；田素华等（2017） |
| 行为经济学范式 FDI 理论 | 信息不完全：企业走向海外投资面临经济维度、文化维度和政治维度等不确定性复杂环境，影响投资决策 | Amighini（2011）；Loecker（2012）；Handley（2013）；许和连等（2012）；张中元（2013）；肖文、姜建刚（2014）；冀相豹（2014）；刘晓光、杨连星（2016）；张雨等（2017） |
| | 有限理性：在信息不完全前提下，决策者会基于情感因素加快决策，可能出现背离最优决策的结果 | Schooler（1965）；Nagashma（1970）；Orbaiz（2003）；Amine（2008）；Costa（2016）；何大安（2004）；蒲勇健（2008）；黄凌云等（2015）；杜晓君等（2015）；翟瑞瑞等（2015）；郑英东、钟昌标（2017） |

注：笔者根据文献整理。

传统 FDI 理论经历了从宏观到微观、从同质性企业假设向异质性企业假设的演进。(1)企业同质性假设新古典 FDI 理论：20 世纪 60 年代兴起的新古典 FDI 理论，认为 FDI 动机是发达国家企业具备所有权优势、区位优势和内部化优势，通过 FDI 实现全球利益最大化。比较著名的有垄断优势理论（Hymer，1960）、内部化理论（Buckler，1976；M. Casson，1979；A. Rugman，1987）、国际生产折衷（Hymer，1960）以及竞争优势理论（Porter，1990），这些理论都是基于发达国家视角，可以看作发达国家 FDI 理论。不少学者提出了小规模技术理论（Wells，1977）、投资发展周期论（Dunning，1988）等针对发展中国家的理论，进一步丰富了 FDI 理论体系。Dunning（1993）还从国际商务视角，将 FDI 具体分为资源寻求、效率寻求、市场寻求及战略资产寻求等四种动机，产生较大影响。(2)企业异质性假设的 FDI 理论。21 世纪初，学者们在从微观层面考察 FDI 行为的同时，也放松了企业同质性的假设，认为企业生产率以及所有制性质、劳动力质量、企业家才能等“异质性”因素对企业 FDI 有很大影响，其中最具影响的是 HMY 模型（Helpman et al.，2004），将企业异质性纳入“临近一集中权衡”框架中，考察了企业出口与水平型 FDI 的抉择。之后很多学者（Ghironi，2005；Grasseni，2007；洪联英等，2007；李春顶等，2009）借鉴 HMY 模型的思路，从企业异质性视角进行了大量的研究。但遗憾的是，以上理论对 FDI“非理性”行为的研究很少。其根本原因在于传统 FDI 理论是建立在“理性人”假设基础上，解释非理性 FDI 行为存在先天不足。

“有限理性”思想溯源及其逐渐引入 FDI 领域的相关研究。非理性 FDI 行为的理论溯源。古典经济学“经济人”假设以完全信息和完全理性为前提，新古典经济学“理性经济人”假设是以信息对称为前提，都没有关注个体选择中的偏好与认知、认知与选择行为。①新制度经济学批判了以完全理性为假设的新古典经济学是“黑板经济学”（Coase，1984），引出了“逆向选择”“道德风险”“机会主义”等范畴的研究（Mattllews，1976；Arrow，1968；Mattllews，1986；Barzel，1997）。但是新制度学派并没有从决策者认知偏差、信息和环境不确定来研究有限理性的问题。②行为经济学则从人的“心理过程”出发，构建了全新的理论体系。赫伯特·西蒙的有限理性学说（Simon，1984），将有限理性概念引入经济学，将偏好、认知和效用等作为内生变量来看待，对解释非理性行为产生的原因和发生机制具有强大的说服力。不仅大大丰富了经济学理论，还使得经济学更加贴近现实。

行为经济学逐渐引入 FDI 的相关研究。行为经济学引入 FDI 领域经历了逐步深化的过程，从 FDI 行为人决策环境的不确定性到行为人的有限理性，关注的因素也越来越广泛和深入，如表 4－2 所示。

**表 4－2　　行为经济学有关 OFDI 动机和行为的观点**

| 内容 | 观点 | 代表文献 | 内容 | 观点 | 代表文献 |
|---|---|---|---|---|---|
| 文化距离 | 外来者劣势 | Zaheer（1995）；Sethi & Judge（2009）；杜晓君等（2016） | 心理距离 | 信息流动视角 | Hakanson（2012）；Blomkvist（2014）；张华容等（2015） |
| | 外来者优势 | Morosini（1998）；Evans（2002）；陈玉萍等（2013） | | 主观感知视角 | Grady & Lane（1996）；Stottinger（1998）；汪旭晖（2005） |
| 制度差异 | 非正式制度距离 | Hitt（2004）；Desbordes（2010）；肖文等（2014） | 从众心理 | 节约投资成本 | Scharfstein（1990）；Bikhchandani（2000）；庄树田（2015） |
| | 正式制度距离 | Cho（1995）；Wasaensia（2011）；周经等（2014） | | 名誉维持需要 | Grinblatt（1995）；Wermers（1999）；盛虎、饶育蕾（2010） |
| 政治稳定性 | 内部政治风险 | Haendel（1979）；Yeung 等（2011）；王海军等（2012） | 过度自信 | 高估决策能力 | Gervais（2003）；Shefrin（2007）；田祥宇、阎逸夫（2017） |
| | 外部政治风险 | Nigh 等（1986）；Neumayer（2005）；杨连星等（2016） | | 低估企业风险 | Heaton（2002）；Landier（2009）；刘柏、王一博（2017） |

早期的研究，主要关注文化、制度、政治等非经济因素导致的不确定性外部环境。①文化距离，大多数学者认为民族、宗教、语言等文化距离会带来外来者劣势，进而对 FDI 的区位选择产生阻碍作用（Zaheer，1995；Sethi and Judge，2009，杜晓君等，2016）；少数学者研究认为，文化距离也可能产生优势开发和优势探索（Morosini，1998；Evans，2002；陈玉萍等，2013）。②制度差异，一般认为，无论是正式制度距离（Cho，1995；Wasaensia，2011；周经等，2014）还是非正式制度距离（Hitt et al.，2004；Desbordes，2010；肖文等，2014）都对 FDI 决策有显著影响。③政治稳定性，包含革命运动、军事政变的内部政治风险（Haendel，1979；Yeung，2011；王海军等，2012）和国际制裁（Nigh，1986；

Neumayer，2005）等因素的外部政治风险，是决定跨国公司商业成功重要外部变量，跨国公司对东道国信息收集处理能力至关重要（Hosseini，1994）。随着研究的深入，对“有限理性”经理人“心理过程”的研究日益引起重视。④心理距离，比较有影响的研究是Johanson和Vahlne（1977）提出的国际化进程模型，认为心理距离增加了海外经营的风险和不确定性。此后的研究主要从信息流动视角（Dow and Karunaratna，2006；Rrewer，2007）和主观感知视角（Evans and Mavondo，2002；Hakanson and Ambos，2010）展开，大多得出了类似的结论。⑤过度自信，以“狂妄自大假说”（Roll，1986）和“管理者乐观假说”（Heaton，2002）为基础，大量的研究认为，经理人过度自信，会高估决策能力（Gervais，2003；Shefrin，2007）、低估企业风险（Heaton，2002；Landier，2009），导致投资盲目并会损害公司价值。⑥从众心理，也称为“羊群效应”，主要心理动因是节约投资成本（Scharfstein，1990；Bikhchandani，2000）和名誉维持需要（Grinblatt，1995；Wermers，1999），但是往往带来了较大的失败风险（Foresi Hamo and Mei，1998）。越来越多的学者开始关注FDI企业面临的各种风险。对外投资在环境的不确定性和非理性对外投资动机共同作用下，企业FDI蕴涵着巨大的风险（庄树田，2015），主要风险表现为企业境外融资风险、投资决策风险、政府监管及服务风险、境外投资保护风险、投资环境风险等，其中大部分与非理性投资决策有关（刘红霞，2006）；从风险生成的原因来看，过度自信、后悔厌恶、心理账户、处置效应、“羊群”效应、本土偏差等非理性心理因素都会影响投资者决策过程，产生投资行为的偏差，从而带来巨大的风险（庄树田，2015）。总体上看，从环境不确定性视角研究对外投资风险的文献较多，但是以“有限理性”假设为前提，按照行为经济学范式进行研究的文献还不多见。

### 4.1.2 发展中国家OFDI的动机

正如前所述，发展中国家与发达国家的对外直接投资有很大的区别，首先就是投资动机的不同，进而影响到对外直接投资的模式选择、区位选择。Well（1983）是最早注意到以上不同，并对发展中国家对外投资行为进行了研究，他指出发展中国家对外投资的内部动机是具有适应低收入水平和小市场规模国家的技术。早期的学者在分析 OFDI 动机时并没有进行系统分类，只是对所有投资动机进行逐一列举。随着研究的深入，越来越多的学者开始对 OFDI 的动机进行系统归纳、数理模型构建与验证。当前，比较公认的是把发展中国家 OFDI 动机划分为四种类型：资源寻求型、市场寻求型、效率寻求型和技术寻求型。

资源寻求型 OFDI 是指以获取自然资源以及人力、土地、资本等资源为动机的对外直接投资，又可以具体分为三种类型。第一种是以获取矿物燃料、工业矿物、金属原材料以及农产品等原材料供应，以保证持续可靠的、价格低廉的原材料供应。这种 OFDI 的投资动机决定了其投资的流向必然是特定资源及资源丰富的地区，如我国对非洲地区的铜矿、煤炭等直接投资。第二种是以获取低成本劳动力资源为目的的对外直接投资，这种 OFDI 的企业通常从事的是劳动密集型的生产制造业或服务业，劳动力成本在产品成本中占有较高的比重。目前，我国对越南、老挝、缅甸等地区的服装、鞋袜等直接投资大多就是这种动机。第三种资源寻求型 OFDI 的动机不仅仅是自然资源或者劳动力，这包括资本、制度等广义的环境资源。

市场寻求型 OFDI 是企业出于扩大市场的目的，在东道国设立企业开展业务，以便能够进入该国家或者邻近国家的市场。这种对外直接投资具有明显的出口替代效应，即通过在东道国生产产品代替了原有的出口贸易。为什么会出现这种情况？可能是出于运输成本方面考虑，也可能是由于东道国的关税限制或其他增加成本的障碍。当在当地市场容量大到能够弥补在当地生产的成本时，原先仅将产品出口到当地市场的企业开始进行对外直接投资①。

效率寻求型 OFDI 是指跨国投资企业将国内丧失比较优势的产业和产能过剩行业转移到效率较高的国家和地区，通过全球范围内的生产和流程专业化分工实现海外扩张，从而获得最大化利益的目的。效率寻求型 OFDI 的效率提升主要通过两种途径：一是以获得不同国家要素禀赋差异带来的成本优势为目的，将生产的不同环节分布到不同国家分工协作；二是通过整合生产，获得规模经济和范围

① 李自杰等．中国对外直接投资的动机与路径研究［M］．中国人民大学出版社，2015.

经济，满足不同的客户需求和获得持续可靠的原材料供给。

技术寻求型 OFDI 是指发展中国家通过对发达国家 OFDI，获取发达国家的先进技术和管理方法，然后再将获取的先进技术和管理方法运用到母国产品生产，从而提高母国企业的技术水平，推动了母国国内技术进步。当然，除了获取东道国先进技术和管理经验之外，发展中国家通过到发达国家 OFDI，也可以引进东道国先进的商业模式与消费理念，超前把握国内市场的变化，进而改善国内需求结构，促进新兴产业成长及产业结构的升级。

## *4.2*

## OFDI 逆向技术溢出效应

自 2000 年我国正式提出“走出去”战略以来，我国企业的对外直接投资迅速发展。2017 年，我国境内投资者共对全球 174 个国家和地区的 6236 家境外企业进行了直接投资，累计实现非金融类直接投资 772.2 亿美元，累计实现非金融类对外直接投资 1200 亿美元，居发展中国家首位。而在这些投资中，有相当大一部分是流向欧美发达国家的技术寻求性作为世界上最大的发展中国家，通过对外直接投资的逆向技术溢出效应实现国内技术进步、促进经济增长，对我国开放战略和经济发展意义重大。在这种背景下，通过理论分析，理清 OFDI 促进企业技术进步的微观机制具有重要的理论和现实意义。

### 4.2.1 国外的相关研究

如果说 MacDougall 是最早关注 FDI 技术溢出效应的学者，那么 Kogut 和 Chang 则是最早提出 OFDI 逆向技术溢出效应的学者。1991 年，Kogut 和 Chang 开创性地提出了 OFDI 逆向技术溢出（reverse technology spillover）的概念，并系统考察了 OFDI 的技术寻求动机。他们以日本企业在美国的海外投资为对象进行实证研究，发现日本企业对美国的直接投资大量集中在研发密集型产业，且倾向于通过建立合资公司获取美国企业技术，由此，Kogut 和 Chang 提出了 OFDI 逆向技术溢出的概念。这一开创性的研究迅速引发了广泛关注。Chang（1995）又进一步深入考察了日本电子制造企业 1976～1989 年对发达国家直接投资的情况，结果发现日本对外直接投资确实具有明显的技术寻求动机，并且主要分为两个阶段：早期对外直接投资主要是积累经验；后期逐渐进入技术密集型行业并获取美国先进技术。自此，对 OFDI 逆向技术溢出效应的理论探讨逐渐深入。

后来学者进行了大量的实证研究，证明了 OFDI 逆向技术溢出效应的存在。Serapio 和 Dalton（1999）通过对流入美国境内的外国直接投资进行分析，得出跨国公司已经通过在美国建立或收购美国当地的 R&D 机构的方式来获取技术，以提高创新能力。Vahter 和 Masso（2005）研究证实了爱沙尼亚跨国企业 OFDI 有效促进了母公司及母国其他企业全要素生产率（TFP）的提高。Pradhan 和 Singh（2009）通过研究发现，印度汽车业的 OFDI 对母国产生了显著的逆向技术溢出效应。相关的研究还包括 Lichtenberg 和 Potterie（2001）、Driffield 和 Love（2003）、Branstetter（2006）等。通过越来越多的实证研究，逆向技术溢出的存在得到了学界的公认。当然，也有一些研究发现，在特定环境下 OFDI 逆向技术溢出相应不显著。Bitzer 和 Kerekes（2008）使用 1973～2000 年 17 个 OECD 国家 10 个制造行业的数据，检验的结论是 OFDI 流出存量与母国制造行业的全要素生产率呈现出负相关关系。

随着研究的深入，学者们不满足于 OFDI 逆向技术溢出效应是否存在实证分析，开始从理论上推导 OFDI 逆向技术溢出效应的机理。在理论推导和模型设计上，Fosfuri 和 Mottat（1999）设计的两阶段完全信息的双寡头古诺博弈模型具有较大影响力。该模型推导显示，在既定的市场规模条件下，即使发展中国家技术落后的企业在国外市场经营出现亏损，但是如果能够获得预期中的技术提升，技术落后企业仍然会坚持以对外直接投资的方式进入海外市场。这种传统 FDI 理论所不能解释的现象，称为技术获取性 OFDI。Fosfuri 和 Mottat（1999）的模型还进一步解释了 OFDI 逆向技术溢出的机制：OFDI 主要通过技术扩散效应、演示－模仿效应、产业关联效应、人员培训效应促进本国生产效率和技术水平的提高。该理论对发展中国家无技术优势企业到发达国家进行对外直接投资具有很强的解释力，弥补了传统 FDI 理论的缺憾。

与此同时，Wesson（1999）设计两个国家生产异质产品的双寡头古诺博弈模型，该模型动态分析了发展中国家跨国公司通过对外直接投资，提高自身技术创新能力从而获得更大的竞争优势。Siotios（1999）在此基础上又构造一个与Wesson（1999）互补的模型——两个国家生产同质产品的双寡头古诺博弈模型，来解释相对无技术优势的跨国公司的对外直接投资现象。这两个模型共同推论出：相对无技术优势的发展中国家企业通过对外直接投资可以创造更大的价值。

### 4.2.2 国内的相关研究

随着我国“走出去”战略的实施，国内对OFDI的研究也日益增多。国内学者立足于中国实际，不断拓展和深化西方传统理论范式，取得了许多很有价值的研究成果，如比较优势理论（程惠芳，1998）、门槛论（楚建波、胡罡，2003）、大国综合优势理论（欧阳峣，2006）等。随着研究的深入，OFDI通过逆向溢出促进母国技术进步的效应引起了学者的关注。冼国明和杨锐（1998）构造了附加策略的动态“OIL”模型解释了发展中国家进行对外直接投资的原因。

国内的实证研究很多。杜阳群（2006）在借鉴国外研究成果的基础上，结合我国对发达国家的直接投资指出，当作为发展中国家的母国产业处于相对技术劣势而作为发达国家的东道国产业处于相对技术优势时，OFDI具有明显的技术寻求动机。赵伟、古广东、何元庆（2006）采用L－P模型的实证分析证明了我国OFDI逆向技术溢出效应的存在：中国外向FDI对国内全要素生产率具有明显促进作用。陈菲琼和丁宁（2009）基于创新网络的构成要素阐述了OFDI逆向溢出的机理。唐春宇（2012）还进一步使用广义脉冲响应函数和方差分解法进一步证明了两者之间的动态调整效应。但是也有很多学者得出了相悖的结论：王英和刘思峰（2008）采用国际R&D溢出回归框架进行实证分析的结果表明，以OFDI为传导机制的国际R&D溢出并未对我国技术进步起到促进作用。邹玉娟和陈漓高（2008）、白洁（2009）、刘伟全（2010）等研究同样表明，对外直接投资对中国技术进步的作用并不十分明显。刘明霞和王学军（2009）采用省际面板数据的研究表明，对外直接投资对全要素生产率的溢出效应存在较大的地区差异，而吸收能力是影响溢出效应大小的主要因素。阚大学（2010）、李梅（2010）等研究也得出了类似的结论。

## 4.3 OFDI 进入模式及逆向技术溢出机制

企业通过 OFDI 形式从东道国获取逆向技术溢出并进而提升其自主创新水平的路径大致可以归纳为绿地投资、跨国并购、建立海外研发机构和缔结国际战略联盟四种，以下将分别进行论述。

### 4.3.1　绿地投资

绿地投资（green field investment）又称创建投资，是指跨国公司采取合资或独资的形式在东道国境内直接投资建立新工厂、新分部的跨国投资模式，拥有新建企业全部或部分所有权，并按照东道国的法律法规开展经营活动的投资形式。绿地投资能够直接促进东道国产出和就业的增长，是国际投资中较早出现的形式，早期跨国公司海外拓展市场和业务大多采用这种方式。根据 IMF 最新发布的《2018 年世界投资报告》[①] 统计显示，2017 年全球绿地投资项目数量达 6967 个，投资金额达到 6940 亿美元。随着全球跨国并购的兴起，近年来绿地投资在全球对外直接投资中的比重有所下降，但仍然占有 50% 以上的份额，由此可见绿地投资仍然是当前阶段国际资本流动的主要形式之一。近年来，以美国为首的西方发达国家出于对自身技术优势的担忧，开始收紧境外投资的监管，尤其是技术、高端制造等领域的投资开始放缓。这对发展中国家在东道国新建企业，增加了成本与经营难度。在近年来的逆全球化趋势下，全球绿地投资出现增长缓慢的趋势。

绿地投资在中国的对外直接投资中占有较高的比重。根据商务部的统计标准，中国对外直接投资统计按照投资方式区分，包括新设、并购、增资和财务重组。除了新设可视为绿地投资外，增资和财务重组也有部分可视为绿地投资。我

① UNCTAD，World Investment Report 2018，http：//www. oecd. org.

国企业通过对外绿地投资，对自身发展及提高我国科学技术水平有重要意义。尤其是在发达国家进行绿地投资，可以进入国际市场获取全球资源，更重要的是可以直接接触到发达国家先进的研发成果、生产技术以及管理经验。并且，进入高端海外市场后，也会促进中国公司在本土市场上积极改善产品并提高竞争力。德国公布的对德投资报告显示，2015～2017 年，中国已经连续三年成为在德绿地投资项目最多的国家；而且中国企业对德国绿地投资更倾向于技术含量较高的高端制造业和新兴产业领域。发展中国家企业通过在发达国家的绿地投资，能够通过多种渠道和作用机制促进自身技术水平和创新能力的提升，如图 4－1 所示。

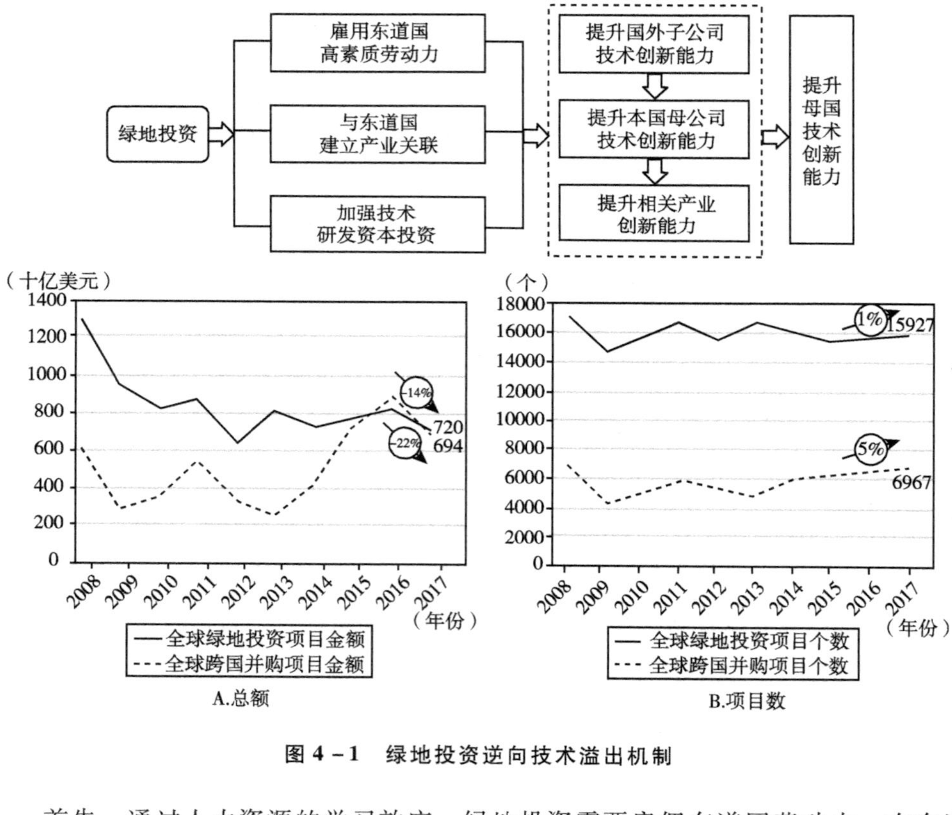


**图 4－1　绿地投资逆向技术溢出机制**

首先，通过人力资源的学习效应。绿地投资需要雇佣东道国劳动力，在东道国和母国员工之间的学习和交流过程中，形成知识、经验的溢出。这方面的例子很多，如海尔集团在美国南卡罗来纳州建立生产基地和设计中心，为了更准确地了解美国市场，更快地应对美国市场的变化，海尔大量雇用当地劳动力和高水平研发人员，针对美国的消费习惯和需求偏好设计和生产家电产品。通过中美工程师、研发技术人员的交流，掌握了美国这一最挑剔市场对产品的需求，生产出更高品质的产品。

其次，在发达国家进行绿地投资，可以嵌入发达国家产业链。通过建设产业的前后向关联，增加与东道国上下游企业交流合作的机会，及时跟踪行业最新技术动态，快速提高自身的研发水平和创新能力；并通过技术传导机制达到提升母公司整体创新水平的目的。例如，万向集团在美国的投资，在吸引优秀的工艺团队和研发团队帮助企业提升研发能力和生产制造水平的基础上，利用当地的资源，迅速进入美国轴承、制动器、传动轴等相关行业，使其在技术标准的制定和产品认证上具有了话语权，推动企业向产业链上游延伸。

最后，在发达国家进行绿地投资，可以通过加强研发资本投资提高母国企业的技术创新能力。发展中国家企业到发达国家进行投资时，可以通过充分接近当地的信息渠道，从而获得当地的特殊知识。这些特殊知识包括先进的技术、先进的管理经验、当地的市场需求信息等。Teece（1992）研究了硅谷外国直接投资大量涌入的现象，他认为外国企业可以通过接触当地的信息渠道从而获得当地特殊知识。Branstetter（2001）的实证研究表明，许多日本跨国企业投资美国时，将对外直接投资作为获得知识溢出的重要渠道。他发现对外直接投资同时增加了日本投资企业知识外溢的流入和流出量。

### 4.3.2 跨国并购

跨国并购（Merger & Acquisition，M&A）是跨国公司常用的一种资本输出方式，是跨国公司跨越国界开展兼并和收购的总称。跨国并购通常包含以下两层含义：一是跨国公司的国际并购涉及两个或两个以上国家（地区）的企业，涉及两个或两个以上国家的市场和两个以上国家的法律制度；二是跨国并购的形式可以是两家或多家企业合并成一家企业或另外设立一家新企业的行为，也可以是一家企业通过各种方式购买另一家企业的股权，从而达到控制被收购企业目的的一种行为。从20世纪90年代以来，全球跨国并购浪潮风起云涌。跨国并购额从

1990年的1866亿美元增加到2000年的1.1万亿美元，跨国并购额占全球直接投资的比重从1995年的57%上升到2000年的85%。随后几年，跨国并购总额增长速度有所下降，但跨国并购在国际直接投资中的主体地位并未动摇。2010年以来，全球跨国并购又开始快速增长，由2010年的约3500亿美元增至2016年的8870亿美元，超过了绿地投资的总额。

2017年，受逆全球化形势的影响，全球的跨国并购额有所回落，全年跨国并购额为6940亿美元，比2016年下滑22%。但是并购的数量仍保持增加，从2016年的6607起增至2017年的6967起，增长5%。从全球跨国并购发生的行业来看，三次产业的并购金额均有所下滑，其中第一产业下滑70%至240亿美元；第二产业下滑19%至3270亿美元；第三产业下滑14%至3430亿美元。其中采掘业、电子产品、运输和仓储、食品和饮料及金融业的跨国并购跌幅最大。机械设备、商务服务业和信息技术等行业的跨国并购逆势大幅增长。中国跨国并购投资同样发展迅猛，《2017年中国对外直接投资公报》数据显示，2015年中国企业对外投资并购项目达到579起，涉及62个国家和地区，并购金额高达544.4亿美元。并购行业广泛分布于制造业、采矿业、文化/体育和娱乐业以及信息传输/软件和信息技术服务业等领域，国内的联想、华为、吉利以及三一重工等企业近年来在国际市场不断发力，通过跨国并购的形式广泛涉足各个行业，为国内企业“走出去”树立了榜样并且提供了经验借鉴。

跨国并购可以通过获取知识技术、优化资源配置、替代内部研发等途径，对母国企业的技术创新能力产生重要的影响。与采取绿地投资形式相比，跨国并购可以更快速获取到被并购企业的关键资产、技术专利以及人力资源，从而有效提升自身的技术水平。具体来讲，要凭借以下三种形式。

首先是研发平台利用机制。一般来说，发达国家拥有比较创新体系、成熟的融资机制、完善的中间产品，这些都非常有利于跨国公司实现技术进步。发展中国家企业采取跨国并购控制东道国企业之后，可以直接获取自身所需的关键技术，从而有效降低研发失败的风险。典型的例子是我国的吉利汽车并购沃尔沃之后，在技术使用上，采用相互授权的方式，实现整车架构、动力总成等关键技术的共享，在共用零部件上也会联合采购，降低成本。从具体操作来看，无论是沃尔沃的技术还是吉利的技术，吉利及沃尔沃都可以共享，甚至可以共同开发。通过采用这样的方式不仅促进了技术进步，并且还摊薄了研发成本。同时，由于对被并购企业拥有着绝对的控制权，因此也降低了技术逆向外溢的壁垒。

其次，是人才、信息等创新要素流动机制。技术创新的源泉是人才和信息资源。在完成跨国并购之后，跨国公司可以通过利用原有的研发人员、雇用当地高素质研发人员迅速获取创新能力。也可以通过派遣母国技术人员参与东道国被并购企业的生产运营、技术研发等环节，使本国技术人员快速掌握先进技术，迅速提升母公司的技术创能力。如前所举的吉利并购沃尔沃的例子，吉利博瑞轿车，就是由原沃尔沃设计副总裁彼得－霍布里设计，在设计、安全和车内空气质量管理技术方面充分借鉴沃尔沃的技术，取得了很大突破。

最后，发展中国家企业通过并购发达国家企业，在获取东道国企业专利技术、研发人员、信息资源的同时，还能够迅速嵌入其产业链，增加与东道国上下游企业的交流合作，从而接触到先进的研发成果、生产技术以及管理经验，从而极大地促进公司技术水平的提高，然后传导到母公司，进而提升母公司整体的创新水平。

### 4.3.3　建立海外研发机构

早在第二次世界大战以前，飞利浦、斯凯孚等跨国公司就曾在国外设立过研发中心，通过整合创新资源为东道国子公司提供技术支持。第二次世界大战以后，随着 FDI 的兴起，跨国公司在海外设立研发中心的功能越来越重要，从为东道国子公司提供技术服务，逐渐上升到跨国企业全球研发体系中的重要组成部分，为企业整合全球资源进行协同创新提供研发保障。跨国公司通过吸收和利用东道国特有的创新资源和要素，实现在全球范围内优化配置创新资源的战略目标。随着我国创新驱动发展战略的实施，越来越多的企业通过在知识密集的发达国家建立研发中心，从而提升企业的技术创新能力。企业设立海外研发中心，既可以更方便地获取当地技术创新资源，又能够把跨国界的技术转移过程内部化，从而节约交易成本。近年来，许多中国企业建立研发基地（见表 4－3），如华为在英、法、加拿大等多国设立研发中心，美国硅谷更是吸引了长虹、苏宁、百度等多家中国企业的海外研发中心落户。我国目前在海外设立研发机构的企业覆盖了汽车制造、家电、通讯设备、机械等行业，对跨国公司乃至我国技术进步和创新能力的提高起到了促进作用。

表 4 - 3　　中国典型企业海外研发机构情况

| 母公司 | 所属行业 | 海外研发机构 | 设立时间 |
|---|---|---|---|
| 联想 | IT | 在美国北卡罗来纳州、日本横滨设立研发中心 | 不详 |
| 华为 | 通讯 | 在俄罗斯、美国、法国、印度等国分别设立研发中心 | 2001 年 |
| 格兰仕 | 电器 | 在美国硅谷分别设立研究中心和微波炉研究所 | 1997 年 |
| 中兴 | 通讯 | 在美国硅谷、新泽西和圣地亚哥分别设立研发中心 | 1998 年 |
| 万向 | 机械 | 在美国芝加哥设立北美技术中心 | 1994 年 |
| 上汽 | 汽车 | 在英国雷明顿设立上汽欧洲研发中心 | 2006 年 |
| 奇瑞 | 汽车 | 和奥地利 AVL 公司共建研发中心 | 2003 年 |
| 华立 | 电表 | 在美国和加拿大分别建立研发中心 | 1999 年 |
| 康佳 | 电子 | 在美国硅谷设立康盛实验室 | 1998 年 |
| 海尔 | 家电 | 在美国南卡罗来纳、德国慕尼黑建立了全球设计中心 | 1999 年、2000 年 |
| 新浪微博 | IT | 在加州硅谷成立微博北美研发中心 | 2018 年 |
| 康莱特 | 医药 | 在美国华盛顿设立康莱特美国医药研发中心 | 2003 年 |
| 恒生电子 | 软件 | 在日本设立恒生电子日本技术中心 | 2005 年 |
| 舜宇光学 | 光学 | 在日本设立舜宇日本株式会社 | 2008 年 |

资料来源：作者搜集资料整理所得。

从我国对外直接投资的数据来看，从 2003 年以来，我国企业对外科学研究和技术服务投资的总额在我国整体对外直接投资中的比重上升很快，由 2003 年的 0.23% 上升到 2015 年的 2.75%，增长了近 10 倍。截至 2016 年，我国科学研究、技术服务业 OFDI 流量达到 42.38 亿美元，占我国当年 OFDI 总流量的 2.16%，反映了我国对外科研投资的飞速增长趋势（见图 4 - 2）。发展中国家在发达国家设立研发机构，主要通过以下种途径获取逆向技术溢出：首先，可以充分利用东道国的市场资源和创新资源，驱动企业技术研发和创新能力提升。根据知识基础观（Furman et al.，2006），企业通过在海外研发，能够更广泛接触到创新资源并进行吸收、整合，从而促进企业技术创新能力提升。此外，发达国家的市场消费需求往往更加超前、竞争更加激烈，企业在海外建立研发中心可以更深入地了解市场发展的趋势，对产品进行前瞻性的技术改进，从而提升海外研发机构乃至母国企业的研发能力和创新水平。其次，可以提升研发效率。在海外设立的研发机构通常积聚在知识密集的地区，如我国的互联网企业巨头纷纷到美国硅谷建立海外研发中心，可以更加便捷、高效利用当地的技术人才、信息资源、创投基金支持等，保持与国际前沿科技的同步性，从而降低研发风险，提高研发效率。李烁（2005）、吴先明（2007）的研究发现，我国大部分企业设立海外研发机构的目的，主要是为了利用海外信息进行技术跟踪，监视国外先进技术的发展潮流。我国企业通过在发达国家当地设立研发机构或者技术监听站，寻求并获得创造性资产。通过企业的全球化，来利用这些资产构建新型资源，形成未来的核心竞争力。最后，我国企业通过投资建立海外研发机构，可以充分发挥 OFDI 逆向技术溢出效应来提升技术创新能力。在东道国设立的研发机构获取相应的技术后，通过内部化将技术转移到在母公司，并且通过在产业内和产业间的传导和扩散，最终达到提升母国整体技术水平和创新能力的目的。

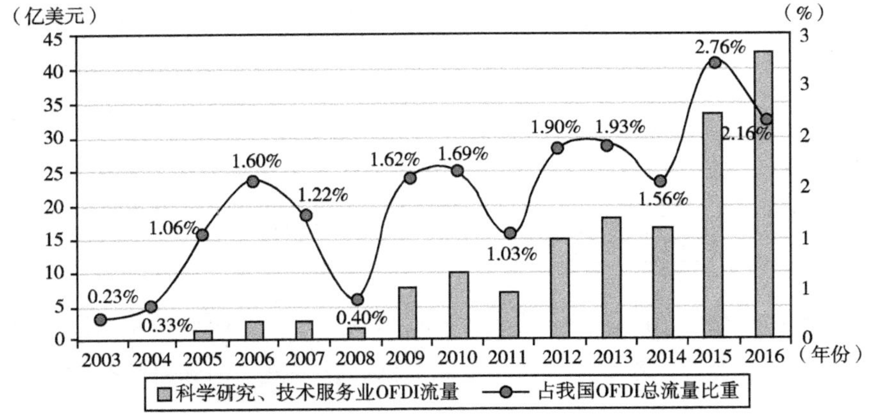


图 4－2　我国对外科技 OFDI 的变化趋势

### 4.3.4　参与国际科技合作

在发展中国家 OFDI 的过程中，越来越多的企业在输出资本的同时，更加重视国际科技交流合作，通过融入全球科技创新网络、广泛参与国际科技合作获取技术溢出也越来越普遍。截至 2016 年年底，我国已经与 150 多个国家、地区和国际组织建立了科技合作关系，签订了 110 多个政府间科技合作协定，加入了 200 多个政府间国际科技合作组织。已建立了包括国际创新园、国际联合研究中心、国际技术转移中心和示范型国际科技合作基地在内的国家国际科技合作基地 500 余家①。国外学者从不同角度对科技创新国际化进行了论述，主要包含三个方面基本内容（见表 4－4）。

表 4－4　有关国际科技合作的国内外研究文献及观点

| 内容 | 研究视角 | 国外代表文献 | 研究视角 | 国内代表文献 |
|---|---|---|---|---|
| 国际科技合作动因 | 政府视角 | Schott（1998）；Zedtwitz（2005）；Deng（2009） | 战略寻求 | 吴先明（2008）；陈劲等（2011）；邹磊（2018） |
| | 企业视角 | Buckley 等（1976）；Vittorio 等（2000）；Child 等（2005） | 技术寻求 | 冼国明等（1998）；陈强等（2013）；刘洋（2014） |
| 国际科技合作模式 | 传统型、现代型、追赶型和扩张型 | VonZedtwit、Gassmann（2002）；Di Minin、Zhang 等（2012） | 政府主导 | 李梦学、张松梅（2007）；王小勇（2013）；魏澄荣（2017） |
| | | | 自由发展 | 吕磊、汤苍松等（2008）；岳爱东（2012）；张新勤（2018） |
| 国际科技合作影响因素 | 外部因素 | Katz（1994）；Zitt（2000）；Hoekman（2009） | 外部环境 | 李梦学、张松梅（2007）；张淑谦、傅建敏等（2014） |
| | 内部因素 | Bas 等（2002）；Selenay（2010）；Tallman 等（1996） | 内部因素 | 李正卫、黄益（2014）；刘云、白旭（2016） |

一是国际科技合作的动因是什么？可以从政府、企业两个视角对观点进行梳理。从政府视角来看，资本、生产、技术的国际化是推动国际科技合作的宏观动因。国际科技合作的主要原因是由于存在不同程度的科技发展水平差距（Schott，1998），而国际科技合作有助于分担高昂的科研经费（Price，1986）。发展中国家对发达国家研发投资的主要动因是获得战略性资源和能力（Zedtwitz，2005；Deng，2009）。从企业视角来看，市场内部化理论（Buckley and Casson，1976）

① 人民网．http：//world. people. com. cn/n1/2017/1017/c1002－29591449. html.

认为到海外建立研发机构可被看作跨国公司的一种内部化行为，目的是降低成本，减少风险。垄断优势理论（Hymer，1960）则从企业具有的技术优势解释了跨国公司对外投资的原因。从资源寻求角度出发的观点认为，研发合作实质就是企业寻求外部技术资源的有效途径（Vittorio and Chiesa，2000；Cantwell and Narula，2001），促使发展中国家向发达国家逆向投资的推动因素是战略资产探索（Child and Rodrigues，2005），以中国、印度为代表的发展中国家到发达国家开展投资活动主要是技术寻求动机（Zedtwitz，2005）。

二是国际科技合作的模式有哪些？对于国际科技合作模式的研究有很多，主要是根据母国和东道国经济发达水平对国际科技创新合作进行分类。VonZedtwit和Gassmann（2002）根据母国和东道国经济发达水平将研发国际化形式分为四种：传统型、现代型、追赶型和扩张型。传统型是指发达国家之间的强强联合，现代型则是指从发达国家在发展中国家设立研发中心，追赶型是指发展中国家在发达国家设立研发机构，扩张型则是指发展中国家之间的研发活动。Di Minin，Zhang和Gammeltoft（2012）针对中国企业在欧洲研发投资，指出其利海外研发动机为全球学习，其海外研发单元动机经历技术开发、技术学习到海外技术利用的演化过程。

三是开展国际科技合作的影响因素有哪些？随着科技合作工作的展开，越来越多的人关注国际科技合作的效果。总体来说，政治制度、地理距离、语言、文化差异是影响开展国际科技合作的主要因素。从外部因素来看，主要有地理距离（Katz，1994；Matthiessen，2002；Hoekman，2009）、制度距离（Matthiessen，2002；Hoekman，2009）、经济政治形势（Frame and Carpenter，1979；Braun and Glanze，1994）、语言历史文化（Zitt，2000）等。从内部因素来看，主要包括抱负、信任、期望等方面（Selenay，2010）、企业内部治理质量（Tallman and Li，1996）、自身技术和吸收能力（Bas and Sierra，2002）等。

国内学者也对国际科技合作进行了大量的研究。与国外的研究类似，国内学者也探讨了我国开展国际科技合作的动机、模式和影响因素。我国开展国际科技合作的动机主要有：战略资源寻求动机，即中国企业开展科技合作主要是以寻求创造性资产为目的（陈劲、曾珍云，2011），通过整合全球异质研发资源以降低新产品研发制造过程中的成本和风险，寻求总体收益的最大化（贺团涛，2008；吴先明，2008）。通过与“一带一路”国家开展广泛的国际科技创新合作，有助于不断弥补自身在科学、技术、产业、人才、体制机制等方面的不足，逐步向全球产业链、价值链和创新链高端迈进（邹磊，2018）。技术寻求动机，即中国“逆向投资”目的之一是获取先进技术或管理技能（冼国明、杨锐，1998），获取逆向知识溢出效应（陈强、刘海峰，2013）。具体的研究还包括后发国家的二次创新（吴晓波，1995）、不同行业的技术追赶（刘建新、王毅，2013；吴先明、苏志文，2014）和通过构建跨国研发网络进行创新追赶（刘洋，2014）等。与国外不同的是，我国国际科技合作的特点是更加突出“政府引导、企业参与”机制（王启明，2009）。我国开展国际科技合作的模式有：政府主导式和自由发展式（吕磊、汤苍松、姜永镇、马军，2008）；政府主导的国际科技合作进一步分为：一方主导型双边合作、平等互利型双边合作、单极多边型合作、多极多边型合作模式（李梦学、张松梅，2007）。影响我国国际科技合作的主要因素有：外部环境主要包括政府作用、东道国对外开放程度、税收政策、知识产权保护程度以及文化环境等（李梦学、张松梅，2007；张淑谦、傅建敏、张铁山，2014）；内部因素主要包括资金投入、专业人才、自然特点等方面（李正卫、黄益，2014）。

### 4.3.5 创建海外科技园区

随着“走出去”企业的数量越来越多，国家越来越多，企业开始谋划更高层次的科技合作载体。以建设海外科技园区为载体，推动企业“走出去”利用国外创新资源、提高创新绩效已经成为重要的途径。因为未来的科技创新活动，越来越需要全球联动和技术集成，科技园区作为国际技术信息交汇的节点，能够把产业、企业、金融、研发机构等创新资源充分整合起来，从而产生协同创新效应。创建海外科技园我国加强海外科技合作的重要平台，国内的研究主要从四个方面展开。

一是跨境科技园区建设的趋势。科技园区出海并非中国首创。世界上，日本、韩国和新加坡起步较早，通过园区方式寻求国际合作，服务于其企业海外投资和生产布局（李鲁、刘乃全、刘学华，2017）。2003年，中关村在美国设立了我国第一个海外科技园区——中美马里兰科技园（薛晖，2003）。2012年中以共建“中以国际科技合作产业园”、2013年中俄合作共建“中俄丝绸之路高科技产业园”是我国建设海外科技园的有益倡议（李鲁、刘乃全、刘学华，2017）。

二是海外科技园区的作用。从集群创新网络视角，创建海外科技园区是一种集群式的技术研发型对外直接投资（靳茂勤，2013），能够充分利用所在国的基础资源、研发优势和廉价智力资源进行研发活动，以满足跨国公司全球战略利益（陈琪，2013）。为中国科技型中小企业“走出去”开拓国际业务搭建的平台，是企业孵化器国际化的重要步骤（靳茂勤，2013）。从国家创新战略视角，建立海外科技园是科技企业实施“走出去”战略的一个举措，也是国家创新体系的一个组成部分（吴贻康，2006），有助于提高我国自主创新能力和国际竞争力（杨昌荣、柳哲，2006）。以科技产业园为支撑和平台，有利于促进适用技术转移和成果转化，有利于构建长期稳定的合作关系，从而提升“一带一路”沿线国家的科技能力（杨建国，2017）。通过与沿线国家共建科技特色园区，能够引导鼓励我国高新区、自主创新示范区、农业科技园区、海洋科技产业园区、环保产业园和绿色建材产业园等与沿线国家主动对接（邹磊，2018）。

国内有关跨境科技园区建设的研究文献及观点如表4－5所示。

**表4－5　国内有关跨境科技园区建设的研究文献及观点**

| 内容 | 研究视角、观点 | 代表文献 |
|---|---|---|
| 跨境科技园区的趋势及作用 | 集群创新网络 | 杨震宁（2008）；靳茂勤（2013）；陈琪（2013）；刘作章（2017） |
| | 国家创新战略 | 吴贻康（2006）；杨昌荣、柳哲（2006）；杨建国（2017）；邹磊（2018）；（李鲁、刘乃全、刘学华，2017） |
| 跨境科技园区的建设模式 | 双向建园 | 王丽（2016）；温灏（2017）；高悦（2017）；（李鲁、刘乃全、刘学华，2017） |
| | 一园两地 | 邓俊新（2014）；方敏（2015）；陈斯（2018） |
| | 国际合作 | 关利欣、张蕙等（2012）；张广荣（2013）；邹磊（2018） |
| 跨境科技园区的建设主体 | 主体多元 | 叶尔肯·吾扎提等（2017）；王德禄（2017）；王兴平（2017）；（李鲁、刘乃全、刘学华，2017） |
| | 官民结合 | 杨艳龙（2009）；杨建国（2017）；张崴（2017） |
| | 企业主导 | 郝旭、刘健等（2016）；吕昱江（2018）；邹磊（2018） |

三是海外科技园区的建设主体。科技园合作的主体应当多元化，可以是国家级园区及园区平台公司、大型国企和民营科技创新服务机构（王德禄，2017）。科技园合作要“官民结合、多方参与”，可以由我国高新区、自主创新示范区等在内的园区主动“走出去”对接形成的科技园区，也可以由一批有实力的企业主导，与沿线国家共建的科技园区（杨建国，2017）。应积极支持有条件的龙头企业以境外投资并购等方式获取关键技术，到沿线国家建设境外合作园区，推动产业链的全球布局和优化整合（邹磊，2018）。海外科技园区海外合作的发起及参与主体包含政府、企业、企业联合体、园区运管机构、园区联盟、行业协会、国际组织及个人等。

四是海外科技园区的建设模式。由于不同国家的工业化、信息化和创新水平差距巨大，因此参与科技园区合作的模式应因地制宜多元化（邹磊，2018），关键是采取何种“互利共赢”的组织方式（杨昌荣、柳哲，2006）。“双向建园”组织方式的优点是能为中外科技创新搭建对等、互利和共赢的国际合作平台，应作为我国海外科技园发展的重点（杨昌荣、柳哲，2006）。如中俄丝路创新园采取“一园两地、两地并重”的建设模式，是中国首次开发区运营模式的输出（邓俊新，2014）。广东省将以色列作为重点合作对象，探索了“官助民办”“三资融合”“国际合作”的产业园区建设模式，通过调动民间和国际资本，打造一流的水处理专业产业园区（邹磊，2018）。

综上所述，以海外科技园区建设为载体的国际科技合作具有重大的理论和现实意义。国内外学者对于国际科技合作与海外科技园区建设进行了大量的研究。在“一带一路”创新全球治理和国际合作模式的背景下，科技园区合作为我国与沿线国家国际科技创新合作的热点。

# 现状趋势篇

# 第 5 章

# 我国利用 FDI 的进程及发展趋势

开放是当今世界经济全球化的主流，也是国家繁荣发展的必由之路。自 1978 年我国作出了改革开放这一“决定当代中国命运的关键抉择”[①] 以来，利用外资一直是我国对外开放基本国策的重要内容。40 年来，我国通过扩大开放、创新外资管理体制、完善和优化投资环境，使得中国利用外资规模不断扩大，引资质量不断提升。中国已成为富有吸引力的外商投资热土，在世界 FDI 中占据重要的地位。截至 2017 年年末，中国非金融类领域累计吸收外商投资 1.64 万亿美元，2017 年流量达 1263 亿美元，连续 24 年居发展中国家首位。FDI 推动了我国的改革开放，为建立开放型经济新体制发挥了重要作用；外资经济在我国市场经济中占据了重要地位，为我国税收、就业做出了重要贡献；利用外资带动了我国对外贸易的快速发展，促进了技术引进和技术创新，推动人员交流和人才引进，带来了先进的管理经验，促进了中国经济转型升级。

本章首先回顾改革开放 40 年来我国 FDI 的发展历程，结合我国对外开放政策的变化分析我国改革开放 40 年吸引外资的时代背景和阶段特征。然后分别从 FDI 的来源地结构、行业分布结构、国内地区分布结构、企业类型和进入方式等方面深入剖析我国外商直接投资的基本特征，以便对我国 FDI 的发展进程及未来趋势有更加深刻的判断。

---

① 党的十七大工作报告，2007 年 10 月 15 日。

## 5.1 我国 FDI 的发展历程

1978 年党的十一届三中全会以后，我国进入了改革开放的时代。我国逐步采取多种方式引进和利用外资。1978～2017 年近 40 年间，我国吸引 FDI 从无到有、从零星规模到居全球第二位，发生了翻天覆地的变化（见图 5－1）。从我国吸引 FDI 的规模变化和国家政策角度，可以把我国吸引 FDI 划分为萌芽起步、快速发展、稳定增长、高水平发展等四个阶段。当然，学术界对此并没有严格的界定，本章只是根据统计数据结合我国改革开放实践所作的一个大致的划分。

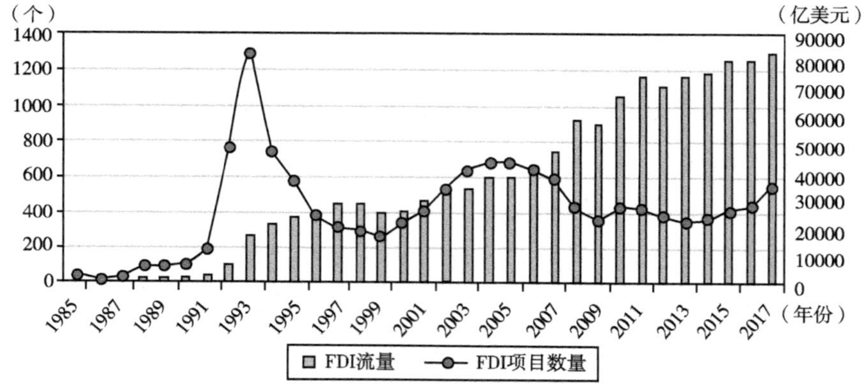


**图 5－1　我国利用外资的金额和项目数变化情况**

注：数据区域左列为我国 FDI 流量，右列为 FDI 项目数。

### 5.1.1　萌芽起步阶段（1979～1991 年）

改革开放初期，由于我国政策法规不完善、基础设施落后，利用外资较少。为促进改革开放，我国于 1979 年、1986 年、1988 年先后制定和出台了《中华人民共和国中外合资经营企业法》《中华人民共和国外资企业法》和《中华人民共和国中外合作经营企业法》等三部法律制度，成立了深圳、珠海、汕头、厦门等经济特区，拉开了我国利用外商直接投资的序幕。这些政策的实施，对贯彻我国对外开放方针、吸引外商投资发挥了重要的作用。

1978 年，松下电器成为第一家进入中国的外资企业。1978～1991 年，我国共批准成立 42099 家外商投资企业，平均每年 3238 家；协议外资额 523.38 亿美元，平均每年 40.26 亿美元；实际利用外资 233.48 亿美元，平均每年 17.96 亿美元。在这一阶段，外商直接投资主要来源地为港澳台三地，外商投资的地区主要是四个经济特区和 14 个沿海开放城市。在这些投资中，掌握先进技术和巨大市场份额以及拥有雄厚资金的大型跨国公司较少，而中小型制造、服务和房地产开发企业居多。

### 5.1.2　快速发展阶段（1992～2000 年）

邓小平"南方谈话"和党的十四大的召开，确立了我国社会主义市场经济体制改革的目标，我国的改革开放步伐进一步加快，对外开放的领域由沿海到内地、由南到北延伸，从而使我国的外商直接投资实现了飞跃式增长。1992 年当年，我国的外商直接投资就由 1991 年的 42.66 亿美元增长到 110.07 亿美元，首次突破百亿美元大关。1993 年、1994 年和 1996 年分别又突破 200 亿、300 亿和 400 亿美元，之后基本上稳定在 400 亿美元以上。1993 年起，我国的实际利用外资额就稳居发展中国家第一位，世界第二位，仅次于美国。这一阶段的主要特点是：第一，大型跨国公司开始大量对华投资，截至 2000 年年底，《财富》杂志评选的全球 500 强中有近 300 家企业在华投资。这些跨国公司的项目规模大，1999 年外商直接投资的平均规模达 238.32 万美元。跨国公司不仅带来了资金、技术、管理，也带来了世界水平的竞争。第二，外商投资企业独资化倾向越来越强烈，跨国公司更看重企业的控制权。主要表现为新建企业倾向选择独资，对已参与的合资企业采取增资扩股等方式取得控制权。第三，外资的投资领域进一步扩大，中西部地区利用外资状况有所改观，投资行业也涉及高技术、基础设施等行业。需要指出的是，1997 年爆发的亚洲金融风暴，使来华外商直接投资下降了 30%，但 FDI 总额还是占到了世界外国直接投资的 11.31%，约占整个发展中国家的 1/3。

### 5.1.3 稳定增长阶段（2001～2007年）

经过15年的不懈努力，我国于2001年正式加入了世界贸易组织（WTO），中国对外开放进入一个崭新的阶段。自从我国2001年成功加入WTO后，明显加大了对外商投资的开放力度，放宽了外商投资的股本限制，放开了原来禁止外商投资的诸多行业领域。投资环境的不断改善及我国经济持续良好的发展态势，使得外商对华投资信心倍增。在全球FDI自2001年开始持续低迷、连续三年萎缩的情况下，我国吸引外商直接投资却迭创新高，在2000年和2003年连续两年取代美国成为吸收FDI世界第一大国。这一时期外资企业对华直接投资的投资额逐年增长的趋势较为明显，不存在前一阶段大起大落的状态。实际利用外资额平稳较快增长，但实际利用增长率起伏的波动很大。截至2007年年底，全国累计批准设立外商投资企业约63万家，累计实际使用外资金额达到7600亿美元。自1992年起我国已连续16年成为世界上吸收外资最多的发展中国家。同时，新时期的外商直接投资在投资结构、投资方式和经营策略上出现了许多重大的变化。

从投资结构来看，这一时期第三产业FDI增长迅速，逐渐赶上并超过制造业FDI，主要原因是我国经济结构的不断升级。加入世贸组织后，随着我国经济高速发展，我国服务业占GDP的比重不断增加。并且伴随着人民收入的增加，对高质量的服务业的需求客观上也吸引了外来直接投资。从投资方式来看，最显著的变化是外资独资企业飞速发展，合资企业的比重随之较少，但趋于平稳。相比于前一阶段，这一时期出现了外商投资股份制企业的情况，但占总金额的比重较少。

### 5.1.4 高水平发展阶段（2009年至今）

2008年爆发的全球金融危机，对全球FDI格局造成了较大影响。据商务部数据显示，由于经济危机影响，2008年全年我国新批设外资企业27514家，总量略有下降；实际使用外资金额 923.95 亿美元。但是 2010 年我国吸引 FDI 迅速增加，我国新批准设立的外商投资企业 27406 家，实际利用外商直接投资金额达 1057.35 亿美元，占发展中国家引进外资的 16%，占世界的 4.4%。FDI 总额首次超越千亿美元大关，标志着我国吸引 FDI 进入了高水平发展阶段。近年来，我国利用外资实现平稳增长，质量和水平进一步提高。高技术产业利用外资年均增长 18.7%，占比提高一倍。外商投资由逐案审批制转向负面清单管理，96% 以上的外资企业设立变更事项通过备案完成，便利化水平大幅提升。2017 年，我国全年吸收 FDI（不含金融类）新设立企业 35000 余家，比上年增长 28%。实际使用 FDI 金额达 1310 亿美元，增长约 8%，增速比上年加快 3.8 个百分点，再创历史新高，位居全球第二。

在“一带一路”倡议下，中国政府提出的以经济发展带动世界各国繁荣和谐的新愿景和行动纲领正在逐步实现，中国经济和中国投资已经成为全球经济增长的发动机。从政策环境来看，我国不断完善对外投资的负面清单管理模式，《市场准入负面清单草案》已在全国逐渐试行和推广。自贸试验区对外资的吸引集聚效应明显，外商投资的市场准入限制不断放宽，特别是放宽了金融、教育、文化等服务业领域以及一般制造业的外资准入，而且服务业扩大开放试点已取得阶段性进展并有望将所获得的经验在部分区域推广。通关便利化水平逐步提高，金融对外开放稳步推进，外资企业融资渠道不断放宽，同时外商投资的监管体系逐渐完善，营造了更好的制度和法律环境。近年来，我国 FDI 规模保持平稳增长的同时，也日益呈现出新的态势。从 FDI 来源地结构、行业结构、区域分布结构、投资主体结构和投资方式结构进一步优化。

## 5.2 我国 FDI 的来源地结构

从我国 FDI 来源地结构来看，亚洲一直保持我国最大的 FDI 来源地，无论是占比还是总金额都稳定增长。其次是欧盟和北美洲、南美洲地区，在我国 FDI 来源地中的比重交替上升。

## 5.2.1 亚洲地区

由于地理相近、文化相亲，亚洲地区一直是中国吸引外资的主要来源地，占我国 FDI 总额的比重保持在 60% ~80% 之间。但是从 1997 年以来的 20 年的变化趋势来看（见图 5 - 2），呈现出先降后升的“V”形走势。1997 ~ 2006 年的 10 年间，来自亚洲对我国的 FDI 比重呈现稳步下降态势，从 1997 年的 76% 下降到 2007 年的 56%；但是 2007 年以来的 10 年间，占比又呈现明显的增长趋势，又连续增长至 2014 年的 83%，2015 年和 2016 年稍有下滑，但也保持在 80% 以上。由此可见，亚洲地区对我国 FDI 的重要性。

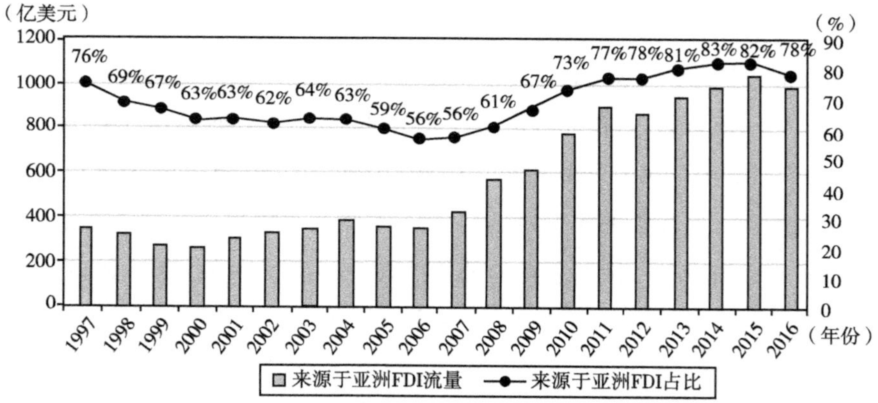


**图 5 - 2　来源于亚洲 FDI 总额及比重变化**

注：数据区域左列为我国来源于亚洲 FDI 流量，右列为来源于亚洲 FDI 占比。

从亚洲主要国家（地区）对我国 FDI 的具体国别（地区）来源分析（见表 5 - 1），2016 年在华 FDI 实际使用外资金额排在前五位的分别是中国香港、新加坡、韩国、日本和中国台湾。在来源于亚洲的 FDI 中，香港特别行政区对内地的投资占据很大的比重。长期以来，中国香港作为国际资本流动的“超级联系人”（super-connector）的角色，是很多国外企业投资内地的平台，在我国利用 FDI 中占有较大比重，是亚洲来源地中最重要的构成部分。中国香港一直是中国内地最重要的外商投资来源地，实际使用外资金额在外商对华投资中所占的比例一直很高。1997~2006 年，曾有所下滑，从 1997 年的占亚洲 60%、全球 46%，一路下滑到 2005 年的占亚洲 50%、全球 30%。但是，自 2006 年之后，中国香港在我国 FDI 来源地中所占的比例又连续攀升，于 2015 年达到峰值，占亚洲 82%、全球 65%。2016 年占比略有下降（见图 5-3）。

**表 5-1　　2016 年亚洲主要国家（地区）在华投资来源统计**

| | 新设立企业数 | | | 实际使用外资金额 | | |
|---|---|---|---|---|---|---|
| | 数量（家） | 同比增长（%） | 比重（%） | 金额（亿元人民币） | 同比增长（%） | 比重（%） |
| 中国香港 | 12753 | -2.99 | 61.89 | 5262.19 | -1.52 | 82.66 |
| 印度尼西亚 | 34 | -30.61 | 0.16 | 4.11 | -39.32 | 0.06 |
| 日本 | 576 | -10.42 | 2.80 | 201.40 | 1.85 | 3.14 |
| 中国澳门 | 676 | 19.43 | 3.28 | 51.78 | -5.58 | 0.83 |
| 马来西亚 | 242 | 8.04 | 1.17 | 14.17 | -52.01 | 0.22 |
| 菲律宾 | 33 | 0 | 0.16 | 4.85 | 102.28 | 0.08 |
| 新加坡 | 684 | -10.24 | 3.32 | 392.64 | -8.60 | 6.14 |
| 韩国 | 2018 | 3.06 | 9.79 | 307.95 | 23.76 | 4.82 |
| 泰国 | 74 | 32.14 | 0.36 | 3.61 | 31.84 | 0.06 |
| 中国台湾 | 3517 | 18.74 | 17.07 | 128.26 | 34.86 | 1.99 |
| 亚洲十国合计 | 20607 | 1.02 | 100 | 6370.95 | -0.62 | 100 |

数据来源：商务部外资统计。

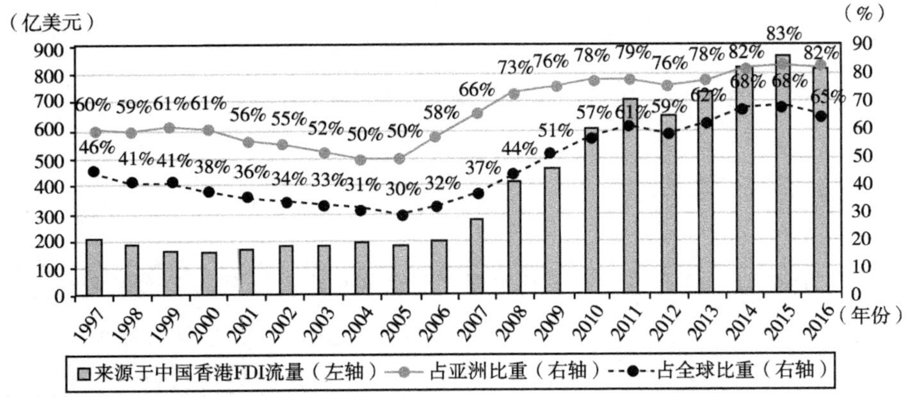


**图 5-3　来源于中国香港 FDI 总额及比重变化**

注：数据区域左列为我国来源于中国香港 FDI 流量，右列为占我国来源于亚洲 FDI 和全部 FDI 的比重。

我们比较关注的是除了中国香港以外的亚洲国家和地区的变动。在 2006 年之前，新加坡对中国的 FDI 总量相对较低；但是2007 年以后，新加坡对我国 FDI 一直保持稳定的增长态势，并且在 2014 年超过日本、韩国和中国台湾，成为亚洲除中国香港外我国最大的 FDI 来源国（地区）。而与此形成鲜明对比的是中国台湾，对大陆的 FDI 近年来不断下降，仅为新加坡的 1/3 左右。这可能与中国台湾经济的不景气和其产业竞争力地位下降有很大关系。日韩对华直接投资金额呈现较大的波动性，1997 年的亚洲金融风暴之后，日韩产业资金加速向中国流动，但是在 2007 年金融危机前后，日韩对华 FDI 下降明显。至今，在全球经济不景气的背景下，日韩对华投资处于相对低位徘徊（见图 5－4）。

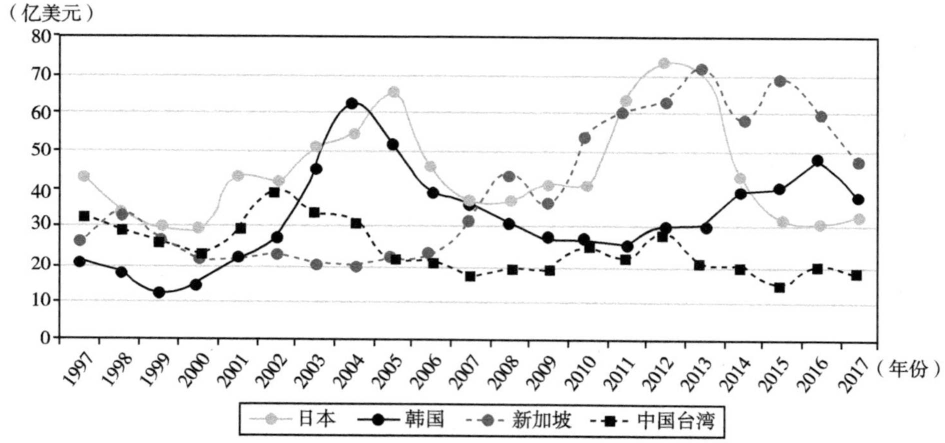


**图 5－4　亚洲部分国家（地区）对我国 FDI 变化情况**

### 5.2.2　北美地区

来源于北美地区的对华直接投资主要是美国和加拿大。美国和加拿大均为发达国家，是较早对我国进行 FDI 的国家之一。尤其是美国，作为全球最大经济体和资本输出国，一直是我国最大的 FDI 来源地之一。但从增长趋势来看，北美对华 FDI 在 2002 年达到历史高峰的 649 亿美元之后，便一直处于下滑趋势。所占比重由 11% 下降为约 2%，无论是绝对总数还是所占比重都下滑明显（见图 5－5）。其中美国对华直接投资在连续下滑的背景下，于 2014 年出现了根本性的逆转——中国赴美投资金额已经首次超过美国对华投资。

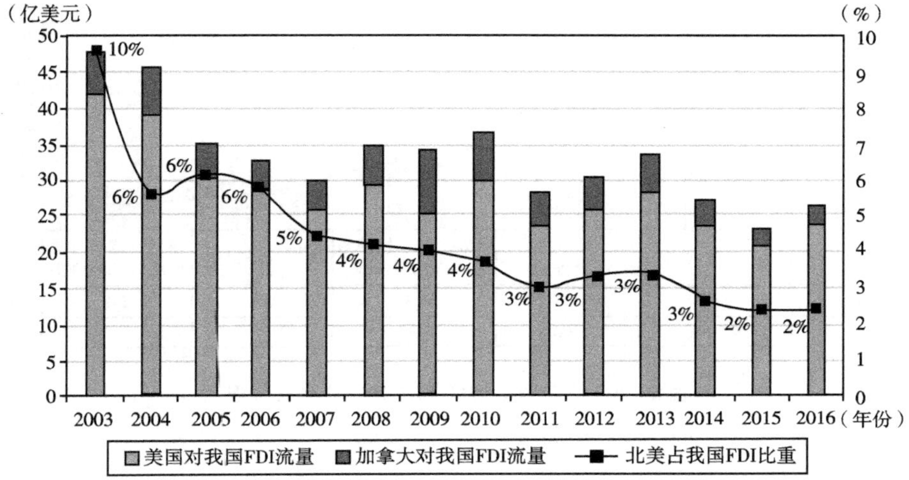


**图 5－5　美国和加拿大对华 FDI 变化情况**

注：数据区域左列为 FDI 流量，右列为占我国 FDI 的比重。

特朗普上台后，美国实施了一系列国内政策，其中在 2017 年 12 月通过的“减税和就业法案”，将对全球国际投资的流动、存量及结构产生重要影响。其中最重要的就是税改政策，将对美国乃至全球 FDI 格局产生重大影响。美国税制改革的主要目标是增加对美国的投资并创造就业机会，具体政策包括：通过减税和简化税制改善美国投资环境的措施，从而鼓励跨国公司收缩在海外投资，并将海外资金汇回国内。其中一揽子改革还包括针对跨国企业通过复杂的跨境投资结构避税的反避税措施。因此，这次美国的税制改革，不仅将影响流入美国的 FDI，还将影响美国跨国公司在海外 FDI。税改可能致使美国跨国企业海外投资模式及路径出现新的调整，尤其是技术密集型和先进制造业投资回归美国。

从投资的具体行业来看，2016 年，北美地区在华设立外商投资企业数最多的行业是批发和零售业，科学研究、技术服务和地质勘查业，制造业以及信息传输、计算机服务和软件业。从实际使用的资金看，制造业，租赁和商务服务业，科学研究、技术服务和地质勘查业，批发和零售业以及信息传输、计算机服务和软件业居前五位（见图 5－6）。

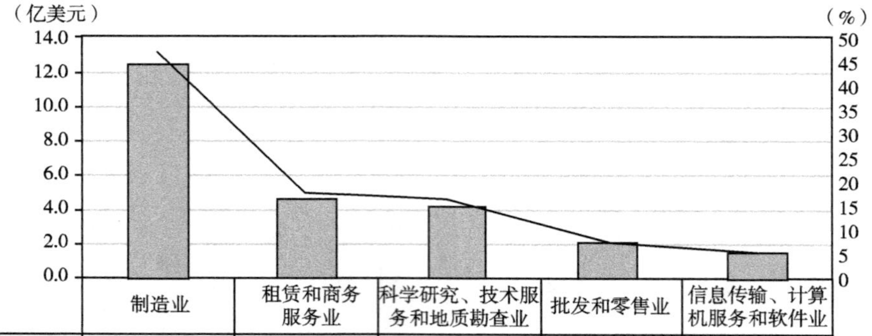


| | 制造业 | 租赁和商务服务业 | 科学研究、技术服务和地质勘查业 | 批发和零售业 | 信息传输、计算机服务和软件业 |
|---|---|---|---|---|---|
| 金额 | 12.6 | 4.7 | 4.3 | 2.1 | 1.4 |
| 占比 | 47.4% | 17.8% | 16.1% | 7.9% | 5.5% |

**图 5-6　北美地区对华 FDI 的行业分布情况**

注：数据区域左列为 FDI 流量，右列为各行业 FDI 的比重。

从总体上看，当前传统制造业在北美华投资中的重要性不断降低，而先进制造业和娱乐服务业等领域的投资维持了较高的投资增长水平，并且未来有望继续增长。根据美国商务部经济分析局的数据显示，2016 年美国对华 FDI 的主要行业是信息和通讯技术、娱乐服务业和传统制造业部门，其中对华制造业 FDI 持续减少，尤其是在传统制造部门，如汽车、原材料和工业机械等行业的对华直接投资明显减少，向东南亚转移的趋势较为明显；另外，还有相当部分是在美国减税政策刺激下，向美国本土回流。

## 5.2.3　欧洲地区

从总量上看，近 20 年来，欧洲对华直接投资一直保持平稳增长态势。但是从我国不同来源地所占比例来看，欧洲对华直接投资比重有所下降，由最高时期的约 19% 下降为目前的不足 10%。与北美相比，欧洲对华直接投资保持了相对较高水平，目前对华直接投资约为美国的 4 倍。2016 年，欧洲对全球的国际直接投资达到 94.3 亿美元，其中欧盟成员国在华投资 87 亿美元，同比增长 41.3%，为 2007 年以来的最高增长速度，也是欧盟对华 FDI 的新高（见图 5-7）。

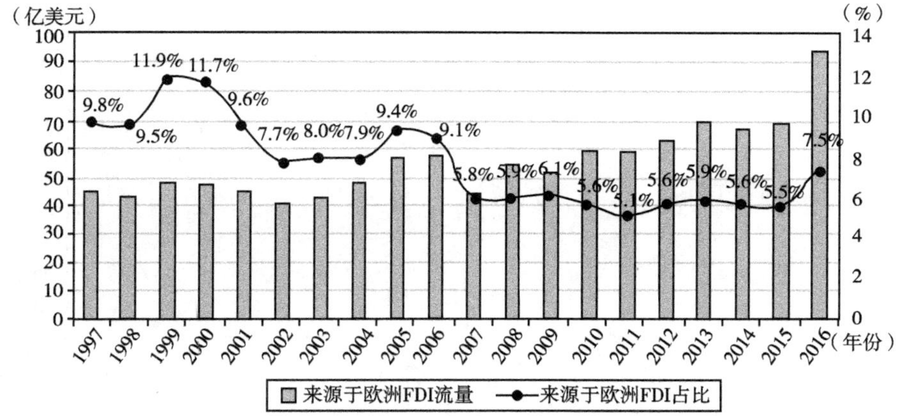


**图 5－7　欧洲对华 FDI 流量及占我国 FDI 的比重变化**

注：数据区域左列为 FDI 流量，右列为 FDI 的比重。

从国家看，德国、法国、英国等国家占有欧洲对我国 FDI 流量的较高比重。其中德国一直是欧洲地区对华投资的最大来源国。从发展趋势看，德国对华 FDI 自 2007 年以来，一直保持强劲增长势头。2016 年，德国在华新设立外商投资企业 392 家，占欧盟地区的约 1/4；实际使用外资金额 27 亿美元占欧盟地区的约 30%。在 1997 年以前，英国是欧洲对华直接投资的最大国家，1997～2007 年的十年间，也保持了较高水平，是仅次于德国的欧洲对华投资第二大来源国。但是，2008 年金融危机后，英国实体经济受到较大冲击，对华直接投资逐渐下滑，被荷兰、法国等欧洲国家相继超过，但是在 2016 年出现强劲反弹。2016 年，英国对华投资资企业 345 家，约占欧盟地区的 16%，实际投资金额达 13.5 亿美元，同比上升 187%，投资金额倍增，超过荷兰、法国重新成为欧盟地区对华投资第二大来源国（见图 5－8）。

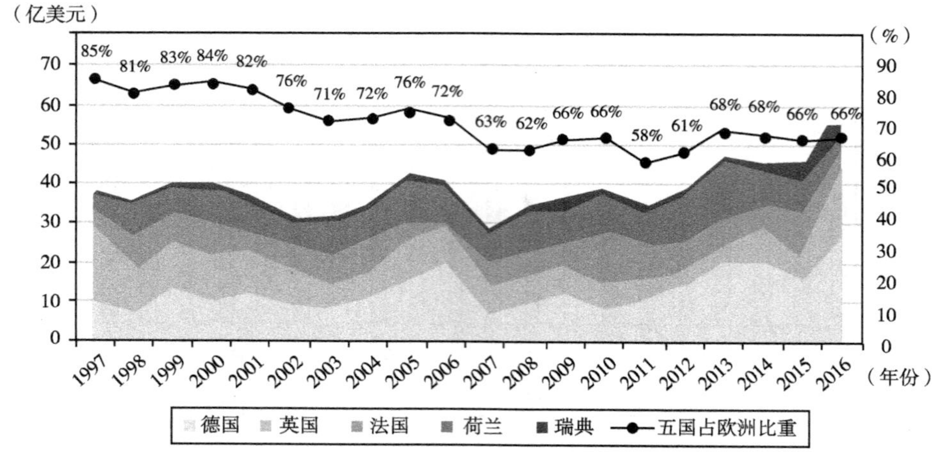


**图 5－8　欧洲五国对华 FDI 流量及占欧洲对华 FDI 的比重**

注：数据区域左列为 FDI 流量，右列为 FDI 的比重。

## 5.2.4　拉丁美洲地区

从总量上看，拉丁美洲对华投资额仅次于亚洲，远高于北美和欧洲。但是从其结构分析可知，北美对华直接投资主要是由英属维尔京群岛、开曼群岛以及百慕大等离岸金融中心对华直接投资构成，三者占比高达 90% 以上。1997～2007 年的十年间，由于中国经济的高速发展，外国对华投资处于快速上升阶段，国际资本借道维尔京群岛和开曼群岛，进行对华直接投资。2007 年达到最高峰 191.2 亿美元，其中维尔京群岛为 165.5 亿美元，开曼群岛为 25.7 亿美元，占拉美对华直接投资的 95%。仅维尔京群岛就远超欧洲、美国对华直接投资额。受金融危机影响，2008 年全球外国直接投资下降了约 21%，我国吸引外资受此冲击，开始下降。来自维尔京群岛和开曼群岛的直接投资也由高峰的 192 亿美元，下降到 2014 年的约 75 亿美元。但随后开始回升反弹，迅速达到 2016 年的 120 亿美元（见图 5－9）。

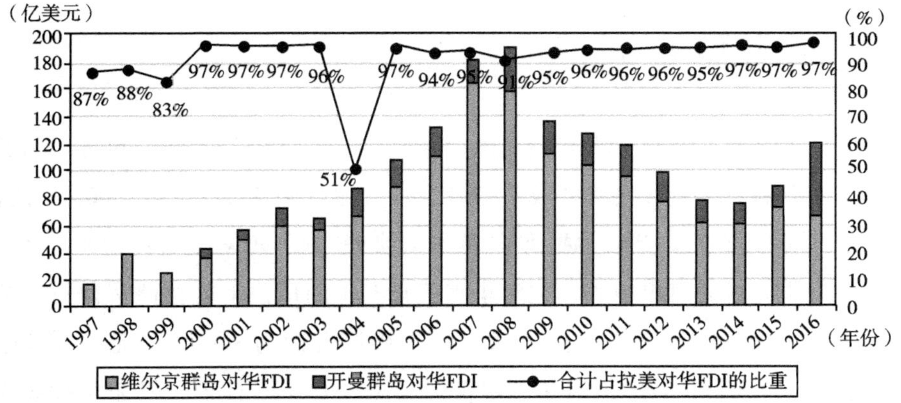


**图 5－9　维尔京和开曼群岛对华 FDI 流量**

注：数据区域左列为 FDI 流量，右列为 FDI 的比重。

除维尔京群岛和开曼群岛的直接投资之外，其他拉丁美洲国家对华直接投资的金额很少，相对较多的国家是巴西、阿根廷和墨西哥三个国家。但是，这三个国家最多的巴西，对华直接投资额也不过区区几千万美元。在 2004 年之前，巴西、阿根廷和墨西哥的对华直接投资比较接近，且都增长迅速；2004 年之后，墨西哥和阿根廷的对华直接投资下降明显，而巴西在在震荡中有所上升，维持在 4000 万～5000 万美元的水平（见图 5－10）。

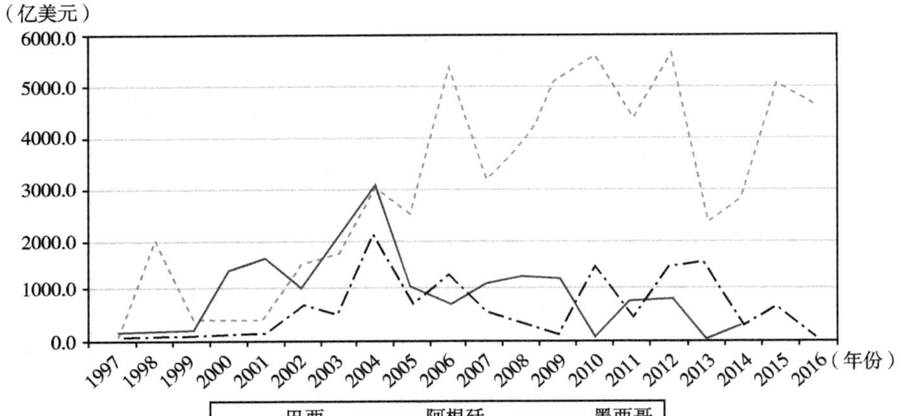


**图 5－10　巴西、阿根廷和墨西哥对华 FDI 流量变化**

## 5.2.5 非洲地区

非洲对华直接投资与拉丁美洲类似，主要有毛里求斯、塞舌尔和马绍尔群岛三个离岸中心的对华直接投资构成，三者合计占比达到90%以上。2008年之前，毛里求斯的对华直接投资额占据非洲对华直接投资的90%左右；2008年之后，塞舌尔作为非洲新的离岸中心，在对华直接投资中的地位上升，此消彼长，毛里求斯则快速下降。2016年，毛里求斯对华直接投资额为8.6亿美元，塞舌尔为2.5亿美元，两者合计占非洲对华直接投资的95%以上。此外，马绍尔群岛作为离岸中心对华直接投资也有一定比例（见图5－11）。

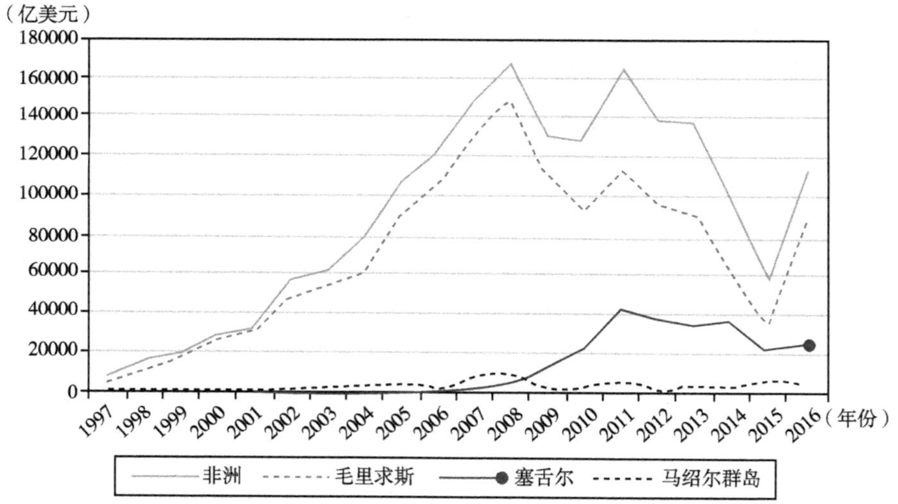


**图5－11 非洲及主要避税地对华FDI流量变化**

除毛里求斯、塞舌尔和马绍尔群岛三个离岸中心外的非洲对华直接投资金额很少，相对较多的国家是南非和尼日利亚两个国家。其中南非在2004年、2005年的对华直接投资超过1亿美元，其他年份都不超过1亿美元。近年来，随着南非经济的衰退，对华直接投资骤减至数百万美元（见图5－12）。

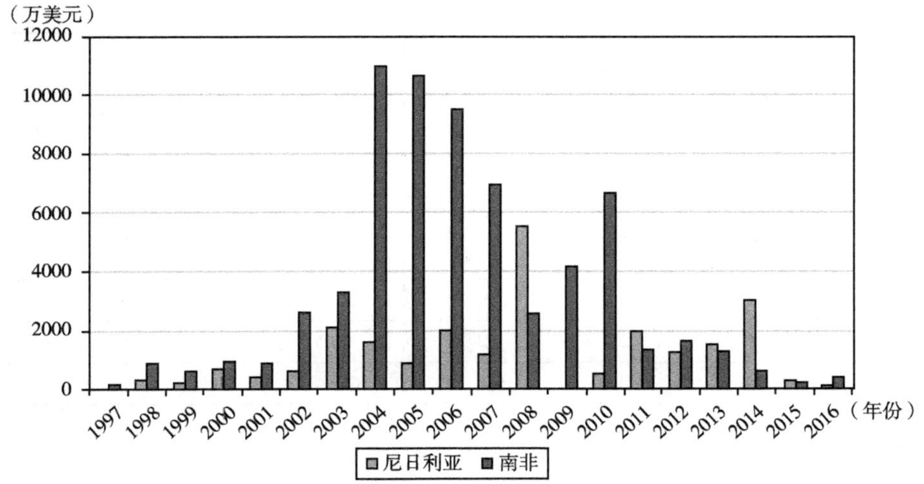


**图 5－12　尼日利亚和南非对华 FDI 流量变化**

### 5.2.6　大洋洲地区

大洋洲对华直接投资主要是澳大利亚和新西兰。2016 年，大洋洲地区对华投资下降趋势明显，全年在华新设立外商投资企业 712 家，同比下降 11.11%，实际使用外资金额 12.68 亿美元，同比下降 45%。其中澳大利亚和新西兰对华直接投资企业数占大洋洲对外投资企业数的 56%，投资金额占对华直接投资的 23%。

萨摩亚作为世界著名的离岸金融中心，许多跨国公司通过萨摩亚开展对华投资业务，是大洋洲地区对华投资最大来源地。2016 年在华新设立外商投资企业 274 家，占大洋洲地区的 38%，实际对华直接投资 8.72 亿美元，占大洋洲地区的 69%（见表 5－2）。

**表 5－2　2016 年大洋洲地区在华投资统计**

| | 新设立企业数 | | | 实际使用外资金额 | | |
|---|---|---|---|---|---|---|
| | 数量（家） | 同比增长（%） | 比重（%） | 金额（亿美元） | 同比增长（%） | 比重（%） |
| 澳大利亚 | 346 | －6.74 | 48.60 | 17.18 | －9.42 | 20.71 |
| 斐济 | 1 | — | 0.14 | 0.00 | — | 0.00 |

续表

| | 新设立企业数 | | | 实际使用外资金额 | | |
|---|---|---|---|---|---|---|
| | 数量（家） | 同比增长（%） | 比重（%） | 金额（亿美元） | 同比增长（%） | 比重（%） |
| 瓦努阿图 | 1 | — | 0.14 | 1.93 | 394.79 | 2.30 |
| 新西兰 | 53 | -22.06 | 7.44 | 2.05 | 46.28 | 2.51 |
| 汤加 | 0 | — | 0.00 | 0.00 | — | 0.00 |
| 萨摩亚 | 274 | -19.41 | 38.48 | 56.50 | -53.89 | 68.81 |
| 马绍尔群岛 | 17 | 13.33 | 2.39 | 3.13 | -28.99 | 3.81 |
| 其他国家 | 20 | 233.33 | 2.81 | 1.55 | -44.08 | 1.86 |
| 合计 | 712 | -11.11 | 100 | 82.34 | -45.28 | 100 |

数据来源：商务部外资统计。

近三年来，来自亚洲地区的外商对华实际投资占比一直保持在80%左右。其次是欧盟地区和“一带一路”沿线国家/地区，2016年欧盟地区主要国家和“一带一路”沿线国家对华实际投资占比分别为6.88%和5.42%。北美地区和大洋洲地区2016年对华实际投资占比分别是2.1%和1.01%。各地区对华投资的行业特征也比较显著。除制造业、租赁和商务服务业以及批发和零售业外，亚洲地区对华实际投资较多的行业还有房地产业和金融业；北美地区对华实际投资较多的还有科学研究、技术服务和地质勘查业以及信息传输、计算机服务和软件业；欧盟地区对华实际投资较多的还有金融业以及科学研究、技术服务和地质勘查业；“一带一路”沿线国家/地区对华实际投资较多的还有房地产业以及交通运输、仓储和邮政业。

## 5.3 我国FDI的行业分布结构

### 5.3.1 三次产业利用FDI情况

改革开放初期，我国FDI最初大多集中于劳动密集型制造业领域，随着经济结构的优化升级，我国利用FDI行业分布也发生了显著变化。从三次产业来看，第三产业吸引外资的比重逐步上升，由 2004 年的 13.4% 上升到 2016 年的 51%，超过了第二产业利用外资的比重，这也反映了我国经济结构的变化。第二产业吸引外资的比重则逐步下降，由 2004 年的 84.3% 下降到 2016 年的 47.5%，尤其是劳动密集型制造业吸引外资的比重下降很快，反映了我国劳动力成本上升带来的国际产业分工格局的改变。第一产业的比重变化不大，在我国利用外资中所占份额较小。根据全球 FDI 的分布规律，随着我国经济的发展，服务业在我国经济中的比重将越来越大，FDI 流向服务业的比重势必长期超过第二产业，第一产业本身在我国经济中的比重不高，再加上国际上农业对外资外开放的程度普遍不高，因此我国第一产业引进 FDI 所占比重仍将维持较低水平（见图 5－13）。

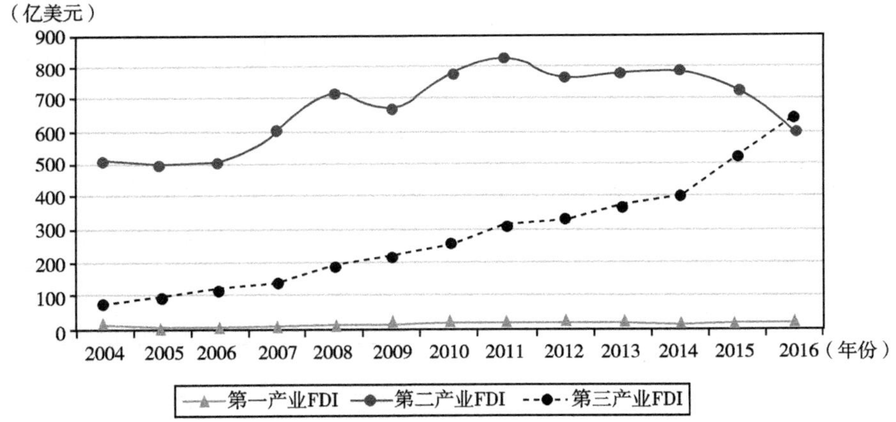


**图 5－13　我国 FDI 流量在三次产业的分布**

## 5.3.2　国民经济行业分布情况

根据《国民经济行业分类》（GB/T 4754—2002）将国民经济分为 19 个门类。随着我国开放步伐的加快，我国外资引进在 19 个行业门类均有涉及。2016 年，我国吸引外资新设行业是最多的三个行业门类依次是批发和零售业（占比为 33.7%）、租赁和商务服务业（占比为 16.7%）和制造业（占比为 14.4%）；我国实际使用外资金额最多的三个行业分别是制造业（占比为 28.3%）、房地产业（占比为 15.6%）和租赁和商务服务业（占比为 12.9%），如表 5－3 所示。

表 5－3　　2016 年行业吸引外资统计

| 行业门类 | 新设立企业数 | | 实际使用外资金额 | |
|---|---|---|---|---|
| | 数量（家） | 比重（%） | 金额（亿美元） | 比重（%） |
| 农、林、牧、渔业 | 558 | 2 | 19.1 | 1.5 |
| 采矿业 | 26 | 0.1 | 1 | 0.1 |
| 制造业 | 4013 | 14.4 | 357.9 | 28.3 |
| 电力、燃气及水的生产和供应业 | 311 | 1.1 | 21.7 | 1.7 |
| 建筑业 | 268 | 1 | 25.4 | 2 |
| 交通运输、仓储和邮政业 | 425 | 1.5 | 51.2 | 4.1 |
| 信息运输、计算机服务和软件业 | 1463 | 5.2 | 84 | 6.7 |
| 批发和零售业 | 9399 | 33.7 | 157.1 | 12.4 |
| 住宿和餐饮业 | 620 | 2.2 | 3.7 | 0.3 |
| 金融业 | 2476 | 8.9 | 102.8 | 8.1 |
| 房地产业 | 378 | 1.4 | 196.5 | 15.6 |
| 租赁和商务服务业 | 4631 | 16.7 | 162.5 | 12.9 |
| 科学研究、技术服务和地质勘查业 | 2444 | 8.8 | 65.2 | 5.2 |
| 水利、环境和公共设施管理业 | 97 | 0.4 | 4.3 | 0.3 |
| 居民服务和其他服务业 | 245 | 0.9 | 5.1 | 0.4 |
| 教育 | 96 | 0.3 | 1 | 0.1 |
| 卫生、社会保障和社会福利业 | 77 | 0.28 | 2.59 | 0.21 |
| 文化、体育和娱乐业 | 371 | 1.33 | 2.68 | 0.21 |
| 公共管理和社会组织 | 2 | 0.01 | 0.00 | 0 |
| 总计 | 27900 | 100 | 1263.63 | 100 |

数据来源：商务部外资统计。

从 2004 年以来的数据分析，我国引进外资最多的行业是制造业、房地产业、金融业、批发和零售业以及租赁和商务服务业。其中制造业和房地产业处于绝对优势，两者合计占我国年度利用外资总量的 2/3 以上。金融业是近年来吸引外资增长速度最快的行业，尤其是 2010 年以来，年均增数远超我国引进外资的平均速度，反映了我国金融业开放的步伐不断加快的趋势。此外，科学研究、技术服务和地质勘查业吸引外资的规模近年来的增长幅度也较大（见图 5 - 14）。

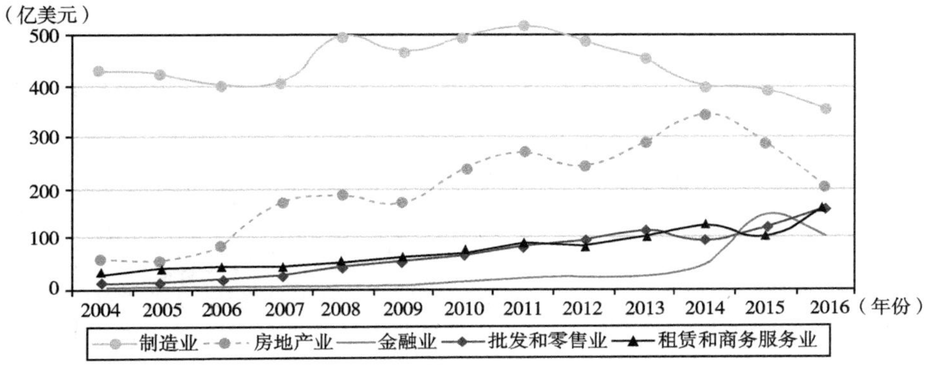


**图 5 - 14　引进 FDI 金额前五位的行业**

## 5.3.3　我国制造业利用外资情况

制造业是外商在我国投资最集中的领域，一直是我国吸引外资规模最大的行业。2004 ~ 2011 年，在我国加入 WTO 的背景下，我国制造业引进外资的规模不断攀升，达到 2011 年的顶峰 520 亿美元，占 2011 年我国引进外资规模的 45%。但是，从增长趋势来看，制造业在我国引进外资总额的比重持续下降。由最高峰期的 80% 下降到目前的约 40%。2016 年，我国制造业 FDI 共新设立企业 4000 余家，同比下降约 11%，占全年外商新设立企业总数的 14.4%；制造业实际使用外资金额 355 亿美元，同比下降 6%，占全年实际使用外资金额总量的 28%（见图 5 - 15）。

尽管制造业利用外资的总额和比重都在持续下降，但是其中的高技术制造业却保持稳定上升的趋势。高技术制造业主要包括医药制造业，航空、航天器及设备制造业，电子及通信设备制造业，计算机及办公设备制造业，医疗仪器设备及仪器仪表制造业和信息化学品制造业等六大行业。其中，电子及通信设备制造业引进外资规模最大，2016 年外商新设立 487 家企业，共投资 61 亿美元，占高技术制造业比重达到67%。医疗仪器设备及仪器仪表制造业吸引外资规模增长速度较快，2016年共有169家新设外商投资企业，共投资7亿美元，同比增长95%。此外，医药制造业也是我国引进外资较多的高技术制造业，2017年共有80家外商企业投资21亿美元。

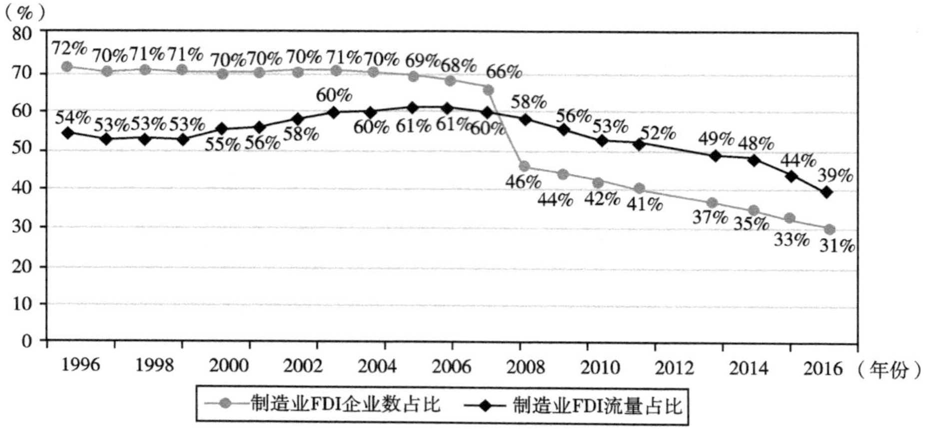


图5－15 我国制造业FDI企业数量和金额占比变化趋势

## 5.4 我国FDI的国内地域分布结构

### 5.4.1 我国FDI在东、中、西部地区的分布格局

从外商直接投资在中国的区域结构看，由于历史和地理的因素，在我国吸引的外商直接投资中，绝大部分分布于东部沿海地区。尤其是在2001年以前，东部地区引进外资规模占全国比例一度高达2001年的85.8%，呈现严重的“东重西轻”格局，分布很不均衡。2001年以来，在我国产业向中西部专业的大背景下，我国东中西部地区FDI格局发生了明显变化：东部地区开始逐步下降，中部地区增长最为迅速，西部地区所占比例略微增。东部地区引进外资占比从2001年的85.8%，下降到2015年的80.8%（见图5－16）。2001年，我国加入WTO后，

对外开放的步伐进一步加快，我国中西部地区凭借劳动力成本优势和土地资源优势，在吸引外资上加快了步伐，占比不断提高。尤其近年来，随着“一带一路”、长江经济带、京津冀协同发展战略的深入推进，东部地区引领带动作用逐渐发挥，中西部地区承接东部地区产业转移增多，外商直接投资有“北上”“西进”趋势。

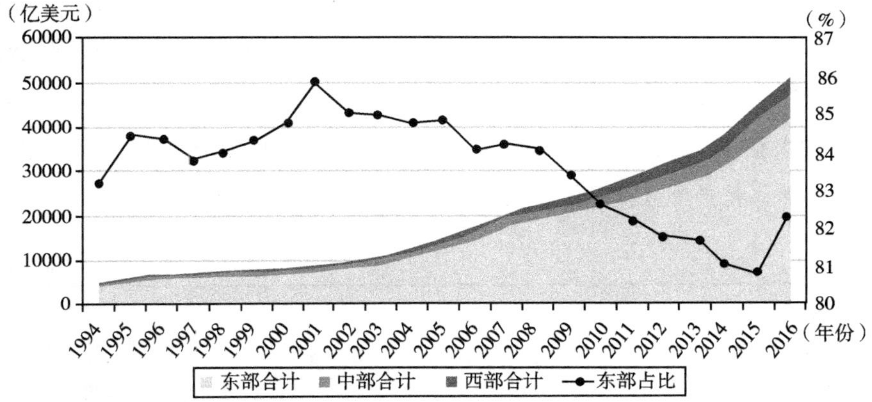


**图 5-16 我国东、中、西部地区的 FDI 存量变化**

注：数据区域左列为 FDI 存量，右列为 FDI 存量所占的比重。

东部地区包括辽宁、北京、天津、山东、河北、江苏、上海、浙江、福建、广东、海南等 11 个省市。东部地区是我国改革开放最前线，地理位置优越、经济发展水平高、投资环境良好，一直是我国吸引外资最多的地区，在全国实际使用外资中的占比长期保持在 80% 以上。从外资进入的行业来看，东部地区吸引外资主要集中在制造业、房地产业、批发和零售业等领域。但是在沿海劳动力、土地要素约束下，东部地区制造业产业转移明显，2016 年，东部地区制造业实际利用外资金额为 284 亿美元，同比下降 10%，占东部地区实际利用外资金额的比例仅为 26%。但是东部地区在服务业领域，尤其是批发和零售业吸引外资迅猛增长，2016 年实际利用外资达 153 亿美元，同比增长 35%。此外，由于房地产价格高企，2016 年东部地区房地产业吸引外资达 165 亿美元，占比达到 15%。

中部地区包括山西、吉林、黑龙江、安徽、江西、河南、湖北、湖南等 8 个省。外商在中部地区的投资主要集中在制造业，房地产业，电力，燃气及水的生产和供应业，租赁和商务服务业以及批发和零售业。中部地区制造业利用外资的比重上升很快，2016 年中部地区制造业实际利用外资 38 亿美元，占中部地区实际使用外资总额的 53%；房地产业实际利用外资约 12 亿美元，占比达 17%；电力、燃气及水的生产和供应业占比较高，达 5.12 亿美元，占比约 7%。

西部地区包括陕西、内蒙古、新疆、西藏、广西、四川、重庆、贵州、宁夏、云南、青海、甘肃等 12 个省区市。外商在西部地区的投资主要集中在制造业、房地产业、金融业、租赁和商务服务业等领域。2016 年西部地区制造业实际利用外资 33 亿美元，占西部地区实际使用外资总额的 35%；房地产业实际利用外资约 19 亿美元，占比达 20%；金融业实际利用外资 9 亿美元，占比为 9.5%；租赁和商务服务业达 8 亿美元，占比约 8.5%（见图 5－17）。

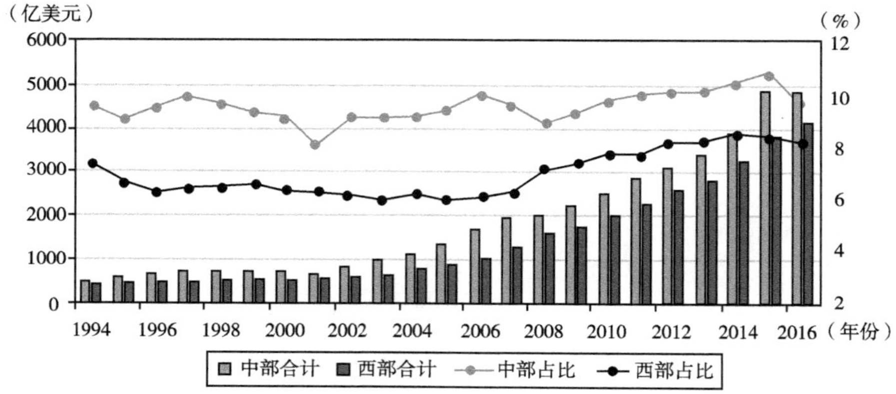


**图 5－17　我国中、西部地区 FDI 存量及占全国比重变化**

注：数据区域左列为 FDI 存量，右列为 FDI 存量所占的比重。

## 5.4.2　我国 FDI 在三大经济圈的分布格局

京津冀、长三角和珠三角三大经济区是我国经济最发达的区域，也是我国引进外资最为集中的地区。三大区域利用 FDI 的比例长期以来占到我国 FDI 总额的 70% 以上。随着我国产业转移，FDI 向中西部地区流入的速度超过了东部地区，所以近年来东部地区利用 FDI 的比例在下降。但是，具体到三大经济圈来看，情况却大相径庭。

20 世纪 90 年代，珠三角吸引外资独占鳌头，一度高达全国份额的 1/3，相当于长三角和京津冀的总和。但是随着浦东开发的序幕拉开，长三角吸引外资驶入了“快车道”，2011 年超过珠三角成为我国吸引外资最多的经济圈。到 2005 年之后，长三角吸引外资规模保持稳定，一直占全国的 40% 左右的份额；珠三角吸引外资所占全国的比例则逐步下滑，一直到目前的约 15%，不到长三角的 40%。京津冀地区吸引外资的规模一直较小，占全国的比重一直在 10% 以内，2014 年起，在天津自贸区以及京津冀战略的推动下，京津冀地区吸引外资的规模快速增长到 130 亿美元，占全国比重约 13%（见图 5－18）。

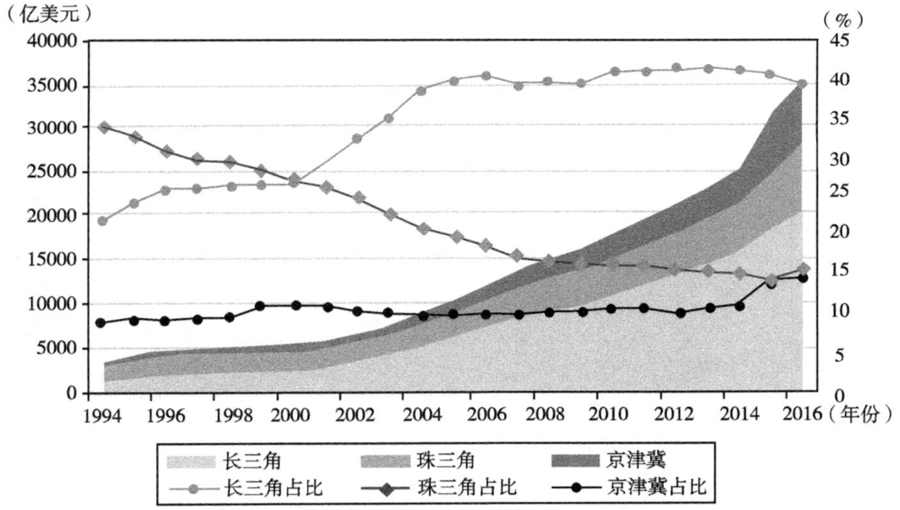


**图 5－18　我国三大都市圈利用 FDI 情况**

注：数据区域左列为 FDI 存量，右列为 FDI 存量所占的比重。

## 5.5 我国 FDI 的企业类型和进入方式

### 5.5.1　FDI 企业类型

我国引进外商直接投资的主要形式有三种：外商独资经营、中外合资经营、中外合作经营。在改革开放初期，跨国公司进入我国主要采取中外合资与中外合作企业的方式，但是20世纪90年代以来，我国吸引外资的独资项目个数和金额占外资总体比重迅速上升。1997年，外商独资企业在项目数量上首次超过合资经营企业，2000年，外商独资企业在投资金额上首次超过合资经营企业。而加入WTO后外商独资化倾向更为明显。在我国2017年吸引的外商直接投资中，外商独资企业27007家，实际利用外资913.44亿美元，在全国吸收外资总量中的比重分别达到75.7%和69.7%。外商直接投资独资化趋势日益显著，跨国并购已成为跨国公司在华投资的重要方式（见表5-4）。

**表5-4　　2017年我国吸收外商直接投资按投资方式统计**

| 投资方式 | 新设立企业数 | | | 实际使用外资金额 | | |
|---|---|---|---|---|---|---|
| | 企业数（家） | 同比变化（%） | 所占比例（%） | 使用外资金额（亿美元） | 同比变化（%） | 所占比例（%） |
| 总计 | 35652 | 27.78 | 100 | 1310.35 | 3.99 | 100 |
| 中外合资企业 | 8364 | 25.55 | 23.4 | 297.41 | -1.53 | 22.7 |
| 中外合作企业 | 124 | -1.59 | 0.35 | 8.05 | -2.97 | 0.61 |
| 外商独资企业 | 27007 | 28.46 | 75.7 | 913.44 | 6.06 | 69.7 |
| 外商投资股份制 | 125 | 45.35 | 0.35 | 64.75 | -26.77 | 4.9 |

外商独资企业已成为跨国公司进入我国的主流方式。造成这种现象的原因是多方面的：一是中国吸收外资政策更加开放，在大多数领域对外资的股本限制取消；二是中国投资环境的改善，特别是各种法规政策更加透明，外资企业对我国的经济政策环境更加适应，不通过合资企业也能够比较顺利的运营；三是外资企业日益成为跨国公司全球竞争力中的重要环节，为了更加方便地与其全球布局相协调和融合，倾向于通过独资化加强对企业技术、市场的支配（见图5-19）。

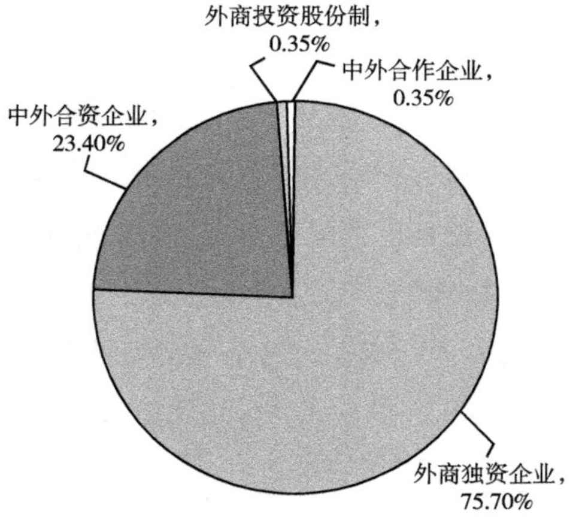


**图 5－19　2017 年我国利用外资的不同投资方式占比**

## 5.5.2　FDI 进入方式

随着近年来中国对外开放的不断深化，跨国公司对我国企业尤其是国有大中型企业的并购日益引起人们的关注。2016 年，外资并购我国境内企业 1484 家，同比增长 1.2%，占我国新设立外商投资企业总数的 5.3%；实际使用外资 202 亿美元，同比增长 14.5%，占全年实际使用外资总额的 16%。

从并购企业所在的行业来看，2016 年，第一产业并购数为 30 家，占比 2%；第二产业并购数为 442 家，所占比重为 30%；第三产业并购数量保持较高水平，达 1012 家，占比达到 68%。虽然 2016 年总体并购数量与 2015 年相比，仅微增 1.2%，但是并购金额却高达 202 亿美元，同比增加 14.5%。这也反映出外资企业并购境内企业的规模越来越大（见表 5－5）。

**表 5－5　　2016 年外国投资者并购境内企业统计（按产业划分）**

| | 并购企业数 | | | 实际使用外资金额 | | |
|---|---|---|---|---|---|---|
| | 数量（家） | 同比增长（%） | 比重（%） | 金额（亿美元） | 同比增长（%） | 比重（%） |
| 第一产业 | 30 | 57.9 | 2 | 5.2 | 956.9 | 2.6 |
| 第二产业 | 442 | 7.5 | 29.8 | 39 | 29.4 | 19.3 |
| 第三产业 | 1012 | －2.3 | 68.2 | 157.6 | 8.3 | 78.1 |
| 总计 | 1484 | 1.2 | 100 | 201.8 | 14.5 | 100 |

数据来源：商务部外资统计。

从并购企业所在的区域来看，2016 年我国东部地区外资并购行为最多，并购数量和并购金额比 2015 年增长 3% 和 16%，其中并购家数达到 1271 家，占我国并购总数的 86%，涉及金额 175 亿美元，占我国并购总额 87%。外资企业在中部地区并购数量和金额分别为 94 家和 7.3 亿美元，同比下降 25% 和 34%，并购数量和金额在全国所占的份额也大幅下滑至 6% 和 3.6%。外资在我国西部地区的并购数量和金额均超过中部地区，数据量达到 119 家，同比增长 11.2%，金额达到 19 亿美元，同比增长 36.6%。广东省是外资跨国并购最多的省。2016 年外资并购达 366 家，涉及金额 37 亿美元，分别比 2015 年增长 4% 和 316%，占全国比重分别为 25% 和 18%（见图 5－20）。

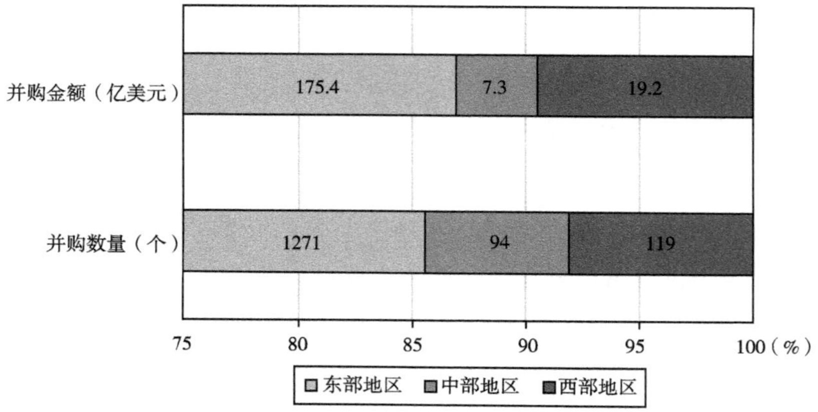


**图 5－20　2017 年我国外资跨国并购在东中西部的金额和数量**

注：数据区域上行为跨国并购金额，下行为跨国并购发生数。

长三角是外资跨国并购的热点区域，这也反映出外资并购倾向于我国经济发达区域。长三角三省一市 2016 年外资并购国内企业数达 547 家，占全国的比重为 37%，外资并购金额达 48 亿美元，占全国比重达 24%。

相对于长三角和珠三角，京津冀地区外资并购数量逊色很多。2016 年京津冀地区外资并购我国企业主要集中在北京，并购数达到 137 起，天津和河北仅有 20 起和 16 起。但是从并购金额来看，外资并购北京企业的规模相当大，达到 66.7 亿美元，远超长三角和珠三角（见表 5－6）。

国家统计局的数据表明，2000 年以来，跨国公司并购中国企业，尤其是行业龙头企业的案例开始逐步增多，并购的目标从一般性企业向效益较好的大中型企业发展，甚至从零散选择转向行业进攻。面对跨国公司并购对我国经济的冲击，我国显然缺乏充分准备，没有完备的法律体系以及相应的配套政策对跨国公司的并购活动加以引导和管理。如何运用跨国并购的理论，借鉴发达国家规范跨国并购的经验，有效利用外资从而促进我国经济健康、安全、快速发展是值得我们研究的重要课题。

**表 5－6　　　　我国三大城区群跨国并购情况**

| 地区（省市） | | 并购企业数 | | | 实际使用外资金额 | | |
|---|---|---|---|---|---|---|---|
| | | 数量（家） | 同比增长（%） | 比重（%） | 金额（亿美元） | 同比增长（%） | 比重（%） |
| 京津冀地区 | 北京市 | 137 | 16.1 | 9.2 | 66.9 | －29.2 | 33.2 |
| | 天津市 | 20 | －46.0 | 1.4 | 8.0 | 61.9 | 4.0 |
| | 河北省 | 16 | 100.0 | 1.1 | 0.6 | －55.9 | 0.3 |
| 长三角地区 | 上海市 | 199 | －17.8 | 13.4 | 16.9 | 73.5 | 8.4 |
| | 江苏省 | 220 | 10.0 | 14.8 | 17.9 | －3.8 | 8.9 |
| | 浙江省 | 107 | 5.9 | 7.2 | 11.6 | 70.0 | 5.8 |
| | 安徽省 | 21 | －25.0 | 1.4 | 1.7 | －42.9 | 0.9 |
| 珠三角地区 | 广东省 | 366 | 4.0 | 24.7 | 37.1 | 316.2 | 18.4 |

# 第6章

# 我国“走出去”战略实施情况

“走出去”战略又称为国际化经营战略、海外经营战略、跨国经营战略或全球经营战略。“走出去”战略是充分利用国内、国外“两个市场、两种资源”，推动我国经济可持续发展的现代化强国战略。从广义上讲，“走出去”战略是指产品、服务、技术、劳动力、管理及企业本身走向国际市场开展竞争与合作的战略取向；狭义的“走出去”战略是指企业到国外投资，设立生产经营机构，向境外延伸研发、生产和营销能力，在更多的国家和地区合理配置资源的发展战略。从微观层面讲，“走出去”战略是国际化经营战略，实施主体是各类企业；从宏观层面讲，“走出去”不仅是企业战略，更是国家战略，我国通过进一步扩大对外开放，利用国内外两个市场和两种资源，更大程度地参与国际分工和国际市场竞争。

## 6.1 我国对外直接投资发展阶段

“走出去”战略是党中央、国务院根据经济全球化新形势和国民经济发展的内在需要做出的重大决策，是发展开放型经济、全面提高对外开放水平的重大举措，是实现我国经济与社会长远发展、促进与世界各国共同发展的有效途径。从2002年以来，我国对外直接投资走上了快速发展的“快车道”，OFDI总额从2002年的27亿美元增加到2016年的1962亿美元这一历史高点，在全球的为此也由27名攀升到全球第2位。回顾我国“走出去”战略的实施，主要分为三个时期，即：尝试性阶段、正式提出并形成国家战略阶段和加快实施阶段。

### 6.1.1　萌芽起步阶段（1979～1983年）

我国改革开放战略的实施，是“走出去”战略思想的萌芽。1978年12月18～22日，中国共产党第十一届中央委员会第三次全体会议在北京举行。邓小平总结了我国建设社会主义的历史经验教训，提出了改革开放这一基本国策。在此次会议上，邓小平阐述了对外开放的内涵，提出了对外开放的步骤和发展格局，开创了中国改革开放的全新局面。在党的十一届三中全会上明确提出：“在自力更生基础上，积极发展同世界各国平等互利的经济合作。”在这一重要方针指引下，我国企业开始勇敢地迈向世界。因此，邓小平对外开放思想，是我国“走出去”战略实施的理论基础。

1979年8月，国务院首次提出了要“出国办企业”，首次把对外投资作为国家政策，拉开了中国企业对外直接投资的序幕。但是，在改革开放初期，由于我国外汇短缺，国家对外直接投资有严格的限制，只有国有企业才可以进行海外投资，投资项目要经过国务院的严格审批。1979年11月，北京市友谊商业服务公司在日本东京开办京和股份有限公司，被认为是中国第一家对外直接投资企业，成为中国对外直接投资开始的标志。但是，在改革开放初期，由于我国经济发展水平较低，还不具备大规模对外直接投资的条件，我国对外投资的数量很少。1982年起国务院授权原外贸部对对外投资个案进行审批，并对经营型企业加以管理。在此阶段，我国对外投资主要是国有银行、大型企业为了拓展经贸活动在海外建立的分支机构和办事处、代表处。

### 6.1.2　探索尝试阶段（1984～1991年）

1984年起，我国政府部门的相关政策开始逐步出台。1984年5月原外经贸部出台了《关于在境外开办非贸易性合资经营企业的审批程序权限和原则的通知》，1985年7月颁布了《关于在境外开办非贸易性企业的审批程序和管理办法的实行规定》。我国的对外投资管理工作开始由个案审批向规范性审批转变，并且逐步形成了管理政策框架，为日后对外投资的管理工作积累了经验。在此过程中，政府还逐步取消了一些海外投资限制，降低了企业海外投资的门槛，非国有企业可以进行海外直接投资活动（见图6－1）。

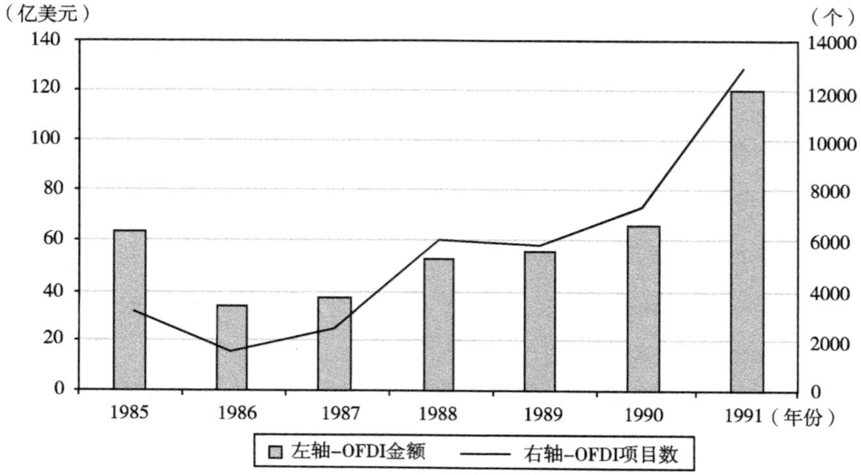


**图6－1　1985～1991年我国OFDI金额和项目数**

但是，在此阶段由于国内建设资金短缺，尤其是外汇不足，我国对外直接投资政策的指导思想仍然是“奖入限出”，即：鼓励外资对我国进行直接投资，限制我国企业到海外直接投资。1991年8月，国家计划委员会还专门出台了《关于加强海外投资项目管理意见》（以下简称《意见》）。《意见》指出，“目前，我国尚不具备大规模到海外投资的条件，到海外投资办企业主要应从我国需要出发，侧重于利用国外的技术、资源和市场以补充国内的不足”。该政策不允许我国企业到除港澳地区和苏联、东欧之外的其他国家和地区开展境外投资，并且投资项目要经过复杂的审批程序。因此，在总体限制的大环境下，直到1991年我国的对外直接投资流量仅为10亿美元。

### 6.1.3　蓄势转型阶段（1992～1999年）

1992年10月，江泽民同志在党的十四大报告中指出，要“进一步扩大对外开放，更多更好地利用国内外资金、资源、技术和管理经验”，以及“积极地扩大我国企业的对外投资和跨国经营”。以此为标志，我国“走出去”战略的雏形开始形成。1993 年后，我国对外投资的管理得到加强，单一部门的审批和管理发展为各部门在审批、管理和监督等方面的全面分工，管理程序走向规范，分工趋于明确，体制逐步完善，政策开始配套。

但是在 1997 年党的十五大之前，我国的对外投资政策体系“奖入限出”的指导方针仍然没有进行大的调整和转变。因此，1992～1996 年，我国批准海外投资的企业数量呈下降趋势：对外直接投资企业数由 1992 年的 355 家下降为 1996 年的 103 家，减少了 252 家，减少了 71%。对外直接投资总额也同样呈下降趋势，1992～1996 年，年均下降 8.9%。

1997 年党的十五大上，江泽民同志提出要“更好地利用国内国外两个市场、两种资源，积极参与区域经济合作和全球多边贸易体系，鼓励能够发挥我国比较优势的对外投资”。同年，在全国外资工作会议上，江泽民同志进一步提出“不仅要积极吸引外国企业到中国来投资办厂，也要积极引导和组织国内有实力的企业走出去，到国外投资办厂，利用当地的市场和资源。‘引进来’和‘走出去’，是我们对外开放方针的两个紧密联系、相互促进的方面，缺一不可”。

但总的来看，这一阶段，中国的对外开放主要是“引进来”，引进外国资金、技术、设备和管理经验，“走出去”的企业不多，规模不大（见图 6－2）。

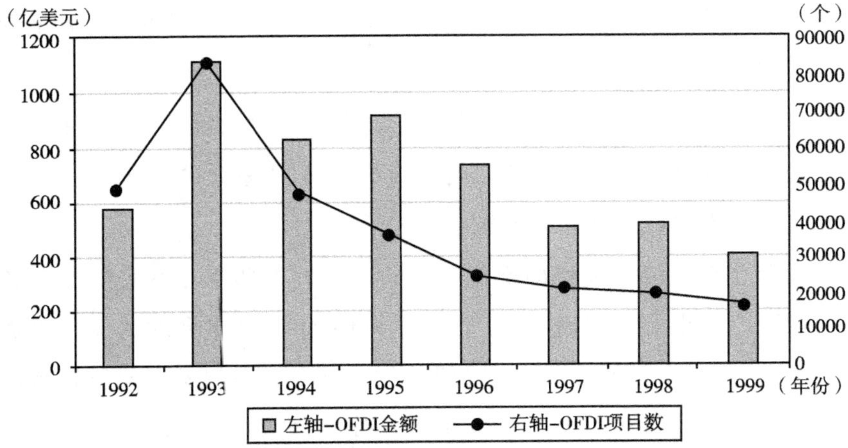


**图 6－2　1992～1999 年我国 OFDI 金额和项目数**

### 6.1.4 全面实施阶段（2000年至今）

“走出去”战略的正式提出，是2000年1月20日江泽民在中央政治局会议上作的发言。他在全面总结我国对外开放经验的基础上，首次把“走出去”战略上升到“关系我国发展全局和前途的重大战略之举”的高度。同年2月，江泽民在广东考察时指出：“当今世界经济的发展，要求我们必须勇于和善于参与经济全球化的竞争，充分利用好国外和国内两种资源、两个市场。”他还明确指出，随着我国经济水平的提高和现代化建设的推进，我们必须加快实施“走出去”的战略。“走出去”和“引进来”是对外开放政策相辅相成的两个方面，两者缺一不可。

我国实施“走出去”战略的最终明确，是在2000年10月党的十五届五中全会上，会议审议并通过了《中共中央关于制定国民经济和社会发展第十个五年计划的建议》。该建议指出，在“十五”期间乃至更长的一段时期，一个很重要的内容，就是要实施“走出去”的开放战略。“走出去”战略最终明确。

2001年，“走出去”战略写入《国民经济和社会发展第十个五年计划纲要》。其指出，要“支持有实力的企业跨国经营，实现国际化发展。健全对境外投资的服务体系，在金融、保险、外汇、财税、人才、法律、信息服务、出入境管理等方面，为实施‘走出去’战略创造条件”。

2002年，“走出去”战略正式写进了党的十六大政治报告。报告指出：“实施‘走出去’战略是对外开放新阶段的重大举措。”“坚持‘引进来’和‘走出去’相结合，全面提高对外开放水平。”

为了配合“走出去”战略的推进，国务院以及各部委先后密集出台各项措施，深入推进“走出去”战略实施。例如，2004年7月出台的《关于投资体制改革的决定》，对于企业不使用政府投资建设的项目，一律不再实行审批制，区别不同情况实行核准制和备案制；2004年8月出台《关于内地企业赴香港、澳门特别行政区投资开办企业核准事项的规定》，鼓励内地企业到香港和澳门进行对外直接投资；2004年10月出台的《关于对国家鼓励的境外投资重点项目给予信贷支持政策的通知》，体现了中国促进对外直接投资具体配套措施；2004年10月出台的《境外投资项目核准暂行管理办法》和2005年10月出台的《境外投资开办企业核准工作细则》，为我国企业“走出去”提供了强大的管理保障，使得企业“走出去”的步伐更加高效、有序。2006年10月国务院常务会议原则通过了《关于鼓励和规范我国企业对外投资合作的意见》，这是自中央提出“走出去”战略以来第一个全面系统规范和鼓励对外投资的纲领性指导文件，为我国企业海外发展创造了良好的政策环境。

在2005年10月召开的党的十六届五中全会上，《中共中央关于制定国民经济和社会发展第十一个五年规划的建议》指出，必须不断深化改革开放，实施互利共赢的开放战略。支持有条件的企业“走出去”，按照国际通行规则到境外投资，鼓励境外工程承包和劳务输出，扩大互利合作和共同发展。

2007年党的十七大报告明确指出：“坚持对外开放的基本国策，把‘引进来’和‘走出去’更好地结合起来，扩大开放领域，优化开放结构，提高开放质量，完善内外联动，互利共赢、安全高效的开放型经济体系，形成经济全球化条件下参与国际经济合作和竞争的新优势。”预示我国“走出去”“引进来”的双向开放向纵深发展。

2011年颁布的《我国国民经济和社会发展十二五规划纲要》进一步指出，按照市场导向和企业自主决策原则，引导各类所有制企业有序开展境外投资合作。国家不但明确了“走出去”战略中企业的主体地位，并且提出要“加强实施‘走出去’战略的宏观指导和服务”。加快完善对外投资法律法规制度，积极商签投资保护、避免双重征税等多双边协定。健全境外投资促进体系，提高企业对外投资便利化程度，维护我国海外权益，防范各类风险。

经过40年的开放，我国对外开放的基础和条件已经发生了根本性变化，开放布局需要完善、更需要创新，以深化开放程度，提高开放水平。“十三五”规划建议指出：“完善对外开放战略布局。推进双向开放，促进国内国际要素有序流动、资源高效配置、市场深度融合。”

从OFDI的流量数据分析，2003～2016年是我国对外直接投资的“黄金时期”。中国对外直接投资始终保持强劲增长势头，虽然2009年受全球经济危机持续影响导致增速变缓，但是2010年又迅速走上高速增长通道。在全球的位次，也由2002年的第27位，上升到2016年的第2位（见图6-3）。

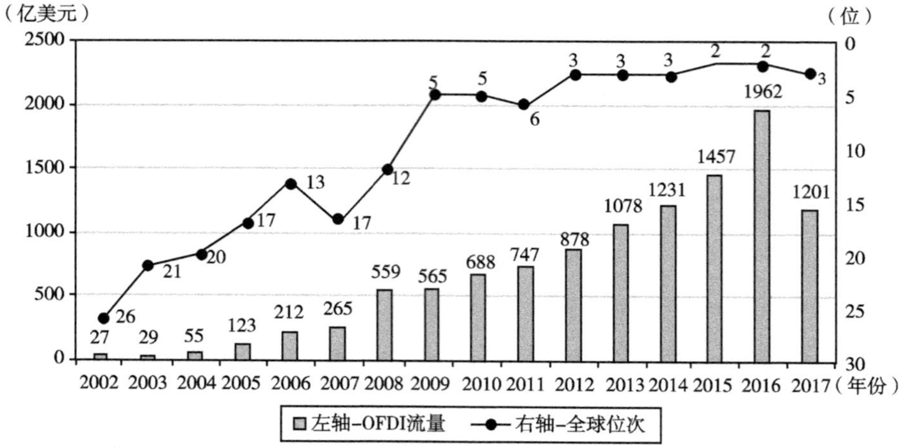


图6-3 2002~2017年我国OFDI金额和全球位次

## *6.2*

## 我国OFDI流向地区分布

截至2016年年底，我国2.44万家境内投资者在国（境）外设立对外直接投资企业3.72万家，分布在全球190个国家（地区）；中国对外直接投资累计净额（存量）达13573.9亿美元，在全球占比提升至5.2%，位居第六①。本节对中国企业OFDI的流向目的地进行分析解读。首先对中国企业OFDI区域分布及特征进行分析，然后分析中国对主要大洲的直接投资情况。

### 6.2.1 我国OFDI的全球分布概况

从投资覆盖率来看，截至2016年，我国OFDI在全球的平均覆盖率已经高达82%。其中在亚洲最高，达到98%，不丹是我国在亚洲地区目前唯一没有建交和

① 2016年度中国对外直接投资统计公报。

直接投资的国家。其次是欧洲和非洲，投资覆盖率分别为 88% 和 87%。由于我国与北美洲和拉丁美洲部分国家没有建立外交关系，经贸交流很少，因此直接投资覆盖率分别只有 75% 和 69%。我国 OFDI 覆盖率最低的区域是大洋洲，主要是在部分太平洋岛国鲜有投资，拉低了我国对大洋洲的直接投资覆盖率（见图 6－4）。

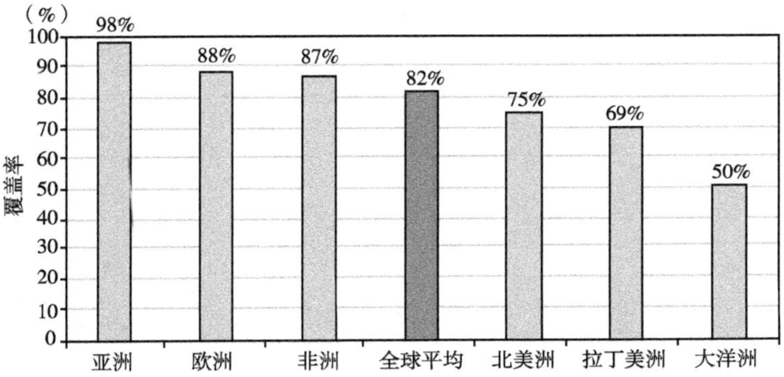


**图 6－4　2003～2016 年我国 OFDI 流量在全球各洲的分布**

从我国 OFDI 目的地的结构来看，亚洲一直是我国最大的 OFDI 目的地，无论是占比还是总金额都稳定增长。其次是拉丁美洲、北美和欧洲地区，在我国 OFDI 目的地中的比重交替上升。由于中国香港作为国际资本流动的“超级联系人”（super-connector）的角色，是我国很多企业对外投资的平台，在我国 OFDI 中占有较大比重，多年来一直高达 50% 以上，为了分析的方便，在各大洲及各国的分析中，去掉了香港特别行政区的数据，在后面专门分析讨论内地对香港的 OFDI 数据。

从我国 OFDI 的流量来看，我国对拉丁美洲和亚洲（除中国香港外）的投资增长迅速，投资流量超过同期向欧洲和美国的直接投资。深入分析不难发现，亚洲、拉美丰富的石油、矿产资源是我国对外投资的重要领域，我国资源寻求型对外直接投资占有相当比重。随着我国经济的高速发展，对资源的国际需求日益增强，在此背景下我国对亚洲、拉美直接投资的迅猛增长也不难理解。

从我国 OFDI 的存量分布来看，拉丁美洲一直是我国对外投资最多的地区，截至 2016 年，我国对拉丁美洲直接投资存量达 2071.5 亿美元，远超其他地区。

这里主要的原因还是英属维尔京群岛、开曼群岛以及百慕大等离岸金融中心占据了我国对拉美投资的大部分份额。除此之外，我国对南美国家如智利、委内瑞拉等国家的能源投资数量也很可观。亚洲（除中国香港外）位居其次，主要是亚洲国家与我国地理接近、文化相亲，是吸引我国对外投资的重要地区。我国对北美洲的直接投资增长很快。对非洲的投资主要由石油、天然气、金属矿产等带动（见图 6－5 和图 6－6）。

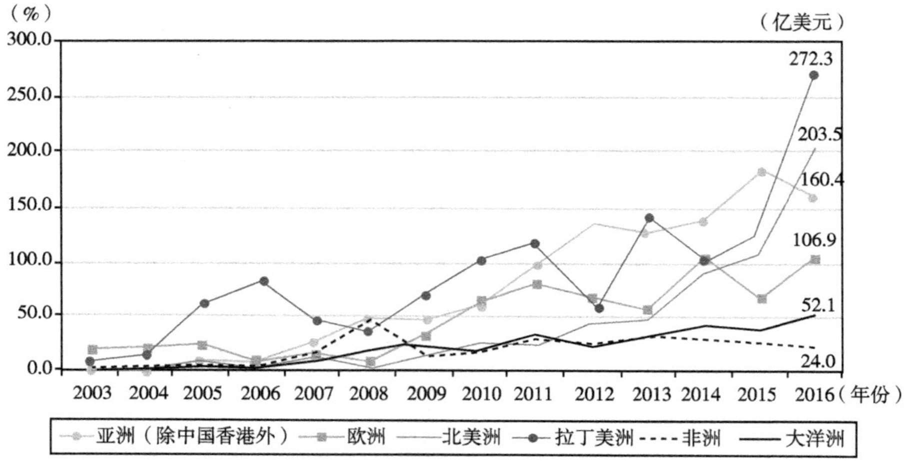


**图 6－5　2003～2016 年我国 OFDI 流量在全球的分布**

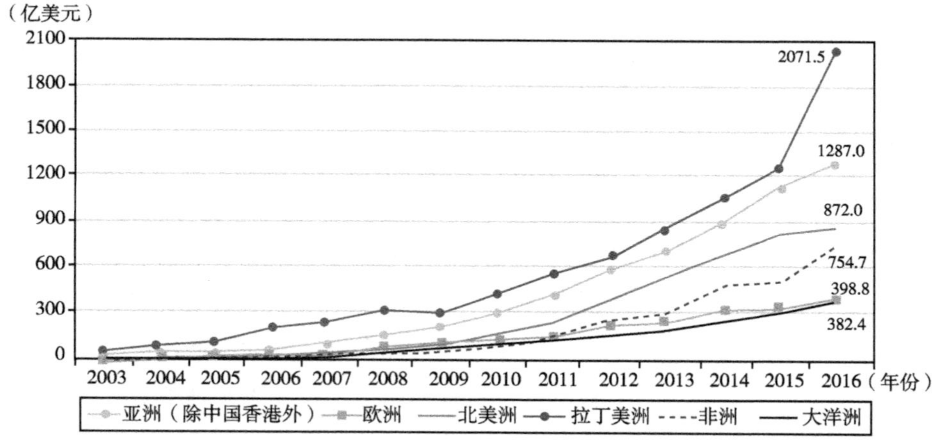


**图 6－6　2003～2016 年我国 OFDI 存量在全球的分布**

## 6.2.2　我国对亚洲 OFDI 的情况

我国对亚洲国家（地区）的 OFDI 流量占有重要地位，占比超过 60%。统计显示，2016 年，我国流向亚洲地区的直接投资流量 1303 亿美元，同比增长 20%，占当年对外直接投资流量的 66%。其中对中国香港的投资 1142 亿美元，同比增长 27%，占对亚洲投资的 88%。所以为了方便分析，我们在分析对亚洲投资流量时，分为亚洲（除中国香港外）部分和中国香港部分。

（1）香港特别行政区。

首先分析内地对香港特别行政区的 OFDI 流量。香港特别行政区作为国际金融中心，国际化程度高，对海外投资有极强的吸引力。再加上香港与内地文化相近，因此一直是内地企业对外直接投资的首选地。除此之外，由于自由港的优惠政策，香港特别行政区企业可以享受到较低的税收与较好的制度保障，为数众多的内地企业到香港特别行政区设立子公司，通过香港特别行政区开展投资和转口贸易。目前，香港特别行政区占内地 OFDI 流量的 80% 左右，占内地对全球OFDI 流量的 60% 左右（见图 6 – 7）。

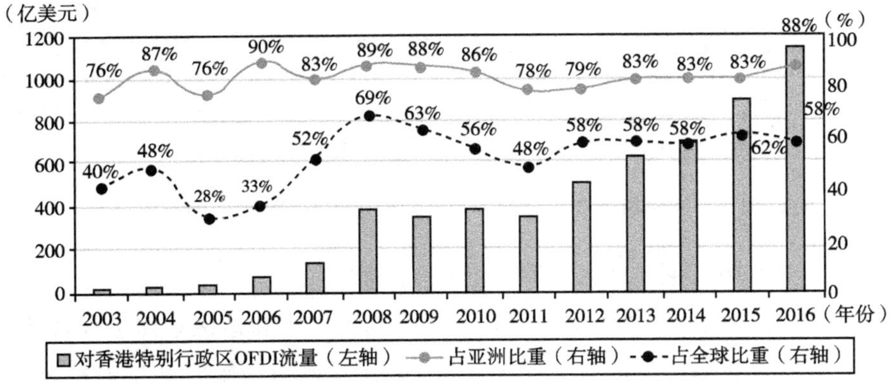


**图 6 – 7　2003 ~ 2016 年内地对香港特别行政区 OFDI 的情况**

内地对香港特别行政区 OFDI 流向最多的行业是租赁和商务服务业。2008 年就达到近 200 亿美元，占对香港特别行政区 OFDI 流量的 50%；随后有所下降，但是基本上保持在40%左右。2015年、2016年连续突破300亿美元、400亿美元，达到2016年的485亿美元的新高。金融业、批发零售业也是我国OFDI流向香港特别行政区比较集中的两个行业，2012年流向批发零售业的OFDI突破百亿美元，2016年增至近150亿美元。金融业的增长速度更为迅速，目前已经超过批发零售业，位居内地OFDI流向香港特别行政区第二大行业。2013年之前，内地流向香港特别行政区OFDI中，制造业和房地产业所占比重不高，但是近年来发展势头迅猛，2016年流向制造业的OFDI突破百亿美元，流向房地产业的OFDI总额紧随其后，接近百亿元。值得研究的是，内地流向香港特别行政区OFDI中，采矿业也占有一席之地。2013年、2014年连续两年达到近百亿美元。通过分析可知，该部分资金流向主要是内地通过在香港特别行政区设立公司，转投其他地区从事采矿业的“跳板资金”（见图6-8）。

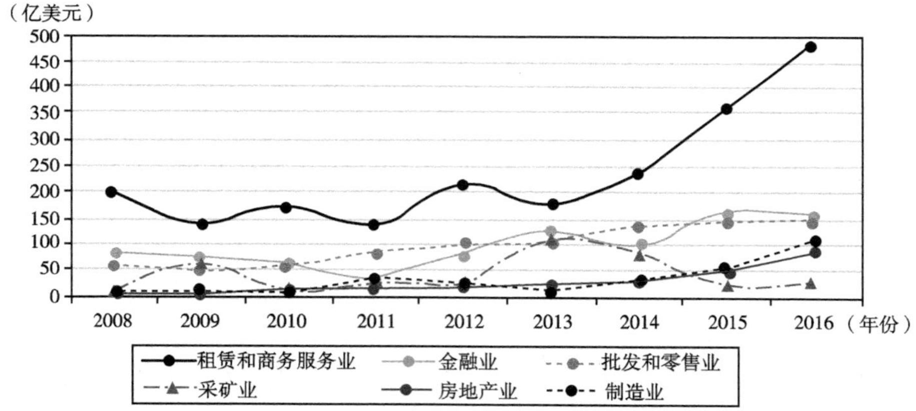


**图6-8　2008~2016年内地对香港特别行政区OFDI的主要行业分布**

（2）亚洲其他国家和地区（除香港特别行政区外）。

我国OFDI流向亚洲除香港特别行政区外其他国家和地区总体上保持快速增长势头。从流量来看，2006年之前，我国OFDI在亚洲（除香港特别行政区外）不多，2006年只有7亿美元，占我国OFDI流量比重仅3.5%。但是2007年亚洲金融危机之后，我国海外投资迅猛增加，对亚洲的直接投资猛增，2007年高达29亿美元，增幅达4倍之多，占我国OFDI总量的10.8%。随后一直保持增长，2011年达到近100亿美元，2016年增至160亿美元，占我国对外直接投资流量的比例在 10% 左右（见图 6－9）。从存量来看，我国对亚洲（除香港特别行政区外）的 OFDI 增长速度更加稳定，2007 年突破 100 亿美元，2012 年突破 500 亿美元，2015 年突破 1000 亿美元。截至 2016 年，我国对亚洲（除香港特别行政区外）的 OFDI 存量高达 1287 亿美元，占我国 OFDI 全球存量的约 10%（见图 6－10）。

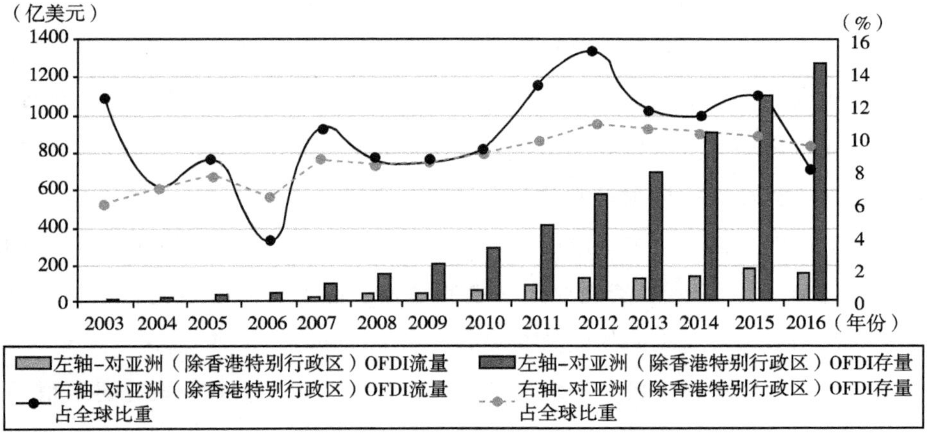


**图 6－9　2003～2016 年我国对亚洲 OFDI（除香港特别行政区）的情况**

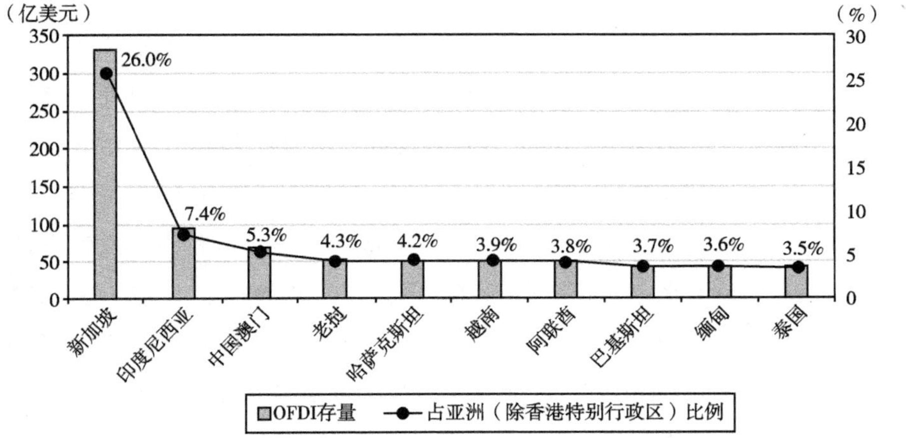


**图 6－10　2016 年年底我国对亚洲 OFDI（除香港特别行政区）主要国家和地区 OFDI 存量**

截至 2016 年，我国对亚洲（除香港特别行政区外）OFDI 累计达 1287 亿美元。其中新加坡为我国对亚洲（除香港特别行政区外）直接投资存量最多的国家，达到334亿美元，我国对亚洲（除香港特别行政区外）OFDI存量的26%。新加坡地理位置优越，制度环境良好，金融市场发达，是我国对外直接投资的重要目的地。2016年中国对新加坡非金融类直接投资流量达到42亿美元，占中国对东盟投资流量的45%，占中国向“一带一路”沿线国家非金融类直接投资总额的29%。中国对新加坡的直接投资主要在三个方面：一是基础设施建设项目投资，如地铁、组屋、公寓、路桥等；二是新加坡的如餐饮业、零售业等服务领域；三是中资企业以新加坡为东南亚总部，开拓东南亚市场，如宝钢、新希望、华能，金融机构如民生银行甚至从新加坡开拓北美市场。中资企业在这些领域的投资，有助于新加坡维持东南亚商业和金融中心的地位。

我国对印度尼西亚、中国澳门、老挝、哈萨克斯坦、越南等五国和地区的投资存量超过50亿美元。投资主要集中在制造业、能源、基础设施等领域。这些国家和地区与我国保持良好的经贸交流合作关系。此外，近年来在“一带一路”倡议下，我国对阿联酋、巴基斯坦、缅甸和泰国等国家的直接投资也迅猛增长。

### 6.2.3 我国对欧洲OFDI的情况

从总量上看，近20年来，我国对欧洲直接投资一直保持平稳增长态势。而欧债危机以来则出现了“跳跃式”的增长。根据《2013年中国对外直接投资统计公报》的数据，2004年中国对欧盟直接投资的流量和存量仅为0.73亿美元和5.37亿美元，而到了2012年则分别达到了61.2亿美元和315.38亿美元，在不到十年的时间里增长了几十倍。尤其是在2006~2011年，我国对欧洲直接投资增长非常迅猛，从6亿美元猛增到82.5亿美元，5年增长了13倍，占我国对外直接投资流量比重从2016年的2.8%，攀升到2011年的11.1%。2011年之后，我国对欧直接投资在60亿美元之上波动，2014年首次突破百亿美元大关，2016年达107亿美元。2017年，中国对外投资行为加强监管，中国对欧投资下降22%，但是从长远来看，一系列政策的修订和出台将促使中国企业未来对外投资健康发展（见图6－11）。

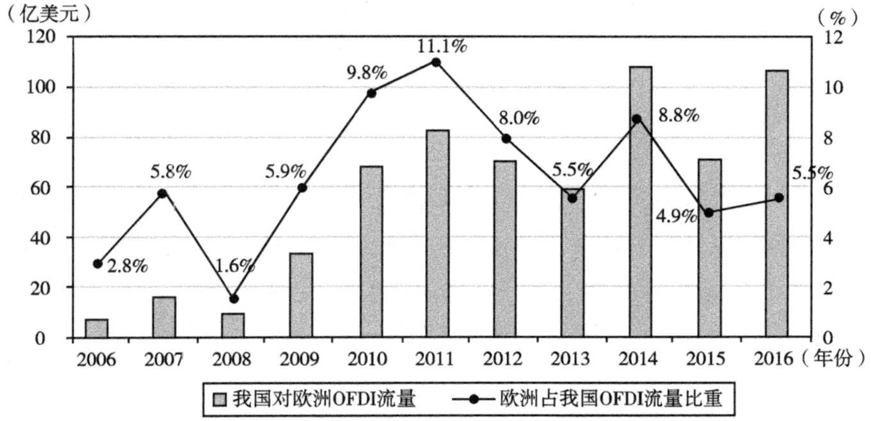


**图 6－11　我国对欧洲 OFDI 流量变化**

我国对欧洲直接投资主要是流向欧盟国家。2006 年之前，我国对欧盟 OFDI 流量仅仅占对欧洲 OFDI 流量的 22%，随着欧盟一体化进程的推进，我国对欧洲 OFDI 越来越集中在欧盟成员国上。经过 2007 年、2008 年的徘徊后，2009～2011 年连续三年高速增长，我国对欧盟 OFDI 流量增至 2001 年的 75.6 亿美元，占对欧洲 OFDI 流量的 92%。2016 年，我国对欧盟 OFDI 流量超过 100 亿美元，达到 107 亿美元，占我国对欧洲 OFDI 流量的 93%。从长远来看，中欧经济上有很强的互补性，双边关系不断加强，我国对欧洲直接投资的潜力还很大（见图 6－12）。

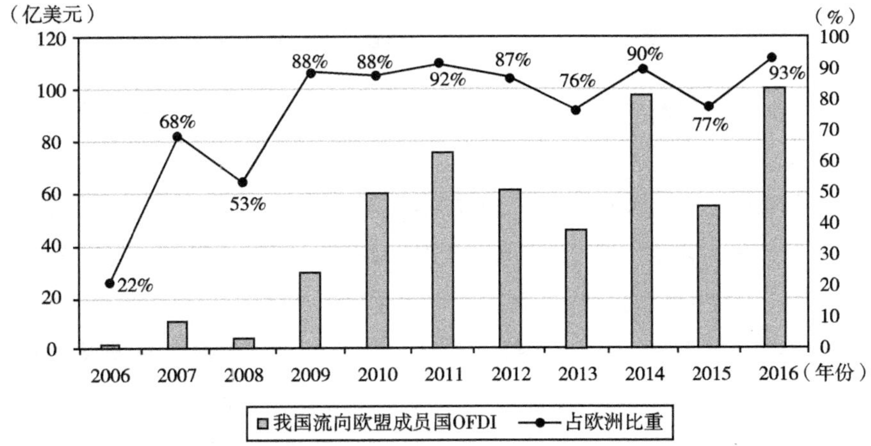


**图 6－12　我国对欧盟 OFDI 流量及其占欧洲比重**

从我国对欧洲直接投资存量来看，对欧投资区域集中度较高。2012 年，我国对欧洲投资存量最多的国家依次为卢森堡、英国、俄罗斯、法国、德国和荷兰。卢森堡是欧洲的避税地，具有欧洲中心位置地理优势、灵活的法律和监管环境、广泛的双边税收协定，吸引了包括中国企业在内的世界各地的投资。但是我国在卢森堡的投资大多是金融和商业贸易投资，投向制造业的较少。随着我国对欧洲直接投资越来越流向高端制造业，卢森堡在我国对欧直接投资中的地位趋于下降，我国对卢森堡 OFDI 存量自 2014 年达到历史高点 157 亿美元之后，快速下降至 2016 年的 88 亿美元，居欧洲第四位（见图 6－13）。

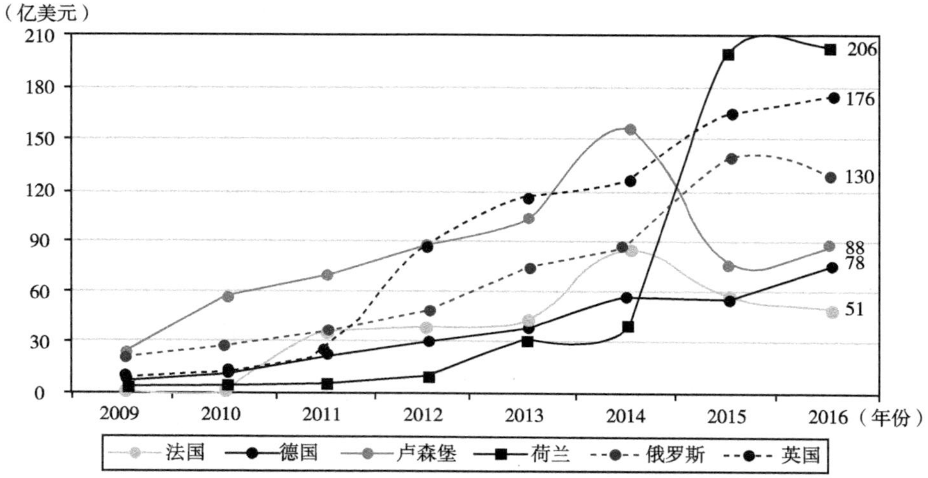


**图 6－13　我国对欧洲主要国家 OFDI 存量**

2012 年以来，得益于良好的中英关系及英国开放的市场环境，我国对英国 OFDI 迅速增加，2012～2015 年，连续三年保持欧洲（除卢森堡外）的第一位，相当于我国对法国和德国 OFDI 存量的总和。2014 年之前，我国对德国和法国的 OFDI 存量保持一定增速，交替上升，分别居我国对欧洲 OFDI 存量的第 4、第 5 位。得益于超大规模跨国并购，我国对荷兰 OFDI 存量由 2014 年的 42 亿美元暴增至 2015 年的 206 亿美元，增长超过 5 倍。使得荷兰一举成为我国对欧洲 OFDI 存量最多的国家。截至 2016 年年底，我国企业在荷兰共设立了 580 余家跨国企业，创造就业机会近 11600 个。俄罗斯是我国友好邻国，我国对俄罗斯 OFDI 存量超过法国、德国等发达国家，在 2015 年突破百亿元大关。截至 2016 年，中国对俄 OFDI 已经达到 130 亿美元，保持俄罗斯第四大投资来源国地位。在能源、核能、航空、航天、基础设施建设等领域还有很大的合作空间（见图 6－14）。

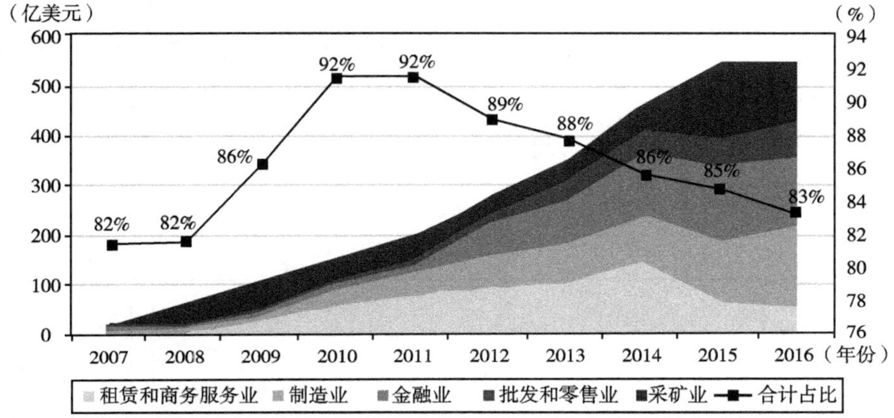


**图 6－14　我国对欧洲主要国家 OFDI 存量**

从我国对欧洲国家 OFDI 的行业来看，主要集中在租赁和商务服务业、制造业、金融业、采矿业和批发零售业，5 个行业合计占比达到我国对欧盟 OFDI 存量的 80% 以上，2010 年和 2011 年一度高达 90% 以上。以欧盟为例，在 2014 年之前，租赁和商务服务业一直是我国 OFDI 流向欧盟最集中的行业，但是 2015 年、2016 年，我国对欧盟租赁和商务服务业 OFDI 的存量连续两年大幅度下滑，由 2014 年的 149 亿美元大幅下滑至 2016 年的 55.8 亿美元。这与我国遏制非理性海外投资行为，限制我国 OFDI 流向房地产、酒店等行业的政策有很大关系。与此同时，我国 OFDI 流向制造业的趋势十分明显，增长极为迅速，直接投资存量从 2014 年的 87.7 亿美元跃升至 2016 年的 160.7 亿美元，两年几乎翻了一番。我国对欧盟金融业 OFDI 存量也增长显著，从 2007 年的不足 8 亿美元增至 2013 年的 86 亿美元，5 年增长近 10 倍；到 2016 年，又迅猛增长至逾 140 亿美元。受我国收购欧盟石油天然气公司的影响，我国对欧洲的采矿业爆发式增长，OFDI 存量从 2014 年的 51 亿美元增至 2016 年的 153 亿美元。此外，我国对欧盟批发和零售业 OFDI 存量也有一定增长，截至 2016 年达 72.6 亿美元，在各行业排第 5 位。

值得注意的是，我国对欧盟科学研究、技术服务和地质勘查业的 OFDI 存量增长迅速。2011 年，我国对欧盟该领域 OFDI 存量不足 2 亿美元，到 2016 年就增加到 21 亿美元，5 年增长 10 倍；占我国对欧盟 OFDI 存量的比重也由 2011 年的 0.9% 上升到 2016 年的 3%，充分体现了我国在全球价值链中的地位不断上升。近年来，我国对欧洲投资领域宽广，在投资金额和领域方面均实现了大突破、大跨越。中国对欧洲直接投资越来越多向研发中心、高端制造等多个领域拓展，产业链条不断延伸，价值中枢持续上移。包括华为、中兴、比亚迪、迈瑞、大疆等高科技企业，通过在欧洲跨国并购、建设技术研发中心等途径，不断加强对外技术合作（见图 6－15）。

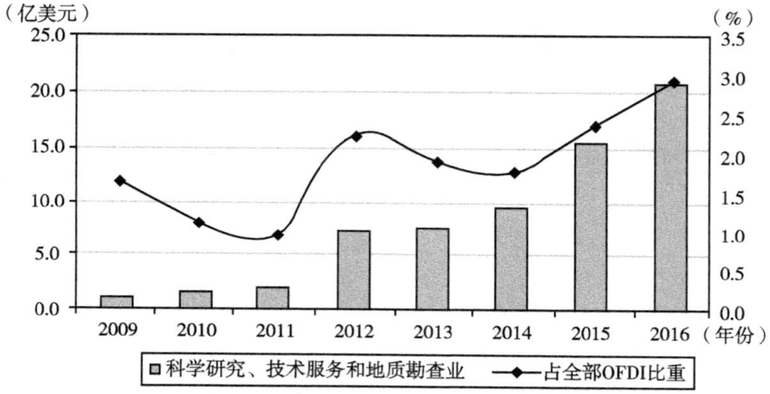


**图 6－15　我国对欧洲科技投资情况**

### 6.2.4　我国对北美 OFDI 的情况

本章对北美的统计是按照政治地理学概念来划分的。联合国按政治地理学标准对世界亚区的划分，北美由以下国家和地区组成：加拿大、美国、格陵兰岛（丹麦）、圣皮埃尔和密克隆群岛（法国）、百慕大（英国）等 5 个经济体组成。

（1）对北美 OFDI 流量和存量变化。

从总量上看，近 20 年来，我国对北美 OFDI 一直处于快速增长阶段。从流量上看，我国对北美 OFDI 流量自 2009 年起，进入了快速增长通道，由 2008 年的 3.6 亿美元增长到 2009 年的 15.2 亿美元，增长了 3.2 倍。2015 年，我国对北美 OFDI 流量首次突破百亿美元，占我国 OFDI 全球流量的 7.4%，十年时间流量增长 30 倍，所占比例增长 5.2 倍，可见我国对美国 OFDI 流量远远高于其他地区。2016 年，我国流向北美地区的 OFDI 达到 204 亿美元，同比增长 90%，占当年 OFDI 流量的 10.4%：其中对美国 OFDI 流量为 170 亿美元，同比增长 112%；对加拿大 OFDI 流量为 29 亿美元，同比增长 84%；对百慕大群岛 OFDI 流量为 5 亿美元（见图 6－16）。

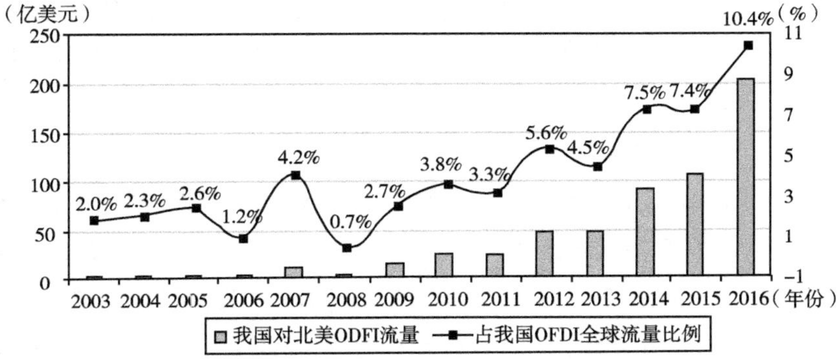


**图 6－16　我国对北美 OFDI 流量变化**

从存量来看，我国对北美 OFDI 存量也一直保持较快速度增长，2003～2008 年，存量不到 50 亿美元，此后在我国对北美 OFDI 迅猛增长的带动下，2009 年突破 50 亿美元，2011 年突破 100 亿美元，2012 年突破 200 亿美元，2014 年突破 400 亿美元，2014 年突破 500 亿美元。截至 2016 年年底，我国对北美直接投资存量达到 755 亿美元，再创历史新高（见图 6－17）。

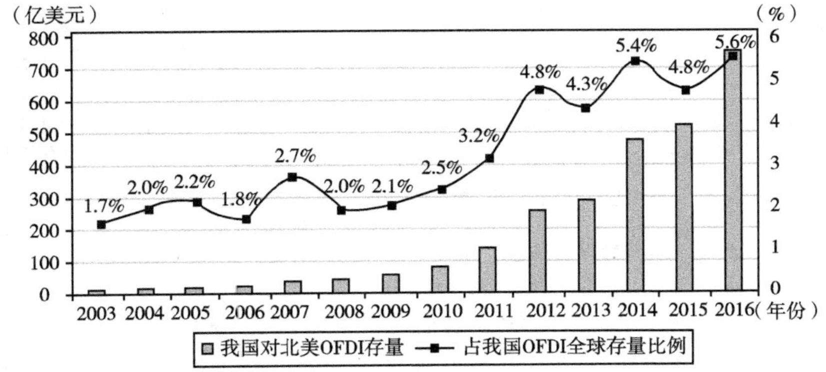


**图 6－17　我国对北美 OFDI 存量变化**

从我国对北美 OFDI 存量来看，区域集中度较高，主要集中在美国。2003 年，我国对北美 OFDI 存量，美国占比高达 92%，但随后一直下滑到 2007 年的 58%。2010 年之前，由于我国对北美 OFDI 流量和存量相对都较少，因此波动幅度较大。2011 我国对美洲 OFDI 存量首次突破百亿达 135 亿美元，其中对美国 OFDI 存量为 90 亿美元，占比约为 67%。自 2011 年以来，随着我国对北美 OFDI 流量和存量的大规模增长，美国所占的比重稳步增长。截至 2016 年年底，在我国对北美 OFDI 存量 755 亿美元中，美国为 606 亿美元，占比为 80%；加拿大突破百亿为 127 亿美元，占比约 17%；百慕大为 22 亿美元，占比约 3%。

（2）对北美主要国家 OFDI 情况。

美国是我国对北美投资最多的国家。近十年来，我国对美国直接投资保持稳增趋势。尤其是 2015 年以来呈现高速成倍增长的态势。2015 年、2016 年我国对美直接投资增速分别达 155% 和 140%。2014 ~ 2016 年我国对美直接投资占全球对美国直接投资的比重也显著上升，分别为 1.2%、1.5% 和 3.1%。2016 年我国对美直接投资排在欧盟、加拿大、日本和百慕大群岛之后，位列第五（见图 6 – 18）。

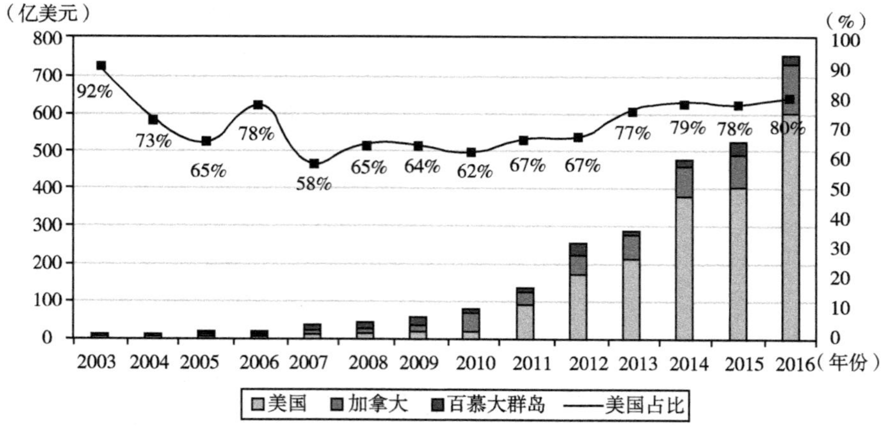


**图 6 – 18　我国对美国、加拿大和百慕大群岛 OFDI 存量变化**

此外，在我国对北美 OFDI 中，百慕大也占有一席之地。面积仅 54 平方公里的百慕大群岛，之所以能够吸引数十亿元的国内企业直接投资，主要也是因为其是避税区的因素。在百慕大注册的企业，不用缴纳企业所得税、个人所得税、红利税和投资税，正是百慕大税收中立的环境，吸引了不少中国企业为了避税纷纷到此注册离岸公司。

（3）对美国 OFDI 的行业分布。

由于美国是我国对北美 OFDI 的主要目的地，下面以美国为例研究我国对北美地区投资的行业分布。我国对美国 OFDI 主要集中在制造业，金融业，租赁和商务服务业，房地产业以及信息传输、计算机服务和软件业，五大行业平均占比在 66% 以上。2008 ~ 2011 年，我国对美 OFDI 在五大行业的集中度有所下降，从 81% 下降到 66%，反映出我国对美 OFDI 多元化的趋势在加强。自 2012 年以来，我国对美 OFDI 急剧增加，尤其是在制造业和金融业的巨额跨国并购案此起彼伏，使我国对美 OFDI 集中度相对上升，保持在 70% 以上。

从对美 OFDI 流向的具体行业来看，近年来，我国对美国 OFDI 加速流向制造业和金融业的趋势十分明显。2008 年我国对美国制造业 OFDI 存量仅有 5.6 亿美元，2012 年存量就高达 38 亿美元，4 年增长了 6 倍；到 2015 年更是突破百亿美元，2016 年达到 150 亿美元。目前，制造业已经成为我国对美 OFDI 存量最多的行业。我国对美金融业 OFDI 增长同样迅猛，由 2010 年的 5.2 亿美元增长至 2014 年的 148 亿美元，4 年增长 28 倍；2015 年和 2016 年，受全球金融环境影响，回落至 103 亿美元和 105 亿美元。

租赁和商务服务业、房地产业和批发零售业也是我国对美国 OFDI 增长较快的行业，居我国对美国 OFDI 存量第 3 ~ 第 6 位。自 2012 年起，我国对美国房地产业 OFDI 爆发式增长，从 1.2 亿美元增至 57 亿美元，5 年增长了 47.5 倍，增速为所有行业之冠。这与我国企业对外非理性投资有莫大关系，到 2016 年年底，发改委、商务部、人民银行、外汇局四部门出台一系列措施，治理我国在房地产、酒店、影城等领域出现非理性对外投资行为。受此影响，2017 年以来，我国对外投资逐渐回归理性，对美房地产投资趋于下降态势（见图 6 – 19 和图 6 – 20）。

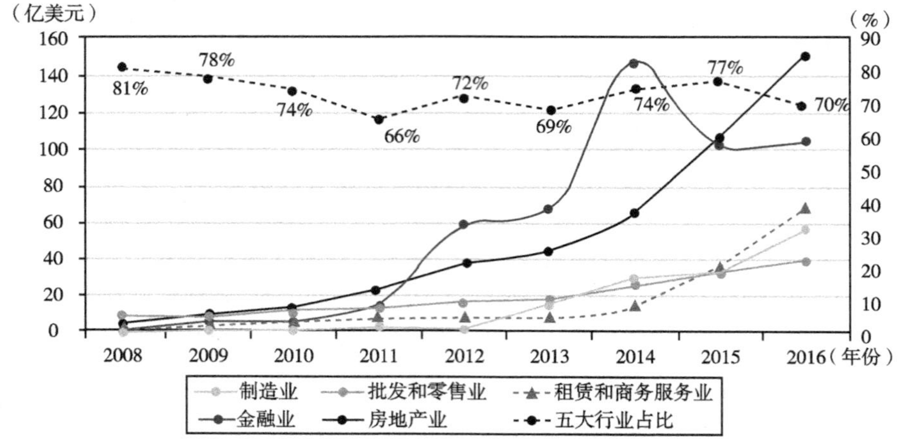


图 6-19 我国对美国、加拿大和百慕大 OFDI 存量变化

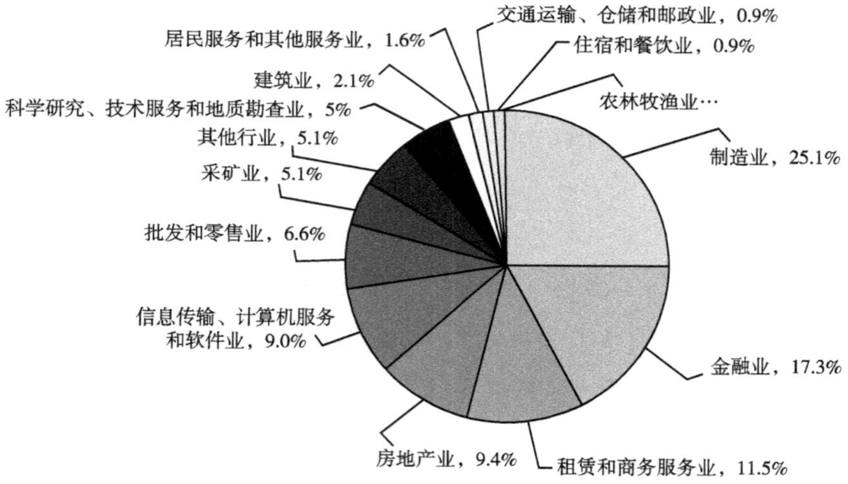


图 6-20 2016 年我国对美国 OFDI 的行业分布

### 6.2.5 我国对拉丁美洲 OFDI 的情况

拉丁美洲是指美国以南的美洲地区，包括墨西哥、中美洲、西印度群岛和南美洲。这些国家中绝大多数通行的语言属拉丁语族，故被称为拉丁美洲。拉丁美

洲地区资源丰富，农产品、石油、金属矿产等是我国工业生产重要的基础原材料。近些年，拉美已成为仅次于亚洲的中国对外直接投资存量最为集中的第二大地区。

（1）我国对拉丁美洲 OFDI 流量和存量变化。

从我国对拉美 OFDI 流量来看，尽管波动较大，但是总体维持在较高水平，2010 年突破百亿美元，一度跃居我国 OFDI 流量除了亚洲以外的最大目的地。2016 年，我国对拉美 OFDI 流量突破 200 亿美元，达到 272 亿美元，较上一年增长 39%，超过我国 OFDI 流向亚洲（除中国香港外）的流量，位居各大洲第一位。但是，我国对南美 OFDI 流量的波动性较大，一方面由于流向开曼群岛和英属维尔京群岛的资本大多是避税性质，受国际经济形势影响较大；另一方面是我国在南美的资源类投资项目，受国际市场价格波动很大，导致投资不稳定（见图 6－21）。

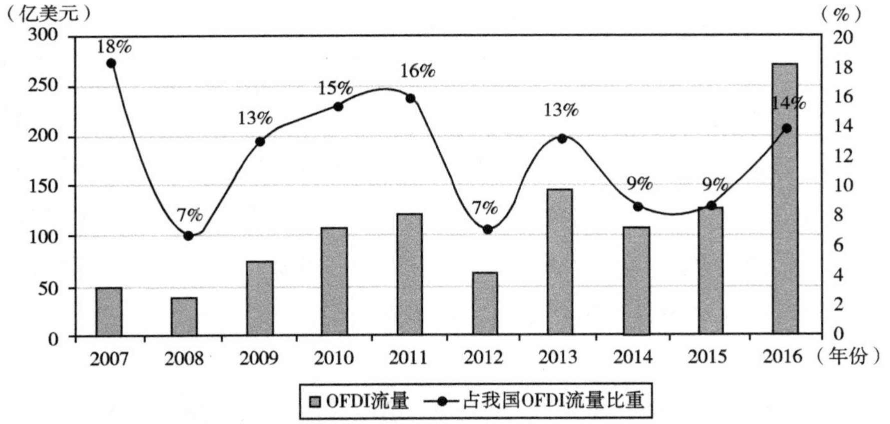


**图 6－21　我国对拉美 OFDI 流量变化**

从我国对拉美地区 OFDI 的存量来看，我国对拉美 OGDI 存量一直仅次于亚洲地区，如果去掉香港特别行政区，则远超亚洲，稳居第一位。具体来看，我国对拉美 OFDI 存量在 2003～2008 年处于快速增长阶段，由不到 30 亿美元增长到 300 亿美元，5 年增长近 10 倍；受金融危机影响，2008～2009 年稍有下滑，但是自 2010 年起，又开始高速增长，2013 年突破 1000 亿美元，2016 年突破 2000 亿美元，达到 2071.5 美元的历史新高。目前拉美已经是中国最大投资目的地，中国是拉美第三大投资来源国。随着中国和拉美国家（和地区）经贸合作不断深入，中国在拉美地区的直接投资仍将继续保持高速增长（见图 6－22）。

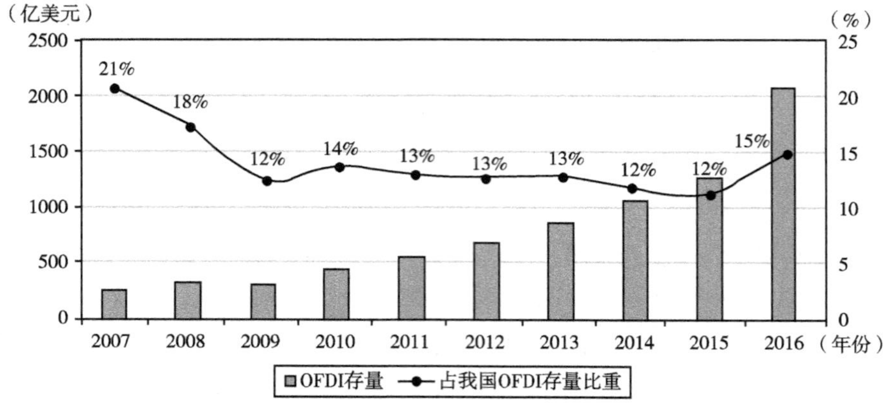


图 6－22　我国对拉美 OFDI 存量变化

（2）我国对北美主要国家 OFDI 情况。

虽然我国对拉美 OFDI 总量高，但是投资地区分布不均衡。从具体国家来看，我国对北美 OFDI 主要集中在英属维尔京群岛、开曼群岛、秘鲁、阿根廷、巴西、委内瑞拉等国家和地区。尤其是开曼群岛和英属维尔京群岛，由于其特殊的避税政策，无论是流量还是存量，都占据了我国对北美 OFDI 的绝大多数是份额，两地甚至吸收我国对北美 OFDI 比例高达 90% 左右，而流入南美洲地区和中美洲及加勒比海地区的投资金额则相对较低（见图 6－23）。

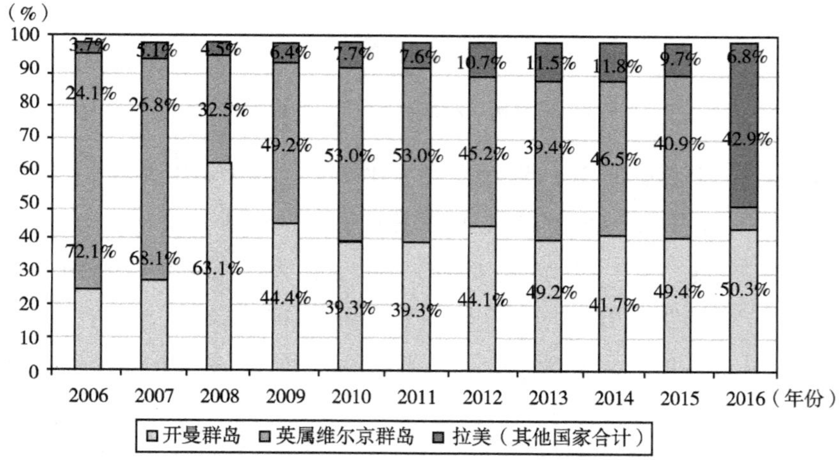


图 6－23　我国对拉美 OFDI 存量变化

自 2008 年以来，我国对除了两大避税岛之外的拉美国家 OFDI 增长迅速，主要集中在巴西、委内瑞拉、阿根廷、厄瓜多尔和秘鲁五国。2008 ~ 2009 年，受金融危机影响，全球经济萎缩、大宗商品价格暴跌，我国对拉美 OFDI 低迷。但是，自 2010 年起，随着全球经济回暖，我国对拉美（除两岛外）OFDI 快速增长，由 2009 年的不足 20 亿美元，增长到 2016 年的 142 亿美元，7 年增长 7 倍。我国对拉美（除两岛外）的直接投资集中度也在提高，上述五国占我国对拉美（除两岛）OFDI 存量的比重持续上升，由 2008 年的 58% 增长至 2013 年的 77%，随后稍有回调至 2016 年的 68%。

2011 年之前，巴西和秘鲁居我国对拉美（除两岛外）OFDI 存量第 1、第 2 位。但是 2012 年之后，我国对委内瑞拉的 OFDI 快速增长，超过秘鲁，与巴西呈交替领先态势。截至 2016 年，我国对北美（除两岛外）OFDI 存量排名第 1 位的是巴西，达到 29.6 亿美元；第 2 位是委内瑞拉，27.4 亿美元；其次是阿根廷（19.4 亿美元）、厄瓜多尔（11.8 亿美元）和秘鲁（7.6 亿美元）。我国对上述五国 OFDI 存量高达 95.9 亿美元，占我国对南美（除两岛外）OFDI 存量的 68%（见图 6 – 24）。

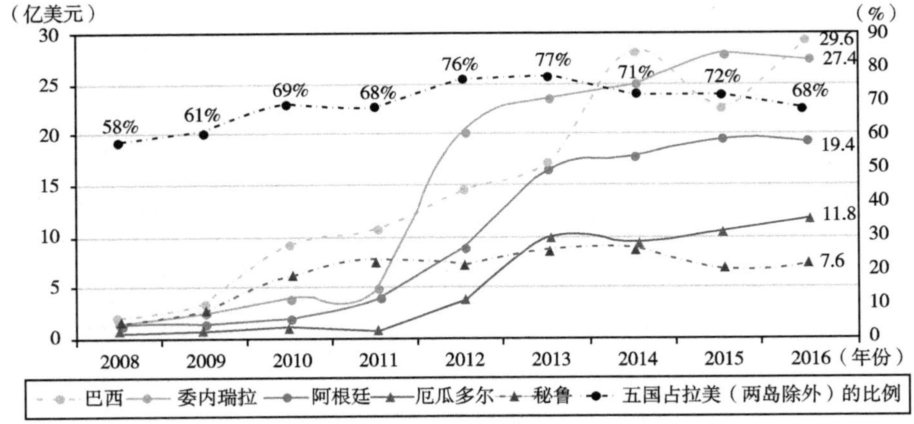


图 6 – 24　我国对拉美 OFDI 存量变化

### 6.2.6 我国对非洲 OFDI 的情况

在全球世经济一体化背景下，非洲经济加速融入全球产业链，近十年来呈现恢复性增长，并逐渐成为世界投资的“热土”。自我国“走出去”战略实施以来，越来越多的中国企业逐渐开始涉足非洲，对非洲的直接投资呈现不断攀升的趋势。

2006 年以前，我国对非洲投资数量较少，OFDI 流量不过数亿美元，存量不到 50 亿美元。自 2007 年开始，随着我国“走出去”战略的加快以及中非关系的发展，我国对非洲 OFDI 流量开始大幅度增长，2007 年达到 16 亿美元，比 2006 年增长 2 倍。2008 是爆发式增长的一年，我国对非洲 OFDI 流向达到创纪录的 55 亿美元，比 2007 年又增长 2.5 倍，存量达到 78 亿美元。随后的几年有所调整，但是总体保持在 20 亿 ~40 亿美元。OFDI 存量在 2010 年突破 100 亿美元、2012 年突破 200 亿美元、2014 年突破 300 亿美元，2016 年达到 399 亿美元，接近 400 亿美元（见图 6 –25）。

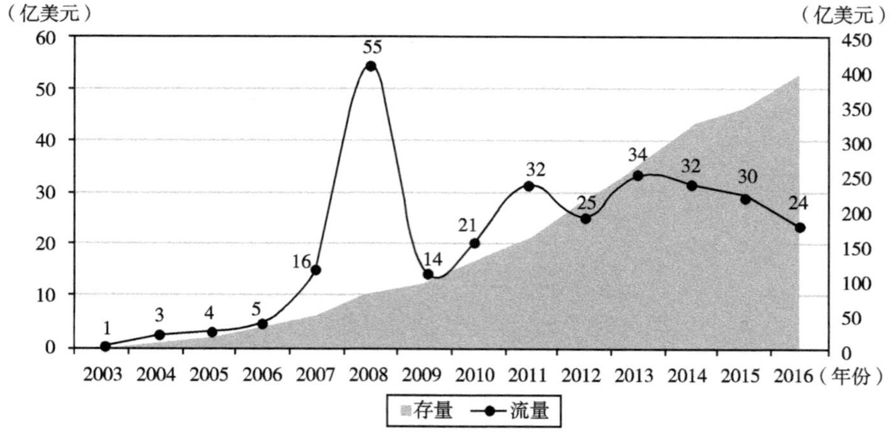


图 6 –25 我国对非洲 OFDI 存量变化

从我国对非洲 OFDI 存量的国家分布来看，主要集中在南非、刚果金、赞比亚、阿尔及利亚、尼日利亚等非洲经济较为发达或者资源丰富的国家。我国对上述五国的 OFDI 存量一度占对非洲 OFDI 存量的 66%，可见区域集中度比较高。

自 2008 年以来，随着中非关系的全面升温，我国对非洲开展了全方位、更深入的经贸合作，对非洲 OFDI 呈现出更加多元化的态势。在此背景下，我国对非洲 OFDI 的集中度有所下降，上述五国所占的份额逐渐下滑到 40% 左右。

从具体国家来看，南非是我国对非洲 OFDI 的最大目的地。南非是非洲第二大经济体，经济较为发达，工业体系完善，自然资源丰富。南非金融、法律体系完善，通讯、交通、能源等基础设施完备，历来是我国对非经贸合作的重点。2008 年，我国对南非 OFDI 存量由 7 亿美元暴增至 31 亿美元，占我国对非洲 OFDI 存量的 39%。2009～2012 年，我国对南非 OFDI 存量保持在 40 亿美元以上，占我国对非总量的 20% 以上。2016 年，我国对南非 OFDI 存量一举突破 60 亿美元，达到 65 亿美元的历史新高度（见图 6－26）。

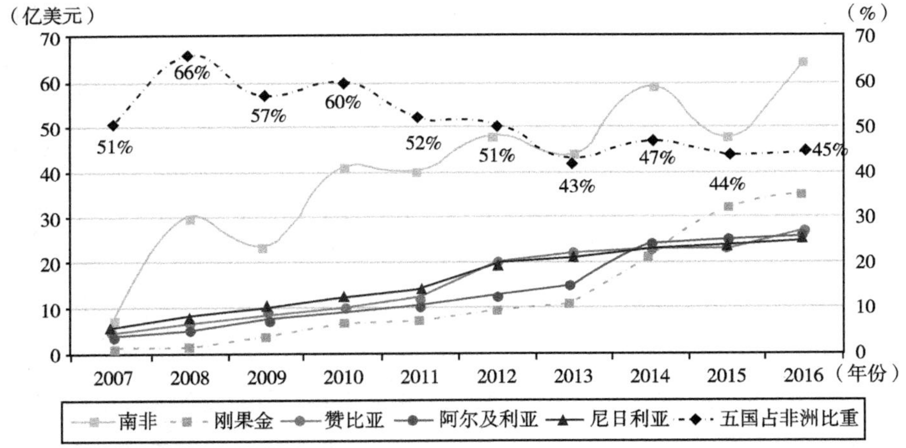


**图 6－26　我国对非洲主要国家 OFDI 存量**

刚果金、赞比亚、阿尔及利亚和尼日利亚也都是传统的非洲大国，资源丰富，人口较多，是我国与非洲经贸合作的重要国家。我国对非洲 OFDI 存量增长最快的是刚果金。刚果金自然资源丰富，矿产资源丰富，钴矿储量、产量均居全球第一，分别占比 50%、70% 以上，铁矿、铜矿等资源也非常丰富，急需外国投资。2008 年以前，刚果金局势不稳，社会动荡，我国赴该国直接投资企业较少，2008 年我国对刚果金 OFDI 存量仅 1.3 亿美元。2009 年之后，随着中非关系拓展，刚果金国内局势稳定，我国对刚果金 OFDI 存量开始迅猛增长，2013～2015

年，我国对刚果金 OFDI 存量以每年 10 亿美元的增长幅度上升，2013 年达到 10.3 亿美元，2014 年达到 20 亿美元，2015 年达到 30 亿美元，超过赞比亚、阿尔及利亚和尼日利亚，居非洲第二位。截至 2016 年年末，我国对刚果金 OFDI 存量达到 35 亿美元的历史新高。我国对赞比亚、尼日利亚和阿尔及利亚的 OFDI 主要集中在建筑业、采矿业、制造业等领域。

### 6.2.7 我国对大洋洲 OFDI 的情况

我国对大洋洲的 OFDI 投资绝大多数流向澳大利亚。2006 年之前，我国对大洋洲 OFDI 流量很少，年均仅有 1 亿美元左右，存量不足 10 亿美元，其中 90% 以上流往澳大利亚。2007 年，在我国对澳大利亚 OFDI 猛增的背景下，我国流往大洋洲的直接投资开始跨上一个新的台阶，2007 年存量突破 10 亿美元，达到 18.3 亿美元，其中澳大利亚为 14.44 亿美元，占比 78.9%。

2008 年，我国对大洋洲 OFDI 流向达到近 20 亿美元，其中澳大利亚为 19.9 亿美元，占比达 97%，几乎垄断了我国流向大洋洲的 OFDI。此后一直到 2014 年，澳大利亚在我国对大洋洲的 OFDI 流量中占比均在 90% 以上。2016 年，我国对大洋洲的 OFDI 流量继续保持增长势头，并首次突破 50 亿美元，达到 52 亿美元，其中澳大利亚为 42 亿美元，占比为 80%。

从存量上看，2007 年我国对大洋洲 OFDI 首次突破 10 亿美元、2009 年突破 50 亿美元、2011 年突破 100 亿美元，以两年翻一番的速度快速增长。并在 2014 年、2015 年、2016 年，以每年跨越百亿美元的速度迅速到历史新高的 382 亿美元。其中澳大利亚为 334 美元，占比为 87.2%。中国对大洋洲 OFDI 主要流向房地产业、采矿业、交通运输、仓储和邮政业、租赁和商务服务业和制造业等行业（见表 6－1 和图 6－27）。

**表 6－1　　我国对大洋洲 OFDI 流量和存量变化情况**

| 年份 | OFDI 流量 | | | OFDI 存量 | | |
|---|---|---|---|---|---|---|
| | 大洋洲 | 澳大利亚 | 所占比例 | 大洋洲 | 澳大利亚 | 所占比例 |
| 2003 | 0.34 | 0.30 | 89.7% | 4.72 | 4.17 | 88.2% |

续表

| 年份 | OFDI 流量 | | | OFDI 存量 | | |
|---|---|---|---|---|---|---|
| | 大洋洲 | 澳大利亚 | 所占比例 | 大洋洲 | 澳大利亚 | 所占比例 |
| 2004 | 1.25 | 1.20 | 96.0% | 5.44 | 4.95 | 90.9% |
| 2005 | 2.03 | 1.93 | 95.2% | 6.50 | 5.87 | 90.3% |
| 2006 | 1.26 | 0.88 | 69.3% | 9.39 | 7.94 | 84.6% |
| 2007 | 7.70 | 5.32 | 69.0% | 18.30 | 14.44 | 78.9% |
| 2008 | 19.52 | 18.92 | 96.9% | 38.16 | 33.55 | 87.9% |
| 2009 | 24.80 | 24.36 | 98.2% | 64.19 | 58.63 | 91.3% |
| 2010 | 18.89 | 17.02 | 90.1% | 86.07 | 78.68 | 91.4% |
| 2011 | 33.18 | 31.65 | 95.4% | 120.07 | 110.41 | 92.0% |
| 2012 | 24.15 | 21.73 | 90.0% | 151.14 | 138.73 | 91.8% |
| 2013 | 36.60 | 34.58 | 94.5% | 190.17 | 174.50 | 91.8% |
| 2014 | 43.37 | 40.49 | 93.4% | 258.64 | 238.82 | 92.3% |
| 2015 | 38.71 | 34.01 | 87.9% | 320.92 | 283.74 | 88.4% |
| 2016 | 52.12 | 41.87 | 80.3% | 382.41 | 333.51 | 87.2% |

数据来源：根据历年《中国对外直接投资公报》整理。

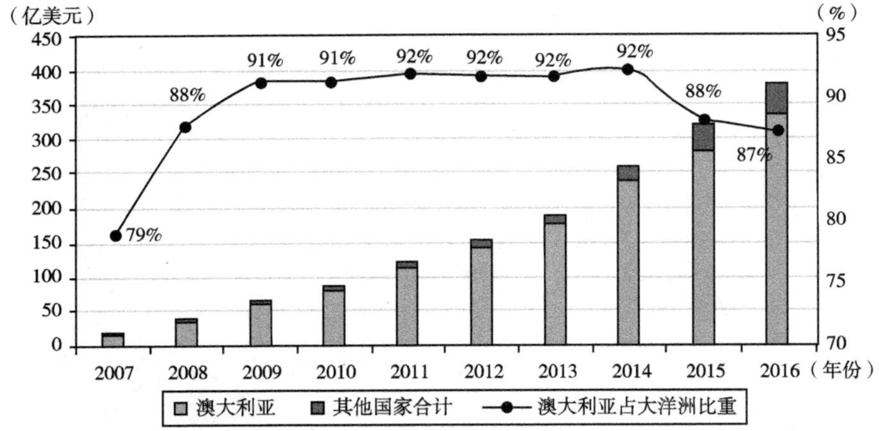


图 6－27　我国对大洋洲 OFDI 存量及澳大利亚所占比重

## 6.3

## 我国 OFDI 的行业分布

本节将从行业的角度对我国企业 OFDI 情况进行分析。首先从总体上分析我国企业 OFDI 行业分布的总体概况，然后对我国 OFDI 流量和存量较大的重点行业进行详细剖析，分析其变化的情况及发展趋势。

### 6.3.1 OFDI在三次产业分布情况

根据2003～2016年的统计，我国企业对外直接投资流量在三次产业中的分布存在较大的差异，并且在不断发生变化。在2003～2007年的5年时间里，我国对外直接投资在二三产业交替领先，第一产业较少，本节不做分析。2003年，我国OFDI流向第二产业达71%，流向第三产业仅26%，第二产业遥遥领先第三产业。但是2004年，我国对外直接投资流向第二产业所占比例明显下降至49%，而第三产业则上升至46%，两大产业所占比例相差无几。2007年以后，我国OFDI在三次产业的分布呈现明显的分化，第二产业所占的比重不足40%，第三产业所占比重则上升到60%左右，2008年和2010年一度高达76%和75%。总体来看，随着我国经济结构的升级，流向第三产业的OFDI超过第二产业是大势所趋。从我国OFDI的存量来看，与流向数据线相比波动幅度较小，但是基本趋势相一致。2003～2006年出现了缩小的趋势，但是我国OFDI存量在第三产业所占比重一直高于第三产业，并且自2013年以来，又呈现出拉大趋势（见图6－28）。

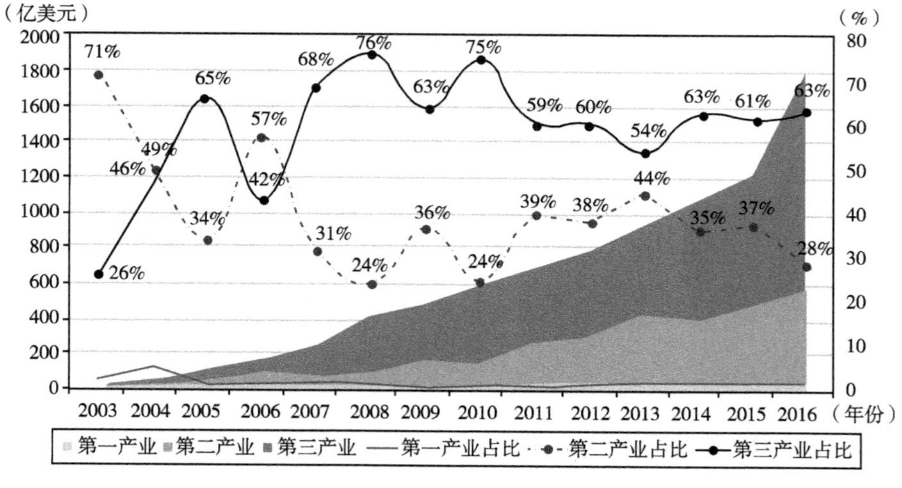


**图6－28 我国OFDI流量在三次产业的分布**

2016年，我国OFDI流向第二产业为542亿美元，其中制造业为290亿美元，占比54%；其次是房地产业（152亿美元，占比28%）、建筑业（44亿美元，占比 8%）。我国 OFDI 流向第三产业为 1240 亿美元，其中最多的是租赁和商务服务业，高达 658 亿美元，占比达 53%，此外批发和零售业为 209 亿美元，占比 17%。截至 2016 年年末，我国 OFDI 存量在第三产业达到 8033 亿美元，所占比例高达 68%，主要分布在租赁和商务服务业，批发和零售业，信息传输、计算机服务和软件业，科学研究、技术服务和地质勘查业，文化、体育和娱乐业，房地产等领域。我国 OFDI 存量在第二产业达到 3618 亿美元，占我国 OFDI 存量的 31%，其中制造业、采矿业、建筑业等领域占据了主要的份额；我国 OFDI 存量在第一产业（农/林/牧/渔业）仅为 149 亿美元，占比仅为 1%（见图6－29 和图 6－30）。

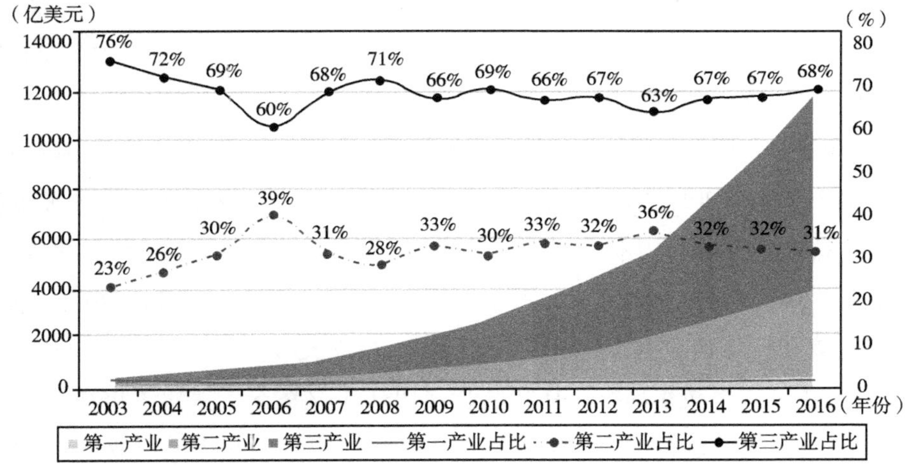


图 6－29　我国 OFDI 存量在三次产业的分布

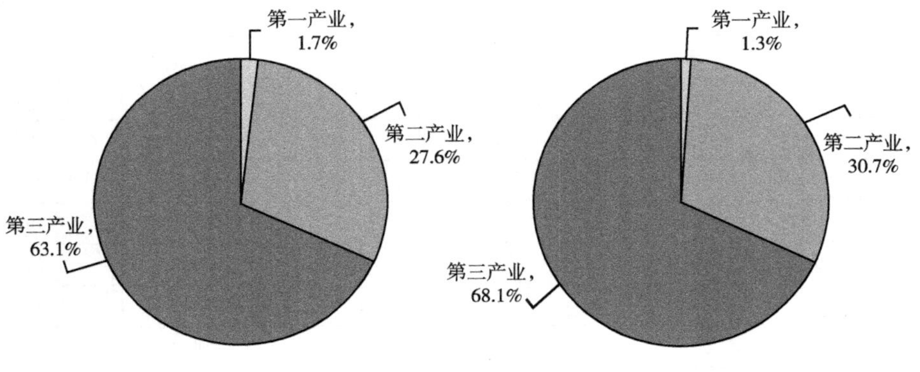


图 6－30　2016 年我国 OFDI 三次产业的分布（左图为流量、右图为存量）

### 6.3.2 OFDI在国民经济行业分布情况

我国对外直接投资除了在公共管理和社会组织行业没有统计数据外，在《国民经济行业分类》（GB/T 4754—2002）的其余18个行业门类均有涉及。2016年，我国OFDI净额达到1961.5亿美元，其中分布最多的行业门类是租赁和商务服务业，当年投资流量达到657.8亿美元，占我国OFDI流量的33.54%，遥遥领先其他行业。此外，占比较多的是制造业（290.5亿美元，占比14.81%）、批发和零售业（208.9亿美元，占比10.65%）、信息传输/计算机服务和软件业（186.6亿美元，占比9.51%）、房地产业（152.5亿美元，占比7.77%）和金融业（149.2亿美元，占比7.61%）。

从我国对外直接投资的存量数据（见表6-2）来看，2016年，我国对外直接投资累计净额达到13573.9亿美元，分布最多的行业也是租赁和商务服务业，累计投资总额达到4739.9亿美元，占我国OFDI存量的34.92%；存量排名第二的金融业，高达1778.2亿美元，占比13.10%；第三位是批发和零售业，达到1691.7亿美元；第四位的是采矿业，达到1523.7亿美元，占比121.23%。此外，我国OFDI存量较多的行业是制造业（1081.1亿美元，占比7.96%）、信息传输/计算机服务和软件业（648亿美元，占比4.77%）和房地产业（461亿美元，占比15.6%）。

**表6-2　　2016年我国OFDI在各行业的分布**

| | 净额 | | 累计净额 | |
|---|---|---|---|---|
| | 金额（亿美元） | 比重（%） | 金额（亿美元） | 比重（%） |
| 农、林、牧、渔业 | 32.9 | 1.68 | 148.9 | 1.10 |
| 采矿业 | 19.3 | 0.98 | 1523.7 | 11.23 |
| 制造业 | 290.5 | 14.81 | 1081.1 | 7.96 |
| 电力、燃气及水的生产和供应业 | 35.4 | 1.80 | 228.2 | 1.68 |
| 建筑业 | 43.9 | 2.24 | 324.2 | 2.39 |
| 交通运输、仓储和邮政业 | 16.8 | 0.86 | 414.2 | 3.05 |
| 信息传输、计算机服务和软件业 | 186.6 | 9.51 | 648 | 4.77 |

续表

| | 净额 | | 累计净额 | |
|---|---|---|---|---|
| | 金额（亿美元） | 比重（%） | 金额（亿美元） | 比重（%） |
| 批发和零售业 | 208.9 | 10.65 | 1691.7 | 12.46 |
| 住宿和餐饮业 | 16.3 | 0.83 | 41.9 | 0.31 |
| 金融业 | 149.2 | 7.61 | 1778.2 | 13.10 |
| 房地产业 | 152.5 | 7.77 | 461 | 3.40 |
| 租赁和商务服务业 | 657.8 | 33.54 | 4739.9 | 34.92 |
| 科学研究、技术服务和地质勘查业 | 42.4 | 2.16 | 197.2 | 1.45 |
| 水利、环境和公共设施管理业 | 8.5 | 0.43 | 35.7 | 0.26 |
| 居民服务和其他服务业 | 54.2 | 2.76 | 169 | 1.25 |
| 教育 | 2.8 | 0.14 | 7.2 | 0.05 |
| 卫生、社会保障和社会福利业 | 4.9 | 0.25 | 9.2 | 0.07 |
| 文化、体育和娱乐业 | 38.7 | 1.97 | 79.1 | 0.58 |
| 总计 | 1961.5 | 100 | 13573.9 | 100 |

数据来源：商务部外资统计。

### 6.3.3　我国制造业 OFDI 变化情况

制造业是我国的优势产业，具备“走出去”的基础条件和潜力。经过多年的发展，我国已经成长为全球制造业第一大国，产业体系完善，技术水平较高，资金也更加充裕，重点产业尤其是装备制造业在国际市场已经具有一定的声誉，为我们大规模“走出去”奠定了良好基础。近年来，我国制造业对外投资日趋活跃，2016 年已经跃升为我国对外直接投资流量第二大行业。2016 年，我国制造业 OFDI 达到 290.5 亿美元，同比增长 45.3%，占当年 OFDI 流量的 14.8%。

从整体发展历程看，我国制造业 OFDI 经历了一个“V”形走势：2003 ~ 2008 年，虽然流量和存量保持增长，但是我国制造业 OFDI 在我国总体 OFDI 的比例呈下降趋势，OFDI 流量从 2003 年占比 18.6%，下滑到 2008 年的占比仅 4.2%，存量占比从 2003 年的 10.1% 下滑到 2008 年的 6.6%。自 2008 年以来，随着我国经济转型升级步伐加快，我国企业对外直接投资中，制造业增长最为强劲。这凸显中国企业海外投资的驱动力，正从寻求资源性资产向战略性资产转变。2009～2016 年，我国制造业 OFDI 的规模不断攀升，流量达到 2016 年的顶峰 290.5 亿美元，占 2016 年我国 OFDI 流量的 14.8%；存量达到 1081.1 亿美元，占我国 OFDI 存量的 8.0%（见图 6－31）。

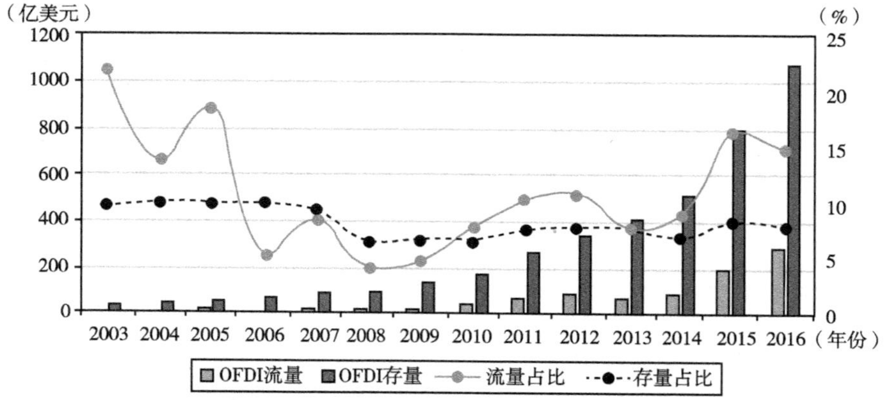


**图 6－31　2003～2016 年我国制造业 OFDI 流量和存量的变化**

从制造业的具体细分行业来看，我国制造业 OFDI 主要流向汽车制造业，计算机/通信及其他电子设备制造业，专用设备制造业，化学原料和化学制品制造业，医药制造业，橡胶和塑料制品业，纺织业，皮革/毛皮/羽毛及其制品和制鞋业，铁路/船舶/航空航天和其他运输设备制造业，食品制造业等。根据 2016 年的最新统计，我国制造业 OFDI 流向汽车制造业最多，高达 47.8 亿美元，占制造业 OFDI 的 16.4%，已经成为我国对外直接投资的重要行业；其次是流向计算机/通信及其他电子设备制造业，为 39.3 亿美元，占比 13.5%。此外，流向专用设备制造业 27.3 亿美元，占比 9.4%；流向化学原料和化学制品制造业 22.4 亿美元，占比 7.7%；流向医药制造业 15.9 亿美元，占比 5.5%。其他超过 10 亿美元的产业还包括橡胶和塑料制品业（12.5 亿美元，占比 4.3%）、纺织业（12.4 亿美元，占比 4.3%）、皮革/毛皮/羽毛及其制品和制鞋业（10.2 亿美元，占比 3.5%）。综合起来，2016 年我国装备制造业（含汽车制造业、计算机/通信及其他电子设备制造业、电气机械和器材制造业、专用设备制造业和铁路/船舶/航空航天和其他运输设备制造业）共计对外直接投资 143 亿美元，同比增长 41%，占我国制造业 OFDI 流量的 49%（见图 6－32）。

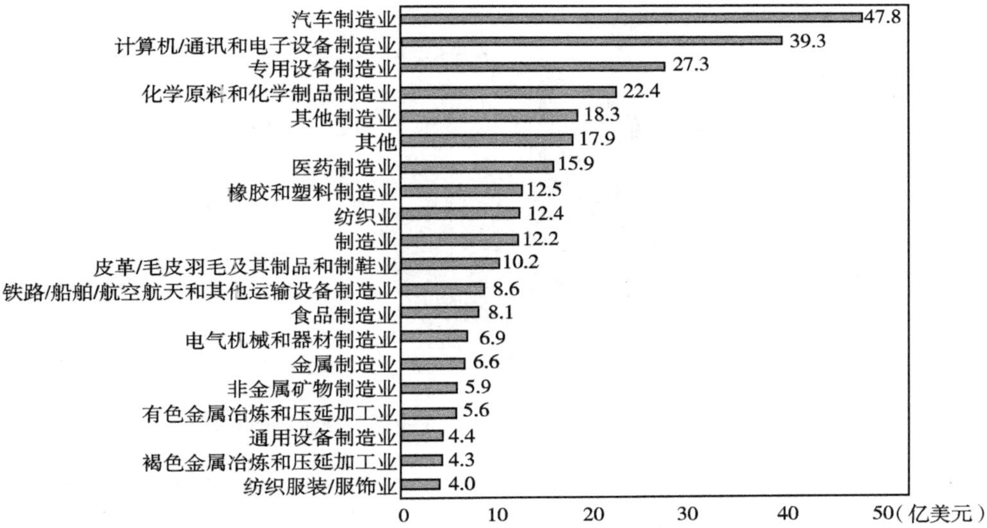


**图 6－32　2016 年我国制造业 OFDI 流量在细分行业的分布**

## 6.4

## 我国 OFDI 的投资主体构成与投资方式

### 6.4.1　我国 OFDI 企业性质结构

我国对外直接投资的公司按性质分主要分为有限责任公司、国有企业、私营企业、股份有限公司、股份合作企业、外商投资企业、港澳台商投资企业、个体经营和集体企业等。2016 年，境内投资者按照国内企业注册类别我国 OFDI 企业最大的类别是有限责任公司，占 43.2%，比 2015 年翻一番；私营企业次之，占 26.2%，同比增长 68.4%；股份有限公司占 10.1%，同比增长 181.7%。其余依次为：国有企业（5.2%）、外商投资企业（4.8%）、港澳台商投资企业（3.2%）、股份合作企业（2.0%）和集体企业（0.5%）等（见图 6－33）。

从我国 OFDI 主体结构的变动趋势来看，国有企业和集体企业一直呈下降趋势。其中，国有企业在 2007 年占比 19.7%，仅次于有限责任公司，连续下降，一直到 2016 年仅 5.2%，数量下降了 2/3，下降速度为各类型企业最快。集体企业由 2016 年占比 1.8% 下降到 2016 年的 0.5%。

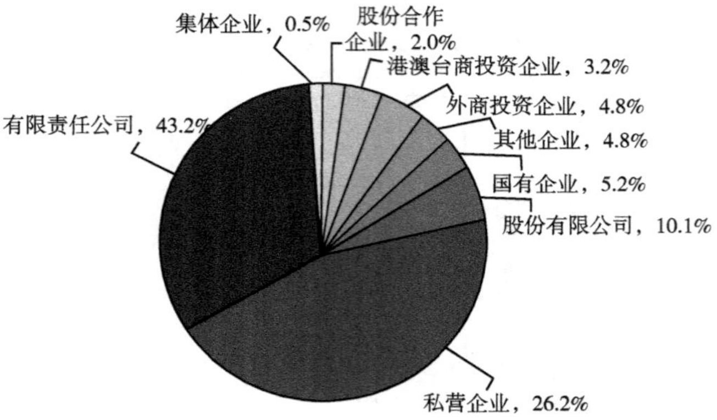


**图 6－33　2016 年我国 OFDI 流量在不同类型企业的分布**

增长较为明显的是私营企业。2007～2014 年，私营企业所占比例基本稳定，保持在 8%～9%，但是 2015～2016 年，私营企业"走出去"的步伐明显加快，仅仅 2016 年一年就从占比 9.6% 增长到 26.2%，增长了近 2 倍，呈现爆发式增长态势。此外，外商及港澳台投资企业、股份制企业（含股份有限公司和股份合作制企业）所占比例也都有所上升（见图 6－34）。

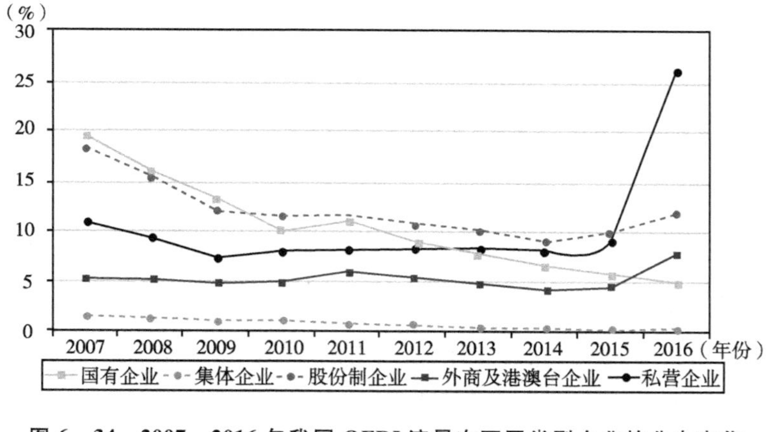


**图 6－34　2007～2016 年我国 OFDI 流量在不同类型企业的分布变化**

## 6.4.2　我国 OFDI 投资方式变化

我国 OFDI 投资包括新增股本投资、利润再投资以及债务工具三部分。股权投资指境内投资者在其境外分支机构投入的股本金，或在其境外子公司和联营公司的股份。新增股本投资等于报告年度境外企业股本增加额乘以中方股权份额，其中包括境内投资主体当年实际缴付的股本和由投资收益转增的股本。股本增加额为该企业年末、年初资产负债表“股本”项目相减之差。利润再投资等于报告年度境外企业资产负债表中按中方股权比例计算的未分配利润期末数，当期利润再投资等于报告期境外企业新增股本加上当期利润再投资，加上对境内投资主体的新增负债（指当期境内投资主体对境外企业提供贷款）。

从 OFDI 流量看，2006 年，其他投资方式达到 93.4 万亿美元，所占比例为 44.1%；其次是当期利润投资，为 66.8 亿美元，比例为 31.6%；最低为新增股本投资，51.7 亿美元，占比仅约 24.4%。但到 2008 年，新增股本投资就暴增至 283.6 亿美元，两年增长 5 倍多，占比达到 50.7%，其他投资方式为 176.6 亿美元，当期利润投资为 98.9 亿美元，占比均有所下降。2008 ~ 2013 年，三种投资范式旗鼓相当，各有领先。2014 年开始，格局又发生了重大转变，新增股本投资又开始急剧增加，从 2013 年的 557.3 亿美元增长到 2016 年的 1141.3 亿美元，占比高达 58.2%，为历史新高。而当期利润在投资则从 383.2 亿美元下滑到 2016 年的 306.6 亿美元，占比从 35.5% 下滑到 15.6%；其他投资有所增长，但所占比例从 36% 下滑到 26.2%（见图 6 - 35 和表 6 - 3）。

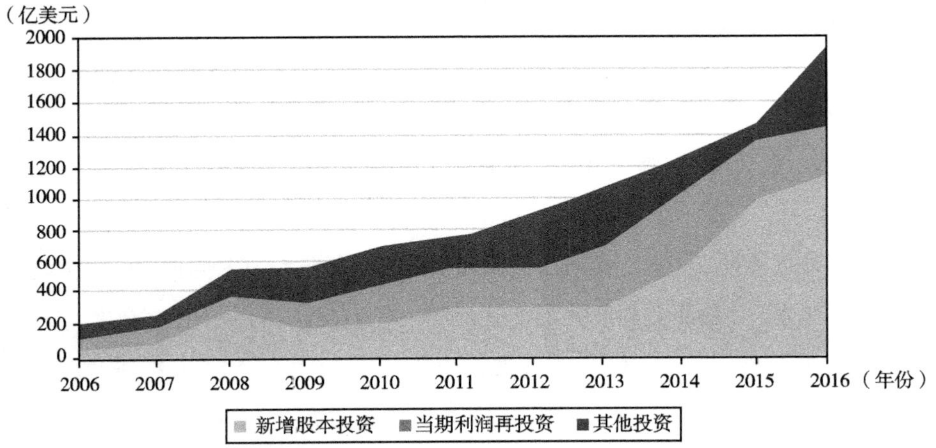


**图 6 - 35　我国 OFDI 流量中不同投资方式增长情况**

表 6-3　　我国 OFDI 流量中不同投资方式占比的变化

| 年份 | 新增股本投资 | | 当期利润再投资 | | 其他投资 | |
|---|---|---|---|---|---|---|
| | 流量（亿美元） | 占比（%） | 流量（亿美元） | 占比（%） | 流量（亿美元） | 占比（%） |
| 2006 | 51.7 | 24.4 | 66.8 | 31.6 | 93.4 | 44.1 |
| 2007 | 87 | 32.8 | 98.2 | 37.0 | 80.3 | 30.3 |
| 2008 | 283.6 | 50.7 | 98.9 | 17.7 | 176.6 | 31.6 |
| 2009 | 172.5 | 30.5 | 161.3 | 28.5 | 231.5 | 41.0 |
| 2010 | 206.4 | 30.0 | 240.1 | 34.9 | 241.6 | 35.1 |
| 2011 | 313.8 | 42.0 | 244.6 | 32.8 | 188.1 | 25.2 |
| 2012 | 311.4 | 35.5 | 224.7 | 25.6 | 341.9 | 38.9 |
| 2013 | 307.3 | 28.5 | 383.2 | 35.5 | 387.9 | 36.0 |
| 2014 | 557.3 | 45.3 | 444.0 | 36.1 | 229.9 | 18.7 |
| 2015 | 967.1 | 66.4 | 379.1 | 26.0 | 110.5 | 7.6 |
| 2016 | 1141.3 | 58.2 | 306.6 | 15.6 | 513.6 | 26.2 |

数据来源：商务部统计数据整理。

## 6.5 我国 OFDI 投资来源地结构

### 6.5.1 按中央与地方划分比较

我国对外直接投资企业，按政府的管理权限可以划分为中央企业和地方企业，将境内投资者划分为中央企业和地方企业是观察对外直接投资的一个重要角度。

从投资流量来看，自 2003 年以来，中央企业所占比例都远高于地方企业。尤其是 2004 ~ 2009 年，中央企业对外投资流量连续高速增长，先后突破 100 亿美元、200 亿美元和 300 亿美元大关，占比一度达到 80% 以上。但自 2009 年开始，中央企业和地方企业对外直接投增长出现了明显差别：虽然中央企业投资流量在增长，但是增长速度明显放缓，2012 年甚至出现负增长，2014 年稍有反弹后，又连续 3 年下滑，2016 年仅为 307 亿美元，占比 13%。而地方企业对外直接投资却呈现迅猛增长势头，并于 2015 年首次超越中央企业，总投资流量达到 547 亿美元。并且，地方企业还呈现出加速增长态势，2015 年同比增长 71% 达到 936 亿美元，2016 年同比增长 61% 达到 1505 亿美元，占比达到 83%，远超中央 OFDI 流量（见图 6－36）。

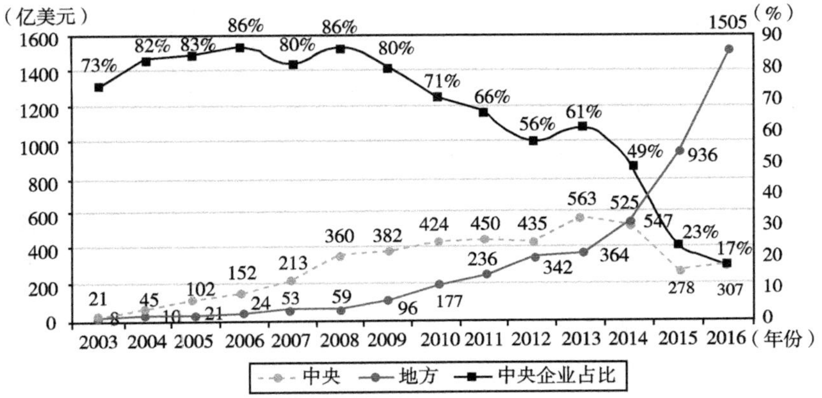


**图 6－36　2003～2016 年中央企业和地方企业非金融类 OFDI 流量的变化**

从存量数据来看，中央企业 OFDI 总额所占比例仍然高于地方企业，但是由于中央企业和地方企业 OFDI 流量出现一降一升相逆的走势，两者差距在逐渐缩小。自 2004 年以来，中央企业所占比例一直保持下滑趋势：2004 年中央企业 OFDI 存量为 383 亿美元，占比 86%，到 2016 年，存量为 6560 亿美元，占比下滑到 56%。与此同时，地方企业 OFDI 存量增长异常迅速：2004 年地方企业 OFDI存量为 65 亿美元，占比为 14%，2013 年则增长至 5241 亿美元，占比攀升至 44%。按照现有趋势，地方企业对外投资存量规模很快会超越中央企业对外投资存量规模（见图 6－37）。

由此可见，经过 40 年的改革开放，在我国对外直接投资领域，中央企业一方独大的格局正在悄然变化。随着我国民营企业的成长壮大并积极参与国际竞争，地方企业对外投资活跃程度显著提升，成为我国对外直接投资的新生力量。相信经过若干年的发展，地方企业占据对外直接投资的主导地位将成为常态。

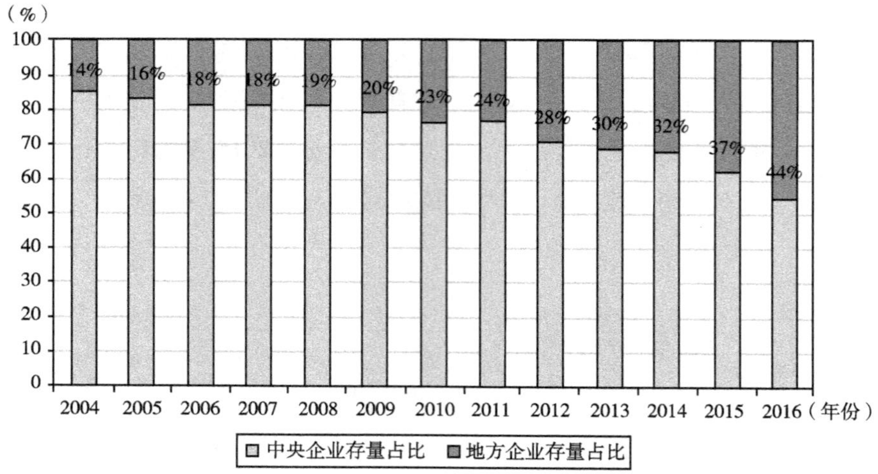


**图6-37　2004~2016年中央和地方企业在我国非金融类OFDI存量中的比例**

## 6.5.2　按东中西部划分比较

从我国对外直接投资企业来源地来看，我国对外直接投资企业存在明显的区域分布不平衡。由于历史和地理的因素，在我国对外直接投资中，绝大部分分布于东部沿海地区，呈现出“东强西弱”的地方企业对外直接投资格局。

从OFDI流量数据看，2003年，东部地区OFDI达到6.8亿美元，占当年我国地方企业OFDI流量89%，远超中西部的规模。但是2003~2008年，我国东中西OFDI格局发生了明显变化：东部地区OFDI流量所占比例持续下降，到2008年降至66%；中西部地区OFDI规模则迅速增长，达到8.4亿美元，比例上升到34%。但是，这种状况从2009年开始又出现了逆转。自2009年开始，东部地区OFDI增长速度重新开始领先于中西部地区，所占比例不断攀升。至2016年，东部地区OFDI流量达到1274.6亿美元，占全国比重达到85%。而中西部地区所占比重则持续下滑，到2016年OFDI合计流量为229.7亿美元，占全国比重仅为15%（见图6-38）。

从中部和西部地区比较来看，西部地区OFDI流量的增长快于中部地区。2003年，我国中部地区OFDI流量为0.7亿美元，占全国比例为9.3%，西部仅

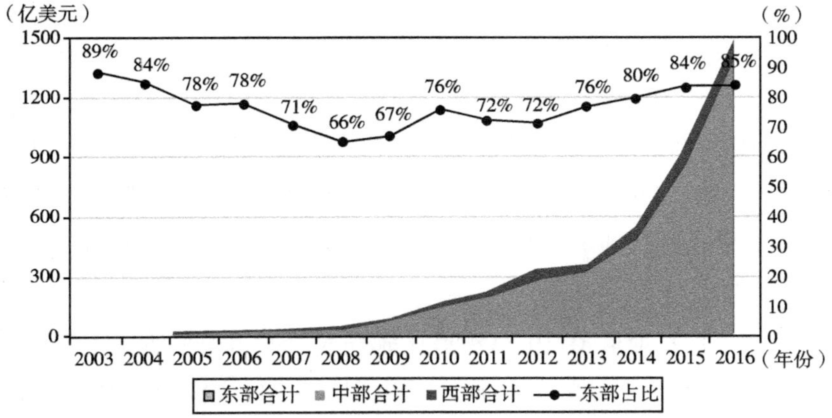


图 6－38　2003～2016 年东中西地区非金融类 OFDI 流量变化

为 0.1 亿美元，占比 1.4%，中部为西部的 7 倍。但是随后，西部地区增长更为迅速，到 2007 年达到 8.5 亿美元，增长 84 倍，占比达到 16.9%，中部地区增长稍逊一筹，2007 年达到 6.3 亿美元，占比为 12.5%。但是，2008 年之后，尽管中西部地区的 OFDI 流量总额在持续增长，但是在全国所占的份额却双双下降。至 2016 年，中部地区 OFDI 流量为 115 亿美元，西部地区流量为 114.7 亿美元，两者比例接近为约 7.6%（见图 6－39）。

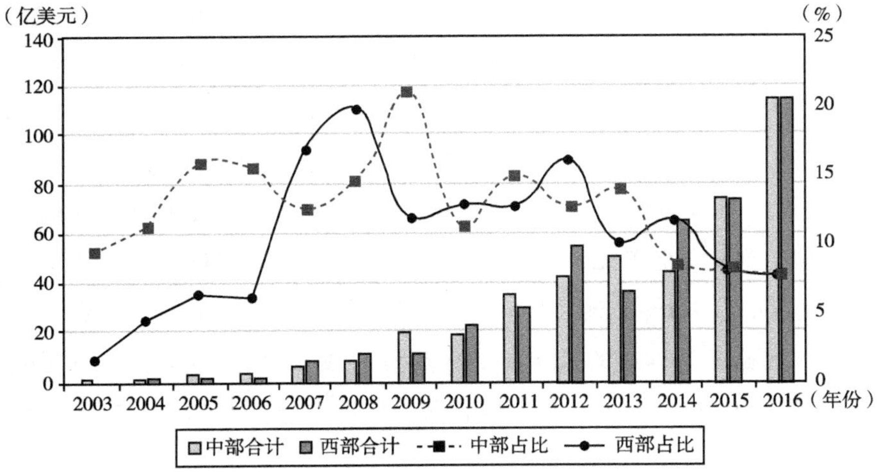


图 6－39　2003～2016 年中西部非金融类 OFDI 流量比较

### 6.5.3 三大经济圈比较

我国OFDI大部分集中在东部地区，具体来说更是集中在京津冀、长三角和珠三角三大经济圈。2003~2016年，三大经济区OFDI总额占我国OFDI总额最低为48.3%，最高则达到72.5%，可见三大经济圈在我国开放经济中的地位异常重要。

2003年，京津冀地区OFDI总额遥遥领先长三角和珠三角，达到3.1亿美元，占当年我国OFDI总额的40.6%。主要原因是当时我国对外直接投资大多是由国有企业完成，北京集聚了我国最多的中央企业，因此，在当时对外直接投资中占有相当重要地位。但是，从2004年开始，随着长三角和珠三角的崛起，京津冀地区OFDI总额逐渐下滑，在三大经济圈中长期处于末位。尤其是2006年，OFDI总额下滑到仅为1.3亿美元，远远落后长三角和珠三角地区。但自2012年起，京津冀地区在我国对外直接投资中又重新崛起，增速超过长三角和珠三角。截至2016年，京津冀地区OFDI总额达到365.3亿美元，在全国占比升至24.3%，超过珠三角重新位居第二。

长三角地区OFDI总额在2004年超过京津冀地区后，一直居全国三大经济圈首位。尤其是2005年，占全国比重达到46.5%。2006~2008年，长三角OFDI在全国比重有所下滑，但是随后又连续两年增长，2010年仍然占有全国36.6%的份额，2015年更是高达42.3%的比重。截至2016年年底，长三角地区OFDI总额达到495.2亿美元，占全国比重约1/3，继续位居各大经济圈榜首。

珠三角地区外向型经济发达，也是我国对外直接投资较为集中的地区。在2006年一度达到6.3亿美元，占全国比重达26.4%，但是随后一路下滑，2010年占全国比重仅为9.1%，远远落后于长三角地区。尽管近几年有所回升，但是2013年仍被增长更为迅速的京津冀地区超过。截至2016年年底，珠三角地区OFDI总额为229.6亿美元，占全国比重15.3%，位居三大经济圈榜尾（见图6-40）。

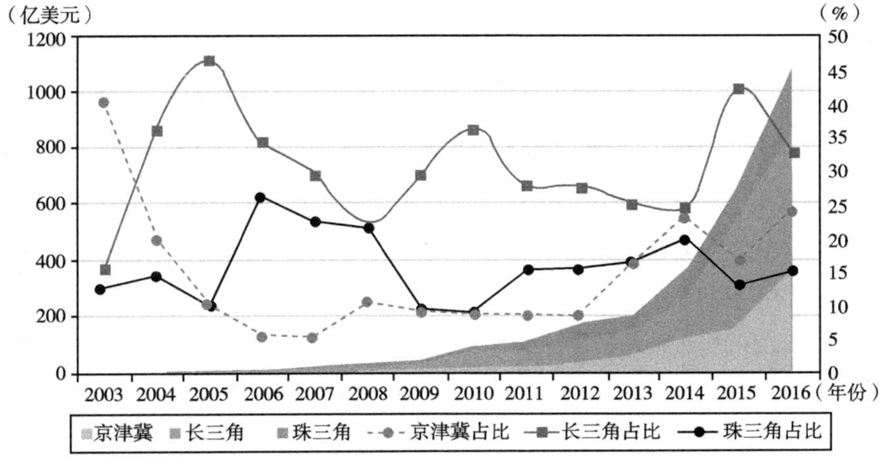


图 6－40　2003～2016 年三大经济圈非金融类 OFDI 流量比较

## 6.5.4　主要省份比较

从境外非金融类企业的投资流量看，2016 年上海、广东、天津、北京、山东、浙江、江苏、河南、福建、河北列地方境外投资流量前 10 位，投资流量达到 1292.4 亿美元，合计占我国当年地方企业境外直接投资总额的 85.9%。其中上海位列第一，投资总额达到 240 亿美元，占我国当年地方企业 OFDI 流量的 16%；其次为广东省，占 15.6%；天津位列第三，占 11.9%（见图 6－41）。

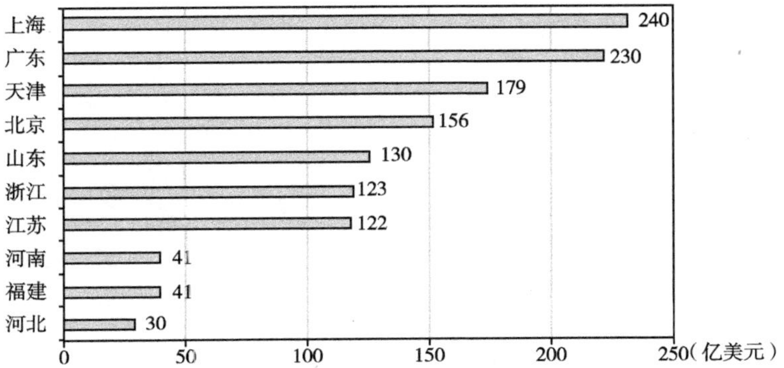


图 6－41　2016 年我国非金融类 OFDI 流量排名前十省市

从境外非金融类企业的投资存量看，广东省一直保持我国 OFDI 第一大省的位置。2016 年，广东省非金融类 OFDI 存量达 1250 亿美元，占我国非金融类 OFDI 存量的 23.9%，遥遥领先其他省市。上海和北京紧随其后，交替领先。2014 年，上海非金融类 OFDI 存量为 255 亿美元，落后北京的 285 亿美元，但是 2015 年上海非金融类 OFDI 存量增长 583.6 亿美元，翻了一番还要多，一举超过北京。截至 2016 年年底，上海非金融类 OFDI 存量达 841 亿美元，占我国非金融类OFDI 存量的 23.9%，占比为 16.1%，居全国第二位；北京非金融类 OFDI 存量为 544 亿美元，占比为 10.4%，居全国第三位。山东、浙江紧随其后，2016 年非金融类 OFDI 存量分别为 412 亿美元和 327 亿美元（见图 6－42）。

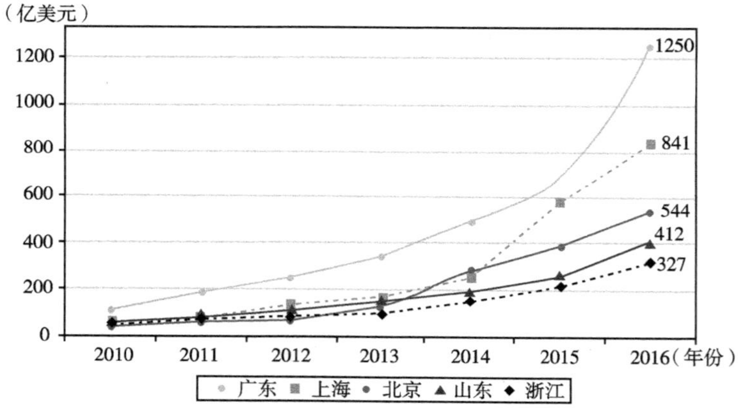


**图 6－42　2010～2016 年我国非金融类 OFDI 存量前五名省市的增长趋势**

# 实证分析篇

# 第 7 章

# 产出视角 FDI 技术溢出的实证研究

本章采用目前比较常见的两部门模型从产出的角度检验 FDI 的溢出效应。由于我国的 FDI 大部分集中在工业部门，同时鉴于数据的连续性，我们以我国工业为研究对象检验 FDI 溢出效应对我国经济的影响。从产出角度的实证检验主要分三部分：首先，从总体上对 FDI 的溢出效应进行检验；其次，分别从时间和行业的角度深入分析 FDI 溢出效应随时间的变化趋势和在行业间的差异；最后，对影响 FDI 溢出效应的因素进行检验和分析。

## 7.1 研究方法比较分析

鉴于现有的文献有大量的实证研究，本章也将使用比较多的实证分析，有必要专门讨论一下衡量问题的处理方式。关于 FDI 溢出效应的实证研究可以分为定性和定量两个大类。

### 7.1.1 定性的研究

此类研究是对一些企业个案加以分析，或者采用一些数据的比较等方法，可以证明 FDI 产生了溢出效应、溢出效应是正是负，但是一般不能说明溢出效应到底有多大。这种分析方法大多用于说明外溢效应对内资企业技术水平的提高。

在这类研究中，通常有个约定俗成的假定：只要证明了跨国公司向当地分公司进行了技术转移或外资企业向东道国当地企业进行了技术转让，就认为伴随着产生了溢出效应（侧重于技术溢出）。比如说，由于引进了新技术，外资企业必须对职员进行大量的技术培训，那么，可以肯定这些职员经过或短或长的时期、或多或少会离开这家企业而把学到的技能带到新的工作岗位上，溢出效应就产生了。

尽管案例研究及数据或图表分析能够十分具体、直观地反映外资企业与当地经济的技术联系，并细致地揭示外资技术溢出的产生机制，但是由于其不能定量地给出技术溢出效应的大小。因此本章并没有采用该种方法，只是在某些问题的分析上引用了一些现实中的事例。

### 7.1.2 定量的实证研究

近年来，许多文献采用各种来源的大量数据进行定量研究作为理论分析的依据或支持。定量分析通常采用各种计量方程，设定若干变量和参数对 FDI 溢出效应进行估计。

这类方法首先要解决的问题是模型的选择。在选择模型方面没有一个绝对、统一的标准。相对复杂的模型可能会有比较全面的结果，但由于模型越复杂，涉及的参数也越多，而参数的可靠性对于结果的准确程度影响很大，因此，很难保证结构复杂的模型得到的结果一定比简单模型的结果好。一般而言，保证模型结构抓住所研究内容的精髓，则模型越简单越好；另外，还要根据给定的资源与能力来确定模型的复杂程度。

在研究前人的相关文献时，可以发现，在对同一问题的不同研究中，得到的结论并不一致，有时结论还相去甚远，在计量分析中，这种情况并不奇怪。原因主要有三类：第一类是所应用的方法上的差别。尽管研究同样的主题，各个研究所使用的计量方程不一样，结果就会有所不同，一般来讲，仅仅由于函数形式的不同所造成的估计值差异应该是有限的。第二类是所使用的样本不同，如各个研究使用的数据来源不一致等。第三类原因是数据的处理，有些作者认为可以直接使用的数据，另一些研究者可能认为应该加以调整，这就使得结果会有出入，并且有时出入还会很大。

具体来说，FDI 溢出效应考察的是在保持其他条件不变的情况下，FDI 对国内经济增长和技术水平的影响。“保持其他条件不变”是计量方程设定的技术性问题，但 FDI 对东道国的溢出效应的衡量指标则是研究者的选择问题。这一问题涉及两个重要指标：一个是对 FDI 的衡量指标，另一个是对东道国受到 FDI 溢出效应影响的衡量指标。如果侧重考察 FDI 对东道国技术能力的溢出效应，东道国技术能力的衡量指标一般使用劳动生产率、全要素生产率或专利数量等指标。而 FDI 的衡量指标则很不一致，有的采用外资企业与全行业就业人数之比，有的采用外资企业与全行业固定资产之比等。经验研究采用的大部分方法回避（证明是难以回答）这个问题：溢出效应实际上是怎样发生的？而把注意力集中在较为简单的问题：跨国公司的出现是否影响东道国企业的生产率？这种研究通常在计量分析的框架中进行，产出、劳动生产率或全要素生产率对一系列假设影响它们的变量进行回归，其中一个变量是“外资企业的出现”。如果反映“外资企业的出现”的变量的系数是正并且统计显著，就作为 FDI 对东道国发生了溢出的证据。所谓“外资企业的出现”是可以用不同指标表示的，但无论什么指标都是间接衡量，这种间接衡量的准确性取决于数据和研究者采用的方法，准确性虽不是很令人满意，但已经是目前受到最广泛承认的方式了。如果要问，“外资企业的出现”这一变量的效果是否就精确地表明了溢出呢？这里的讨论给出的回答是：从目前的计量分析技术和国内国际的研究情况来看，这就是外资溢出效应的定量分析能够做到的精确程度了。

本章也将采用数量经济方法进行分析，这里的讨论目的在于说明：计量分析的估计结果可以引导我们更深入地理解外资溢出效应，但估计值不可能是相当精密的数值。

常用的计量模型主要是以下三种：

（1）“人均劳动生产率”模型。

$$LnLP = F(FDI, \Delta FDI, X_1, X_2 \cdots\cdots) \quad (7.1)$$

该模型由 Caves（1974）首次采用，其中，LP 表示内资企业的人均劳动生产率，此后，经 Globerman 和 Blomstrom（1986）用边际效率的方法对其进行了修正：FDI 表示外资的参与程度；$X_1$，$X_2$……等表示相关的其他解释变量。

（2）第二种模型。

$$LnTFP_{ct} = \alpha_c + \alpha_t + \beta_t LnR_{ct} + \beta_s Lns_{ct} + \varepsilon_{ct} \tag{7.2}$$

其中，c 代表国家，t 代表时间；$\alpha_c$ 和 $\alpha_t$ 是截距项，$\varepsilon_{ct}$是误差项，s 反映了 FDI 的 R&D 参与程度。这种方法类似于在封闭经济下对一个给定企业受到其他企业 R&D 影响的研究。

（3）“生产函数”模型。

$$LnY = \beta_0 + \beta_1 LnK + \beta_2 LnL + \beta_3 LnFDI + \varepsilon \tag{7.3}$$

其中，Y 表示产出，L 表示劳动力，K 表示资本。这种方法是借鉴 Feder（1982）的做法，把整个经济划分为外资和内资两个部门，并以两个部门的生产函数为基础推导出最终的计量方程。以产值为被解释变量，将 FDI 与国内资本分离开，作为独立的生产投入要素纳入生产函数，FDI 项的系数就反映了溢出效应的效果。

### 7.1.3 研究比较与借鉴

毋庸置疑，经过几十年的发展，FDI 溢出效应的研究取得的成果已相当丰富，但通过对文献进行梳理，我们发现该领域仍存在一些问题没有完全得到解决，正是这些问题指明了学者们今后的研究方向，也对本章的研究内容、研究方法具有很好的借鉴意义。

（1）研究的层面过于单一。

许多文献都支持 FDI 对中国经济的溢出效应的存在，但是现存有关中国的文献只提供了一般结论。现有的实证分析文献中，往往要么基于整体国民经济，要么基于某一特定行业，而缺少比较系统的针对行业差异的比较分析。通过统计数据我们可以发现，外商直接投资数量在行业间存在很大差异，即使数量上相近，但由于行业本身的特征也会造成溢出效应的不同。不同产业的差异性。本章选取我国工业行业 33 个数据较全的细分行业进行研究，将 33 个行业分为 11 组进行实证检验，比较不同行业组的技术溢出效应差异；并结合各行业组在外资引进、技术特点等方面的差异进行分析，以期全面把握 FDI 技术溢出效应在不同行业间的差异以及产生差异的原因。

（2）经济模型存在一些缺陷。

与许多其他的外部性经济学一样，FDI 的溢出效应是通过非市场交易的方式产生的，“没有留下任何可以被察觉和度量的纸面上的痕迹”（Krugman，1991）。正是因为 FDI 溢出效应的这种特性，造成了实际研究中对 FDI 溢出效应做出准确的测度较为困难。在实证研究中，通常都是首先确定外资产生溢出效应后可能影响到的经济指标，通过计量分析来考查外资对该指标是否存在影响，得出较为显著的计量结果就说明外资产生了溢出效应。这种方法的缺陷在于，现实中可能有多个因素都会对被检验的指标产生影响，如果考虑不全面就有可能将其他因素的影响包含在外资的溢出效应之中，因此会降低计量结果的可信度。因此，如何对 FDI 的溢出效应做出准确测度将是学者们要解决的重要问题。

从具体模型上看，基本上都是借鉴 Feeler（1982）的做法，把整个经济划分为外资和内资两个部门，以两个部门的生产函数为基础推导出最终的计量方程。但这个方程属于静态的分析，并没有考虑时滞因素的影响，没有考虑到技术溢出效应扩散的渐进性。另外，目前学者们对检验方程中变量的选择和定义缺少统一的认识。以外资变量的定义为例，有的文献采用行业中外资企业的资产总额占全行业资产总额的比例来表示，而另一些文献则采用行业中外资企业雇员人数占全行业总雇员人数的比例来表示，这难免会使研究结果的客观性受到影响。

本章将在两部门模型的基础上引进滞后变量，使模型动态化；同时，也不仅仅从工业产出的角度来检验 FDI 的溢出效应，还采用反映技术进步的直接指标——专利数量来实证检验 FDI 对我国技术创新能力的影响。两个角度的检验结果能够互相补充，进而更深入地理解 FDI 溢出效应在行业间存在的差异及其原因。

（3）从计量方法上看，往往忽略了变量的平稳性。

以往对 FDI 溢出效应的实证研究大多是利用时间序列数据或者 Panel Data，借助于传统的计量经济学方法进行简单的回归拟合。但这些方法要求分析的数据是平稳的，而现实情况很难满足这一要求，忽略了数据平稳性的检验结果很可能出现“伪（spurious）回归”的问题。近年来发展起来的协整理论和误差修正模型（ECM）很好地克服了变量平稳性的问题。本章也将是运用协整理论和误差修正模型（ECM），检验 FDI 溢出效应对我国工业经济增长和创新能力的影响。

## 7.2 模型的建立与数据选取

### 7.2.1 模型推导

本章借鉴 Feder（1983）的思路，将经济分为内资和外资两大部门来推导计量模型。

假设 H7－1：该区域经济由内资部门（D）和外资部门（F）两部分构成，即区域总产区（Y）为两部门产出之和：$Y = D + F$；

假设 H7－2：外资部门产出 F 为该部门所使用的资本 $K_F$ 和劳动力 $L_F$ 的函数：$F = F(K_F, L_F)$；

假设 H7－3：外资部门对内资部门存在溢出效应，据此设定内资部门产出为该部门所使用资本、劳动力以及外资部门总资本的函数：$D = D(K_D, L_D, K_F)$；

假设 H7－4：假定两部门的要素生产率存在固定比例关系：$\frac{FL}{DL} = \frac{FK}{DK} = 1 + \theta$，其中，$\theta \in (-1, 1), FL = \frac{\partial F}{\partial L_F}, FK = \frac{\partial F}{\partial K_F}, DL = \frac{\partial D}{\partial L_D}, DK = \frac{\partial D}{\partial K_D}$。

由前三个假设条件有，$Y = D + F = F(K_F, L_F) + D(K_D, L_D, K_F)$，该式两边求全微分后得到：

$$dY = FL \times dL_F + FK \times dK_F + DL \times dL_D + DK \times dK_D + DF \times dK_F \tag{7.4}$$

这里 $DF = \frac{\partial D}{\partial K_F}$，表示外资边际增加量所带来的内资部门总产出的变化。

由假设 H7－4 可知，$FL = DL \times (1 + \theta), FK = DK \times (1 + \theta)$，代入式（7.4）得：

$$
\begin{aligned}
dY &= DL\times(1+\theta)\times dL_F + DK\times(1+\theta)\times dK_F + DL\times dL_D + DK\times dK_D + DF\times dK_F \\
&= DL\times dL + DK\times dK + \theta\times(DL\times dL_F + DK\times dK_F) + DF\times dK_F \\
&= DL\times dL + DK\times dK + DF\times dK_F + \frac{\theta}{1+\theta}\times[DL\times(1+\theta)\times dL_F + DK \\
&\quad \times(1+\theta)\times dK_F] \\
&= DL\times dL + DK\times dK + DF\times dK_F + \frac{\theta}{1+\theta}\times[FL\times dL_F + FK\times dK_F] \\
&= DK\times dK + DL\times dL + DF\times dK_F + \frac{\theta}{1+\theta}\times dF
\end{aligned}
\tag{7.5}
$$

式（7.5）两边同除以 Y，可得：

$$
\frac{dY}{Y} = \frac{DK\times K}{Y}\times\frac{dK}{K} + \frac{DL\times L}{Y}\times\frac{dL}{L} + \frac{DK_F\times K_F}{Y}\times\frac{dK_F}{K_F} + \frac{\theta}{1+\theta}\times\frac{dF}{Y} \tag{7.6}
$$

令 $\beta_1 = \frac{DK\times K}{Y}, \beta_2 = \frac{DL\times L}{Y}, \beta_3 = \frac{DK_F\times K_F}{Y}, \beta_4 = \frac{\theta}{1+\theta}$，方程可以写为：

$$
\frac{dY}{Y} = \beta_1\times\frac{dK}{K} + \beta_2\times\frac{dL}{L} + \beta_3\times\frac{dK_F}{K_F} + \beta_4\times\frac{dF}{Y} \tag{7.7}
$$

其经济含义为：$\beta_1$ 表示产出的资本弹性，表示资本每增长 1 个百分点可带来的产出增长幅度，反映了资本增加对经济增长的贡献；$\beta_2$ 表示产出的劳动弹性，表示劳动每增长 1 个百分点所带来的产出增长，反映了劳动增加对经济增长的贡献；$\beta_3$ 表示外资部门投资每增长 1%，对内资部门的溢出效应的大小相当于总产出增长的百分比。但是要特别说明的是，$\beta_3$ 虽然反映了溢出效应的大小，但其意义并不是外资对内资企业的产出弹性，因为按照弹性的定义，外资对内资的产出弹性应为$\frac{DK_F\times K_F}{D}$，其值应该比我们方程中 $\beta_3 = \frac{DK_F\times K_F}{Y}$要大一些，它们都反映了溢出效应的大小，只是两者的相对基数不一样而已，鉴于计量的方便我们采用 $\beta_3 = \frac{DK_F\times K_F}{Y}$。因此，如果 $\beta_3 > 0$，即$\frac{\partial D}{\partial K_F} > 0$，表示该区域内边际上外资变化量存在正的溢出效应，而若 $\beta_3 = \frac{\partial D}{\partial K_F} < 0$，则说明外资的增加会造成内资部门产出的下降。

严格地说，F 在式（7.7）中表示外资的总产出或者说外资带来的产出，但是，统计数字我们几乎不可能得到，因为我们不能简单地用三资企业的产出代表外资的产出。即使我们用三资企业的总产出代表外资部门总产出，根据何杰（2000）的结论①，外资部门产出的相关系数 $\beta_4$ 很可能为零。我们略去回归方程中$\frac{dF}{Y}$这一解释变量，并加入常数项 $\beta_0$ 以测定不随时间变动的因素，再加上随机干扰项 u。则回归方程可以写为：

$$\frac{dY}{Y} = \beta_0 + \beta_1 \times \frac{dK}{K} + \beta_2 \times \frac{dL}{L} + \beta_3 \times \frac{dK_F}{K_F} + u \tag{7.8}$$

以式（7.8）为基础，我们可以采用对数模型进行回归，回归方程又可以写为：

$$LnY = \beta_0 + \beta_1 LnK + \beta_2 LnL + \beta_3 LnK_F + u \tag{7.9}$$

### 7.2.2 数据选取

由于外资进入的行业主要是工业部门，因此本章以工业部门来分析 FDI 溢出效应对我国经济的影响。在选取历年《中国统计年鉴》《中国经济年鉴》等资料进行分析时，鉴于数据的可得性，某些变量的数据选取在工业总体计量和细分行业进行计量时并不完全一致（详细数据见附表）。具体数据的说明如下：

Y：在对工业总体的计量中表示工业增加值，在细分行业的计量中代表工业总产值，单位均为亿元人民币。理论上用工业增加值比工业总产值合理。因为工业增加值代表了工业生产活动的最终成果。但大多数年份的《中国统计年鉴》中并没有工业增加值的统计，因此选用工业总产值指标。

K：在对工业总体的计量中，为资本形成总额；在细分行业的计量中，选用的是各行业的固定资本总额。单位均为亿元人民币。

L：在对工业总体的计量中，为第二产业②从业人员；在细分行业的计量中，

① 何洁在《外国直接投资对中国工业部门外溢效应的进一步精确量化》一文中对我国除海南、西藏和台湾以外的 28 个省分别进行回归的结果显示，外资部门产出的相关系数 $\beta_4$ 很可能为零。

② 工业部门 1984 ~ 2016 年从业人员的统计口径并不一致，因此以第二产业从业人员代替。

为各行业全部从业人员年平均人数①。单位均为万人。

$K_F$：在对工业总体的计量中，为实际利用外商直接投资的存量；在细分行业的计量中，为各细分行业历年的外资企业总资产。实际利用外商直接投资的存量采用当年的FDI额加上历年存量折旧后之值。折旧率按通常的10%计。历年FDI额按照当年的汇率折合为人民币，单位为亿元人民币。

以上Y、K、$K_F$均按照1983年的不变价进行计量。在数据处理上，以历年GDP平减指数进行折算。

## 7.3 对工业经济整体的计量检验

### 7.3.1 变量的平稳性检验

本章采用扩展的Dickey－Fuller单位根检验（ADF）对各个变量进行平稳性检验，根据数据图形选取适当的带截距项和趋势项的模型，使用最小信息准则—Akaike信息准则（AIC）和Schwarz贝叶斯信息准则（BIC）选取ADF检验滞后阶。

检验的结果表明（见表7－1），原始序列的ADF值大于临界值，说明原始序列都是非平稳序列；而一阶差分后的ADF值均小于临界值。因此可以认为序列经过差分后达到了平稳，即所有变量均为非平稳的一阶单整过程，我们可以做长期协整分析。

**表7－1　扩展的Dickey－Fuller单位根检验（ADF）结果**

| 变量 | ADF检验值 | 检验类型（C，T，L） | 临界值（5%水平） |
|---|---|---|---|
| LNY | －2.312276 | （C，T，1） | －3.552973 |
| LNK | －3.261046 | （C，T，1） | －3.552973 |

① 从业人员平均人数是指报告期内每天拥有的从业人员人数。其计算公式为：年平均人数＝年内各月平均人数之和/12。

续表

| 变量 | ADF 检验值 | 检验类型（C，T，L） | 临界值（5%水平） |
|---|---|---|---|
| LNL | -1.967550 | （C，T，1） | -3.552973 |
| LNKF | -1.372318 | （C，T，2） | -3.557759 |
| △LNY | -2.885793 | （C，0，0） | -2.954021 |
| △LNK | -3.826664 | （C，0，0） | -2.954021 |
| △LNL | -4.088113 | （C，0，0） | -2.954021 |
| △LNKF | -3.1449860 | （C，T，1） | -2.957110 |

注：检验类型 C、T 和 L 分别表示单位根检验方程包括常数项、时间趋势项和滞后阶数，0 表示不包括时间趋势项或滞后阶数，△为差分算子。

## 7.3.2 协整分析

协整概念是 20 世纪 80 年代由恩格尔—格兰杰（Engle - Granger）提出的，后来被众多计量经济学家发展成为协整理论和误差修正模型（ECM）。其基本思想是两个或多个非平稳时间序列的线性组合可能是平稳的。假如这样一种平稳的或 I(0) 的线性组合存在，这些非平稳（有单位根）时间序列之间被认为是具有协整关系的。这种平稳的线性组合被称为协整方程并且可以用来解释为变量之间的长期均衡关系。

由于各个变量均为 1 阶求积关系，因此直接使用 OLS 估计的方程有可能导致谬误回归，必须对其进行处理。本章采用 Johansen 协整检验对系统的协整关系进行检验和估计。检验结果见表 7 - 2。

**表 7 - 2　　　　Johanson 协整检验结果**

| 零假设（$H_0$） | 备择假设（$H_0$） | 特征值 | 迹统计量 | 5%临界值 | 最大特征根统计量 | 5%临界值 |
|---|---|---|---|---|---|---|
| K=0 | K=1 | 0.709108 | 76.92545 | 47.85613 | 40.74854 | 27.58434 |
| K≤1 | K=2 | 0.478632 | 36.17691 | 29.79707 | 21.49288 | 21.13162 |
| K≤2 | K=3 | 0.317838 | 14.68403 | 15.49471 | 12.6221 | 14.2646 |
| K≤3 | K=4 | 0.060571 | 2.061934 | 3.841466 | 2.061934 | 3.841466 |

检验结果表明，在 5% 临界值下变量 LnY、LnK、LnL 和 LnKF 之间存在唯一的协整关系：

$$\mathrm{LnY} = 2.896405 + 0.870704\mathrm{LnK} - 0.232171\mathrm{LnL} + 0.084558\mathrm{LnK_F} \quad (7.10)$$

$$(1.749892)\ (18.82291)\qquad(-1.06624)\qquad(4.255534)$$

协整方程（7.10）表明，我国的工业经济增长与固定资产投资、劳动投入和外商直接投资之间存在着长期均衡的关系，但是三大要素对工业经济增长所起的作用并不相同。总体来看，我国工业生产中资本的边际产出弹性较大。这与我国的生产要素禀赋相吻合，我国是一个资本短缺的国家，相应资本的边际产出弹性会比较大。检验结果表明，我国的固定资产投资每增长 1 个百分点，工业增加值将增长 0.87 个百分点。与此对应，劳动力的边际产出弹性值较小，本章检验的结果为负值，这可能与我国经济体制改革过程有很大关系，在改革开放过程中，国有企业体制改革带来了大量的失业人员，虽然经济高速发展带来了很多就业机会，但由于我国人口基数大，在短期内国内就业的压力仍然很大。

从反映 FD 溢出效应对我国工业经济增长影响的系数 $\beta_3$ 的估计结果来看，FDI 经由技术溢出效应对工业经济增长的贡献非常明显，外商投资每增长 1 个百分点，溢出效应的作用相当于工业增加值增长 0.085 个百分点。

### 7.3.3 误差修正模型

Granger 定理证明了协整概念与误差修正模型（ECM）的必然联系。若非平稳变量之间存在协整关系，则必然可以建立误差修正模型。

对于非平稳变量，时间序列模型忽视了原变量的信息，而经济计量模型又忽视了“伪回归”问题。Granger 定理为保障误差修正模型吸收上述两种模型的长处并克服两种模型的不足提供了一个切实可行的途径和理论依据。误差修正模型的一般形式为：

$$\Delta\mathrm{LnY}_t = \theta_0 + \theta_1 ecm_{t-1} + \sum_{i=1}^{n}\theta_{2i}\Delta\mathrm{LnY}_t + \sum_{i=0}^{n}\theta_{3i}\Delta\mathrm{LnK}_{t-i} + \sum_{i=0}^{n}\theta_{4i}\Delta\mathrm{LnL}_{t-i} + \sum_{i=0}^{n}\theta_{5i}\Delta\mathrm{LnK}_{F_{t-i}} + \varepsilon_t \quad (7.11)$$

其中，$ecm_{t-1}$为误差修正项，为协整方程（7.10）的一阶滞后残差；$\theta_1$为误差修正项系数，其大小表明了从非均衡向长期均衡状态调整的速度。在模型的估计过程中，根据 Hendry“一般到特殊”的建模法建立模型。该方法的主要优点是能够把由选择变量所带来的设定误差减到最小。虽然因为在初始模型中包括许多非重要解释变量，从而使回归参数估计量缺乏有效性，但随着检验约束条件的继续，那些非重要的解释变量被逐步剔除掉，从而使估计量缺乏有效性的问题得到解决。开始时包含各变量的 2 阶滞后，再逐步删除不显著变量，最后得出以下动态方程：

$$\begin{aligned}\Delta LnY_t = & -0.32ecm_{t-1} + 0.03\Delta LnK_t + 0.12\Delta LnK_{t-1} + 0.56\Delta LnL \\ & (-2.62^{***}) \quad (4.60^{*}) \quad (2.11^{***}) \quad (2.86^{**}) \\ & + 0.04\Delta LnK_{F_{t-1}} - 0.03\Delta LnK_{F_{t-2}} \\ & (1.87^{****}) \quad (-2.23^{***})\end{aligned} \tag{7.12}$$

$R^2 = 0.63$　DW = 1.93　LM(2) = 1.52　ARCH(1) = 1.1　RESTE(2) = 0.29　Jarque - Bera = 0.83

注：括号内数值分别为该系数的 t 统计值；*、**、***、**** 分别表示在 1%、5%、10%、15%水平上显著。

前面所给出的方程（7.11）的各项检验结果表明误差修正模型是正确的。检验变量显著性的 F 检验表明变量在方程中是显著的；J - B 检验表明残差的分布是正态分布；LM 检验表明残差不具有自相关；ARCH 检验表明不存在条件异方差；RESET 检验表明模型设置基本正确。由图 7 - 1 给出的 ECM 模型得实际值、拟合值与残差图，可以看出模型的拟合效果是比较理想的。

我们所要重点考查的 FDI 溢出效应系数，在短期和长期均衡中存在着明显的差异。从长期均衡方程来看，FDI 溢出效应的系数为 0.085，即外商投资每增加 1%，产生的溢出效应相当于使工业增加值增加 0.085%；而从短期动态方程来看，当年外资增量产生的溢出效应仅有 0.04，第二年产生的溢出效应为负，系数为 -0.03，但两年内的净溢出效应仍为正值。这说明了 FDI 产生溢出效应的过程是长期和缓慢的，甚至短期内还会出现负的溢出效应，但是在长期来看还是有明显的正溢出。

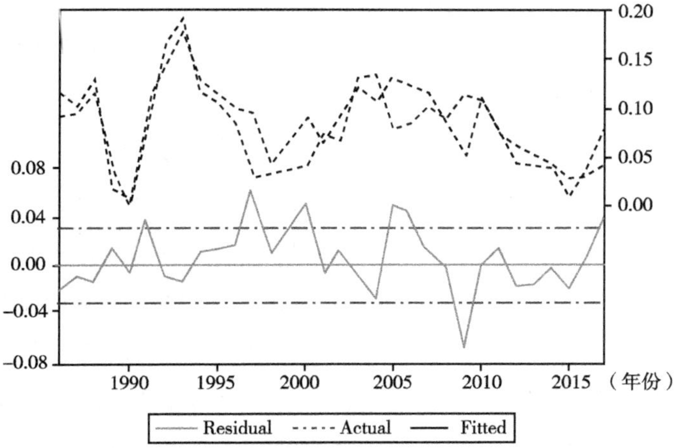


图 7－1　ECM 实际值、拟合值与残差

误差修正项系数为负值，符合反向修正原理。当短期趋势偏离长期均衡时，平均每年可以按 41% 的速度向其均衡过程调整。

## 7.4 对工业经济时间序列滚动检验

### 7.4.1　数据处理及检验方法的说明

7.3 节对工业整体的计量检验结果表明，FDI 经由溢出效应对工业经济增长的贡献非常明显，外商投资每增长 1 个百分点，对国内企业带来的溢出效应相当于工业增加值增长 0.085 个百分点。但是以上的检验将 1983 ~ 2017 年以来的数据作为整体计量，我们不能够清楚明白 FDI 溢出效应如何随具体的时间而变化，也就无法提供改革开放以来溢出效应变化趋势的结论。为了进一步分析各项系数，特别是 $\beta_3$ 的动态变化，下面我们将利用滚动法对数据进行回归分析。

由于总体的时间只有 35 年，对时间序列的分段需要充分考虑。如果时间段太短，无疑会影响每个时间段的计量效果；如果时间段太长，我们得到的分组又会太少而影响最后对 FDI 溢出效应变动趋势的把握。经过反复的探索，最后确定将 35 年的时间序列分为以 20 年为长度，将 1983 ~ 2017 年的数据分割为 1983 ~ 2002 年、1984 ~ 2003 年……2008 ~ 2017 年等 16 个时期。运用 EViews 软件包对各变量数据进行回归分析，得到 16 组数值。然后以时间为横坐标，以反映 FDI 溢出效应大小的 $\beta_3$ 值为纵坐标，做出反映 FDI 溢出效应变化趋势的曲线。以上述 16 个时间段每段时期的末年代表横坐标中的时间段，这样可以得到 1983 ~ 2017 年的 16 组数值。将各点连接我们可以得到反映 FDI 溢出效应的变化趋势的曲线。

由于每个时间段仅有 20 年，虽然变量的平稳性检验（ADF 检验）的结果表明各时间段的研究变量都是非平稳变量，但由于大部分都非同阶，因此可能不存在协整关系。所以本节没有采取协整的方法，而是采用传统的最小二乘法进行回归分析。忽略了变量平稳性的回归分析虽然回归结果的精确度有待商榷，但是考虑到本节的目的，即把握 FDI 溢出效应的动态变化趋势即可，我们觉得基于相同的计量方法得出的结论还是可行的。

### 7.4.2 检验结果

我们对上述 16 个时间段的时间序列数据进行回归分析，所得估计结果如表 7 - 3 所示。

**表 7 - 3　　工业部门滚动计量结果**

| 时段 | 1983 ~ 2002 年 | 1984 ~ 2003 年 | 1985 ~ 2004 年 | 1986 ~ 2005 年 | 1987 ~ 2006 年 | 1988 ~ 2007 年 |
|---|---|---|---|---|---|---|
| 常数项 | 1.411328<br>(0.484757) | -1.886603<br>(-0.679535) | -4.346359 ****<br>(-1.517447) | -4.251565 ****<br>(-1.392754) | -4.236834 ****<br>(-1.517941) | -3.209653<br>(-1.288832) |
| LNK<br>($\beta_1$) | 1.095542 *<br>(7.163313) | 1.014407 *<br>(10.10527) | 0.945457 *<br>(12.84675) | 0.917362 *<br>(14.42701) | 0.901523 *<br>(15.17888) | 0.886949 *<br>(14.5836) |
| LNL<br>($\beta_2$) | -0.230655<br>(-0.706918) | 0.194549<br>(0.643304) | 0.515662 ****<br>(1.635891) | 0.524392 ****<br>(1.510774) | 0.531679 ****<br>(1.62216) | 0.425911 ****<br>(1.40982) |
| $LNK_F$<br>($\beta_3$) | 0.000143<br>(0.002176) | -0.010794<br>(-0.201102) | -0.013466<br>(-0.28668) | -0.002439<br>(-0.058004) | 0.006062<br>(0.176607) | 0.024659<br>(0.836916) |
| $R^2$ | 0.982904 | 0.987378 | 0.989332 | 0.989299 | 0.989681 | 0.98957 |
| 调整后 $R^2$ | 0.979699 | 0.985011 | 0.987332 | 0.987293 | 0.987746 | 0.987614 |
| F 值 | 306.6374 | 417.2074 | 494.6146 | 493.0617 | 511.5038 | 505.9963 |

续表

| 时段 | 1989~2008 年 | 1990~2009 年 | 1991~2010 年 | 1992~2011 年 | 1993~2012 年 |
|---|---|---|---|---|---|
| 常数项 | -2.1344<br>(-0.854355) | -1.740295<br>(-0.561004) | -0.662995<br>(-0.21577) | -0.429214<br>(-0.154776) | -2.398315<br>(-0.882581) |
| LNK<br>($\beta_1$) | 0.881497*<br>(13.50319) | 0.841128*<br>(10.10215) | 0.835416*<br>(9.770882) | 0.812471*<br>(10.07744) | 0.739593*<br>(8.943712) |
| LNL<br>($\beta_2$) | 0.311965<br>(1.010304) | 0.289833<br>(0.751772) | 0.161679<br>(0.4192) | 0.089425<br>(0.255852) | 0.180203<br>(0.570457) |
| $LNK_F$<br>($\beta_3$) | 0.035779<br>(1.237733) | 0.063406***<br>(1.903731) | 0.094303**<br>(2.303244) | 0.190346*<br>(3.044315) | 0.43802*<br>(3.180373) |
| $R^2$ | 0.98918 | 0.987031 | 0.985835 | 0.98719 | 0.988981 |
| 调整后 $R^2$ | 0.987151 | 0.984599 | 0.983179 | 0.984788 | 0.986915 |
| F 值 | 487.5878 | 405.8909 | 371.1888 | 411.014 | 478.6872 |
| 时段 | 1994~2013 年 | 1995~2014 年 | 1996~2015 年 | 1997~2016 年 | 1998~2017 年 |
| 常数项 | 0.02392<br>(0.006391) | -0.28657<br>(-0.099354) | -0.153703<br>(-0.062979) | -0.783433<br>(-0.37363) | -1.449671<br>(-0.703863) |
| LNK<br>($\beta_1$) | 0.79778*<br>(7.572053) | 0.761981*<br>(9.655114) | 0.740513*<br>(11.36316) | 0.702926*<br>(12.57148) | 0.680427*<br>(12.21199) |
| LNL<br>($\beta_2$) | 0.035098<br>(0.101983) | 0.097343<br>(0.356897) | 0.151282<br>(0.656327) | 0.276683<br>(1.388525) | 0.342407***<br>(1.757346) |
| $LNK_F$<br>($\beta_3$) | 0.221127<br>(0.782346) | 0.22916<br>(1.103064) | 0.167651<br>(0.938607) | 0.136695<br>(0.883054) | 0.171018<br>(1.142343) |
| $R^2$ | 0.989104 | 0.992671 | 0.994377 | 0.995593 | 0.995817 |
| 调整后 $R^2$ | 0.987061 | 0.991297 | 0.993322 | 0.994767 | 0.995033 |
| F 值 | 484.1248 | 722.382 | 943.1136 | 1204.98 | 1269.821 |

注：估计结果由 EViews 软件包完成。括号内数值分别为该系数的 t 统计值；*、**、***、**** 分别表示在 1%、5%、10%、15% 水平上显著。

从以上回归结果中可以看出，FDI 的溢出效应与工业产出增长经历了不相关、显著正相关但系数先增后减的过程。以时间为横坐标（分别用 16 个时间段的末期代表横坐标中的时间段），以反映 FDI 溢出效应大小的 $\beta_3$ 值为纵坐标，做出反映 FDI 溢出效应变化趋势的曲线（见图 7-2）。

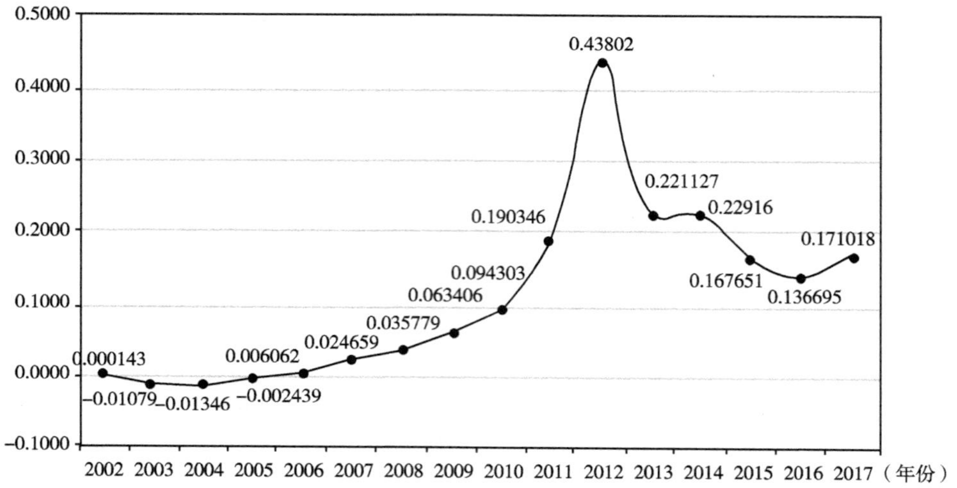


**图 7－2　FDI 溢出效应系数 $\beta_3$ 的变化（纵轴为 $\beta_3$ 值）**

在 2002 年代表的 1983～2002 年的时间段，回归结果显示 $\beta_3$ 仅为约 0.000143，表明 FDI 溢出效应与工业产出增长相关性不大，考虑到误差甚至可以忽略不计。在 2003～2005 年代表的三个时间段内，$\beta_3<0$，这表明 FDI 溢出效应与工业产出增长显著负相关，外资存在负的溢出效应，这说明该时期外资非但没有促进内资企业生产率的提高，反而阻碍了内资企业的生产率提高。但是负的系数并不大，外资企业固定资产投资每增加 1 个百分点，对我国工业总产值的增长的负效应仅为 0.0024～0.0134 个百分点；在 2006 年代表的 1986～2006 年的时间段，回归结果显示 $\beta_3$ 仅为约 0.006062，表明 FDI 溢出效应与工业产出增长相关性不大，也可以忽略不计。综上所述，在 2006 年之前的 5 个时间段内，FDI 经由溢出效应对工业总产值增长的贡献不明显。尽管有三个时间段为负，但是 $\beta_3$ 值很小。所以我们可以得出结论，在这几个时期内，FDI 的技术溢出不明显。

但是从 2007 年开始，$\beta_3$ 值开始快速上升，到 2012 年，$\beta_3$ 值已经达到 0.43802，并且 T 值为 3.180373，通过了 5% 水平上的检验。这表明外资企业固定资产投资每增加 1 个百分点，溢出效应就相当于使工业总产值的增长率提高近 0.43802 个百分点。并且我们也发现，这几个时间段内，$\beta_3$ 值是逐渐递增的，从 2007 年的仅 0.024659 增长到 2012 年的 0.43802。可见，这段时间内，我国 FDI

技术溢出效应是呈现规律性变化，绝非偶然。

2013 ~ 2017 年代表的五个时间段内，$\beta_3$ 值开始逐渐下滑，最低为 2016 年的 0.136695，比 2012 年高峰期下滑了 70% 左右。这说明，近年来，尽管 FD 溢出效应还为正值，但是我国工业生产的促进作用在逐渐减弱。

## 7.5 对工业细分行业的计量检验

前面我们已经对工业整体的进行了检验，并考察了 FDI 对我国工业整体的溢出效应随时间的变化趋势。本节利用各细分行业的数据进行检验，进行更深入的研究，力求对各细分行业的 FDI 技术溢出效应进行比较。

### 7.5.1 样本选取与行业分组

根据《国民经济行业分类》国家标准（以下简称 GB/T 4754—2002），我国工业部门可以划分为三大门类，即：采矿业，制造业和电力、燃气及水的生产和供应业。在这三大门类下，每个门类又可以划分为若干行业，共计 39 个行业。这些行业在引进外资的规模上有很大差别，其本身也具有明显的行业生产特征，因此 FDI 对它们的技术溢出效应也会存在较大差异。对每个细分行业分别进行检验固然很有意义，但是数据不足却限制了这样的计量，因为我国是从 1996 年才开始对外资进行细分行业的统计，1998 年的数据也不全。每个细分行业只有 21 年的序列数据，这么少的数据在计量上显然是不科学的。为了克服数据不足的问题，我们根据各细分行业的特点以及通常的分类法，将这 41 个行业中外资引进很少的 8 个行业剔除，把剩下的 33 个行业分为 10 组。每一组下有若干细分行业，这样我们就可以利用 Panel Data（面板数据，也称作截面时序数据）进行相关分析，克服了时序较短、样本较少的缺点。具体的处理如表 7 - 4 所示。

表 7-4　　工业部门细分行业的分组

| 行业组 | 所包含细分行业 | Panel Data 样本数 |
| --- | --- | --- |
| 采掘业 | 黑色金属矿采选、有色金属矿采选、非金属矿采选 | 3×21 |
| 食品饮料制造业 | 食品加工、食品制造、饮料制造 | 3×21 |
| 纺织服装鞋帽及皮革产品制造业 | 纺织、服装及其他纤维制品制造、皮革毛皮羽绒及其制品 | 3×21 |
| 木材加工、家具制造业 | 木材加工及竹藤棕草制品、家具制造 | 2×21 |
| 造纸、印刷及文化体育用品制造业 | 造纸及纸制品业、印刷业记录媒介的复制、文教体育用品制造 | 3×21 |
| 石化、炼焦及医药制造业 | 石油加工及炼焦、化学原料及制品制造、医药制造、化学纤维制造 | 4×21 |
| 橡胶塑料及非金属矿物制品业 | 橡胶制品业、塑料制品业、非金属矿物制品 | 3×21 |
| 钢铁及有色金属加工制造业 | 黑色金属冶炼及压延加工、有色金属冶炼及压延加工、金属制品 | 3×21 |
| 机械、交通及专用设备制造业 | 普通机械制造、专用设备制造、交通运输设备制造 | 3×21 |
| 电气、通信设备及精密仪器制造业 | 电气机械及器材制造、电子及通信设备制造、仪器仪表文化办公用机械 | 3×21 |
| 电力、燃气及水的供应业 | 煤气的生产和供应、燃气生产和供应、自来水的生产和供应 | 3×21 |

## 7.5.2　检验结果

下面首先利用 33 个细分行业 1997～2017 年的 693 个样本数据对工业部门整体进行检验，分析 FDI 技术溢出效应对我国工业经济的整体影响。对各变量数据进行回归分析，得到：

$$LnY = -0.996364 + 1.01374LnK + 0.050543LnL + 0.101913LnK_F$$
$$(-6.071025^{*})(31.10977^{*})(1.359999)\quad(4.223226^{*}) \qquad (7.13)$$
$$R^2 = 0.872539, 调整后的R^2 = 0.871984, F = 1572.192$$

注：括号内数值分别为该系数的 t 统计值；* 表示在 1% 水平上显著。

回归结果表明：1997 ~2017 年这个时期内 FDI 对我国工业整体存在较明显的溢出效应，外资企业固定资产投资每增长 1%，所产生的溢出效应相当于使工业增加值增长 0.101913%。此外，从估计结果可以看出，影响工业产出的主要因素仍然是工业部门的资本投入，其产出弹性为 1.01374。

由于我国工业个细分行业在引进外资的规模上有很大差别，其本身也具有明显的行业生产特征，因此 FDI 的溢出效应也会存在较大差异。为了进一步比较分析 FDI 对工业细分行业溢出效应的差异，下面我们将分组进行回归分析。检验结果见表 7 -5。

**表 7 -5　　行业分组计量结果**

| 行业 | 采掘业 | 食品饮料制造业 | 纺织、服装、鞋帽及皮革产品制造业 | 木材加工、家具制造业 | 造纸、印刷及文体用品制造业 |
|---|---|---|---|---|---|
| 常数项 | 0.078794<br>(0.084774) | -4.723647*<br>(-17.00947) | -0.653523**<br>(-2.056628) | -1.400968*<br>(-4.256013) | -0.994312**<br>(-2.605437) |
| LNK（$\beta_1$） | 1.262482*<br>(15.14443) | 1.196407*<br>(8.625503) | 0.747199*<br>(8.211552) | 1.268876*<br>(14.13587) | 1.221425*<br>(8.580253) |
| LNL（$\beta_2$） | -0.641589*<br>(-2.964641) | 0.439714*<br>(4.726416) | -0.407944*<br>(-4.703314) | 0.515898*<br>(4.126927) | -0.420929*<br>(-3.882446) |
| $LNK_F$（$\beta_3$） | 0.173011*<br>(3.038143) | 0.148259*<br>(1.092076) | 0.743829*<br>(7.251768) | -0.377879*<br>(-3.894705) | 0.134176*<br>(1.022149) |
| $R^2$ | 0.959162 | 0.979809 | 0.971247 | 0.974417 | 0.935321 |
| 调整后 $R^2$ | 0.957086 | 0.978783 | 0.969785 | 0.972398 | 0.932032 |
| F 值 | 461.9128 | 954.3831 | 664.3186 | 482.4633 | 284.3987 |

| 行业 | 石化、炼焦及医药制造业 | 橡胶塑料及非金属矿物制品业 | 钢铁及有色金属加工制造业 | 机械、交通及专用设备制造业 | 电气、通信设备及精密仪器制造业 | 电力、燃气及水的供应业 |
|---|---|---|---|---|---|---|
| 常数项 | -3.201429*<br>(-13.6984) | -1.603392*<br>(-13.83472) | -0.95028*<br>(-2.743764) | -2.763877*<br>(-4.694604) | -1.30749*<br>(-3.558669) | -2.061461*<br>(-3.791231) |
| LNK（$\beta_1$） | 1.806208*<br>(28.42616) | 1.662985*<br>(28.76064) | 1.007356*<br>(21.26283) | 1.726076*<br>(17.32627) | 1.878421*<br>(10.46015) | 1.151421*<br>(6.017859) |
| LNL（$\beta_2$） | -0.717204*<br>(-16.34666) | -0.725606*<br>(-13.29686) | -0.509758*<br>(-5.735886) | -0.346861*<br>(-3.014371) | -0.812169*<br>(-3.860902) | -0.343287**<br>(-2.051166) |

续表

| 行业 | 石化、炼焦及医药制造业 | 橡胶塑料及非金属矿物制品业 | 钢铁及有色金属加工制造业 | 机械、交通及专用设备制造业 | 电气、通信设备及精密仪器制造业 | 电力、燃气及水的供应业 |
|---|---|---|---|---|---|---|
| $LNK_F$ ($\beta_3$) | -0.059597<br>(-1.115057) | -0.031345<br>(-0.925388) | 0.511759 *<br>(11.27908) | -0.258021 *<br>(-3.496019) | -0.228966 ***<br>(-1.775169) | 0.168212 ***<br>(1.580548) |
| $R^2$ | 0.977632 | 0.993132 | 0.980126 | 0.984457 | 0.947192 | 0.923102 |
| 调整后 $R^2$ | 0.976793 | 0.992783 | 0.979116 | 0.983667 | 0.944507 | 0.919192 |
| F 值 | 1165.513 | 2843.984 | 969.9185 | 1245.641 | 352.7533 | 236.0826 |

注：本表的估计由 EViews 软件包完成。表中括号内数值分别为该系数的 t 统计值；表中各项系数的 *、**、***、**** 分别表示在 1%、5%、10%、15% 水平上显著。

从以上回归结果中可以看出：

（1）总体来看，我国工业生产中资本的边际产出弹性较大。这与我国的生产要素禀赋相吻合，我国是一个资本短缺的国家，相应资本的边际产出弹性会比较大。与此对应，劳动力的边际产出弹性值较小，并且基本上都不显著。资本的边际产出弹性在各行业存在明显差异，资本边际产出弹性较大的行业有：采掘业，石化、炼焦及医药制造业，造纸、印刷、文化体育用品制造业，钢铁及有色金属加工制造业，电气、通信设备及精密仪器制造业，机械、交通及专用设备制造业和电力、燃气及水的供应业。资本边际产出弹性较小的行业有食品饮料制造业，纺织、服装、鞋帽及皮革产品制造业，木材加工、家具制造业等行业。

（2）从本章重点考察的溢出效应来看，除了橡胶塑料及非金属矿物制品业，石化、炼焦两个行业组没有通过检验外，其他九个行业组都通过了 1%、5%、10%、15% 不同水平的检验。FDI 溢出效应在各行业组差别很大。FDI 溢出效应为正的有六个行业组，分别为纺织、服装、鞋帽及皮革产品制造业，钢铁及有色金属加工制造业，采掘业，电力、燃气及水的供应业，食品饮料制造业，造纸、印刷及文体用品制造业。而其中溢出效应较大的两个行业组分别为纺织、服装、鞋帽及皮革产品制造业和钢铁及有色金属加工制造业。其中纺织、服装、鞋帽及皮革产品制造业行业组的溢出效应系数为所有行业组的最大值，达到 0.743829，说明该行业组 FDI 溢出效应最为明显。而木材加工、家具制造业，机械、交通及专用设备制造业，电气、通信设备及精密仪器制造业，石化、炼焦及医药制造业，橡胶塑料及非金属矿物制品业五个行业组 FDI 溢出效应为负，溢出效应系数分别为 -0.377879、-0.258021、-0.228966、-0.059597 和 -0.031345。木材加工、家具制造业行业组 FDI 溢出为负值，并且在所有行业组排末位，说明 FDI 对该行业组的三个细分行业产生了负的溢出效应（挤出效应），如图 7-3 所示。

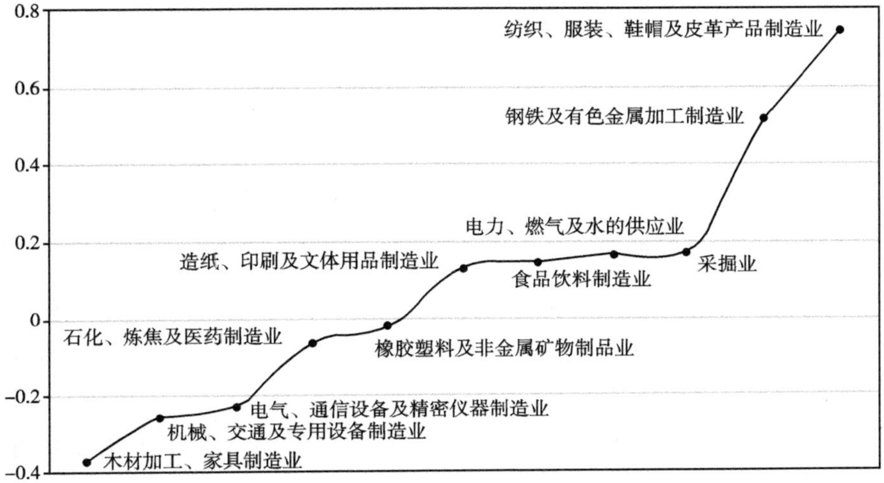


图 7-3　各行业组 FDI 溢出效应系数（纵轴为 $LNK_F$ 的系数值 $\beta_3$）

## 7.6 对影响 FDI 溢出效应的行业因素的检验

### 7.6.1 内外企业技术差距

在 FDI 技术外溢过程中，技术外溢效果与发展中国家和发达国家的技术差距相关。一般来说，当同一行业内的国内企业技术与外资企业存在一定差距时，在竞争效应和示范效应的作用下，国内企业将改进技术，学习和模仿外资企业的技术，由此形成技术溢出效应。但技术水平差距对技术外溢效果的影响是两方面的：较大的技术差距虽然意味着内资企业拥有较多的学习、模仿机会。然而此时内资企业也可能没有足够的技术能力去吸收、模仿外资企业的先进技术。Kokko

(1994) 指出，如果东道国企业技术吸纳能力不足，就不能形成联系效应。外资企业与当地企业的技术差距越大，则它与当地企业建立后向联系的难度也就越大。对于初始技术水平很低的发展中国家而言，外商企业的领先技术并不适宜于直接用于当地生产，而且发展中国家的当地企业缺乏足够的技术学习和吸收能力，因此引进外资未必带来技术溢出效应。现阶段，我国相当数量的内资企业技术水平、管理水平、规模和人员素质与外资企业均存在较大差距。正是这种差距，制约了技术溢出的频度与强度，使我国在实施市场换技术的战略没有达到预期的效果。

在现有文献中，行业的技术水平通常用行业的平均劳动生产率、平均资本密集度、行业的专利付费水平以及行业的研发投入等指标来衡量。由于不同产业的专利费数量这一指标数据较难获得，本章选择劳动生产率指标对行业的技术水平进行衡量。通过这个指标构造内外资企业的技术水平差距指标，对样本进行分组检验。

分别采用内外资企业的人均总产值来代表平均劳动生产率，从而衡量内外资企业的技术水平。对于内外资企业的技术水平差距（Technology - Gap），用行业中外资企业的平均劳动生产率除以内资企业的平均劳动生产率所得到的数值 TG 来表示。按照技术水平差距的大小将 32 个工业行业划分为两组：内外资技术差距较小的产业（TG <1）、内外资技术差距较大的产业（TG >1）。划分的结果如表 7 -6 所示。

**表 7 -6　　工业行业按照技术差距分组的结果**

| 技术差距较大的行业（TG >1） | | 技术差距较小的行业（TG <1） | |
|---|---|---|---|
| 行业名称 | TG 值 | 行业名称 | TG 值 |
| 黑色金属矿采选业 | 3.512 | 橡胶制品业 | 0.993 |
| 纺织服装、服饰业 | 2.107 | 塑料制品业 | 0.993 |
| 水的生产和供应业 | 2.039 | 交通运输设备制造 | 0.980 |
| 化学原料和化学制品制造业 | 1.698 | 燃气生产和供应业 | 0.970 |
| 木材加工和木、竹、藤、棕、草制品业 | 1.692 | 计算机、通信和其他电子设备制造业 | 0.958 |
| 医药制造业 | 1.686 | 农副食品加工业 | 0.949 |
| 黑色金属冶炼和压延加工业 | 1.549 | 有色金属冶炼和压延加工业 | 0.913 |

续表

| 技术差距较大的行业（TG > 1） | | 技术差距较小的行业（TG < 1） | |
|---|---|---|---|
| 行业名称 | TG 值 | 行业名称 | TG 值 |
| 化学纤维制造业 | 1.519 | 金属制品业 | 0.898 |
| 食品制造业 | 1.414 | 非金属矿物制品业 | 0.885 |
| 纺织业 | 1.335 | 仪器仪表制造业 | 0.786 |
| 电力、热力生产和供应业 | 1.286 | 皮革、毛皮、羽毛及其制品和制鞋业 | 0.748 |
| 造纸和纸制品业 | 1.272 | 有色金属矿采选业 | 0.703 |
| 通用设备制造业 | 1.229 | 电气机械和器材制造业 | 0.664 |
| 非金属矿采选业 | 1.217 | 家具制造业 | 0.330 |
| 专用设备制造业 | 1.135 | 文教、工美、体育和娱乐用品制造业 | 0.188 |
| 酒、饮料和精制茶制造业 | 1.119 | | |
| 石油加工、炼焦和核燃料加工业 | 1.062 | | |
| 印刷和记录媒介复制业 | 1.059 | | |

资料来源：根据历年《中国统计年鉴》计算整理。

从计算出的 TG 值来看，在绝大部分行业内，外资企业的劳动生产率都要高于内资企业，因此总体上看，外商投资企业的整体技术水平要高于国内企业。国内企业与外商直接投资企业技术差距较大的行业主要集中在化工、机械制造、专用设备制造、通信设备、电子计算机及其他电子设备制造业等资本、技术密集型行业。从这些行业在国民经济中的地位来看，都是对我国的国民经济发展起重要作用的基础行业、支柱行业以及对国家竞争力有重要作用的高科技产业。而内外资企业技术差距较小的行业大多为我国具有比较优势的劳动密集型、资源依赖型的产业，如食品加工以及有色金属开采加工等行业。

利用面板数据对技术差距较大的行业和技术差距较小的行业组分别进行回归，回归结果如表 7－7 所示。在两组样本的回归结果中，度量外资溢出效应的参数回归结果均为正，并且通过了 5% 显著性水平的检验，这说明外商投资企业对各产业的内资企业均产生了正面的溢出效应。对比分组回归结果我们还发现，在内外资技术水平差距较大的样本组中，外资项的系数大于技术差距较小的样本组对应的数值，表明在内外资企业技术水平差距较大的行业中，外资产生了稍强的溢出效应。但是，两组的溢出效应差别不大，考虑到系统误差实际上这种差别可以忽略不计。因此可以得到结论：内外资企业技术差距并非是制约技术溢出效应大小的重要因素。这是因为技术差距对溢出效应有双向的作用，技术差距大，可以产生技术溢出的“势能”，但是会增加内资部门吸收技术的困难，反之，这种双向作用也会互相抵消，总体上来讲，技术差距对 FDI 溢出效应的作用并不明显。

表 7－7　　技术差距对溢出效应的影响

| | 常数项 | LNK | LNL | $LNK_F$ | $R^2$ | 调整后 $R^2$ | F 值 |
|---|---|---|---|---|---|---|---|
| 技术差距较大行业 | －0.682**<br>(－2.452) | 0.958*<br>(19.298) | 0.034<br>(0.602) | 0.133*<br>(3.508) | 0.830 | 0.829 | 609.7 |
| 技术差距较小行业 | －1.437*<br>(－7.962) | 1.160*<br>(26.442) | 0.014<br>(0.299) | 0.024*<br>(0.769) | 0.925 | 0.924 | 1285.9 |

注：估计由 EViews 软件包完成。表中括号内数值分别为该系数的 t 统计值；表中各项系数的 *、**、***、**** 分别表示在 1%、5%、10%、15% 水平上显著。

## 7.6.2　行业中外资比重

行业中外资比重的高低，最直接反映了行业中内外之间竞争的程度。它影响着 FDI 溢出效果的大小和方向。通常认为，FDI 溢出效应的大小是随着该国对 FDI 的开放度的提高而增加的，而这种开放度通常用产业内外资的比重来衡量。因为外资比重越大，当地企业与其接触的机会就越多，模仿效应发生的可能性就越大。但是另一方面，外商投资企业的进入抢占国内企业的市场份额、增加国内企业的生产管理成本以及导致国内企业人才的流失，又会对国内企业产生负的溢出。因此最终的竞争效应效果取决于这两方面的中和。

以 1997～2017 年各个行业中外资企业总产值占行业总产值的比重作为衡量行业开放程度的变量，用这个变量的值为标准将所有行业分为开放度高和开放度低两组，如表 7－8 所示。从总体来看，外资在我国经济中已经扮演着重要的角色。有 1 个行业的产值比重已经超过 50%，4 个行业外资比重在 30% 以上。再从分组情况可以看出，在我国外资企业比重最高的行业为通信设备、计算机及其他电子设备制造业，所占比重达到 56.7%。此外，其他比重超过 30% 的行业还有交通运输设备制造（39.5%），燃气生产和供应业（34.6%），皮革、毛皮、羽毛及其制品和制鞋业（31.8%）。而外资比重较低的行业多为开放较晚、受到严格限制的钢铁、有色金属、石油、电力等行业。

表 7-8　　工业行业按照外资产值比重分组的结果

| 外资比重较大的行业（比重大于 20%） | | 外资比重较小的行业（比重小于 20%） | |
|---|---|---|---|
| 行业名称 | 比重 | 行业名称 | 比重 |
| 计算机、通信和其他电子设备制造业 | 56.9% | 医药制造业 | 19.6% |
| 交通运输设备制造 | 39.5% | 专用设备制造业 | 16.5% |
| 燃气生产和供应业 | 34.6% | 印刷和记录媒介复制业 | 15.9% |
| 皮革、毛皮、羽毛及其制品和制鞋业 | 31.8% | 水的生产和供应业 | 15.7% |
| 文教、工美、体育和娱乐用品制造业 | 28.0% | 金属制品业 | 15.5% |
| 仪器仪表制造业 | 27.5% | 农副食品加工业 | 14.5% |
| 纺织服装、服饰业 | 26.3% | 纺织业 | 13.8% |
| 造纸和纸制品业 | 24.9% | 有色金属冶炼和压延加工业 | 11.3% |
| 食品制造业 | 24.9% | 黑色金属冶炼和压延加工业 | 10.5% |
| 化学纤维制造业 | 23.8% | 石油加工、炼焦和核燃料加工业 | 10.2% |
| 电气机械和器材制造业 | 23.3% | 非金属矿物制品业 | 8.5% |
| 通用设备制造业 | 22.6% | 木材加工和木、竹、藤、棕、草制品业 | 6.9% |
| 酒、饮料和精制茶制造业 | 21.7% | 电力、热力生产和供应业 | 4.8% |
| 家具制造业 | 21.0% | 黑色金属矿采选业 | 4.4% |
| 化学原料和化学制品制造业 | 21.0% | 非金属矿采选业 | 2.0% |
| 橡胶制品业 | 20.1% | 有色金属矿采选业 | 1.4% |
| 塑料制品业 | 20.1% | | |

资料来源：根据历年《中国统计年鉴》计算整理。

对两个行业组分别进行回归的结果显示（见表 7-9），在外资比重较高的一组行业中，存在明显的技术溢出效应。溢出系数达到了 0.382，置信度也达到了 99%。而在对外开放程度较低的行业组中，溢出系数也通过了检验，但是溢出系数较小，为 0.067。对比两组回归分析结果可知，外资比重较高的行业组的技术溢出效应值是外资比重较低的行业组的 5.7 倍，FDI 在行业内所占比重的大小与 FDI 的技术溢出效应大小呈正相关关系。这说明 FDI 的数量仍然是促进 FDI 技术溢出效应的重要因素。以我国外资比重最高的通信设备、计算机及其他电子设备制造业为例，过去该行业的外国直接投资大多以几种中小企业为主，而现阶段一些国际著名的跨国公司成为投资的主角，而且单个投资项目的投资规模在不断增大，高技术领域的合作也在增多。跨国公司的直接投资在相当程度上弥补了国内投资技术方面的不足，推动了整个通信设备、计算机及其他电子设备制造业的技术进步。主要表现为：与国外大公司合作的新项目都加入了技术转让和技术开发的内容；国内计算机产业在技术开发和产品生产方面与跨国公司合作，以借助外国的先进技术提高自己的开发能力；跨国公司直接投资进入中国后促进中国电子行业的产业结构合理化，即由单纯的制造业向生产与营运、硬件与软件、技术开发与销售服务的现代化电子信息产业方向发展；一些取得良好效益的合资企业积极地增资扩股，并将投资的范围由南向北推进，由沿海向内地延伸，因而缩小了整个行业的技术差距，提高了国内企业技术水平的提高。

**表 7－9　　外资比重对溢出效应的影响**

| | 常数项 | LNK | LNL | $LNK_F$ | $R^2$ | 调整后 $R^2$ | F 值 |
|---|---|---|---|---|---|---|---|
| 外资比重较高行业 | －1.050*<br>(－6.563) | 0.800*<br>(14.983) | 0.001<br>(0.034) | 0.382*<br>(7.945) | 0.931 | 0.930 | 1596.9 |
| 外资比重较低行业 | －0.838**<br>(－2.419) | 1.008*<br>(17.236) | 0.078<br>(1.119) | 0.067****<br>(1.477) | 0.829 | 0.827 | 536.0 |

注：估计由 EViews 软件包完成。表中括号内数值分别为该系数的 t 统计值；表中各项系数的 *、**、***、**** 分别表示在 1%、5%、10%、15% 水平上显著。

### 7.6.3 市场集中度

外资企业进入某个行业后，能够经过竞争而占有一定的市场份额，从而改变了行业的市场结构。市场结构对外资企业和东道国当地企业的各种经营行为都有着非常重大的影响，对外资企业的技术溢出效应也有着决定性的影响。本节首先探讨垄断性市场结构和竞争性市场结构两种情况下对 FDI 技术溢出效应的影响，然后以市场集中度将我国工业各行业分为集中度高和集中度低两组分别进行定量分析。

（1）垄断性市场结构。外资企业进入中国后，有两种情况很容易形成垄断地位。一是外资企业生产的是当地原本没有的新产品或服务；二是外资企业为市场提供了质量更好的产品或服务。这两种情况都是以比当地企业更好的技术为依托的，外资企业占据了垄断性的市场地位，对技术溢出有多方面的影响。首先，可以获得垄断利润的有利形势使得外资企业趋向于维持现状，进一步采用新技术的动力大为减弱，甚至有意识地减慢技术更新的速度。外资企业的技术是技术溢出的基础，它的技术更新慢，当地企业就更加难以通过溢出渠道获得先进技术的知识。其次，外资企业的强势地位增大了当地企业与其竞争的难度，当地企业不会有在短期内通过技术进步与它相抗衡的动力。而且，由于缺乏地位对等的当地企业，外资企业的职员可能较少流动到当地企业，因为当地企业也许无法提供有吸引力的待遇以及发挥他们专长的硬件设施等，这些都减弱了技术溢出效应。由于缺乏有力的竞争者，外资企业会更加注意技术保密，有意减弱与当地企业的技术联系。这些因素都不利于技术溢出的产生。

（2）竞争性市场结构。在竞争性的市场结构中，外资企业没有垄断性的地位。事实上，早期进入中国投资并具有垄断性地位的外资企业正在失去垄断地位。这种变化主要有三个方面的原因：一是进口商品的竞争。中国加入世贸组织后，开放步伐加快，与国际市场的关系更加紧密，外资企业预见到中国市场上将出现越来越多的廉价进口商品与其竞争，高价格将不再是有利的策略。二是跨国公司之间的竞争。中国这个巨大的市场正显示它的吸引力，几乎所有的大型跨国公司都已经进入我国，这些跨国公司之间的竞争也改变了先行者的垄断地位。三是国内竞争者的崛起。经过多年的市场竞争的磨炼，一批当地企业逐渐强大起来，具备了与跨国公司竞争的实力。竞争性市场结构是有利于技术溢出效应的产生的。首先，由于竞争程度高，跨国公司唯恐落后，从母国公司引进新技术的速度大为加快，甚至中国已成为最新产品的推出地，这使得当地企业有机会接触到最前沿的技术；其次，当地企业与跨国公司相差程度较小，有能力运用先进的技术设备，并具备吸收外资企业职员的条件，有利于技术溢出。

但是，对于各行业到底是哪一种的市场结构我们很难下结论。目前在产业经济学的范畴内对市场结构的描述主要引进了考察市场份额和市场集中度的一些指标，如 HHI 指数。但是这些指标并不能从国家的统计文献中得到，因此我们做了一个变通，以各行业大中型企业增加值占行业总增加值的比重大小作为衡量行业集中度的指标。这个指标较好地反映了一个行业的市场集中度。

根据计算得到的各个行业的比重值将所有行业分为两组：集中度较高组和集中度较低组。分组的结果如表 7 – 10 所示，我国的市场集中度较高的行业为石化、钢铁、通信、计算机及其他电子设备制造业、煤炭、交通运输设备制造等资本、技术密集型行业；而市场集中度较低的行业为木材加工、农副食品加工业等轻工业、劳动密集型行业。

**表 7 – 10　　工业行业按照大中型企业工业增加值所占比重分类**

| 市场集中度较大的行业 | | 市场集中度较小的行业 | |
|---|---|---|---|
| 行业名称 | 外资比重 | 行业名称 | 外资比重 |
| 石油加工、炼焦和核燃料加工业 | 87.2% | 水的生产和供应业 | 53.8% |
| 计算机、通信和其他电子设备制造业 | 86.6% | 造纸和纸制品业 | 53.6% |
| 交通运输设备制造 | 79.9% | 文教、工美、体育和娱乐用品制造业 | 51.2% |
| 黑色金属冶炼和压延加工业 | 78.6% | 专用设备制造业 | 49.9% |
| 电力、热力生产和供应业 | 76.6% | 黑色金属矿采选业 | 49.5% |
| 化学纤维制造业 | 71.5% | 通用设备制造业 | 48.4% |
| 有色金属冶炼和压延加工业 | 69.5% | 家具制造业 | 48.4% |
| 医药制造业 | 66.8% | 橡胶制品业 | 46.9% |
| 电气机械和器材制造业 | 65.3% | 塑料制品业 | 46.9% |
| 食品制造业 | 61.1% | 农副食品加工业 | 42.1% |
| 酒、饮料和精制茶制造业 | 60.8% | 金属制品业 | 41.4% |
| 皮革、毛皮、羽毛及其制品和制鞋业 | 59.0% | 燃气生产和供应业 | 40.3% |
| 纺织服装、服饰业 | 57.4% | 非金属矿物制品业 | 37.0% |
| 仪器仪表制造业 | 55.9% | 印刷和记录媒介复制业 | 35.4% |
| 化学原料和化学制品制造业 | 55.4% | 木材加工和木、竹、藤、棕、草制品业 | 29.4% |
| 纺织业 | 55.4% | 非金属矿采选业 | 23.1% |
| 有色金属矿采选业 | 55.3% | | |

资料来源：根据历年《中国统计年鉴》计算整理。

利用各行业组数据分别检验 FDI 技术溢出效应，结果如表 7 – 11 所示。

表 7-11　　行业集中度对溢出效应的影响

| | 常数项 | LNK | LNL | $LNK_F$ | $R^2$ | 调整后 $R^2$ | F 值 |
|---|---|---|---|---|---|---|---|
| 集中度较高行业 | -0.071<br>(-0.318) | 0.982*<br>(24.229) | -0.190*<br>(-3.842) | 0.058***<br>(1.813) | 0.879 | 0.878 | 855.9 |
| 集中度较低行业 | -1.475*<br>(-5.795) | 1.004*<br>(19.098) | 0.223*<br>(4.082) | 0.189*<br>(5.273) | 0.857 | 0.855 | 661.6 |

注：估计由 EViews 软件包完成。表中括号内数值分别为该系数的 t 统计值；表中各项系数的 *、**、***、**** 分别表示在 1%、5%、10%、15% 水平上显著。

结果表明，FDI 在市场集中度比较高的行业和市场集中度较低的行业都产生了明显的技术溢出效应。但是比较两组的结果发现，在集中度较高的行业组 FDI 的技术溢出系数要明显小于集中度较低的行业组。这说明外资在集中度较高的行业中形成了一定的垄断地位，并利用了这种垄断优势阻碍了技术溢出；而在市场集中度较低的行业，在市场激烈的竞争中国内企业更多地利用了外资企业的技术溢出效应促进了技术水平的提高。

但是需要说明的是，在这里市场集中度较高的行业其市场具体状况我们无法得知，如市场集中度较高时由于国内企业具有垄断优势还是外资企业占据优势。如果是外资企业占据绝对优势，显然不利于技术溢出效应的发生，因为垄断利润的有利形势使得外资企业趋向于维持现状，进一步采用新技术的动力大为减弱，甚至有意识地减慢技术更新的速度。而如果是国内企业和外资企业形成寡占的市场结构，显然更有利于 FDI 的技术溢出。因为有国内厂商的强烈竞争，外资企业会将其较为先进的产品技术带入我国，从而提高了技术溢出的可能性；同时国内厂商业具有较强的实力，较容易吸收、改进并进行创新从而更有利于技术溢出效应。虽然由于数据的限制，我们无法得知市场集中度较高的行业是国内企业具有垄断优势还是外资企业占据优势。但是，近年来的发展趋势表明，外商投资企业通过增资、并购等方式谋求市场垄断的现象已经开始显现。

以轿车制造业为例，桑塔纳轿车在 20 世纪 80 年代占有国内同档次轿车 100% 的市场份额，直到 90 年代中期，仍占有 60% 以上的市场份额。结果是，1983~1998 年长达 15 年的时期内，上海大众的主导产品一直是第一代桑塔纳，而外方母公司早在世界其他市场上淘汰了这一车型。而目前，由于国内企业资金、技术实力的提高和一些民族品牌的崛起，外资企业再也无法以落后的技术和车型在我国立足了，转而将其最新技术引入我国，较为先进的技术进而又激励本土厂商充分利用外资的技术溢出通过逆向工程、自主研发等来提高自身的技术，从而不断地推动我国的汽车工业向前发展。

### 7.6.4 行业自身特征

产业的技术和知识密集程度影响企业的技术特征和行为，所以外商直接投资所在产业的特征直接影响跨国公司在技术上的先进性和创新性。同时，不同产业之间在技术特征上又存在很大差异，具有不同技术特征的 FDI 在不同的东道国集聚，必然会引起技术溢出效应的范围和规模在东道国之间的巨大差异。如果跨国公司所在产业的技术和知识密集程度高，那么这种 FDI 可能具有更大的技术溢出潜力，因为这样的跨国公司拥有和使用最先进的技术，进行更大规模的 R&D 活动，如电子工业、精密机械制造业等。相反，传统产业则更倾向于资本和劳动密集型，所以这一产业的跨国公司所使用技术的先进程度有限，竞争优势主要来源于以资金为基础的规模经济（包括生产和销售上的规模经济），其跨国经营的目的是获取由东道国要素禀赋决定的成本优势，因此，这种 FDI 对东道国的技术溢出效应也很有限，并且此类 FDI 的大量进入更容易挤占当地企业的市场份额。

利用各行业资本与劳动力的比值大致可以将工业行业划分为两组：资本、技术密集型行业和劳动密集型行业，分组情况如表 7 - 12 所示。从表中可以看出，我国的劳动密集型行业主要是轻工、纺织等传统产业；资本、技术密集型行业主要是能源、石化、电子、机械制造等重工业或高科技产业。

**表 7 - 12　　工业行业按照劳动密集型和资本、技术型分组结果**

| 劳动密集型 | | 资本、技术密集型 | |
|---|---|---|---|
| 行业名称 | K/L（万元/人） | 行业名称 | K/L（万元/人） |
| 金属制品业 | 109.48 | 石油加工、炼焦和核燃料加工业 | 394.07 |
| 酒、饮料和精制茶制造业 | 114.00 | 有色金属冶炼和压延加工业 | 273.19 |
| 食品制造业 | 113.21 | 燃气生产和供应业 | 209.23 |

续表

| 劳动密集型 | | 资本、技术密集型 | |
|---|---|---|---|
| 行业名称 | K/L（万元/人） | 行业名称 | K/L（万元/人） |
| 专用设备制造业 | 109.26 | 电力、热力生产和供应业 | 190.94 |
| 非金属矿物制品业 | 107.41 | 黑色金属冶炼和压延加工业 | 190.33 |
| 通用设备制造业 | 107.27 | 化学原料和化学制品制造业 | 181.64 |
| 木材加工和木、竹、藤、棕、草制品业 | 106.16 | 农副食品加工业 | 165.07 |
| 非金属矿采选业 | 102.32 | 化学纤维制造业 | 164.26 |
| 橡胶制品业 | 97.27 | 交通运输设备制造 | 151.33 |
| 塑料制品业 | 97.27 | 有色金属矿采选业 | 138.91 |
| 纺织业 | 93.63 | 计算机、通信和其他电子设备制造业 | 131.91 |
| 仪器仪表制造业 | 91.30 | 黑色金属矿采选业 | 129.10 |
| 印刷和记录媒介复制业 | 81.63 | 医药制造业 | 119.56 |
| 文教、工美、体育和娱乐用品制造业 | 73.18 | 电气机械和器材制造业 | 118.41 |
| 家具制造业 | 71.91 | 造纸和纸制品业 | 115.04 |
| 皮革、毛皮、羽毛及其制品和制鞋业 | 55.21 | | |
| 纺织服装、服饰业 | 55.15 | | |
| 水的生产和供应业 | 48.34 | | |

资料来源：根据历年《中国统计年鉴》计算整理。

利用各行业组数据分别检验 FDI 技术溢出效应，结果如表 7－13 所示。FDI 在劳动密集型行业和资金、技术密集型行业都产生了明显的技术溢出效应。但是比较两组的结果发现，在劳动密集型行业组 FDI 的技术溢出系数（0.177）要明显大于资本技术密集型行业组的技术溢出系数（0.044），外资在劳动密集型行业产生的技术溢出效应相当于资金、技术密集型行业组的 4 倍。

**表 7－13　　　　行业自身特点对溢出效应的影响**

| | 常数项 | LNK | LNL | $LNK_F$ | $R^2$ | 调整后 $R^2$ | F 值 |
|---|---|---|---|---|---|---|---|
| 劳动密集型行业 | －0.821*<br>（－3.439） | 0.771*<br>（14.323） | 0.316*<br>（5.335） | 0.177*<br>（4.201） | 0.843 | 0.841 | 593.2 |
| 资金技术密集型行业 | －1.465*<br>（－6.375） | 1.240*<br>（26.802） | －0.184*<br>（－3.857） | 0.044****<br>（1.529） | 0.902 | 0.901 | 1088.0 |

注：估计由 EViews 软件包完成。表中括号内数值分别为该系数的 t 统计值；表中各项系数的 *、**、***、**** 分别表示在 1%、5%、10%、15% 水平上显著。

估计的结果与一般理论分析结论正好相反。这可能是因为 FDI 的技术溢出效应要受到行业诸多因素的影响。通过与前面的研究进行比较发现，我国的劳动密集型行业也大多是市场集中度较低、市场竞争较强的行业；而我国的资金、技术密集型行业则大多是市场集中度比较高容易形成垄断的行业。根据前一节的结论，在我国市场集中度较低的行业 FDI 的技术溢出效应更大一些；在市场集中度较高的行业由于外资的绝对优势而形成垄断反而不利于 FDI 技术溢出效应的形成。

## 7.7 结论及经济分析

### 7.7.1 溢出效应的波动机制

根据实证检验的结果，结合我国工业经济发展情况，我们可以得到如下结论。从长期来看，外商直接投资通过溢出效应促进了我国工业经济增长。但是由于溢出效应存在一定的时滞，短期内溢出效应并不明显甚至可能出现负的溢出效应。从反映长期均衡关系的协整方程来看，FDI 对国内工业经济增长产生了明显的溢出效应，外商直接投资每增加 1%，产生的溢出效应相当于使工业增加值增加 0.085%；但描述短期动态关系的 ECM 方程却显示，FDI 的溢出效应存在一定的时滞并在短期内出现了负的溢出效应。这主要是由 FDI 的溢出过程和机制所决定。

在改革开放前的相当长的时间内，我国的经济发展水平不但远远落后于西方发达国家，甚至与许多发展中国家（地区）相比，也落后很多。40 年的改革开放实践证明，外商直接投资通过示范—模仿、竞争、产业关联和人力资本流动等方式提高了我国的技术水平和生产率，从而促进了经济发展。从反映我国经济效率和科学技术进步的其他指标上也能验证本章实证检验的结论。从工业经济指标看，我国的全员劳动生产率由 1985 年的 3213 元/人·年，提高到 2005 年的 101231 元/人·年，提高了近 32 倍。从科技投入产出的指标看，我国的专利申请数量由 1985 年的 1.44 万件提高到 2017 年的 138.2 万件，增长了 95.97 倍，连续 7 年居世界首位。从我国对外出口商品来看，开放初期，我国对外出口的商品主要是原材料和初级加工、低技术含量的商品，而目前我国出口商品以工业制成品为主，其中以机械、电子、成套设备为主的科技含量较高的产品已经成为我国出口商品的主力。当然，本章要研究的是 FDI 的溢出效应，即使不考虑外资企业本身的贡献，从国内企业生产水平来看，也有明显的提高。改革开放 40 年来，国内工业企业在与外资企业的竞争中提高了自身的实力，涌现出一大批掌握自主知识产权、在国际上有一定竞争力的大企业集团。这在改革开放初几乎是不敢想象的。如我国的家电行业，从引进外资到模仿、消化吸收到自主设计开发，并且具有国际市场竞争力，这些现象都是与国内企业利用 FDI 溢出效应密不可分的。

虽然从长期来看 FDI 产生了明显的溢出效应，但在较短的观察期内，由于 FDI 溢出机制的形成和完善需要一定的时间，因此在短期内 FDI 的溢出效应会不太明显甚至出现负的溢出效应。

首先，外资示范—模仿效应的显现需要一定的时间。如前所述，由于跨国公司拥有先进的技术和生产工艺，因此跨国公司与发展中国家的竞争对手相比有强大的“技术比较优势”，能获得更多的市场份额和利润。这种技术示范使发展中国家企业利用各种方法，如通过对产品进行“逆向工程”的研究和开发，或雇用在跨国公司工作过、接受过培训的员工，间接获取生产该产品的技术和工艺，提高本企业的生产技术水平，并通过“边干边学”进行能力和经验的积累，增强企业吸收技术转移和技术溢出的能力。但是从技术本身的角度来看，外资进入后，较为先进的技术和管理经验需要一定的时间才能够通过各种途径传播和根植下来。不同的技术有不同的扩散特征，一般来说，管理经验、工艺改进、外观设计等技术含量较低、外部性较强的技术能够比较迅速地溢出并根植到国内企业中，但是技术水平较高、不易模仿的核心技术的扩散一般是比较缓慢的。这些技术往往受到跨国公司严格的专利保护，即使通过“逆向工程”来获取相关技术，也需要东道国的企业有一定的技术创新能力，否则这种“逆向工程”就无法开展。在短期内技术溢出不足的情况下，如果技术差距过大，迫于竞争的压力国内企业可能直接购买国外厂商技术而放弃本身的技术研发，造成对跨国公司技术的完全依赖而出现“负溢出”现象。

其次，从关联效应来看，外资进入伊始与国内相关行业的关联较弱，技术溢出网络效应的形成尚需要完善的产业链的支撑。跨国公司进入后，相关行业的国内企业可以向跨国公司子公司提供生产所需的原材料、零部件或半成品、零部件、原材料的再加工，以及市场营销等服务。而跨国公司子公司与当地厂商合作，在以下几种后向联系中促成了溢出的产生和发展：帮助潜在的与之有联系的供应商建立生产设施；为改善供应商产品的质量或推动创新而向当地供应商提供技术援助或信息服务；提供或帮助购买原材料和中间产品；提供培训并协助管理；通过发掘新客户帮助供应商从事多样化经营。跨国公司子公司与当地供应商间的接触与信息流动，使当地厂商有可能从跨国公司子公司先进的产品、工序技术、经营管理能力或市场知识中“搭便车”产生溢出效应。但是完善的产业链的形成需要一定时间的磨合，致使以上关联效应的发生会受到相当大的制约。

从人力资本的流动效应来看，跨国公司在东道国投资，在人力资本的引进上一般都是采取人才本地化的原则，即在东道国引进人才。这些人才经过跨国公司的培训并参加生产和研发的各个阶段，很多都掌握了跨国公司的大量技术。这些人才的流动和职业转移，就会将他们在跨国公司里获取的技术溢出到新的部门或企业。但是从短期来看，跨国公司特别是其新建企业需要的经营管理、技术研发等人员往往是通过比较高的工资待遇吸引国内企业相关行业的人员，从而造成国内企业技术人员的流失。从长期来看，人才流动是双向的，并且这种流动往往使国内企业得益于人员流动所带来的技术溢出；但是从短期来看，FDI 的流入造成了技术人员的不对称流动，对国内企业产生了负的溢出效应。

### 7.7.2 溢出效应的时间差异

从时间维度观察，FDI 溢出效应在我国引进外资的不同阶段有很大差异。FDI 与工业产出增长率经历了显著正相关、相关性不明显以及显著负相关的过程。

从计量的结果可以观察到，在 1996 年之前，$\beta_3$的值维持较高的水平；但从

1997 年开始，FDI 技术溢出效应开始明显下降；2000 年以来，FDI 的技术溢出效应已经呈现不明显或负值的现象，2004 年 FDI 的技术溢出效应已经明显呈负值。FDI 技术溢出效应的这种变化趋势与我国的改革开放历程以及外资在我国的发展趋势密切相关。

1992 年之前，外商直接投资在我国处于起步阶段，外商直接投资数量虽然增长很快，但是总体规模还不大。外资主要来源地为港澳台三地。在这些投资中，掌握先进技术和巨大市场份额以及拥有雄厚资金的大型跨国公司较少，而中小型制造较多。虽然技术水平更高的大型跨国公司较少，但是这个阶段这些中小型外资与我国的经济互补性很强，技术门槛也较低，因此比较有利于产生技术溢出。另外，从国内企业的技术需求来看，当时的国内企业在管理经验、产品外观设计、工艺改进等比较初级的技术层面也有较大的需求和提高的余地。因此，在这个阶段，外资的进入产生了较为明显的技术溢出效应。

1992 年邓小平“南方谈话”和党的十四大的召开，确立了我国社会主义市场经济体制改革的目标，我国的改革开放步伐进一步加快，从而使我国的外商直接投资实现了飞跃式增长，外资数量由 1991 年的 40 多亿美元增长到 2000 年的 400 多亿美元。这一阶段的外商直接投资在投资主体和投资方式上都发生了重要的变化。大型跨国公司开始大量对华投资，截至 2000 年年底，《财富》杂志评选的全球 500 强中有近 300 家企业在华投资。跨国公司不仅带来了资金、技术、管理，也带来了世界水平的竞争。由于技术差距较大，在某些行业已经出现了外资垄断的苗头，这些都不利于国内企业技术水平的提高。同时从投资方式上看，外商投资企业独资化倾向越来越强烈，跨国公司更看重企业的控制权。主要表现为新建企业倾向选择独资，对已参与的合资企业采取增资扩投等方式取得控制权。外商直接投资独资化倾向客观上减弱了中外企业间的技术联系，而新的以产业关联为载体的溢出渠道尚未形成，因此造成 FDI 溢出效应逐渐弱化。

2001 年我国成功加入世贸组织（WTO）后，明显加大了对外商投资的开放力度，外商直接投资在投资结构、投资方式和经营策略又出现了许多重大的变化。2000 年，外资企业在投资金额上首次超过合资经营企业，而加入 WTO 后独资化倾向更为明显。在我国 2004 年吸引的外商直接投资中，外商独资企业 30708

家，实际利用外资402.22亿美元，在全国吸收外资总量中的比重分别达到70.3%和66.3%。可以说外商独资企业已经成为跨国公司进入我国的主流方式。同时跨国公司对我国企业尤其是国有大中型企业的并购日益增多。从国内企业来看，经过多年的改革开放已经具备了一定的管理经验、技术水平，同时也开始注重自主研发和自主创新，但是这些正好与跨国公司的利益相左，出现了竞争加剧的局面。以我国的彩电行业为例，在国内企业完成了资本积累和技术提升之后，迫切需要向产业的上游挺进，掌握核心技术和知识产权。但是核心技术往往掌握在少数几个跨国巨头手中，跨国公司为了自身的利益，通常会通过提高专利费、抬高核心部件的价格等手段削弱国内企业的产品竞争力，从而遏制国内企业的发展和技术进步。另一种手段就是跨国并购，我国目前尚缺乏完备的法律体系以及相应的配套政策对跨国公司的并购进行限制，跨国公司往往利用自身的资本、技术优势对国内相关龙头企业进行恶意并购，甚至全行业并购。某些极端的恶意并购目的不是发展该企业获取利润，而是通过将国内企业的技术、品牌“冷冻”起来，千方百计削弱、搞垮合资企业，从而达到消灭竞争对手、独霸市场的局面。从技术进步的角度看，跨国公司的恶意并购造成中国出现核心技术缺乏症。跨国公司只会将商品生产中最没有附加利润的部分，如组装环节，最耗费能源和原材料、最易造成污染环境的环节放在中国，而公司利润和新创造财富的绝大部分将会被跨国公司拿走。在国际产业分工的总体格局中，中国就只能充当打工者的角色。当然，作为同一个企业，技术可能会由于外资的加入而进步，但技术进步的主导权却丧失了，与这种主导权一起丧失的还有对企业的控制权和利润分配的话语权，最终的结果是，外资通过资本形式的并购输入技术和管理，最终拿走了大量的利润，而中资却仅仅靠保留的股份生存，实质上这是对国内企业技术水平的毁灭性打击。

### 7.7.3 溢出效应的行业差异

从行业维度观察，FDI溢出效应在我国工业部门的不同行业有很大差异，溢出效应较为明显的是一些传统的劳动密集型产业，而在一些技术密集型行业溢出效应较小，甚至存在负溢出效应。

根据计量的结果，FDI 技术溢出效应较大的三个行业组为：食品饮料制造业、纺织服装鞋帽皮革产品制造业和造纸印刷文体用品制造业。从这些行业来看，都是传统的劳动密集型产业，技术门槛低、技术依赖小。从各行业在国民经济中的地位来看，都不是对我国经济发展起推动作用的主导产业、关系未来产业和升级的朝阳产业。而在国民经济发展中对产业升级起着战略作用的机械交通及专用设备制造业则存在着明显的负溢出效应。此外，如电气、通信设备及精密仪器制造业这些现代科技含量高、决定一国未来国际竞争力的产业可能存在负的技术溢出效应。

通过分析 FDI 的溢出机制，我们认为 FDI 的技术溢出大多表现在非核心技术的溢出上，各行业对核心技术的依赖程度造成了 FDI 技术溢出效应的差异。

FDI 的技术溢出主要通过示范—模仿、竞争、关联和人力资本流动等途径实现。首先，本来具有强大行业壁垒的产业由于跨国公司的强行进入，垄断扭曲受到遏止，资源配置得到改善；其次，来自跨国公司不断增加的竞争压力或示范效应，刺激当地厂商更加有效地使用现有资源，推动当地技术效率提高；最后，外资进入与国内厂商会形成一定的产业分工协作，通过产业关联促使各种信息、技术的传播也会提高国内企业的技术水平，人力资本的流动也对技术溢出提供了条件。通过分析技术溢出的发生途径，可以发现实际上这些可能的技术溢出大多是企业非核心技术（如管理技能、生产方法）的溢出。跨国公司的核心技术往往受到严格保密或者专利保护，很难通过以上途径产生溢出。这也是造成各行业技术溢出产生差异的重要原因。技术密集型的行业（如机械、交通及专用设备制造业，电气机械及器材制造业，电子及通信设备制造业，仪器仪表制造业等行业），对核心技术的依赖程度高，而核心技术又很难产生溢出，这可能是造成这些行业技术溢出不明显的重要原因。同时，由于国内外企业技术水平的较大差异，为了弥补竞争劣势，国内企业往往放弃现有技术而引进国外技术。引进国外技术的费用从某种程度上为跨国公司的研发提供“补贴”，使国内企业与跨国公司在研发投入上差距进一步扩大。这样形成了国内企业严重依赖国外核心技术，国内企业技术水平不断下降的局面，最终可能形成负的技术溢出效应。而劳动密集型的行业（如食品、纺织、文体用品制造等行业）没有核心技术的制约（或者较少依赖于核心技术），这些行业的生产往往更多地受到管理技能、生产方法等非核心技术的制约。而这些技术比较容易通过模仿、竞争、关联、人员流动等渠道进行溢出。

### 7.7.4 溢出效应的影响因素

通过对可能影响 FDI 溢出效应的行业因素进行检验，发现外资比重、市场集中度和行业自身的特征是影响 FDI 溢出效应的重要因素。

根据国内外的相关文献，影响 FDI 溢出效应的行业因素主要为：内外资企业技术差距、外资比重、市场集中度和行业自身的特征。本章将 32 个行业分别按照以上指标进行分组检验，验证影响我国 FDI 溢出效应的行业因素。结果发现：FDI 在行业内所占比重的大小与 FDI 的溢出效应大小呈正相关关系，这说明 FDI 的数量仍然是促进 FDI 技术溢出效应的重要因素；市场集中度较高的行业组 FDI 的技术溢出系数要明显小于集中度较低的行业组。这说明外资在集中度较高的行业中形成了一定的垄断地位，并利用了这种垄断优势阻碍了溢出效应；FDI 在劳动密集型行业组 FDI 的技术溢出系数要明显大于资本技术密集型行业组的技术溢出系数。

通过与前面细分行业进行检验的结果，我们可以得到如表 7－14 的结论。

**表 7－14　　FDI 溢出效应的影响因素**

| 行业组按溢出效应由大到小排序 | 行业特征 | 内外资企业技术差距 | 外资比重 | 市场集中度 | 溢出效应综合效果 |
|---|---|---|---|---|---|
| 食品饮料制造业 | 劳动密集型 | 较小 | 较大 | 较大 | 0.905 |
| 纺织服装鞋帽及皮革产品制造业 | 劳动密集型 | 较小 | 较大 | 较小 | 0.812 |
| 造纸、印刷及文化体育用品制造业 | 劳动密集型 | 较大 | 较大 | 较小 | 0.547 |
| 钢铁及有色金属加工制造业 | 资本、技术密集型 | 较大 | 较小 | 较大 | 0.432 |
| 橡胶塑料及非金属矿物制品业 | 劳动密集型 | 较小 | 较大 | 较小 | 0.420 |
| 木材加工、家具制造业 | 劳动密集型 | 较小 | 较大 | 较小 | 0.200 |
| 电气、通信设备及精密仪器制造业 | 资金、技术密集型 | 较大 | 较大 | 较大 | －1.412 |
| 采掘业 | 资金、技术密集型 | 较大 | 较小 | 较小 | －0.151 |
| 石化、炼焦及医药制造业 | 资金技术密集型 | 较大 | 较小 | 较大 | －0.180 |
| 机械、交通及专用设备制造业 | 资金、技术密集型 | 较大 | 较大 | 较大 | －0.255 |

# 第 8 章

# 创新能力视角 FDI 技术溢出的实证研究

## 8.1

## 研究思路与模型的建立

### 8.1.1 研究思路

第 7 章的实证检验，我们以产出作为外资产生溢出效应后可能影响到的经济指标，检验的结果表明：虽然从长期来看，FDI 对我国工业经济产生了明显的溢出效应，但是 FDI 溢出效应在我国引进外资的不同阶段和不同行业都有很大差异。

以产出作为指标来追寻 FDI 溢出效应留下的痕迹，从方法上讲是目前比较科学的分析思路。但是产出指标把所有 FDI 的进入所带来的促进国内企业生产力提高的各种效应打包装进“黑匣子”。从产出的证据我们能肯定 FDI 带来了生产率的提高，但是却无法辨别带了多少技术水平的提高以及哪些技术得以提高。本章我们建立模型检验 FDI 对我国创新能力的影响，进一步把握 FDI 溢出效应带来的更深层次的影响。

创新在当今世界性竞争中起着越来越关键的作用，是一个国家竞争力的主要源泉。目前国外关于创新投入产出的数量研究较多，这为我们研究中国的创新投入产出问题提供了指导。技术变化的衡量涉及创新过程的三个主要方面：一是创新投入，如资金和人力资源；二是中间产出，如新发明和新知识；三是创新的最终产出，如不断提高的收入和利润。经济学界在衡量创新的投入产出时一般采用研发投入和专利活动作为近似指标。在考察创新投入时，研究者一般采用 R&D 费用或从事研究的科学家和工程师数量这两项指标。创新产出数量指标有一个发展过程，20 世纪 50 年代至 60 年代，经济学家们通过 R&D 这种创新投入来近似表示创新产出，但 20 世纪 70 年代以来专利作为衡量创新产出水平指标得到了广泛应用，专利数据在创新分析中越来越显示出其重要性。有的学者认为专利作为创新产出指标有其天然的局限性，因为不同产业、不同地区、不同时期的专利倾向不同，不同行业和公司究竟是采取专利还是商业秘密来保护创新成果，要看哪一种方式更能防止竞争者模仿，哪一种方式带来的利益更大。不是所有发明都可获得专利，不是所有创新都会申请专利，不同专利质量不同，由此带来的经济效益也有天壤之别。尽管存在一些问题，由于数据容易获取，与创新关系密切，而且多年来专利标准客观变化缓慢，因此专利仍是衡量创新活动的相当可靠的指标。本章接下来将利用近年我国的专利数据及外资数据对 FDI 在我国创新能力方面的溢出效应进行分析。

### 8.1.2　模型的建立与数据选取

研发过程本质上是一种新知识的产生过程，在这个过程中，需要各种研发资源的投入，如科技人员、科研设备等。因此，与企业的生产函数类似，我们可以将研发活动的产出函数表示如下：

$$P = f(K, L, FDI) \tag{8.1}$$

其中，L、K 分别代表研发活动的劳动力和资本投入，P 表示研发成果，在本章我们用各地的专利数据来表示。之所以选择这个指标，原因主要基于两点：首先，随着我国专利保护制度的不断健全和完善，越来越多的科研人员选择以申请专利的形式对其研究成果进行保护，因此专利数据有着较强的代表性；其次，在各种研发数据中，专利数据较为全面也较容易取得。

前面我们已经提到，FDI 可以通过模仿、竞争、关联和人力资本流动四种途径在东道国产生溢出效应，所以要将 FDI 纳入研发活动的生产函数中。

在进行参数估计时，以式（8.1）为基础，我们具体采用了对数模型（8.2）进行回归。之所以选择对数形式，原因在于方程两边同时取对数以后，解释变量前的系数所表示的就是弹性的概念，便于实证结果的比较。

$$\ln P = \delta + \alpha \ln K + \beta \ln L + \eta \ln FDI + \upsilon \tag{8.2}$$

在本章的回归中，外商直接投资 FDI 是主要的研究变量，其他变量都是控制变量。数据说明如下：

P：我国历年的专利授权量，单位：万项。专利数据包括专利申请量和专利授权量，本章之所以采用专利申请量而不是专利授权量来衡量创新产出，是因为专利授权量代表了专利局对所有已经申请专利的鉴定和甄选，而专利申请量仅仅表示申请人对自己创新成果的评价，具有一定的主观性。从实际的情况来看，很多人往往将工艺改进的专利成果以发明专利申报，甚至不附和独创性的成果申报专利，这些申请并不能得到批准，所以采用专利申请量而不是专利授权量来衡量创新产出。

K：我国历年的科技经费筹集额，单位：万元。

L：科技活动科学家和工程师数，单位：万人。

FDI：为实际利用外商直接投资的存量，单位：万元。实际利用外商直接投资的存量采用当年的 FDI 加上历年存量折旧后之值。折旧率按通常的 10% 计。历年 FDI 额按照当年的汇率折合为人民币，单位为亿元人民币。

## 8.2 计量检验

### 8.2.1　变量单位根检验

本章采用扩展的 Dickey – Fuller 单位根检验（ADF）对各个变量进行单位根检验，根据数据图形选取适当的带截距项和趋势项的模型，使用最小信息准则——Akaike 信息准则（AIC）和 Schwarz 贝叶斯信息准则（BIC）选取 ADF 检验滞后阶。检验结果如表 8 - 1 所示。

表 8 - 1 扩展的 Dickey - Fuller 单位根检验（ADF）结果

| 变量 | ADF 检验值 | 检验类型（C，T，L） | 临界值（5% 水平） |
|---|---|---|---|
| LNP | -2.960185 | (C，T，0) | -3.568379 |
| LNP1 | -2.163769 | (C，T，1) | -3.574244 |
| LNP2 | -2.012812 | (C，T，0) | -3.568379 |
| LNP3 | -1.750643 | (C，T，0) | -3.568379 |
| LNK | -1.755354 | (C，T，0) | -3.710482 |
| LNL | -4.158389 | (C，T，1) | -3.574244 |
| LNF | -1.695286 | (C，T，0) | -3.568379 |
| ΔLNP | -5.610957 | (C，T，0) | -3.574244 |
| ΔLNP1 | -4.955888 | (C，T，0) | -3.574244 |
| ΔLNP2 | -5.094393 | (C，T，0) | -3.574244 |
| ΔLNP3 | -9.015284 | (C，T，0) | -3.574244 |
| ΔLNK | -5.92472 | (C，T，0) | -3.574244 |
| ΔLNL | -5.639628 | (C，T，1) | -3.580623 |
| ΔLNF | -2.250137 | (0，0，0) | -1.95291 |

注：检验类型 C、T 和 L 分别表示单位根检验方程包括常数项、时间趋势项和滞后阶数，0 表示不包括时间趋势项或滞后阶数，Δ 为差分算子。

检验的结果表明，原始序列的 ADF 值大于临界值，说明原始序列都是非平稳序列；而一阶差分后的 ADF 值均小于临界值。因此可以认为序列经过差分后达到了平稳，即所有变量均为非平稳的一阶单整过程，我们可以做长期协整分析。

### 8.2.2 协整检验

协整概念是 20 世纪 80 年代由恩格尔—格兰杰（Engle - Granger）提出的，后来被众多计量经济学家发展成为协整理论和误差修正模型（ECM）。其基本思想是两个或多个非平稳时间序列的线性组合可能是平稳的。假如这样一种平稳的或 I(0) 的线性组合存在，这些非平稳（有单位根）时间序列之间被认为是具有协整关系的。这种平稳的线性组合被称为协整方程且可被解释为变量之间的长期均衡关系。

由于各个变量均为 1 阶求积关系，因此直接使用 OLS 估计的方程有可能导致谬误回归，必须对其进行处理。本章采用 Johansen 协整检验对系统的协整关系进行检验和估计（结果见表 8 - 2），迹检验和最大特征根检验的结果都表明系统在 5% 和 1% 的水平下协整个数 k = 1。检验结果表明，在 5% 的临界值下各组变量之间分别存在唯一的协整关系，估计出的协整方程分别为：

专利总量方程的估计结果：

$$LnP = 0.991483LnK + 0.719281LnL + 0.182814LnF \quad (8.3)$$

$$(13.97996) \quad (6.324654) \quad (2.824693)$$

发明专利方程的估计结果：

$$LnP_1 = 2.129931LnK - 0.996666LnL + 0.215024LnF \quad (8.4)$$

$$(26.58739) \quad (-7.758497) \quad (2.941304)$$

实用新型专利方程的估计结果：

$$LnP_2 = 0.803846LnK + 1.056077LnL + 0.226981LnF \quad (8.5)$$

$$(8.912176) \quad (7.301701) \quad (2.757669)$$

外观设计专利方程的估计结果：

$$LnP_3 = 1.641341LnK - 1.285374LnL + 0.920061LnF \quad (8.6)$$

$$(16.74787) \quad (-8.179135) \quad (10.2877)$$

协整方程（8.3）表明，我国的专利授权总量与科技经费筹集总额、从事科技活动的科学家和工程师人数以及外资存量存在着长期的均衡关系。但是三大要素对我国的专利授权总量增长所起的作用并不相同。中国的创新资金投入（科技经费筹集总额）对专利总量的产出弹性为 0.991，这意味着我国科技资金投入每增加 1%，我国的专利就增加 0.991%。而我国从事科技活动的科学家和工程师对专利总量的产出弹性为 0.719，这意味着我国从事科技活动的科学家和工程师每增加 1%，我国的专利就增加 0.719%。而我们所要考察的外资存量对专利总量的产出弹性为 0.183，意味着我国的外资存量每增加 1%，我国的专利总数就增加 0.183%。

方程（8.4）、方程（8.5）、方程（8.6）分别表明，我国的三种专利（发明、实用新型、外观设计）授权量与科技经费筹集总额、从事科技活动的科学家和工程师人数以及外资存量也存在着长期的均衡关系。从结果表来看，资金投入对发明专利的产出弹性较大，我国科技资金投入每增加 1%，我国的发明专利就增加 2.13%；从事科技活动的科学家和工程师数对实用新型专利的产出弹性较大，我国从事科技活动的科学家和工程师每增加 1%，我国的实用新型专利就增加 1.056%；外资存量则对外观设计专利的产出弹性较大，我国的外资存量每增加 1%，我国的外观设计专利数就增加 0.92%。

本章主要考察的是 FDI 对技术创新能力的影响，即反映 FDI 对创新能力影响的系数 $\eta$ 的估计结果。从专利总数上看，FDI 对我国的技术创新能力有促进作用，即外资存量每增加 1%，我国的专利总数就增加 0.182%。但是对发明专利，FDI 的产出弹性为 0.215，说明 FDI 对我国发明层次的创新能力作用有限，即外资存量每增加 1%，我国的发明专利数就增加 0.215%。外资对其他两种专利的增加也起到了促进作用。对实用新型专利，FDI 的产出弹性为 0.227，说明外资存量每增加 1%，我国的实用新型专利数就增加 0.227%。对外观设计专利，FDI 的产出弹性最大，为 0.92，说明外资存量每增加 1%，我国的外观设计专利数就增加 0.92%，如表 8－2 所示。

**表 8－2　　　　Johanson 协整检验结果**

专利总量方程变量：LNP、LNK、LNL 与 LNF

| 零假设（$H_0$） | 备择假设（$H_0$） | 特征值 | 迹统计量 | 5% 临界值 | 最大特征根统计量 | 5% 临界值 |
|---|---|---|---|---|---|---|
| K＝0 | K＝1 | 0.718428 | 52.70124 | 47.85613 | 36.75366 | 27.58434 |
| K≤1 | K＝2 | 0.30042 | 15.94758 | 29.79707 | 10.36098 | 21.13162 |
| K≤2 | K＝3 | 0.164356 | 5.586603 | 15.49471 | 5.207033 | 14.2646 |
| K≤3 | K＝4 | 0.013003 | 0.37957 | 3.841466 | 0.37957 | 3.841466 |

续表

发明专利方程变量：$LNP_1$、LNK、LNL 与 LNF

| 零假设（$H_0$） | 备择假设（$H_0$） | 特征值 | 迹统计量 | 5% 临界值 | 最大特征根统计量 | 5% 临界值 |
|---|---|---|---|---|---|---|
| K = 0 | K = 1 | 0.590224 | 55.53126 | 47.85613 | 25.87219 | 27.58434 |
| K≤1 | K = 2 | 0.440672 | 29.65907 | 29.79707 | 16.84956 | 21.13162 |
| K≤2 | K = 3 | 0.349465 | 12.80951 | 15.49471 | 12.46884 | 14.2646 |
| K≤3 | K = 4 | 0.011678 | 0.340665 | 3.841466 | 0.340665 | 3.841466 |

实用新型专利方程变量：$LNP_2$、LNK、LNL 与 LNF

| 零假设（$H_0$） | 备择假设（$H_0$） | 特征值 | 迹统计量 | 5% 临界值 | 最大特征根统计量 | 5% 临界值 |
|---|---|---|---|---|---|---|
| K = 0 | K = 1 | 0.73259 | 54.23686 | 47.85613 | 38.25015 | 27.58434 |
| K≤1 | K = 2 | 0.298053 | 15.98671 | 29.79707 | 10.26301 | 21.13162 |
| K≤2 | K = 3 | 0.168428 | 5.723697 | 15.49471 | 5.34869 | 14.2646 |
| K≤3 | K = 4 | 0.012848 | 0.375007 | 3.841466 | 0.375007 | 3.841466 |

外观设计专利方程变量：$LNP_3$、LNK、LNL 与 LNF

| 零假设（$H_0$） | 备择假设（$H_0$） | 特征值 | 迹统计量 | 5% 临界值 | 最大特征根统计量 | 5% 临界值 |
|---|---|---|---|---|---|---|
| K = 0 | K = 1 | 0.635271 | 59.18591 | 47.85613 | 29.24943 | 27.58434 |
| K≤1 | K = 2 | 0.419473 | 29.93648 | 29.79707 | 15.77075 | 21.13162 |
| K≤2 | K = 3 | 0.33962 | 14.16572 | 15.49471 | 12.03327 | 14.2646 |
| K≤3 | K = 4 | 0.070894 | 2.132451 | 3.841466 | 2.132451 | 3.841466 |

### 8.2.3　误差修正模型

Granger 定理证明了协整概念与误差修正模型（ECM）的必然联系。若非平稳变量之间存在协整关系，则必然可以建立误差修正模型。

对于非平稳变量，时间序列模型忽视了原变量的信息，而经济计量模型又忽视了虚假回归问题。Granger 定理为保障误差修正模型吸收上述两种模型的长处并克服两种模型的不足提供了一个切实可行的途径和理论依据。误差修正模型的一般形式为：

$$\Delta LnP_t = \theta_0 + \theta_1 ecm_{t-1} + \sum_{i=1}^{n} \theta_{2i} \Delta LnP_t + \sum_{i=0}^{n} \theta_{3i} \Delta LnK_{t-i} + \sum_{i=0}^{n} \theta_{4i} \Delta LnL_{t-i} + \sum_{i=0}^{n} \theta_{5i} \Delta LnF_{t-i} + \varepsilon_t \quad (8.7)$$

其中，$ecm_{t-1}$为误差修正项，为协整方程（5）的一阶滞后残差；$\theta_1$为误差修正项系数，其大小表明了从非均衡向长期均衡状态调整的速度。在模型的估计过程中，根据 Hendry“一般到特殊”的建模法建立模型。该方法的主要优点是能够把由选择变量所带来的设定误差减到最小。虽然因为在初始模型中包括许多非重要解释变量，从而使回归参数估计量缺乏有效性，但随着检验约束条件的继续，那些非重要的解释变量被逐步剔除掉，从而使估计量缺乏有效性的问题得到解决。开始时包含各变量的 2 阶滞后，再逐步删除不显著变量，最后得出以下动态方程：

专利总量方程的估计结果：

$$\begin{aligned} \Delta LnP_t = & 0.086 - 0.357 ecm_{t-1} + 0.623 \Delta LnK_t + 0.234 \Delta LnK_{t-1} \\ & (3.820)(-2.137) \quad (3.247) \quad (4.511) \\ & - 0.685 \Delta LnL_{t-1} + 0.214 \Delta LnF_{t-1} + \varepsilon_t \\ & (-3.008) \quad (3.141) \end{aligned} \quad (8.8)$$

$R^2 = 0.79$　DW = 1.92　LM(2) = 1.59　ARCH(1) = 1.1　RESTE(2) = 0.31　Jarque - Bera = 0.81

发明专利方程的估计结果：

$$\begin{aligned} \Delta LnP_{1t} = & -0.64 ecm_{t-1} + 1.59 \Delta LnK_t + 0.16 \Delta LnK_{t-1} + 0.22 \Delta LnL \\ & (-3.221) \quad (3.552) \quad (3.347) \quad (2.264) \\ & - 0.47 \Delta LnL_{t-1} - 0.03 \Delta LnF_t + 0.31 \Delta LnF_{t-1} + \varepsilon_t \\ & (-4.557) \quad (-3.142) \quad (4.318) \end{aligned} \quad (8.9)$$

$R^2 = 0.91$　DW = 2.08　LM(2) = 1.75　ARCH(1) = 1.2　RESTE(2) = 0.37　Jarque - Bera = 0.77

实用新型专利方程的估计结果：

$$\Delta LnP_t = -0.316ecm_{t-1} + 0.195\Delta LnP_{t-2} + 0.63\Delta LnK_t + 0.58\Delta LnK_{t-1}$$

(−2.431)　(2.930)　(3.431)　(3.233)

$$-1.82\Delta LnL_{t-1} + 0.4\Delta LnF_t + \varepsilon_t \quad (8.10)$$

(−2.248)　(2.397)

$R^2 = 0.87$　DW = 1.83　LM(2) = 1.56　ARCH(1) = 1.2　RESTE(2) = 0.34

Jarque − Bera = 0.80

外观设计专利方程的估计结果：

$$\Delta LnP_{3t} = -0.42ecm_{t-1} + 0.02\Delta LnP_{3t-1} + 0.69\Delta LnK_t + 0.58\Delta LnK_{t-1}$$

(−2.210)　(3.077)　(4.303)　(5.927)

$$+0.18\Delta LnL_{t-1} + 0.39\Delta LnF_t + \varepsilon_t \quad (8.11)$$

(4.161)　(5.629)

$R^2 = 0.86$　DW = 2.02　LM(2) = 1.44　ARCH(1) = 1.1　RESTE(2) = 0.36

Jarque − Bera = 0.78

注：括号内数值分别为该系数的 t 统计值。

前面所给出的各方程的各项检验结果表明误差修正模型是正确的。检验变量显著性的 F 检验表明变量在方程中是显著的；J − B 检验表明残差的分布是正态分布；LM 检验表明残差不具有自相关；ARCH 检验表明不存在条件异方差；RESET检验表明模型设置基本正确。由图 8 − 1 给出的 ECM 模型得实际值、拟合值与残差图，可以看出模型的拟合效果是比较理想的。

从误差修正方程（8.8）来看，科技经费筹集总额对专利总量的产出弹性仍然最大，达到 0.857（本年度和滞后期之和），比长期均衡的产出弹性（为 0.991）要小一些；科学家和工程师数量的产出弹性却为负值 −0.685。FDI 对专利总数的产出弹性为 0.214，并且由前一年的 FDI 所引起，意味着上一年度的外资存量每增加 1%，本年度的专利总数就增加 0.214%。由此可见，从短期来看，专利申请数量主要是由于资本的增加而引起的，外资的产出弹性也相当大。

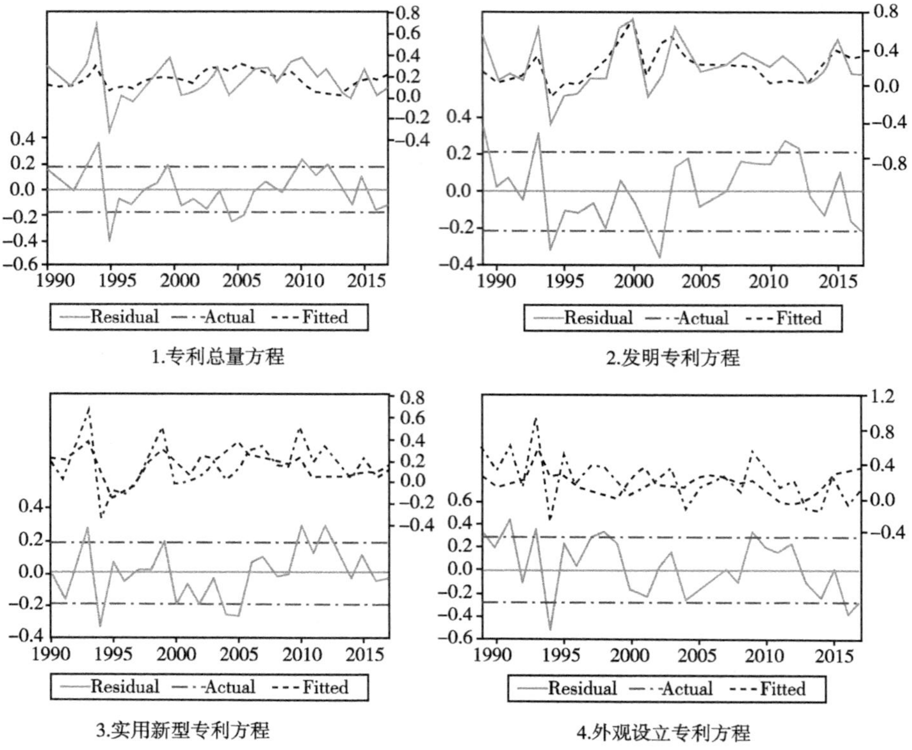


**图 8-1　各误差修正模型的实际值、拟合值与残差**

从误差修正方程（8.9）来看，发明专利的增加也主要由科技经费筹集总额带来，其产出弹性达到 1.76（本年度和滞后期之和），比长期均衡的产出弹性（为 2.13）要小；科学家和工程师数量的产出弹性却为负值。FDI 对发明专利的产出弹性为 0.28（本年度和滞后期之和），并且是由前一年的 FDI 所引起，前一年外资存量每增加 1%，本年度的专利总数就增加 0.31%；当年的外资存量对专利的影响很小且为负值 -0.03（忽略）。而前面估计的长期均衡方程却表明，FDI 对发明专利的产出弹性为 0.215。这说明 FDI 对发明专利的长期影响比短期更明显。

从误差修正方程（8.10）来看，实用新型专利的增加主要由科技经费筹集总额带来，其产出弹性达到 1.21（本年度和滞后期之和），比长期均衡的产出弹性（为 0.803）要大很多；科学家和工程师数量的产出弹性却为负值。FDI 对专利总数的产出弹性为 0.4，并且由当年的 FDI 所引起，意味着外资存量每增加 1%，本年度的实用新型专利总数就增加 0.4%。

从误差修正方程（8.11）来看，外观设计专利的增加也主要由科技经费筹集总额带来，其产出弹性达到 1.37（本年度和滞后期之和），比长期均衡的产出弹性（为 1.64）要小；科学家和工程师数量的产出弹性为负值。FDI 对专利总数的产出弹性为 0.39，并且是由当年的 FDI 所引起，意味着外资存量每增加 1%，本年度的专利总数就增加 0.39%。

## 8.3 结论及经济分析

### 8.3.1　溢出效应在不同创新产出的差异性

综合协整方程和误差修正模型的结论，我们可以得到如下结论：总体上，FDI 促进了我国技术创新能力的提高。但是进一步的研究表明，FDI 对我国技术创新能力的提高主要表现在外观设计和实用新型等非核心技术的创新能力上；FDI 对我国核心技术的创新能力的作用有限。

之所以在对专利总体进行检验的基础上按照三种专利分别检验，是基于如下考虑：发明专利、实用新型专利和外观设计专利在统计上是平等的，但是三者所代表的技术难度却是截然不同的。一般来说，发明专利的知识含量最高，从技术溢出的角度分析，也是最难于溢出的，基本上要靠自身大量的资金、人员等投入通过自主创新才能取得，因此可以以发明专利代表核心技术创新。实用新型专利相对于发明专利而言较为简单，对技术水平、资金投入等方面的要求相对较低，大部分可以通过技术溢出渠道获得，可以以实用新型专利代表一般技术创新。而外观设计专利相对于上述两者最为简单，大部分可以通过模仿、改进等途径获得，最后通过溢出渠道获取，可以外观设计专利代表简单技术创新。

从专利总体的协整方程（8.3）来看，FDI 对我国专利总量的增长起到了促进作用，即总体上看 FDI 促进了我国技术创新能力的提高。外资存量对专利总量的产出弹性为0.183，意味着我国的外资存量每增加1%，我国的专利总数就增加0.183%。但是专利总量的计量结果掩盖了FDI对三种专利影响的差异，而对三种专利分别检验的结果正好揭示了这种差异，也即揭示了FDI对我国三个层次的技术创新能力的不同影响（见图8－2）。

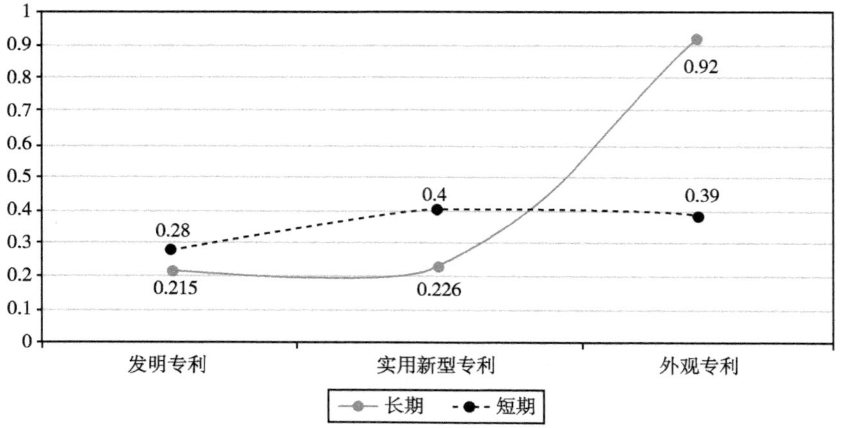


**图8－2　FDI对三种专利在长期和短期的产出弹性**

反映长期均衡的协整方程（8.3）和短期均衡的误差修正模型（8.8）都表明，FDI对我国发明专利的产出弹性最小，如前所述，发明专利代表了核心技术创新能力，即FDI对我国核心技术创新作用不明显。而FDI对代表非核心技术创新能力的实用新型专利和外观设计专利则产生了明显的促进作用。造成这种想象的原因主要在以下方面。

（1）从跨国公司角度看。①跨国公司在与我国国内企业的合资合作中采用的大多是二流技术；即使采用先进技术，这些先进技术的研发活动也常常是在国外进行的，因此国内企业很难通过技术溢出效应获取跨国公司的核心技术。当代国际经济竞争主要表现为技术的竞争，技术创新优势是跨国公司所拥有的最重要的优势。为了在竞争中处于优势地位，跨国公司不可能将所拥有的一流先进技术以技术转让或对外直接投资的方式转移出去。巴克莱和卡森等人的内部化理论认为，跨国公司对“知识产品”的内部化动机最强，其根本原因就在于避免外部化导致的技术泄密和壮大竞争对手；小岛清的边际产业扩张论认为，跨国公司在对外直接投资中应当转移“边际产业”（即已经或即将失去竞争力的产业）。维农的产品生命周期理论认为，发达国家的对外直接投资应当转移已标准化技术。发达国家对发展中国家直接投资的实践证明，上述学者的论述是客观的。而跨国公司在对我国的直接投资中，大部分转移的也是处于标准化阶段的二流技术，而先进技术的转移少之又少。②跨国公司实行核心技术锁定。所谓“技术锁定”（technology lock－in），一般是指具有核心技术的跨国公司利用其技术垄断优势和内部化优势在技术设计、生产工艺、包装广告、营销网络等关键部分，特别是对企业发展有决定作用的核心技术，设置一些难以破解其诀窍的障碍，使东道国在本地化生产过程中难以破解，以严密控制尖端技术的扩散。技术锁定是跨国公司保持其技术优势的重要策略，这同时也就影响了跨国公司技术的溢出效应。③跨国公司实行绝对控股的投资方式。跨国公司为了控制其核心技术，都采用绝对控股的方式来经营，一般都是在国内直接设立子公司或者是分支机构，采取独立经营；即使采取合资或合作的方式，也严格控制新技术的扩散。④跨国公司吸收了我国大量的人才。跨国公司在国内经营，开展研发活动，就会雇用国内的高技术人才。而这些跨国公司以优厚的条件和良好的用人机制召集了大量的尖端人才，造成了国内人才的外流，这也不利于我国技术的创新。⑤跨国公司母国政府的政策限制。在这方面美国的对华技术出口限制表现得淋漓尽致，美国政府目前只许可一些低水平的对华技术转让，而对有可能涉及军事用途的军民两用先进技术则采取完全封杀的态度。20 世纪 90 年代以来，美国还试图利用西方国家参与的“瓦森纳条例”说服加入该条例的其他 32 个国家加强对中国的技术出口限制。这就使得跨国公司在华投资的技术应用程度受到了很大的限制，其技术溢出效应大打折扣。

（2）从我国自身角度看。①我国的技术吸纳能力较弱。一般来讲，技术吸纳能力至少应该包括两方面，一是跨国公司的技术溢出的增加与当地企业的吸纳能力紧密结合。跨国公司与当地企业的技术差距越大，则它与当地企业建立后向关联的难度就越大，这样跨国公司在东道国只能形成一种“孤岛经济”，那么当地企业从跨国公司的直接投资中所获得的技术溢出就越少。二是人员的吸纳能力。据博伦兹斯坦、德格雷格里奥等对发展中国家吸引跨国公司直接投资所带来的技术溢出效应的研究，国外直接投资确实对经济增长做出了贡献，这种贡献是国外直接投资与当地人力资本共同发挥作用的结果。也就是说，如果技术溢出，东道国必须有吸收能力，特别是人力资本。这一方面我国的技术吸纳能力就较弱，人力资本也很欠缺，从而导致技术溢出效应不甚明显。②我国市场竞争环境不完善，技术水平低。跨国公司在进入一国市场，如果没有一定适度的竞争，跨国公司不必通过改进技术就能占领市场，那么它就不会把先进的技术向东道国转移，技术溢出就无法实现，而且跨国公司在东道国市场处于垄断地位，可以轻易地以高薪留住人才，从而使通过人才流动的技术溢出也无法实现。我国的市场竞争环境还不够完善，市场机制还不健全，同时技术密集型高技术产业发展滞后，技术水平低等也制约了技术溢出效应的发挥。③我国引资政策不合理。我国在引资政策上存在不合理之处，一味地强调了数量上的扩张，而不注重国内的吸纳能力以及投资的行业和区位，不重视引进跨国公司投资对我国技术创新的作用。同时采取的优惠政策等给予国外跨国公司的“超国民待遇”，这种不平等的竞争环境反而不利于国内企业的发展，结果将国内市场拱手让给了外商，使得“以市场换技术”的战略也是收效甚微。④我国科研、政策环境不理想。跨国公司大多倾向于在科研政策宽松、服务设施完善、创新技术产品的销售潜力巨大的东道国进行技术开发，特别是东道国的科研环境和配套设施，是跨国公司关注的重要方面。而我国目前引进技术的科研环境存在较多问题，阻碍了中外合作研发活动的开展，即使跨国公司在中国设立了分支机构，也大多属于技术应用型机构，由于其引进的技术一般滞后于母国的水平，同时我国“国产化”效率和水平不高。这些都制约了跨国公司转让技术的溢出效应的充分发挥。

### 8.3.2 影响溢出效应的投入要素的差异性

从推动我国技术创新能力提升的要素来看，科技经费筹集总额无论是长期还是短期内都对我国的技术创新能力提高起着最主要的推动作用；科学家和工程师数量的作用主要体现在长期，短期内不明显甚至可能为负值。

尽管本章的研究重点是 FDI 技术溢出效应对我国创新能力的影响，但是计量的结论表明：从推动我国技术创新能力提升的要素来看，科技经费筹集总额无论在长期还是短期都对我国的技术创新能力提高起着最主要的推动作用。从反映核心技术的发明专利看，科技经费筹集总额对发明专利的产出弹性分别为 2.39 和 3.70，即我国的科技经费筹集总额每增加 1%，发明专利总数就增加 2.39% 和 3.7%。与科技人员和 FDI 的作用相比，我们不难发现，推动我国核心技术创新能力提高最主要还是要依靠国内的资金投入。但是从我国的统计资料中可以发现，作为一个后发追赶经济体，我国科技经费投入仍显不足。

从人均科技投入经费的比较来看，我国与西方发达国家差距明显。美国高居榜首，反映出该国对科技投入的重视和经济实力的雄厚，瑞典、日本紧随其后，大大高于其他国家，这表明美日两国能长期在国际经济竞争，特别是高技术竞争中占据绝对优势地位是有着坚实基础的。我国的人均科技投入经费不足美国的 8%，也仅是韩国的 15%，这是由于我国人口众多，科研经费总量的增加由于人口基数的巨大对于人均经费增长来说显得杯水车薪，而其中最主要的原因还是我国对科技投入力度的不足以及我国经济基础的相对薄弱。由于科技投入还不够，导致对 FDI 技术溢出的吸收能力较弱，从而也降低了自身的科技创新能力。这几年来，虽然国家加大了科技投入，但国内科学研究与试验发展经费占国内生产总值的比重也才上升到 1%，离发达国家 3% 的比例相差很远，与我国科技发展的需要也很不相宜。由于科技经费不足，我国目前的科技投入总量所能支撑的只是以跟踪、模仿为主导的科技战略，要实现中国科技的自主创新，科技投入必须有倍增性的增长，否则，就很难突破长期以来对外国技术的路径依赖。要提高我国的科技投入总量，提高科技投入的效率，必须转变科技投入结构，让更多的社会力量进入科技领域。

### 8.3.3　产出和创新能力角度检验的比较分析

本章的实证研究分别从产出和创新能力的角度检验了 FDI 溢出效应对我国经济的影响。这两个角度的检验既有区别又有联系。从检验的结论来看，两种检验的结论具有较强的互补性。

首先，产出角度的总体检验与创新能力角度的总体检验的结果呈现出一致性。从产出角度看，外商直接投资通过溢出效应促进了国内工业经济的增长，但是产出角度的检验毕竟只能提供 FDI 溢出效应间接的证据；而通过创新能力角度的检验正好弥补和印证了产出角度检验的结论，检验结论表明，总体上 FDI 促进了我国技术创新能力的提高。

其次，从两个角度各自分类检验的结果来看，也具有高度的一致性和互补性。从产出角度看，FDI 技术溢出效应在我国工业部门的不同行业有很大差异，溢出效应较为明显的是传统的劳动密集型产业，而在技术密集型行业却存在明显的负溢出效应。这正好与创新能力角度的检验相吻合，对专利分类的检验表明，FDI 对我国技术创新能力的提高主要表现在外观设计和实用新型等非核心技术的创新能力上；FDI 对我国核心技术的创新能力起到了阻碍作用。劳动密集型行业的产出增长主要依靠劳动、资本的投入实现增长，对技术的依赖程度较小；并且从行业技术层次上看，这些行业的技术进步主要是一些工艺改进、外观设计以及管理等方面的技术进步。而对专利分类的检验结果表明，FDI 的确促进了我国工艺改进、外观设计专利的增长，这就解释了为什么我国的劳动密集型的行业技术溢出效应比较明显。同样，技术密集型行业的经济增长主要靠技术特别是行业核心技术的创新来推动，如果没有较强的核心技术创新能力，仅靠工艺改进、外观设计等技术手段是无法推动企业生存和发展的。而对专利分类的检验结果表明，FDI 阻碍了我国体现我国核心技术创新能力的发明专利的增长，这就解释了为什么我国技术密集型的行业技术溢出效应不明显甚至为负值（见图 8－3）。

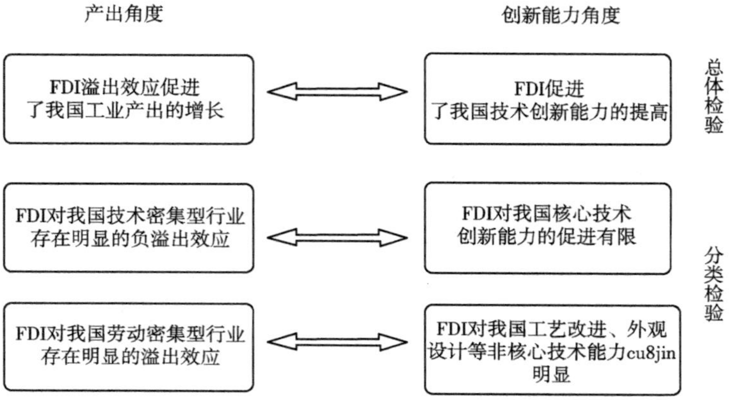


图 8－3　两个角度检验结果的互补关系

FDI 促进了传统的对技术依赖较小、技术层次较低的劳动密集型行业的发展，主要是由于 FDI 提高了我国工艺改进、外观设计等非核心技术的创新能力；而 FDI 抑制了技术密集型行业的发展，主要是由于 FDI 并没有促进我国核心技术创新能力的提高，反而抑制了我国核心技术创新的能力。

# 第 9 章

# 我国 OFDI 的逆向技术溢出效应——基于时间序列数据的研究

本书第 3 章分析了 OFDI 对投资来源国（母国）技术进步的作用机理。然而，OFDI 的逆向技术溢出效应在我国宏观层面是否存在？本章将在回顾现有的实证研究方法的基础上，构建多元线性回归模型，实证检验 OFDI 逆向技术溢出效应的效果。OFDI 技术溢出效应测算的难点在于对母国技术水平的准确衡量。目前，学术研究中有三种广泛使用的间接方法来衡量各国的技术水平：一是以一国 R&D 投入来表示技术投入程度；二是以专利数来表示技术产出；三是以全要素生产率 TFP 来表示技术进步的影响。本章将在测算我国全要素生产率 TFP 变化的基础上，实证分析 OFDI 逆向技术溢出对我国技术进步的影响。尽管我国 20 世纪 80 年代就开始 OFDI，但是当时我国 OFDI 的规模很小，对我国技术进步和经济增长的影响非常有限，因此我们的实证检验选择 1992 ~ 2016 年的时间序列数据。

## 9.1 技术进步指标 TFP 的测算

### 9.1.1 测算方法

能够反映企业技术进步的指标多采用全要素生产率（total factor productivity, TFP）。全要素生产率的概念最早由美国经济学家索罗于 20 世纪 50 年代提出，是衡量单位总投入的总产量的生产率指标，一直被视为科技进步的重要指标。由于全要素生产率无法直接从现有数据中得到，因此要根据统计数据进行计算。

全要素生产率估算可以分为参数法和非参数法。参数法建立在一定生产函数的假设基础上，主要采用索洛残差法和随机前沿生产函数方法。非参数法则主要是以 DEA（data envelopment analysis）为代表的确定性生产前沿模型法。以上方法对数据的要求不同，索洛残差法对数据要求不高，比较适合时间序列数据①；而其他的方法对数据的要求较高，比较适合大样本数据。本书根据样本数据的获取情况，采用索洛余值法测算出 C－D 生产函数的具体参数形式，然后再计算全要素生产率。具体推导如下：

在"希克斯中性"技术进步的假设下，技术进步的 C－D 生产函数为：

$$Y_t = A_t K_t^{\alpha} L_t^{\beta} \quad 0 < \alpha, \beta < 1 \tag{9.1}$$

其中，$Y_t$、$K_t$、$L_t$ 分别代表总产出水平、资本投入和劳动力投入指标；$\alpha$ 和 $\beta$ 分别表示资本投入和劳动投入的产出弹性系数；$A_t$ 代表技术水平，即全要素生产率 TFP。通常假设 $\alpha + \beta = 1$，即规模报酬不变，则式（9.1）为：

$$Y_t = A_t K_t^{\alpha} L_t^{1-\alpha} \tag{9.2}$$

两边同时处以 $L_t$，则公式为：

$$Y_t / L_t = A_t (K_t / L_t)^{\alpha} \tag{9.3}$$

为了避免异方差的影响，两边分别取对数，则式（9.3）为：

$$\ln(Y_t / L_t) = \ln A_t + \alpha \ln(K_t / L_t) + \varepsilon_t \tag{9.4}$$

其中 $\varepsilon_t$ 为误差项，通过回归分析，估计出参数 $\alpha$。然后代入式（9.2）可得：

$$TFP_t = A_t = \frac{Y_t}{K_t^{\alpha} L_t^{1-\alpha}} \tag{9.5}$$

① 徐建军、汪浩瀚《全要素生产率测定的数理分析和方法比较》（《宁波大学学报（理工版）》2007 年第 20 卷第 1 期第 99～103 页）对计算全要素生产率的方法进行了比较分析，认为"索洛残差法开创了经济增长源泉分析的先河，它的最大优点是简单易行，对于时间序列数据较为适用"。

### 9.1.2 数据选取

（1）产出水平 Y。

产出水平 Y 用国内生产总值 GDP 表示，数据都可以从中国统计年鉴历年数据中直接找到。并以 1992 年为基期，将 1992 ~ 2016 年的名义 GDP 数据转化为以 1992 年计算的不变价格。具体方法是根据统计年鉴的国内生产总值（上年 = 100）指数依次推算（具体数据见附表 1）。

需要注意的是，为了与联合国等五大国际组织联合颁布的新的国民经济核算国际标准 SNA2008 接轨，国家统计局于 2016 年对 GDP 历史数据进行了最新的修订（第五次系统修订 GDP 数据）。这一次修订幅度相对较大，影响深远。修订的依据是在 GDP 核算中把能够为所有者带来经济利益的研究与开发支出由中间消耗改列为固定资本形成，从而实现研发支出的资本化。这一修订能够更好地反映创新投入对经济增长的贡献。按照以上基本原则和方法，国家统计局对研发支出核算方法进行了相应改革，最终依据新的核算标准来修订 1952 ~ 2015 年的 GDP 数据。本书在选择数据时，主要依据的就是修订后的各项数据。

（2）劳动投入 L。

与式（8.5）中变量 L 相对应的现实数据，国外文献通常使用工作小时数，但我国统计年鉴中没有提供这个指标，故选取历年的就业人员数（具体数据见附表 1）。但是需要指出的是，不少研究认为，我国的社会从业人员数据不能准确反映人力资本的实际投入，因为我国教育事业发展迅速，在研究期间内人们受教育的程度发生了很大的变化，应当对劳动力投入进行了人力资本的调整（傅晓霞、吴利学，2007）。大多数的研究一般用人均受教育年限来替代人力资本。本章沿用此种方法，将小学、初中、高中和大专及以上的受教育年限分别记为 6 年、9 年、12 年和 16 年，求得我国历年的平均受教育年限，然后乘以我国历年的就业人员数，则可求得我国历年人力资本存量。就业人员受教育程度数据来自各年度《中国劳动统计年鉴》。但是，经过比对，结果与按照劳动投入 L 直接结算出入不大，不影响对 OFDI 逆向技术溢出效应的测度，因此本章仍然采用历年的就业人员数代替劳动力投入 L 数据。

（3）资本存量 K。

资本存量 K 统计年鉴并没有现成的数据，其测算是 TFP 的关键所在，不同的测算方法和结果对 TFP 的结果影响很大。目前大多采用永续盘存法（perpetua linventory approach）计算得出。该方法是 Goldsmith（1951）开创性地提出，后来在包括美国在内的全世界大多数国家广泛使用。目前，大多数 OECD 国家都开展官方的固定资本存量估计数据，该方法已经成为国际上通用的估算固定资本存量的方法。

### 9.1.3　资本存量 K 的计算

资本存量是经济学理论体系中的一个重要变量，国内外有大量的文献对我国不同时期的资本存量进行了估算。目前普遍采用的方法是永续盘存法，它的基本公式是：

$$K_t = \frac{I_t}{P_t} + (1 - \delta_t) K_{t-1} \tag{9.6}$$

其中，$I_t$是 t 期以当期价格计价的投资额，$P_t$是 t 期的价格指数，δ 是折旧率。基期资本存量是 $K_0$。尽管计算的方法相同，但是计算结果大相径庭。存在差异的主要原因是对其中四项要素（当期投资 $I_t$、价格指数 $P_t$、折旧率 δ、基期资本存量 $K_0$）的处理方法不同，导致估算结果具有或多或少的差异。本章从上述四项要素入手，探讨利用修订后数据对资本存量进行重新估算。

（1）当期投资 $I_t$。

国内文献对于当期固定资产投资变量 $I_t$的计算存在多种选择。早期采用生产性积累指标（贺菊煌，1992；张军、章元，2003），目前已不再适用。在 1993 年之后，统计采用全社会固定资产投资总额来反映投资规模的变化，但是这一指标也是中国投资统计特有的指标，与永续盘存法的投资流量指标和国民经济核算体系（SNA）的统计体系并不相容。自从《OECD 资本度量手册（2001）》建议各国使用固定资本形成额来反映投资流量指标以来，越来越多的研究（张军等，2004；单豪杰，2008；徐杰等，2010；李宾，2011）采用固定资本形成总额指标来衡量投资流量。本章基于新修订固定资本形成总额数据来估算资本存量。

（2）固定资产投资价格指数 $P_t$。

固定资产投资价格指数对每年资本投入数据进行平减。《中国统计年鉴》有1990年及以后的固定资产投资价格指数。本章统一折算为以1992年为基期（1992＝100）的固定资产投资价格指数。

（3）折旧率 δ。

张军等（2004）将物质资本区分为建筑、设备和其他三种类型，取其使用年限分别为45年、20年和25年，在法定残值率4%下计算得到折旧率分别为6.9%，14.9%和12.1%，并取三者的加权平均值9.6%作为资本的整体折旧率。单豪杰（2008）计算得到加权平均折旧率为10.96%。还有很多文献，尤其是国际上普遍采用5%的折旧率。本章为了更加科学比较，采用单豪杰做法对折旧率取19.96%值的同时，再采用5%的折旧率对照分析。

（4）基期资本存量 $K_0$。

基期资本存量 $K_0$ 的估算方法有很多，目前国际上常用方法如下：

$$K_0 = I_0/(g+\delta) \tag{9.7}$$

其中，$I_0$ 为首年1992年固定资本形成总额，g是样本期真实投资的年平均增长率。本章参考单豪杰（2008）的方法，以1992～1997年五年的平均增长速度和名义资本存量反推1992年基年的资本存量。首先，将历年的当年价固定资本形成额折算为1992年不变价的实际固定资本形成额；求得1992～1997年五年期间，固定资本形成额 $I_t$ 的平均增长率为14.4%。当折旧率 δ 取10.96%时，计算得 $K_0$ ＝40488亿元（1992年资本存量）；当折旧率 δ 取5%时，计算得1992年资本存量 $K_0$ ＝52835亿元。然后根据式（9.6）计算出历年资本存量，具体结果见表9－1。

**表9－1　　1992～2016年中国资本存量估算结果**　　单位：亿元

| 年份 | 固定资本形成总额 $I_t$（1990年不变价） | 资本存量 $K_t$ | | 年份 | 固定资本形成总额 $I_t$（1990年不变价） | 资本存量 $K_t$ | |
|---|---|---|---|---|---|---|---|
| | | δ＝10.96% | δ＝5% | | | δ＝10.96% | δ＝5% |
| 1992 | 8080 | 40488 | 52835 | 2005 | 51154 | 209361 | 274787 |
| 1993 | 10326 | 46376 | 60519 | 2006 | 62448 | 248863 | 323495 |

续表

| 年份 | 固定资本形成总额 $I_t$（1990 年不变价） | 资本存量 $K_t$ | | 年份 | 固定资本形成总额 $I_t$（1990 年不变价） | 资本存量 $K_t$ | |
|---|---|---|---|---|---|---|---|
| | | δ = 10.96% | δ = 5% | | | δ = 10.96% | δ = 5% |
| 1994 | 12193 | 53486 | 69686 | 2007 | 75034 | 296622 | 382355 |
| 1995 | 13525 | 61150 | 79727 | 2008 | 86716 | 350828 | 449954 |
| 1996 | 14885 | 69333 | 90626 | 2009 | 115463 | 427841 | 542919 |
| 1997 | 15932 | 77666 | 102027 | 2010 | 124891 | 505841 | 640665 |
| 1998 | 18181 | 87335 | 115107 | 2011 | 144996 | 595397 | 753628 |
| 1999 | 19185 | 96949 | 128537 | 2012 | 172523 | 702664 | 888469 |
| 2000 | 20924 | 107247 | 143034 | 2013 | 204875 | 830527 | 1048920 |
| 2001 | 23560 | 119052 | 159442 | 2014 | 233878 | 973379 | 1230352 |
| 2002 | 27485 | 133489 | 178955 | 2015 | 261412 | 1128109 | 1430247 |
| 2003 | 34353 | 153212 | 204360 | 2016 | 283798 | 1288267 | 1642533 |
| 2004 | 41261 | 177681 | 235403 | | | | |

注：数据根据历年《中国统计年鉴》整理、计算。

### 9.1.4　TFP 的测算及分析

（1）要素投入产出弹性系数。

根据式（9.5），要计算 TFP，就要通过回归分析，首先估计出参数 α，然后代入式（9.5）计算求得。产出水平 Y 选取历年 GDP，折算为以 1992 年不变价格计算的实际 GDP；劳动投入 L 选取历年的就业人员数，以上数据都可以从统计年鉴查得。资本 K 为我国历年的资本存量，上节已经求得。当采取折旧率 δ = 10.96% 估算的资本存量时，用 EViews6.0 对式（9.4）模型进行回归分析，结果如下：

$$\ln(Y_t/L_t) = -0.432845 + 0.628471\ln(K_t/L_t) \quad (9.8)$$

$$(-25.66691)(54.08662)$$

$R^2 = 0.992199$，调整后 $R^2 = 0.991860$，F = 2925.363，F 值统计显著。参数 α≈0.63，为我国资本的投入产出弹性系数；则相应的劳动力的投入产出弹性系数 β≈0.37。从估计的参数来看，与当前对投入产出弹性系数的估计结果接近。

总体上看，我国资本要素投入增长的贡献要远大于劳动投入增长的贡献。

当采取折旧率 $\delta=5\%$ 估算的资本存量时回归分析结果如下：

$$\ln(Y_t/L_t) = -0.610126 + 0.6384061\ln(K_t/L_t) \qquad (9.9)$$
$$(-33.89115)\ (58.21332)$$

$R^2=0.993259$，调整后 $R^2=0.992966$，$F=3388.790$，F 值统计显著。参数 $\alpha\approx0.64$。

从以上分别采用 10.96% 和 5% 的折旧率估算的结果来看，两者差别不大，固定资本的投入产出弹性系数分别为 0.63 和 0.64。该结果与国内其他学者估算的结果基本上比较吻合。

（2）TFP 的测算和分析。

根据式（9.5），则我国全要素生产率计算公式为（δ 取 10.96%）：

$$TFP_t = \frac{Y_t}{K_t^{0.67} L_t^{0.33}} \qquad (9.10)$$

根据式（9.10），求得我国历年的 TFP，如图 9-1 所示（虚线表示取折旧率 $\delta=5\%$ 时计算的 TFP 值）。由图 9-1 可以看出我国 1992~2016 年 TFP 的变化趋势。1992~2002 年的 10 年，我国 TFP 快速增长，增幅达到 21%。2003~2008 年，我国 TFP 出现了停滞不前的局面，这段时间我国的经济增长主要依靠资本、劳动力等要素投入驱动。2009~2016 年，我国的 TFP 则出现了连续下滑的趋势，通过分析不难发现该段时期我国经济过度依赖投资，经济增长实际上是一种要素驱动模式。

当然，需要指出的是，我们对 TFP 的测度出现的负增长也颇感疑惑。追根溯源，“索洛余量”的概念假定技术进步是外生的、非体现的、Hicks 中性的（郑玉歆，1999；2007）。也就是假定资本和劳动的质量是稳定不变的，但是这与现实却是不相符的。实际上随着我国经济的发展，我国的资本质量和劳动力质量都在不断提高，因此技术进步的相当部分已经包含在资本和劳动力数量里面。很多学者采用人力资本调整的劳动力来进行估算 TFP。由此可见，本章测算出来的我国技术退步的现象，可能并不符合现实。但是鉴于本章的主要目标不是来研究

TFP 的具体数值，只要能够在同一标准下测算出 TFP 的变动趋势，就不会影响我们对 OFDI 逆向技术溢出相应的测度。

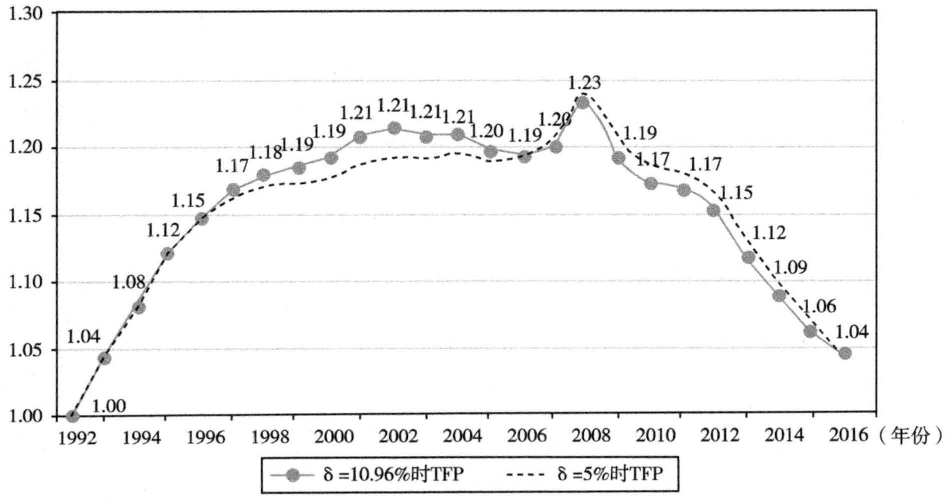


**图 9－1　1992～2016 年我国 TFP 值**

注：数据根据历年《中国统计年鉴》整理、计算；TPF 值按照 1992 = 1 调整。图上所标数字为按照折旧率 δ = 10. 96% 估算的 TFP 值。虚线为按照折旧率 δ = 5% 估算的 TFP 值。

## 9. 2 OFDI 逆向技术溢出与我国技术进步

### 9. 2. 1　计量模型及数据选取说明

以全要素生产率（TFP）来表示我国的技术进步水平，作为因变量；以我国对外直接投资额（OFDI）为自变量，通过构建回归方程，测度 OFDI 增长对我国技术进步的逆向溢出效应。为了避免异方差，分别对变量取对数；此外，根据统计学的基本理论，变量取对数之后，回归系数表示变量之间的弹性关系，能够更好地解释全要素生产率和对外直接投资额之间的变动关系。构建如下的线性回归方程：

$$\ln TFP_t = c + \beta \ln OFDI_t + \mu_t \tag{9.11}$$

其中，$TFP_t$ 为计算的全要素生产率；$OFDI_t$ 为我国历年的对外直接投资额，考虑到汇率因素，都按照当年平均利率折算为人民币；β 为全要素生产率和对外直接投资额之间的弹性系数，即 $OFDI_t$ 每增长 1%，$TFP_t$ 增长的百分比；c 为常数项，$\mu_t$ 为随机误差项（为剔除单位不同的影响，$TFP_t$ 和 $OFDI_t$ 都是以 1994 年为基期 = 100）。所需数据如表 9－2 所示。

**表 9－2　　1992～2016 年我国 TFP 与 OFDI 关系数据**

| 年份 | 全要素生产率 TFP | OFDI 流量（亿元） | OFDI 存量（亿元） | 年份 | 全要素生产率 TFP | OFDI 流量（亿元） | OFDI 存量（亿元） |
|---|---|---|---|---|---|---|---|
| 1992 | 1.00 | 35 | 292 | 2005 | 1.20 | 606 | 4704 |
| 1993 | 1.04 | 44 | 553 | 2006 | 1.19 | 603 | 5099 |
| 1994 | 1.08 | 110 | 863 | 2007 | 1.20 | 630 | 5591 |
| 1995 | 1.12 | 275 | 1195 | 2008 | 1.23 | 748 | 6236 |
| 1996 | 1.15 | 338 | 1552 | 2009 | 1.19 | 924 | 6824 |
| 1997 | 1.17 | 375 | 1927 | 2010 | 1.17 | 900 | 7540 |
| 1998 | 1.18 | 417 | 2285 | 2011 | 1.17 | 1057 | 8323 |
| 1999 | 1.19 | 453 | 2574 | 2012 | 1.15 | 1160 | 9024 |
| 2000 | 1.19 | 455 | 2853 | 2013 | 1.12 | 1117 | 9749 |
| 2001 | 1.21 | 403 | 3179 | 2014 | 1.09 | 1176 | 10457 |
| 2002 | 1.21 | 407 | 3547 | 2015 | 1.06 | 1196 | 11197 |
| 2003 | 1.21 | 469 | 3905 | 2016 | 1.04 | 1263 | 11897 |
| 2004 | 1.21 | 535 | 4316 | | | | |

注：数据根据历年《中国统计年鉴》整理、计算。OFDI 流量和存量均按照当年汇率、当年固定资产价格指数折算。

### 9.2.2 实证检验的过程及结果

（1）变量的平稳性检验。

本章对 lnTFP 和 lnOFDI 进行 ADF 检验，以验证两者的平稳性，结果表明，lnOFDI（流量）和 lnOFDI（存量）在三种显著水平下都是平稳变量，但 lnTFP 在三种水平下均非平稳变量。但是经过一阶差分后，lnOFDI 序列在三种显著性水平下均平稳，lnTFP 序列从不平稳变为在三种显著性水平下均平稳。由此可以判断时间序列 lnTFP 和 lnOFDI 同为 I(1) 序列，因此就满足进行协整分析的必要条件（见表 9－3）。

表 9－3　　各变量的 ADF 检验结果

| 变量 | 差分次数 | 检验形式（C，T，K） | t 统计量 | P 值 | 10% 临界值 | 5% 临界值 | 1% 临界值 | 结论 |
|---|---|---|---|---|---|---|---|---|
| LNTFP | 0 | （C，0，1） | －2.016694 | 0.2781 | －2.635542 | －2.991878 | －3.737853 | 不平稳 |
| | 1 | （C，T，1） | －4.145355 | 0.0183 | －3.254671 | －3.632896 | －4.440739 | 平稳 |
| LNOFDI（流量） | 0 | （C，0，1） | －7.649139 | 0.000 | －2.635542 | －2.991878 | －3.737853 | 平稳 |
| | 1 | （C，0，1） | －3.27614 | 0.0309 | －2.655194 | －3.029970 | －3.831511 | 平稳 |
| LNOFDI（存量） | 0 | （C，0，1） | －4.522810 | 0.0017 | －2.638752 | －2.998064 | －3.752946 | 平稳 |
| | 1 | （C，T，K） | －2.624593 | 0.0111 | －1.608495 | －1.956406 | －2.669359 | 平稳 |

注：ADF 检验采用 EViews 6.0 软件计算。

（2）协整检验。

lnTFP 和 lnOFDI 同为 I(1) 序列，且是一阶单整，因此采用 Engle－Granger 两步法对序列进行协整检验，排除“伪回归”现象。以 lnTFP 为被解释变量，lnOFDI（流量）为解释变量，对序列进行协整检验，结果如下：

$$LnTFP_t = -0.964442 + 0.067693 LnOFDI_t + u_t \qquad (9.12)$$
$$(-4.569917) \qquad (2.521877)$$

注：括号内数值分别为该系数的 t 统计值。

$R^2=0.216618$，调整后的 $R^2=0.182558$，$F=6.359865$，F 值统计显著。该方程不仅总体显著，而且每个参数都是显著的，拟合效果很好。因此，TFP 与 OFDI 存在着正相关关系，由该方程得到残差序列。对回归的残差 $\mu$ 进行检验，残差的 ADF 检验结果如表 9－4 所示，统计值为 －4.732365，小于 5% 水平的临界值，因此，残差 $\mu$ 是平稳序列。

表 9－4　　残差 μ 的 ADF 检验结果

| | | t－Statistic | Prob.* |
|---|---|---|---|
| Augmented Dickey－Fuller | test statistic | －2.210798 | 0.0289 |
| Test Critical Values： | 1% level | －2.669359 | |
| | 5% level | －1.956406 | |
| | 10% level | －1.608495 | |

以上结果表明，lnTFP 和 lnOFDI（流量）之间存在协整关系，变量之间具有长期稳定的关系。回归系数表示变量之间的弹性关系，具有经济意义：对外直接投资 OFDI 每增长 1%，我国的全要素生产率将增长约 0.07%。如果采用 OFDI 存量数据，以上结果仍然显著，存在协整关系，但是回归系数为 0.04。

（3）格兰杰因果关系检验。

根据前面检验结果，InOFDI 和 InTFP 指标都是 1 阶单整变量并且它们之间存在一个协整关系，但这两个变量之间是否存在因果关系，还需要进一步检验。依照 AIC 和 SC 准则，选取最佳滞后期为 1，结果见表 9－5。

表 9－5　　Granger 因果检验的结果

| Null Hypothesis： | Obs | F－Statistic | Prob. |
|---|---|---|---|
| LNTFP does not Granger Cause LNOFDI | 24 | 23.2108 | 9.E－05 |
| LNOFDI does not Granger Cause LNTFP | | 4.84753 | 0.0390 |

注：Granger 因果检验采用 EViews 6.0 软件。

由表 9－5 可知，在 5% 的显著水平下，序列 lnTFP 对 lnOFDI 存在 Granger 因果关系，序列 lnOFDI 对 lnTFP 也存在 Granger 因果关系，两者互为因果关系。根据统计规律，若两个变量 X、Y 互为 Granger 因果关系，有可能存在研究者未关注到的信息（如某些变量）既是 X 的 Granger 原因，也是 Y 的Granger原因，由此导致 X 和 Y 互为因果关系。所以当出现这种结果时，需要更深层次地分析并挖掘是否存在这类信息。本书将在第 10 章建立新的模型来检验。

### 9.2.3　专利产出指标的实证检验

如前所述，以专利数来表示技术产出也是一种常见的方法。选择我国专利授权数量作为国内创新产出的衡量指标，相对来说更加客观，数据来源也比较直接。但是专利指标也有一些局限，如在国家科技政策（专利授权制度）变化较大时，专利授权数量并不是一个非常客观的衡量。但是，从我国来看，专利授权制度基本稳定，因此作为技术指标具有较强的可信性。本文专利数据来源于历年《中国科技统计年鉴》。具体如表 9－6 所示。

**表 9－6　　1993～2016 年我国专利授权情况**　　单位：个

| 年份 | 专利总计 P | 发明专利 $P_1$ | 实用新型 $P_2$ | 外观设计 $P_3$ | 年份 | 专利总计 P | 发明专利 $P_1$ | 实用新型 $P_2$ | 外观设计 $P_3$ |
|---|---|---|---|---|---|---|---|---|---|
| 1993 | 56882 | 2634 | 46403 | 7845 | 2005 | 171619 | 20705 | 78137 | 72777 |
| 1994 | 40336 | 1676 | 32667 | 5993 | 2006 | 223860 | 25077 | 106312 | 92471 |
| 1995 | 41881 | 1546 | 30267 | 10068 | 2007 | 301632 | 31945 | 148391 | 121296 |
| 1996 | 40337 | 1395 | 27011 | 11931 | 2008 | 352406 | 46590 | 175169 | 130647 |
| 1997 | 46389 | 1532 | 27185 | 17672 | 2009 | 501786 | 65391 | 202113 | 234282 |
| 1998 | 61378 | 1655 | 33717 | 26006 | 2010 | 740620 | 79767 | 342256 | 318597 |
| 1999 | 92101 | 3097 | 56094 | 32910 | 2011 | 883861 | 112347 | 405086 | 366428 |
| 2000 | 95236 | 6177 | 54407 | 34652 | 2012 | 1163226 | 143847 | 566750 | 452629 |
| 2001 | 99278 | 5395 | 54018 | 39865 | 2013 | 1228413 | 143535 | 686208 | 398670 |
| 2002 | 112103 | 5868 | 57092 | 49143 | 2014 | 1209402 | 162680 | 699971 | 346751 |
| 2003 | 149588 | 11409 | 68294 | 69893 | 2015 | 1596977 | 263436 | 868734 | 464807 |
| 2004 | 151328 | 18244 | 70021 | 63068 | 2016 | 1628881 | 302136 | 897035 | 429710 |

注：数据根据历史《中国科技统计年鉴》整理。

从我国专利授权的数据分析来看（见图 9－2），随着我国经济的快速发展，我国企业和全社会对知识产权保护的意识不断增强，无论是专利授权总量，还是发明、实用新型和外观设计三种专利的授权量都呈现出快速增长的趋势。从结构上看，随着我国自主创新能力的不断提升，三种专利的结构不断优化，尤其是发明专利的占比持续稳定上升。由 20 世纪 90 年代的不到 5%，上升到当前的 15% 以上。国家知识产权局发布的发明专利数据和排名显示，2016 年我国国内发明专利授权量达 30.2 万件，发明专利拥有量首次超过 100 万件。是世界上第三个国内发明专利拥有量突破百万件的国家。

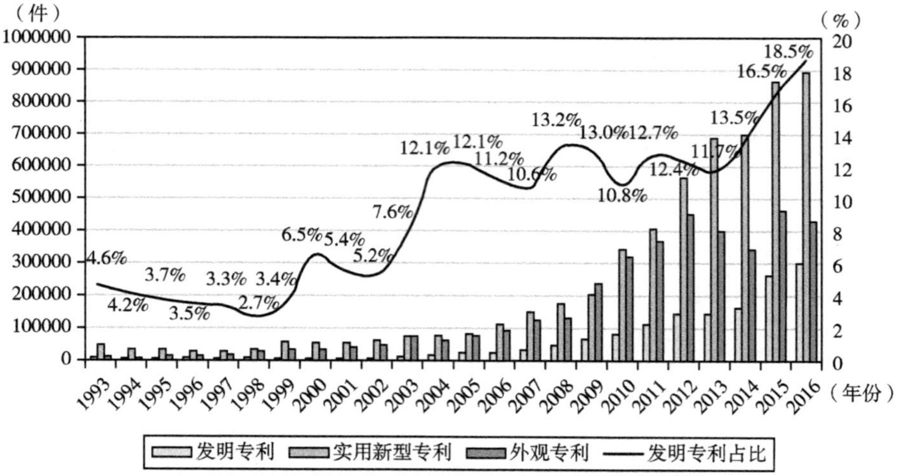


**图 9－2　1993～2016 年我国专利授权变化情况**

注：数据根据历史《中国科技统计年鉴》整理、计算。

变量的平稳性检验。

本章对 lnOFDI 和 lnP、$lnP_1$、$lnP_2$、$lnP_3$ 进行 ADF 检验，以验证变量的平稳性，结果表明，lnOFDI 和 $lnP_3$ 在水平下不平稳，一阶差分后为平稳变量：lnP、$lnP_1$、$lnP_2$ 在水平和一阶差分下均为平稳变量。由此可以判断时间序列 lnOFDI 和 lnP、$lnP_1$、$lnP_2$、$lnP_3$ 同为 I(1) 序列，因此就满足进行协整分析的必要条件。

采用协整检验对系统的协整关系进行检验和估计。检验结果表明，在 5% 的临界值下各组变量这间分别存在唯一的协整关系，估计出的协整方程分别为：

专利总量方程的估计结果：

$$LnP = 6.520010 + 0.846085 LnOFDI \quad (9.13)$$

$$(19.28946)(17.62702)$$

发明专利方程的估计结果：

$$LnP_1 = 1.648295 + 1.178267 LnOFDI \quad (9.14)$$

$$(2.184488)(10.99644)$$

实用新型专利方程的估计结果：

$$LnP_2 = 6.187419 + 0.807805 LnOFDI \quad (9.15)$$
$$(28.25876)(25.98023)$$

外观设计专利方程的估计结果：

$$LnP_3 = 5.452760 + 0.843855 LnOFDI \quad (9.16)$$
$$(8.211008)(8.948309)$$

协整方程（9.13）表明，我国的专利授权总量与我国 OFDI 存量存在着长期的均衡关系。我国的 OFDI 存量对国内专利总量的产出弹性为 0.846，这意味着我国 OFDI 存量每增加 1%，我国的专利总数就增加 0.846%。方程（9.14）、方程（9.15）、方程（9.16）分别表明，我国的三种专利（发明、实用新型、外观设计）授权量与 OFDI 存量也存在着长期的均衡关系。从结果表来看，OFDI 存量对发明专利的产出弹性最大，我国 OFDI 存量每增加 1%，发明专利增加 1.178%；其次是对外观设计专利的产出弹性，我国 OFDI 存量每增加 1%，外观设计专利增加 0.844%；最小的实用新型专利，我国 OFDI 存量每增加 1%，外观设计专利增加 0.808%。各变量的 ADF 检验结果如表 9－7 所示。

表 9－7　　各变量的 ADF 检验结果

| 变量 | 差分次数 | 检验形式（C，T，K） | t 统计量 | P 值 | 10%临界值 | 5%临界值 | 1%临界值 | 结论 |
|---|---|---|---|---|---|---|---|---|
| LNOFDI | 0 | （C，T，0） | 2.196722 | 0.9998 | －2.638752 | －2.998064 | －3.752946 | 不平稳 |
| | 1 | （C，T，0） | －2.88216 | 0.0629 | －2.642242 | －3.004861 | －3.769597 | 平稳 |
| LNP | 0 | （C，T，0） | －4.86364 | 0.0162 | －3.248592 | －3.622033 | －4.416345 | 平稳 |
| | 1 | （C，T，0） | －4.289357 | 0.0136 | －3.254671 | －3.632896 | －4.440739 | 平稳 |
| $LNP_1$ | 0 | （C，T，0） | －4.522810 | 0.0017 | －2.638752 | －2.998064 | －3.752946 | 平稳 |
| | 1 | （C，T，0） | －2.624593 | 0.0111 | －1.608495 | －1.956406 | －2.669359 | 平稳 |
| $LNP_2$ | 0 | （C，T，0） | －3.699940 | 0.0430 | －3.248592 | －3.622033 | －4.416345 | 平稳 |
| | 1 | （C，T，0） | －3.927147 | 0.0283 | －3.254671 | －3.632896 | －4.40739 | 平稳 |
| $LNP_3$ | 0 | （C，T，0） | －1.625997 | 0.7505 | －3.248592 | －3.622033 | －4.416345 | 不平稳 |
| | 1 | （C，T，0） | －6.171621 | 0.003 | －3.254671 | －3.632896 | －4.440739 | 平稳 |

注：ADF 检验采用 EVives 6.0 软件计算。

## 9.3 OFDI与我国经济增长的关系分析

在研究OFDI的逆向技术溢出时，需要从更宏观的视角考察OFDI与我国经济增长之间的关系。从FDI理论来看，发达国家FDI理论，无论是垄断优势理论、内部化理论还是生产折衷理论，都强调母国的经济发展水平决定了该国FDI的水平和模式，更多的是强调经济增长对FDI的影响。而发展中国家OFDI理论，尤其是逆向技术溢出则更加强调OFDI对母国技术进步乃至经济增长的作用。毫无疑问，OFDI与母国经济增长之间的关系，绝不可能是单向的因果关系，更多的是相互促进的关系。但是，对于不同国家的不同阶段，这种关系呈现的可能有所不同。因此，本节将针对这一关系进行实证分析，检验我国OFDI与经济增长之间的协整关系。

### 9.3.1 计量模型及数据选取

（1）对外直接投资指标。分别选择1992～2016年我国OFDI的流量和存量数据。OFDI数据选自我国统计年鉴，并用世界银行统计的官方平均汇率转化为人民币度量。在此基础上，按照我国历年固定资产投资价格指数，以1992年的不变价格表示。

（2）经济增长指标。以1992年为基期，计算出1992～2016年的不变价格GDP。数据选自《中国统计年鉴》。

以GDP为因变量、对外直接投资（OFDI）为自变量，构建回归方程，测度OFDI增长与我国经济增长之间的关系。由于GDP与OFDI具有很强的长期趋势，如果直接进行建模将可能产生异方差现象，为了避免异方差，分别对变量取对数；此外，根据统计学的基本理论，变量取对数之后，回归系数表示变量之间的弹性关系，能够更好地解释GDP和OFDI之间的变动关系。构建如下的线性回归方程：

$$\ln GDP_t = c + \beta \ln OFDI_t + \mu_t \tag{9.17}$$

其中，β 为 GDP 和对外直接投资额之间的弹性系数，即 OFDI 每增长 1%，GDP 增长的百分比；c 为常数项，$\mu_t$ 为随机误差项。

### 9.3.2　变量的平稳性检验

根据计量经济学的基本常识，在对模型进行回归分析时，为避免产生“伪回归”，首先要对各个变量进行平稳性检验，考察经济变量是否具有时间趋势，采用 ADF 单位根检验法分别检验变量的平稳性进而确定是否采用协整分析法。若 GDP 与 OFDI 的关系是协整的，则需要满足均为同阶单整序列的条件，否则，便不是协整关系。

本节对 lnGDP 和 lnOFDI 进行 ADF 检验，以验证两者的平稳性，结果表明，lnOFDI 在三种显著水平下都是平稳变量，但 lnGDP 在三种水平下均非平稳变量。但是经过一阶差分后，lnOFDI 序列在三种显著性水平下均平稳，lnGDP 序列从不平稳变为在三种显著性水平下均平稳。由此可以判断时间序列 lnGDP 和 lnOFDI 同为 I(1) 序列，因此就满足进行协整分析的必要条件（见表 9-8）。

**表 9-8　各变量的 ADF 检验结果**

| 变量 | 差分次数 | 检验形式（C，T，K） | t 统计量 | P 值 | 10% 临界值 | 5% 临界值 | 1% 临界值 | 结论 |
|---|---|---|---|---|---|---|---|---|
| LNGDP | 0 | (C，0，1) | -2.461470 | 0.1364 | -2.632604 | -2.986225 | -3.724070 | 不平稳 |
| | 1 | (C，0，1) | -3.535251 | 0.0153 | -2.632604 | -2.986225 | -3.724070 | 平稳 |
| LNOFDI | 0 | (C，0，0) | -6.032027 | -2.261998 | -2.629906 | -2.981038 | -3.711457 | 平稳 |
| | 1 | (C，0，1) | -6.032027 | 0.0015 | -2.635542 | -2.991878 | -3.737853 | 平稳 |

注：ADF 检验采用 EViews 6.0 软件计算。

### 9.3.3　协整检验

lnGDP 和 lnOFDI 同为 I(1) 序列，且是一阶单整，因此采用 Engle - Granger 两步法对序列进行协整检验，排除“伪回归”现象。以 lnGDP 为被解释变量，lnOFDI 为解释变量，对序列进行协整检验，结果如下：

$$LnGDP_t = 5.231165 + 0.785771 LnOFDI_t + u_t \quad (9.18)$$
$$(5.300370)(5.953779)$$

$R^2 = 0.586418$，DW = 0.121145，LM(2) = 1.52，ARCH(1) = 1.1，RESTE(2) = 0.29，Jarque - Bera = 0.83

注：括号内数值分别为该系数的 t 统计值。

$R^2 = 0.586418$，调整后的$R^2 = 0.569875$，F = 35.44749，F 值统计显著。该方程不仅总体显著，而且每个参数都是显著的，拟合效果很好。因此，GDP 与 OFDI 存在着正相关关系，由该方程得到残差序列。对回归的残差 μ 进行检验，残差的 ADF 检验统计值为 -10.19212，小于 1%、5%、10% 三个水平的临界值，因此，残差 μ 是平稳序列。

以上结果表明，lnTFP 和 lnOFDI 之间存在协整关系，变量之间具有长期稳定的关系。回归系数表示变量之间的弹性关系，具有经济意义：对外直接投资 OFDI每增长 1%，我国的 GDP 将增长 0.785771%（见表 9 -9）。

**表 9 -9　　残差序列 $\mu_t$的 ADF 检验**

| 变量 | ADF 检验值 | P 值 | T 统计量 | | | 是否平稳 |
|---|---|---|---|---|---|---|
| | | | 1% | 5% | 10% | |
| $\mu_t$ | -10.19212 | 0.0000 | -4.374307 | -3.603202 | -3.238054 | 是 |

由于序列 lnGDP 与序列 lnOFDI 都是 I(1) 序列，并且存在协整关系。为了更加全面了解 GDP 与 OFDI 之间的动态关系，本节建立误差修正模型。

$$\Delta LnGDP_t = \theta_0 + \theta_1 ecm_{t-1} + \theta_2 \Delta LnGDP_{t-1} + \theta_3 \Delta LnGDP_{t-2} + \theta_4 \Delta LnOFDI_t + \theta_5 \Delta LnOFDI_{t-1} + \theta_6 \Delta LnOFDI_{t-2} + \varepsilon_t \quad (9.19)$$

式中 $ecm_{t-1}$为误差修正项，为协整方程（9.19）的一阶滞后残差；$\theta_1$为误差修正项系数，其大小表明了从非均衡向长期均衡状态调整的速度。开始时包含各变量的 2 阶滞后，再逐步删除不显著变量，最后得出以下动态方程：

$$\Delta LnGDP_t = 0.057325 - 0.0634 ecm_{t-1} + 0.345867 \Delta LnGDP_{t-1} + 0.048265 \Delta LnOFDI_{t-1} + \varepsilon_t \quad (9.20)$$

方程中估计的调节系数为 -0.015991，并且在 10% 的水平下统计显著。证明 lnTFP 和 lnOFDI 之间存在协整关系。表明在误差修正模型中，当 OFDI 偏离均衡关系且为正的偏离时，误差修正项会通过负向作用降低 OFDI 使其回到均衡；当 OFDI 变动偏离均衡关系且为负的偏离时，误差修正项会通过正向作用增加 OFDI 使其回到均衡。

### 9.3.4　格兰杰因果关系检验

根据前面检验结果，InOFDI 和 InGDP 指标都是 1 阶单整变量并且它们之间存在一个协整关系，但这两个变量之间是否存在因果关系，还需要进一步检验。依照 AIC 和 SC 准则，选取最佳滞后期为 2，结果见表 9-10。

**表 9-10　　Granger 因果检验的结果**

| Null Hypothesis: | Obs | F - Statistic | Prob. |
|---|---|---|---|
| LNOFDI does not Granger Cause LNGDP | 25 | 4.62494 | 0.0223 |
| LNGDP does not Granger Cause LNOFDI | | 9.49468 | 0.0013 |

注：Granger 因果检验采用 EViews6.0 软件。

由表 9-10 可知，在 5% 的显著水平下，序列 lnGDP 对序列 lnOFDI，存在 Granger 因果关系，而序列 lnOFDI 对序列 lnGDP 也具有 Granger 因果关系，即 1990~2016 年经济增长对对外直接投资双方互为因果关系。

# 第 10 章

# 我国 OFDI 逆向技术溢出的区域差异——基于省际面板数据的研究

第 9 章利用时间序列数据从总体上测度了我国 OFDI 的逆向技术溢出效应，证明了逆向技术溢出效应的存在及随时间的变化趋势。但是，这种分析方法虽然简单，但是却有一定的缺陷：首先，样本有限，无论是技术进步指标 TFP 的测算还是逆向技术溢出相应的测度，都有较大的误差；其次，由于我国不同地区 OFDI的数量差异很大，其逆向技术溢出效应也必然存在很大不同，对我国总体进行研究很可能掩盖了这些差异。

基于此，本章将继续对我国不同区域进行测度。主要的方法是构建纳入了国内 R&D 存量和国外 R&D 存量的逆向技术溢出模型，利用省际截面数据来分析。按照一般的分类，我国东中西部如下划分：东部包括北京、天津、河北、辽宁、上海、江苏、浙江、福建、山东、广东、海南 11 等省市；中部包括山西、吉林、黑龙江、安徽、江西、河南、湖北、湖南等 8 省；西部包括内蒙古、广西、重庆、四川、贵州、云南、陕西、甘肃、青海、宁夏、新疆、西藏等 12 个省区市。

## 10.1 计量模型构建及数据选取

### 10.1.1 计量模型构建

最早构建技术溢出效应计量模型是 Coe 和 Helpman（1995），他们使用国际

R&D 溢出回归方法来验证进口渠道的技术溢出效应，其表达式如下：

$$\ln T_{it} = \alpha_i + \alpha_{it}^{d} \ln S_{it}^{d} + \alpha_{it}^{f} \ln S_{it}^{f} + \varepsilon_{it} \tag{10.1}$$

其中 i 代表不同国家和地区，t 表示时间；$T_{it}$表示 t 时期 i 国的技术水平；$S_{it}^{d}$表示 t 时期 i 国国内 R&D 资本存量；$S_{it}^{f}$为 t 时期 i 国进行国际贸易所获得的国外 R&D 资本存量。$\alpha_{it}^{d}$为 t 时期 i 国的内 R&D 资本存量对技术水平 $T_{it}$的弹性；$\alpha_{it}^{f}$为 t 时期 i 国的国外 R&D 资本存量对技术水平 $T_{it}$的弹性。$\alpha_t$ 为常数项，$\varepsilon_{it}$为随机误差项。该模型反映了一国的技术进步不仅仅取决于国内的 R&D 投入，同时还受到国外 R&D 资本存量溢出的影响。Lichtenberg 和 Van Pottelsbergh（2001）将 FDI 和 OFDI 这两种渠道的国外 R&D 资本存量的溢出纳入其中。确定以下计量模型：

$$\ln T_{it} = c + \alpha_{it} \ln S_{it}^{d} + \beta_{it} \ln S_{it}^{fin} + \gamma_{it} \ln S_{it}^{fdi} + \delta_{it} \ln S_{it}^{ofdi} + \varepsilon_{it} \tag{10.2}$$

他们将技术溢出的渠道归纳为四个方面：本国 R&D 投入 $S_{it}^{d}$、进口国外产品 $S_{it}^{fin}$、吸引外资 $S_{it}^{fdi}$和对外直接投资 $S_{it}^{ofdi}$。

本章借鉴 LP 模型，剔除了外贸渠道和吸引外资的影响，主要考虑国内 R&D 资本存量 $S_{it}^{d}$和对外直接投资所引致的海外研发资本存量 $S_{it}^{fdt}$对技术进步 $T_{it}$的影响。构建如下的模型：

$$\ln T_{it} = \alpha_i + \alpha_{it}^{d} \ln S_{it}^{d} + \alpha_{it}^{ofdi} \ln S_{it}^{ofdi} + \varepsilon_{it} \tag{10.3}$$

其中各变量代表的含义与 LP 模型一致。

### 10.1.2　变量、指标及数据描述

（1）国内技术水平 T：本章将选取全要素生产率 TFP 和专利 P 两个指标分别进行衡量国内技术水平。全要素生产率 TFP 需要通过计算求得，专利授权数量则是可以直接通过统计数据查到的数据。计算全要素生产率 TFP 用到的数据有总产出水平（GDP）、资本投入（全社会固定资产投资）和劳动力投入（年度全社会就业人数）等指标，以上数据在历年《中国统计年鉴》《中国劳动统计年鉴》均可查得。

（2）国内 R&D 资本存量 $S_{it}^{d}$：采用永续存盘法计算，主要用到的数据为每年的 R&D 经费内部支出以及折旧率 δ，以上数据在历年《中国统计年鉴》《中国科技统计年鉴》可以查得。

（3）OFDI 引致的海外研发资本存量 $S_{it}^{fdi}$：采用 LP（2001）提出的计算方法求得我国在东道国直接投资所获得的境外 R&D 资本存量 $S_{it}^{fdi}$。主要用到的数据有国外 R&D 投入、我国及各省 OFDI 数据等。以上数据在商务部、国家统计局和国家外汇管理局联合发布的历年《中国对外直接投资统计公报》可以查得。

本章选取 2003 ~2016 年数据作为研究区间，选取除港澳台的 31 个省区市作为研究对象，总体数据为 31 个省区市 14 年期的面板。之所以选取 2003 年之后，一方面是因为 2003 年之后，我国"走出去"战略进入深入实施阶段，对外投资的规模开始逐渐扩大；另一方面，我国各省区市对外投资数据从 2003 年才有较为详细的统计。

## 10.2 各省区市技术进步水平的测算

衡量一个国家或地区技术进步水平是一个复杂的问题。正如前所述，TFP 是衡量技术进步的重要指标，但是其难点在测算的准确性上。根据现有的文献，对我国 TFP 的测算方法大多采用索洛残差法和随机前沿生产函数，但是结果却大相径庭，没有一个权威的结论。主要原因是测算 TFP 过程中参数的选择、数据统计口径的差异以及计量工具的不同。因此，本章首先在参考国内外研究的基础上，测算我国各省区市 TFP，作为技术进步的指标。考虑到 TFP 指标可能存在的误差，我们同时选用专利授权数量作为技术进步的指标进行对比分析。

### 10.2.1 TFP 的测算及分析

（1）测算方法。

如前所述，全要素生产率 TFP 是除去资本、劳动等要素投入之后，一个国家（地区）的生产效率提升的"余值"。TFP 的测算采用增长核算法，设定技术进步的 C－D 生产函数为：

$$Y_{it} = A_{it}K_{it}^{\alpha}L_{it}^{\beta} \quad 0<\alpha,\beta<1 \tag{10.4}$$

其中，$Y_{it}$、$K_{it}$、$L_{it}$分别代表 i 省市在 t 年度的总产出水平、资本投入和劳动力投入指标；α 和 β 分别表示资本投入和劳动投入的产出弹性系数（假设我国各省区市具有相同的弹出弹性）；$A_{it}$代表技术水平，即全要素生产率 TFP。通常假设 $\alpha+\beta=1$，即规模报酬不变，则式（10.4）为：

$$Y_t = A_{it}K_{it}^{\alpha}L_{it}^{1-\alpha} \tag{10.5}$$

两边同时处以 $L_{it}$，则公式为：

$$Y_{it}/L_{it} = A_{it}(K_{it}/L_{it})^{\alpha} \tag{10.6}$$

为了避免异方差的影响，两边分别取对数，则式（10.6）为：

$$\ln(Y_{it}/L_{it}) = \ln A_{it} + \alpha\ln(K_{it}/L_{it}) + \varepsilon_{it} \tag{10.7}$$

其中 $\varepsilon_{it}$ 为误差项，通过回归分析，估计出参数 α。然后代入式（10.2）可得：

$$TFP_{it} = A_{it} = \frac{Y_{it}}{K_{it}^{\alpha}L_{it}^{1-\alpha}} \tag{10.8}$$

通过回归估计出参数，然后求出 TFP，通过 EViews 6.0 软件对我国及各省市 2003～2016 年的全要素生产率（TFP）进行测算。

产出水平 Y 用实际 GDP 表示。名义 GDP 及其指数来源于历年中国统计年鉴、各省区市统计年鉴，并以 2003 年为基期，用 GDP 指数转化为不变价格水平上的实际 GDP。

各省区市资本投入 K 采用永续盘存法，它的基本公式是：

$$K_{it} = \frac{I_{it}}{P_{it}} + (1-\delta_t)K_{i(t-1)} \tag{10.9}$$

其中，$I_t$是 t 期以当期价格计价的投资额，$P_t$是 t 期的价格指数，δ 是折旧率，参考单豪杰（2008）的研究取 10.96%。基期资本存量为 $K_0$。省区市的固定资产投资总额，并用各省区市固定资产价格指数平减为 2003 年的价格。基期 2003 年的资本存量 $K_0$采用单豪杰（2008）的方法，以 2004 ~ 2008 年五年的平均增长速度和名义资本存量反推 2003 年基年的资本存量。

要计算 TFP，就要通过回归分析，首先估计出参数 α，然后代入式（10.8）计算求得。产出水平 Y 选取历年 GDP，折算为以 1992 年不变价格计算的实际 GDP；劳动投入 L 选取历年的就业人员数，以上数据都可以从统计年鉴查得。资本 K 为我国历年的资本存量，上节已经求得。当采取折旧率 δ = 10.96% 估算的资本存量时，用 EViews 6.0 对式（10.4）模型进行回归分析，结果如下：

$$\ln(Y_t/L_t) = -0.262659 + 0.7283061\ln(K_t/L_t) \qquad (10.10)$$
$$(-7.002569)(44.12431)$$

$R^2 = 0.818408$，调整后 $R^2 = 0.817987$，F = 1946.955，F 值统计显著。参数 α≈0.73，为我国资本的投入产出弹性系数；则相应的劳动力的投入产出弹性系数 β≈0.27。从估计的参数来看，与当前对投入产出弹性系数的估计结果接近。总体上看，我国资本要素投入增长的贡献要远大于劳动投入增长的贡献。

当采取折旧率 δ = 5% 估算的资本存量时回归分析结果如下：

$$\ln(Y_t/L_t) = -0.395175 + 0.711520\ln(K_t/L_t) \qquad (10.11)$$
$$(-9.668464)(43.54374)$$

$R^2 = 0.814438$，调整后 $R^2 = 0.814008$，F = 1896.057，F 值统计显著。参数 α≈0.71。

从以上分别采用 10.96% 和 5% 的折旧率估算的结果来看，两者差别不大，固定资本的投入产出弹性系数分别为 0.733 和 0.71。

（2）测算结果分析。

从测算结果来看，2002 ~ 2016 年，我国 TFP 总体上呈现下降趋势。为了便于比较分析，将 2003 年的 TFP 设定为 1。按折旧率 δ = 10.96% 估算的资本存量测算我国的 TFP，至 2016 年我国 TFP 下降了 10%，年均降幅约为 0.8%；若按折旧率 δ = 5% 估算的资本存量测算我国的 TFP，至 2016 年我国 TFP 下降了 13%，年均降幅约为 1%。特别是自 2007 年以来，下降趋势更为明显。由此可见，我国经济增长对于固定资产投资的依赖程度并没有下降，粗放型增长的现状并没有明显改善。

从我国 2003～2016 年各省区市 TFP 变化情况来看，北京、重庆、浙江、江苏、贵州和上海六个省市保持增长。其中北京、重庆和浙江的 TFP 年均增幅达到 2% 以上，分别为 2.59%、2.48% 和 2.19%。在保持增长的六个省市中，四个位于东部地区，两个（重庆、贵州）位于西部。

TFP 低于全国平均水平的东部地区省市有辽宁、福建、海南、河北、天津等五个，通过对比这几个地区的历年固定资产投资情况，不难发现，这些地区经济发展对投资的依赖程度较大。而我国中部地区 TFP 普遍呈下降趋势，仅有江西稍高于全国平均增幅，其余 7 省均明显低于全国平均水平，其中吉林、河南、山西三省 TFP 年均降幅超过 3%，经济发展质量不容乐观（见图 10－1）。

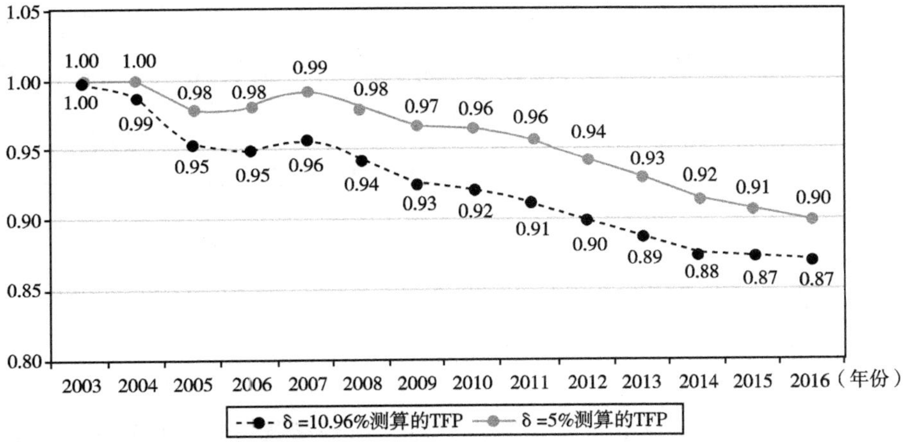


**图 10－1　2003～2016 年我国 TFP 值的变化**

注：数据根据历年《中国统计年鉴》整理、计算；TPF 值按照 1992＝1 调整。图上所标数字为按照折旧率 δ＝10.96% 估算的 TFP 值。虚线为按照折旧率 δ＝5% 估算的 TFP 值。

按照东中西部来划分，以各省区市的全要素生产率均值作为该区域 TFP，求得东、中、西 TFP 的变化趋势，如图 10－2 所示。总体来看，我国的 TFP 非常不均衡。东部地区的全要素生产率明显高于中西部地区，并且下降的幅度相对较小，北京、上海、江苏、浙江等省市还有明显的上升，北京 2016 年比 2003 年上升幅度达到41.5%，居全国第一位。中部地区的全要素生产率整体上高于西部地区，下降的幅度最大的是吉林，年均降幅达4.4%，位居全国倒数第一，这也反映出我国经济新常态下，中部地区过度依赖投资驱动的劣势；西部地区长期以来全要素生产率处于较低水平，但是下降幅度相对较小，并且重庆、贵州年均增幅还在2%以上。

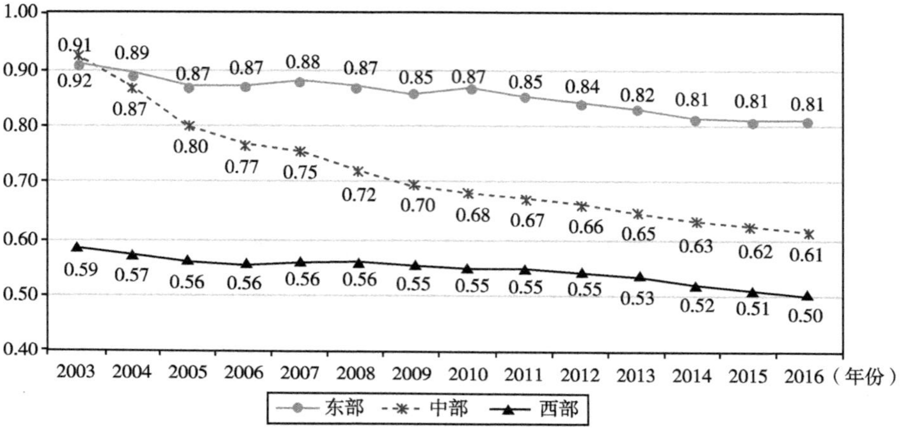


**图10－2　我国东、中、西地区TFP变化趋势**

注：按照折旧率δ＝5%估算的TFP值。

## 10.2.2　专利产出指标分析

选择各地区专利授权数量作为国内创新产出的衡量指标，相对来说更加客观，数据来源也比较直接。本章数据来源于历年《中国科技统计年鉴》。

从我国专利授权量总体变动情况来看，2003～2016年我国专利授权量年均增速20%以上。截至2016年年底，我国国内发明专利拥有量达到110.3万件，首次突破100万件，我国是继美国和日本之后，世界上第三个国内发明专利拥有量超过百万件的国家（见图10－3）。

按照不同省域统计来看，我国专利授权量区域差异很大。其中广东、江苏和浙江是我国专利授权的第一梯队，2016年的专利授权量均超过了20万件。其中广东达到25.9万件，连续多年居全国首位，江苏（23.1万）和浙江（22.1万）

紧随其后，差距并不大。其他专利授权量较多的省域依次为北京（10.1 万）、山东（9.8 万）、福建（6.7 万）、上海（6.4 万）、四川（6.2 万）、安徽（6.1 万）、河南（4.9 万）。我国专利授权量较少的区域为西藏（0.02 万）、青海（0.14 万）、海南（0.19 万）、宁夏（0.27 万）、内蒙古（0.58 万）、新疆（0.71 万）和甘肃（0.80 万）等，如图 10－4 所示。

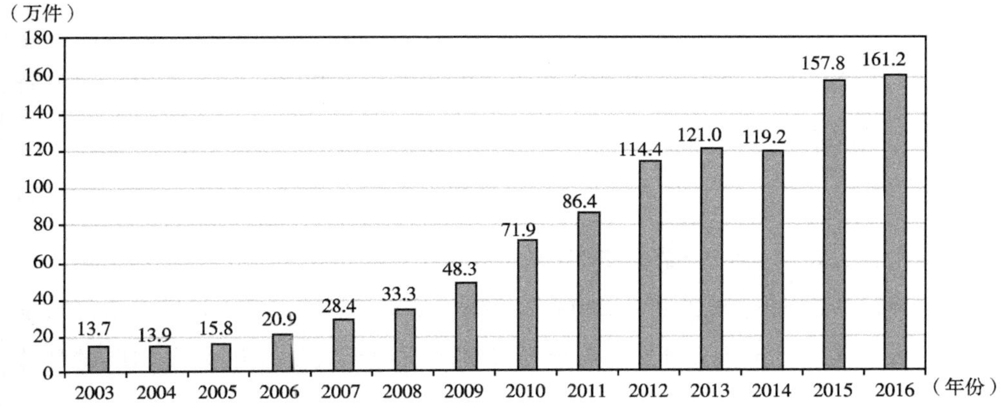


**图 10－3　2003～2016 年我国专利授权量变化**

注：数据来自历年《中国科技统计年鉴》。

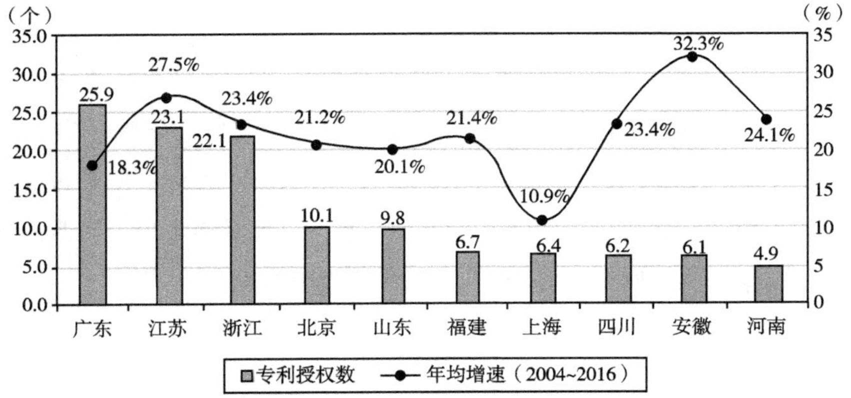


**图 10－4　2016 年我国专利授权数排名前十省市及近年来平均增速**

注：数据来自历年《中国科技统计年鉴》。

## 10.3 其他中间变量的测算

### 10.3.1 国内 R&D 资本存量的测算

国内外文献对国内 R&D 资本存量多采用永续盘存法来计算各省区市研发资本存量，计算公式如下：

$$S_{it}^{d} = RD_{it} + (1 - \delta) S_{i(t-1)}^{d} \quad (10.12)$$

其中，$S_{it}^{d}$表示 t 时期 i 省的 R&D 资本存量；δ 是 R&D 资本存量的折旧率，参考通常的做法取 5%。$RD_{it}$是以 2003 年不变价格计算的 t 时期 i 省区市实际研发支出。各省区市历年名义研发支出数据来自《中国科技统计年鉴》。$RD_{it}$的计算公式如下：

$$S_{i0}^{d} = RD_{i0} / (g_i + \delta) \quad (10.13)$$

其中，$g_i$ 为 i 省在 2003～2008 年五年间 R&D 支出实际年均增长率。t=0 表示基期 2003 年的相关数据。

我国研发资本存量前六名均为东部沿海省市，广东位居全国首位，2016 年研发资本总量达到 6736 亿美元，江苏和北京分居二、三位，分别达 6496 亿元和 6211 亿元。紧随其后是山东（5024 亿元）、浙江（3887 亿元）和上海市（3869 亿元）。中部地区仅有湖北（1931 亿元）进入前十，排名第七位；而西部仅有四川（1872 亿元）进入前十，排名第八位（见图 10－5）。

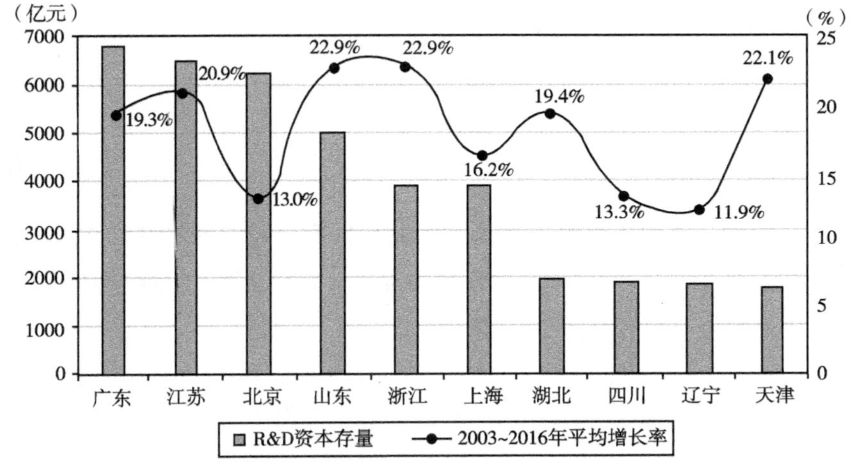


**图 10－5　2016 年研发资本存量前十省份及年均增长率**

注：按照折旧率 δ＝5% 估算的 TFP 值。

### 10.3.2　样本国 R&D 资本存量的测算

我国通过 OFDI，能够获得东道国的研发资本存量溢出。对于国外 R&D 资本存量数据没有直接的统计，国内外关于该变量数据大多采用 LP（2001）提出的计算方法求得母国所获得的境外 R&D 资本存量。公式如下：

$$S_t^{ft} = \sum (OFDI_{jt}/Y_{jt}) S_{jt} \qquad (10.14)$$

其中，$OFDI_{jt}$是 t 时期我国对目标国 J 的投资存量，$Y_{jt}$为 t 时期东道国的 GDP，$S_{jt}$表示 t 时期 J 国的 R&D 资本存量。根据式（10.14），可以测算出算出我国对全球 OFDI 引致的 R&D 资本存量。各国的 GDP 数据来源于世界银行 WDI 数据库；R&D 支出来源于世界银行、联合国教科文组织及 OECD 各类统计数据；我国对各国的对外直接投资存量数据来源于《中国对外投资统计公报》。

根据我国 OFDI 的情况，我们选取对外直接投资较多的目的地（去掉中国香港、开曼群岛和英属维尔京群岛等），再对比数据的连续性和完整性，选取美国、新加坡、英国、荷兰、俄罗斯、加拿大、法国、德国、韩国、瑞典、日本和巴西等12个国家的作为样本进行研究。样本国家R&D资本存量的计算方法采用与国内R&D资本存量相似，同样采用永续盘存法进行估计。t时期j国的R&D资本存量$S_{jt}$计算公式如下：

$$S_{jt} = RD_{jt} + (1 - \delta) S_{j(t-1)} \tag{10.15}$$

其中，δ是R&D资本存量的折旧率，参考国际上通常的做法取5%。在计算的过程中，需要用到的变量$RD_{jt}$的计算采取各国GDP乘以各国的研发支出占GDP比重即可获得。计算结果见表10－1。

**表10－1　　样本国家R&D资本存量（2003～2016年）**　　单位：亿美元

| 年份 | 美国 | 新加坡 | 英国 | 荷兰 | 俄罗斯 | 加拿大 | 法国 | 德国 | 韩国 | 瑞典 | 日本 | 巴西 |
|---|---|---|---|---|---|---|---|---|---|---|---|---|
| 2003 | 25021 | 76 | 2552 | 776 | 169 | 1149 | 2778 | 4209 | 826 | 889 | 14621 | 105 |
| 2004 | 26827 | 97 | 2796 | 855 | 225 | 1297 | 3083 | 4681 | 979 | 974 | 15399 | 150 |
| 2005 | 28767 | 119 | 3050 | 934 | 290 | 1463 | 3379 | 5140 | 1166 | 1057 | 16202 | 215 |
| 2006 | 30861 | 145 | 3324 | 1015 | 375 | 1646 | 3686 | 5621 | 1394 | 1151 | 16937 | 292 |
| 2007 | 33122 | 180 | 3658 | 1106 | 492 | 1843 | 4039 | 6181 | 1661 | 1252 | 17653 | 388 |
| 2008 | 35538 | 221 | 3947 | 1204 | 630 | 2039 | 4439 | 6847 | 1891 | 1369 | 18517 | 525 |
| 2009 | 37825 | 252 | 4152 | 1289 | 742 | 2201 | 4812 | 7436 | 2093 | 1449 | 19347 | 636 |
| 2010 | 40035 | 287 | 4352 | 1368 | 867 | 2388 | 5147 | 7992 | 2368 | 1534 | 20234 | 785 |
| 2011 | 42331 | 332 | 4573 | 1470 | 1031 | 2590 | 5517 | 8643 | 2700 | 1640 | 21304 | 969 |
| 2012 | 44585 | 373 | 4771 | 1557 | 1206 | 2788 | 5839 | 9227 | 3057 | 1737 | 22312 | 1147 |
| 2013 | 46932 | 415 | 4984 | 1649 | 1382 | 2959 | 6176 | 9824 | 3445 | 1841 | 22991 | 1314 |
| 2014 | 49379 | 462 | 5238 | 1742 | 1537 | 3099 | 6505 | 10454 | 3878 | 1930 | 23581 | 1449 |
| 2015 | 51939 | 501 | 5463 | 1806 | 1615 | 3207 | 6722 | 10898 | 4269 | 1995 | 23933 | 1536 |
| 2016 | 54471 | 538 | 5630 | 1869 | 1674 | 3301 | 6938 | 11345 | 4652 | 2060 | 24475 | 1615 |

注：世界各国GDP（世界银行）公开数据整理计算。

由表10－1可以看出，美国的R&D资本存量在全球处于领先地位，2016年，美国R&D资本投入为5130亿美元，占当年GDP的2.55%；存量达5.4万亿美元，高居全球首位。日本和德国分居二三位，2016年R&D投入流量分别达1739亿美元和992亿美元。韩国虽然R&D投入总量不高，但是其占GDP的比重高达4.22%，在主要发达国家居首位。

根据式（10.14），可以测算出算出我国各省区市对全球 OFDI 引致的 R&D 资本存量。我国对样本国家 OFDI 引致的研发资本存量的测算结果表明（见表 10-2），目前我国 OFDI 在海外 R&D 存量最多的国家是美国，截至 2016 年达到 177.7 亿美元，占我国海外研发存量的 38.7%。其次是新加坡、荷兰、英国、德国、加拿大，均为发达国家。

**表 10-2　我国 OFDI 在样本国家 R&D 存量（2003~2016 年）**　单位：亿美元

| 年份 | 美国 | 新加坡 | 英国 | 荷兰 | 俄罗斯 | 加拿大 | 法国 | 德国 | 韩国 | 瑞典 | 日本 | 巴西 | 合计 |
|---|---|---|---|---|---|---|---|---|---|---|---|---|---|
| 2003 | 1.09 | 0.13 | 0.09 | 0.01 | 0.02 | 0.06 | 0.02 | 0.14 | 0.29 | 0.02 | 0.29 | 0.01 | 2.17 |
| 2004 | 1.45 | 0.20 | 0.13 | 0.01 | 0.05 | 0.07 | 0.03 | 0.21 | 0.72 | 0.02 | 0.45 | 0.02 | 3.36 |
| 2005 | 1.81 | 0.30 | 0.13 | 0.02 | 0.18 | 0.13 | 0.05 | 0.48 | 1.15 | 0.06 | 0.51 | 0.02 | 4.84 |
| 2006 | 2.76 | 0.46 | 0.25 | 0.03 | 0.35 | 0.18 | 0.07 | 0.88 | 1.31 | 0.05 | 0.84 | 0.03 | 7.21 |
| 2007 | 4.30 | 1.44 | 1.14 | 0.18 | 0.54 | 1.58 | 0.19 | 1.52 | 1.80 | 0.38 | 2.18 | 0.05 | 15.30 |
| 2008 | 5.77 | 3.84 | 1.15 | 0.30 | 0.70 | 1.67 | 0.25 | 1.54 | 1.60 | 0.42 | 1.87 | 0.07 | 19.19 |
| 2009 | 8.76 | 6.35 | 1.80 | 0.50 | 1.35 | 2.68 | 0.39 | 2.35 | 2.83 | 0.38 | 2.56 | 0.14 | 30.10 |
| 2010 | 13.04 | 7.36 | 2.43 | 0.80 | 1.58 | 3.85 | 0.47 | 3.51 | 1.38 | 4.65 | 3.92 | 0.33 | 43.33 |
| 2011 | 24.53 | 12.76 | 4.44 | 1.09 | 1.91 | 5.40 | 7.18 | 5.52 | 3.55 | 4.46 | 4.73 | 0.40 | 75.96 |
| 2012 | 47.14 | 15.97 | 16.11 | 2.08 | 2.72 | 7.72 | 8.60 | 8.08 | 7.71 | 7.69 | 5.83 | 0.67 | 130.32 |
| 2013 | 61.58 | 20.25 | 21.62 | 6.07 | 4.70 | 9.95 | 9.78 | 10.42 | 5.18 | 8.71 | 8.46 | 0.92 | 167.64 |
| 2014 | 107.91 | 30.96 | 22.37 | 8.31 | 6.48 | 13.46 | 19.28 | 15.59 | 7.62 | 10.13 | 12.39 | 1.67 | 256.16 |
| 2015 | 117.49 | 53.93 | 31.76 | 48.31 | 16.57 | 17.59 | 15.81 | 19.06 | 11.42 | 13.61 | 16.59 | 1.92 | 364.06 |
| 2016 | 177.71 | 60.56 | 37.86 | 49.93 | 16.93 | 27.46 | 14.40 | 25.66 | 13.97 | 14.33 | 15.78 | 2.66 | 457.24 |

注：世界各国 GDP（世界银行）公开数据整理计算。

### 10.3.3　各省区市海外 R&D 资本存量估算

下面根据各省区市 OFDI 存量占全国的比重，推算出各省区市 OFDI 在境外研发资本存量。计算公式如下：

$$S_{it}^{OFDI} = (OFDI_{it} / OFDI_t) S_t^{OFDI} \tag{10.16}$$

其中，$OFDI_{it}$表示 i 省 t 时期对外直接投资存量；$OFDI_t$表示 t 时期对外直接投资存量；$S_t^{OFDI}$表示前面计算求得的我国 t 时期 OFDI 在国外的研发资本存量。通过计算，求得各省区市 OFDI 在海外的 R&D 资本存量。根据结果可知，我国 2016 年 OFDI 海外研发资本存量达到了 4200 亿美元。截至 2016 年，海外研发存量超过百亿的省区市有 8 个，分别是广东、上海、北京、山东、江苏、浙江、天津和辽宁（见图 10-6）。

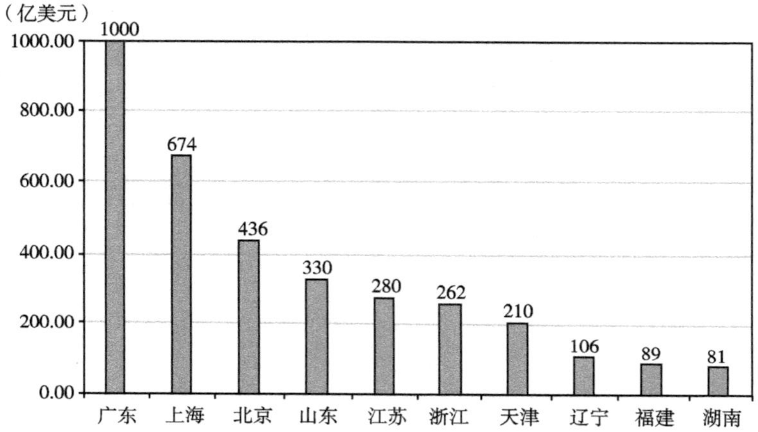


**图 10-6 2016 年 OFDI 海外研发资本存量前十省份**

## 10.4 OFDI 逆向技术溢出效应比较分析

### 10.4.1 变量的平稳性检验

本章选取 2003~2013 年我国 31 个省区市的面板数据，就 OFDI、国内 R&D 存量对我国 31 个省区市技术进步影响进行面板数据回归分析。根据上一节所计算的各中间变量，代入计量模型（10.16），运用 EViews 6.0 进行回归分析。变量的描述性统计如表 10-3 所示。

表 10－3　　变量的描述性统计

| 变量 | 含义 | 均值 | 标准差 | 最小值 | 最大值 |
|---|---|---|---|---|---|
| lnT | 全要素生产率的自然对数 | －0.261 | －0.248 | 0.367 | －0.956 |
| lnP | 专利授权量的自然对数 | 8.767 | 8.820 | 12.510 | 2.770 |
| $lnS^d$ | 国内 R&D 经费投入的自然对数 | 5.684 | 5.900 | 8.870 | －0.100 |
| $LnS^{ofdi}$ | OFDI 国外 R&D 资本存量自然对数 | 1.344 | 1.850 | 6.160 | －4.610 |

所需各变量在前面已经计算完成，为避免产生“伪回归”，首先要对各个变量进行平稳性检验，考察经济变量是否具有时间趋势，采用 ADF 单位根检验法分别检验变量的平稳性进而确定是否采用协整分析法。检验的结果表明，原始序列的 ADF 值均小于临界值，即所有变量均为平稳变量，我们可以做长期协整分析，如表 10－4 所示。

表 10－4　　各变量的 ADF 检验结果

| 变量 | 差分次数 | 检验类型（C，T，L） | t 统计量 | P 值 | 结论 |
|---|---|---|---|---|---|
| LNT | 0 | （C，T，0） | －2.900472** | 0.0461 | 平稳 |
| | 1 | （C，T，0） | －5.975168*** | 0.0000 | 平稳 |
| LNP | 0 | （C，T，0） | －3.490559*** | 0.0087 | 平稳 |
| | 1 | （C，T，0） | －5.450456** | 0.0000 | 平稳 |
| $lnS^d$ | 0 | （C，T，0） | －3.766701*** | －0.0035 | 平稳 |
| | 1 | （C，T，0） | －5.470254*** | 0.0000 | 平稳 |
| $lnS^{ofdi}$ | 0 | （C，0，0） | －4.183033*** | 0.0008 | 平稳 |
| | 1 | （C，0，0） | －5.286838*** | 0.0000 | 平稳 |

注：t 值后的 ***、** 和 * 分别表示在 1%、5% 和 10% 的显著性水平下显著。检验类型 C、T 和 L 分别表示单位根检验方程包括常数项、时间趋势项和滞后阶数，0 表示不包括时间趋势项或滞后阶数。

## 10.4.2　以 TFP 为技术进步指标检验结果

检验结果表明，在 5% 的临界值下变量 LnT、$lnS^d$、$lnS^{ofdi}$ 具有以下协整关系：

$$LnT = 0.113041 - 0.219940LnS^d + 0.106786LnS^{ofdi} \quad (10.17)$$

$$(0.905308)(-4.223987^{***})(3.458419^{***})$$

注：括号内为 t 值，***、** 和 * 分别表示在 1%、5% 和 10% 的显著性水平下显著。

结果表明，国内 R&D 资本存量 $S^d$ 的系数估计值符号均为负，且在 1% 显著性水平下显著，这说明国内 R&D 投资对国内专利授权数量具有显著的负面影响，且国内 R&D 资本存量每增加 1%，国内专利授权数量将下降 0.22%，结果与理论逻辑极其不一致。这个结果说明方程还存在其他变量没有纳入，或者我们对 TFP 的计算不并没有真实反映我国的技术变化情况。

而 OFDI 渠道溢出的国外 R&D 资本存量都对国内专利授权数量具有显著的正面影响，且在 1% 显著性水平下显著，结果表明国 OFDI 引致的国外 R&D 资本存量 $S^d$ 每增加 1%，国内专利授权数量将增加 0.11%，结果与理论分析基本吻合。

基于以上分析，结合前面的分析，我们认为以 TFP 来衡量我国的技术进步水平理论上是可行的，但在实际中测算结果有很大的不确定性。一方面是由于测算 TFP 的各种经济变量选择及统计口径的问题，另一方面对很多参数的估计并没有很严格的测算（如折旧率）。基于以上分析，我们认为采用专利授权数量可能是更好的测算技术进步水平的指标。在下一节，我们将以我国及各省区市的专利授权量来衡量技术进步水平，测算 OFDI 的逆向技术溢出效应对我国国内技术进步的影响。

### 10.4.3 以专利授权量为技术指标进行测算

首先对我国总体进行检验，然后分为东部、中部和西部三组分别进行检验。按照一般的分类，东部地区包括北京、天津、河北、辽宁、上海、江苏、浙江、福建、山东、广东、海南等 11 个省市；中部包括山西、吉林、黑龙江、安徽、江西、河南、湖北、湖南等 8 个省；西部包括内蒙古、广西、重庆、四川、贵州、云南、陕西、甘肃、青海、宁夏、新疆、西藏等 12 个省区市。但是在数据处理过程中，东部地区剔除掉明显与其他东部省份数据特征不一致的河北、辽宁、海南三个省份；西部地区剔除掉 OFDI 规模最小的西藏、青海和宁夏以及 OFDI 明显偏高的重庆；中部保持不变。如此处理，既保证每个地区数据特征大致一直，也刚好每个地区包含 8 个省级单位，更加便于数据分析。

检验结果表明，在 5% 的临界值下变量 LnT、$\ln S^{d}$、$\ln S^{ofdi}$ 具有协整关系。

我国总体的估计结果：

$$LnT = 3.873726 + 0.81743 LnS^{d} + 0.183320 LnS^{ofdi} \quad (10.18)$$
$$(28.94386^{***})(30.37254^{***})(9.216230^{***})$$

$R^2=0.9598167$，调整后 $R^2=0.947828$，DW $=0.319929$，F 值 $=92.65968$。

注：括号内数值分别为该系数的 t 统计值；***、**、* 分别表示在 1%、5%、10% 水平上显著。

东部地区的估计结果：

$$LnT = 4.231833 + 0.654698 LnS^{d} + 0.28845 LnS^{ofdi} \quad (10.19)$$
$$(7.542515^{***})(5.415862^{***})(3.77336^{***})$$

$R^2=0.768043$，调整后 $R^2=0.763787$，DW $=0.109951$，F 值 $=180.4577$。

中部地区的估计结果：

$$LnT = 2.837809 + 0.980228 LnS^{d} + 0.087866 LnS^{ofdi} \quad (10.20)$$
$$(2.747393^{***})(5.339748^{***})(1.787015^{*})$$

$R^2=0.9598167$，调整后 $R^2=0.947828$，DW $=0.319929$，F 值 $=92.65968$。

西部地区的估计结果：

$$LnT = 3.961265 + 0.738262 LnS^{d} + 0.166386 LnS^{ofdi} \quad (10.21)$$
$$(15.92279^{***})(13.22768^{***})(4.546964^{***})$$

$R^2=0.787335$，调整后 $R^2=0.783433$，DW $=0.131039$，F 值 $=201.7715$。

结果表明，所有解释变量的系数估计值符号均为正，且都在 1% 的显著性水平下显著，表明国内 R&D 经费投入以及 OFDI 渠道溢出的国外 R&D 资本存量都对国内专利授权数量具有显著的正面影响，因此国内 R&D 投入和 OFDI 的逆向技术溢出效应都有助于提升我国国内创新能力。

从系数估计值的大小来看，总体来看，OFDI 逆向技术溢出效应对国内技术进步的影响与国内 R&D 经费投入相比，作用还比较小。从全国数据看，国内 R&D 资本每增长 1%，我国的专利授权数量增长 0.82%；而 OFDI 带来的国外 R&D 资本每增长 1%，我国的专利授权数量仅增长 0.18%。国内东、中、西部分区域来看，也基本一致。

从 OFDI 逆向技术溢出的效果来看，东部最大，OFDI 引致的国外 R&D 资本存量 $S^d$ 每增加 1%，国内专利授权数量将增加 0.29%；西部其次，中西部最小，OFDI 引致的国外 R&D 资本存量 $S^d$ 每增加 1%，国内专利授权数量将增加 0.17%；中部最小，OFDI 引致的国外 R&D 资本存量 $S^d$ 每增加 1%，国内专利授权数量将增加 0.88%。

# 第 *11* 章

# OFDI 逆向技术溢出对民营企业技术进步的影响——以浙江为例

本章在测算浙江民营企业全要素生产率（TFP）的基础上，实证检验对外直接投资（OFDI）对浙江民营企业技术进步的逆向溢出效应。结果发现，浙江对外直接投资增长率与民营企业全要素生产率增长率之间存在长期稳定的均衡关系，但是相关系数并不高。结合浙江民营企业“走出去”的实际情况，本章认为主要原因是我国民营企业对外直接投资还处于初级阶段，参与国外生产和技术研发的比例还比较低，因此对技术进步的影响系数还不高。政府应积极引导，推动民营企业在生产、研发等领域加大对外投资，提高对外直接投资对于技术进步的贡献度。

## 11.1 引言

### 11.1.1 研究背景

OFDI（outward foreign direct investment）即对外直接投资，是一国（母国）投资者投入各种生产要素到另一国家（东道国），通过新设或购并企业，获取管理权的一种跨境的经济活动。跨境的经济活动通常带来跨境的技术外溢，习惯上把对外直接投资对东道国的技术外溢称为正向的技术溢出，对外直接投资对母国的技术溢出则称为逆向技术溢出。

随着经济全球化的不断推进和我国改革开放战略的深化，我国于 21 世纪初正式提出“走出去”战略。“走出去”战略实施近 20 多年来，我国企业的对外直接投资（OFDI）发展非常迅速，远远超过同期我国引进外资的增长速度。2016 年，在全球外国直接投资流出流量 1.45 万亿美元，较上年下降 2% 的背景下，中国对外直接投资流量创下 1961.5 亿美元的历史新高，同比增长 34.7%，在全球占比达到 13.5%。截至 2016 年年底，我国 2.44 万家境内投资者在国（境）外设立对外直接投资企业 3.72 万家，分布在全球 190 个国家（地区）；中国对外直接投资累计净额（存量）达 13573.9 亿美元，在全球占比提升至 5.2%，位居第六①。

浙江省对外直接投资在全国占有重要地位，2010 年、2011 年连续两年居全国首位，近年来也稳居全国前列。从投资主体来看，民营企业占我国企业境外投资流量的比重不断上升。据统计，2011 年非国有企业在我国非金融类对外直接投资流量中所占比重已达 44%，在民营经济发达的浙江，占比已过超过 70%（见图 11－1）。民营企业已经成为我国对外投资的重要力量，在我国“走出去”战略中发挥着重要的作用。本章在研究 OFDI 促进企业技术进步的作用机制的基础上，通过实证检验测度 OFDI 逆向技术溢出的实际效果，并提出相应的对策建议。

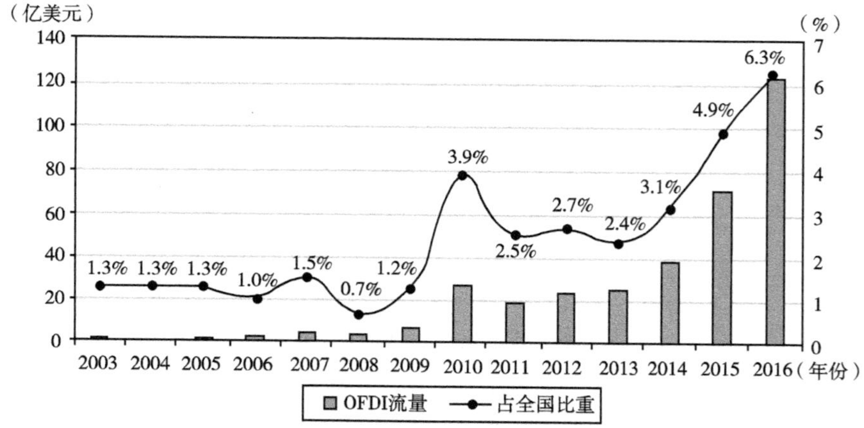


**图 11－1　浙江 OFDI 流量及占全国的比重变化**

① 商务部《2016 年度中国对外直接投资统计公报》。

### 11.1.2　文献回顾

长期以来，国内外研究明显偏重于国际直接投资流入渠道，国际直接投资流出渠道的技术溢出未受到应有的重视。直到 20 世纪 90 年代后，一些学者才开始关注对外直接投资对母国技术进步的作用，因此 OFDI 逆向技术溢出效应是当前国际经济研究领域较新的课题。

Kogut 和 Chang（1991）最先研究了 OFDI 的逆向技术溢出效应。他们以日本企业对外直接投资产业层面的数据为基础，建立计量模型进行实证分析，结果表明：日本对美国的直接投资对日本国内企业技术进步具有明显的促进作用——即逆向技术溢出效应。Serapio 和 Dalton（1999）通过对流入美国的外商直接投资进行实证分析，结论是国外企业通过在美国建立 R&D 机构，或者直接收购美国当地的 R&D 机构和 R&D 资源来获取技术，以提高创新能力。但是，并非所有国家的 OFDI 都产生逆向技术溢出，也有研究却得出了相反的结论：如 Bitzer 和 Kerekes（2008）使用 1973～2000 年 17 个 OECD 国家 10 个制造行业的数据，检验的结论是 OFDI 流出存量与母国制造行业的全要素生产率呈现出负相关关系。

随着我国“走出去”战略的实施，国内对 OFDI 的研究也日益增多。陈菲琼和丁宁（2009）基于创新网络的构成要素阐述了 OFDI 逆向溢出的机理。赵伟、古广东、何元庆（2006）采用 L－P 模型的实证分析表明，中国外向 FDI 尤其是对 R&D 要素丰裕国家或地区的直接投资对国内全要素生产率具有明显促进作用。但是也有很多学者得出了相悖的结论：王英和刘思峰（2008）采用国际 R&D 溢出回归框架进行实证分析的结果表明，以 OFDI 为传导机制的国际 R&D 溢出并未对我国技术进步起到促进作用。白洁（2009）的研究同样表明，对外直接投资对中国技术进步的作用并不十分明显。

以上文献表明，目前有关 OFDI 逆向技术溢出效应的研究成果丰富，但大多是基于国家或者行业层面的研究，针对民营企业技术进步影响的研究鲜有涉及。主要原因在于两个方面：一是计算我国民营企业全要素生产率的相关数据（如企业产值、资产投入和劳动力投入）并没有直接的统计资料；二是我国对外直接投资的数据自2003年才开始公布并逐步完善，同时也没有民营企业口径的统计。不同所有制企业的全要素生产率和对外直接投资都存在较大的差异，其溢出相应必然存在很大的不同，因此，通过对统计数据进行充分挖掘整理并构建合理的计量模型对我国民营企业OFDI的逆向技术溢出效应进行验证，有利于深入了解不同主体的企业对外投资的差异，研究的结果具有较强的现实意义。

## 11.2

## 对浙江民营企业技术进步指标TFP的测算

### 11.2.1 测算方法

能够反映企业技术进步的指标多采用全要素生产率（total factor productivity，TFP）。全要素生产率的概念最早由美国经济学家索罗于20世纪50年代提出，是衡量单位总投入的总产量的生产率指标，一直被视为科技进步的重要指标。由于全要素生产率无法直接从现有数据中得到，因此要根据统计数据进行计算。

全要素生产率估算可以分为参数法和非参数法。参数方法建立在一定生产函数的假设基础上，主要采用索洛残差法和随机前沿生产函数方法。非参数法则主要是以DEA（data envelopment analysis）为代表的确定性生产前沿模型法。以上方法对数据的要求不同，索洛残差法对数据要求不高，比较适合时间序列数据[①]；而其他的方法对数据的要求较高，比较适合大样本数据。本章根据样本数据的获取情况，采用索洛余值法测算出C－D生产函数的具体参数形式，然后再计算全要素生产率。具体推导如下：

在“希克斯中性”技术进步的假设下，技术进步的C－D生产函数为：

$$Y_t = A_t K_t^{\alpha} L_t^{\beta} \quad 0 < \alpha, \beta < 1 \tag{11.1}$$

---

① 徐建军、汪浩瀚《全要素生产率测定的数理分析和方法比较》（《宁波大学学报（理工版）》2007年第20卷第1期99～103页）对计算全要素生产率的方法进行了比较分析，认为“索洛残差法开创了经济增长源泉分析的先河，它的最大优点是简单易行，对于时间序列数据较为适用”。

其中，$Y_t$、$K_t$、$L_t$ 分别代表总产出水平、资本投入和劳动力投入指标；$\alpha$ 和 $\beta$ 分别表示资本投入和劳动投入的产出弹性系数；$A_t$ 代表技术水平，即全要素生产率 TFP。通常假设 $\alpha+\beta=1$，即规模报酬不变，则有：

$$Y_t = A_t K_t^{\alpha} L_t^{1-\alpha} \tag{11.2}$$

两边同时处以 Lt，则有：

$$Y_t / L_t = A_t \left(K_t / L_t\right)^{\alpha} \tag{11.3}$$

为了避免异方差的影响，两边分别取对数，则式（11.3）为：

$$\ln(Y_t / L_t) = \ln A_t + \alpha \ln(K_t / L_t) + \varepsilon_t \tag{11.4}$$

其中 $\varepsilon_t$ 为误差项，通过回归分析，估计出参数 $\alpha$。然后代入式（11.2）可得：

$$TFP_t = A_t = \frac{Y_t}{K_t^{\alpha} L_t^{1-\alpha}} \tag{11.5}$$

## 11.2.2　数据选取

要通过回归分析，估计出参数 $\alpha$，需要用到浙江民营企业的产出值 $Y_t$、资本存量 $K_t$ 和劳动投入 $L_t$ 的数据。由于目前有关以上数据的统计均没有民营企业的直接数据，因此要通过间接方法计算获取。本章利用历年《浙江统计年鉴》中大中型工业企业的工业总产值、资本存量和在岗职工人数数据，采取总量减去国有企业、集体企业的数据从而间接得到民营企业各项数据。计算结果如表 11－1 所示。

**表 11－1　　　　浙江省民营大中型工业企业投入产出数据**

| 年份 | 工业总产值 Y（亿元） | 资本存量 K（亿元） | 在岗职工人数 L（万人） |
|---|---|---|---|
| 2000 | 4987 | 2225 | 131 |
| 2001 | 6639 | 2293 | 146 |

续表

| 年份 | 工业总产值 Y（亿元） | 资本存量 K（亿元） | 在岗职工人数 L（万人） |
|---|---|---|---|
| 2002 | 8623 | 3746 | 152 |
| 2003 | 11628 | 5212 | 172 |
| 2004 | 16601 | 5395 | 235 |
| 2005 | 20992 | 6153 | 314 |
| 2006 | 26761 | 7376 | 380 |
| 2007 | 33471 | 8515 | 428 |
| 2008 | 38223 | 10358 | 477 |
| 2009 | 38249 | 11490 | 530 |
| 2010 | 48063 | 12550 | 588 |
| 2011 | 52878 | 12998 | 660 |
| 2012 | 55177 | 13300 | 710 |

注：数据根据历年《浙江统计年鉴》整理。

### 11.2.3 测算结果

将表 11-1 的数据代入式（11.4），通过最小二乘法回归分析的结果如下：

$$\ln(Y_t/L_t)=3.300201+0.768833\ln(Y_t/L_t) \tag{11.6}$$
$$(3.694901)(13.34150)$$

$R^2=0.553794$，调整后 $R^2=0.513230$，$F=13.6523$，F 值统计显著。参数 $\alpha\approx0.77$，为浙江民营企业资本的投入产出弹性系数；则相应的劳动力的投入产出弹性系数 $\beta\approx0.23$。从估计的参数来看，与当前对投入产出弹性系数的估计结果接近。总体上看，浙江民营企业的资本要素投入增长的贡献要远大于劳动投入增长的贡献。

根据式（11.5），则浙江民营企业全要素生产率计算公式为：

$$TFP_t=\frac{Y_t}{K_t^{0.77}L_t^{0.23}} \tag{11.7}$$

根据表 11-1 的各项数据，计算出浙江省民营企业历年的全要素生产率

TFP，为了便于比较，以 2000 年为基期（2000 年 =100），结果如图 11 -2 所示。

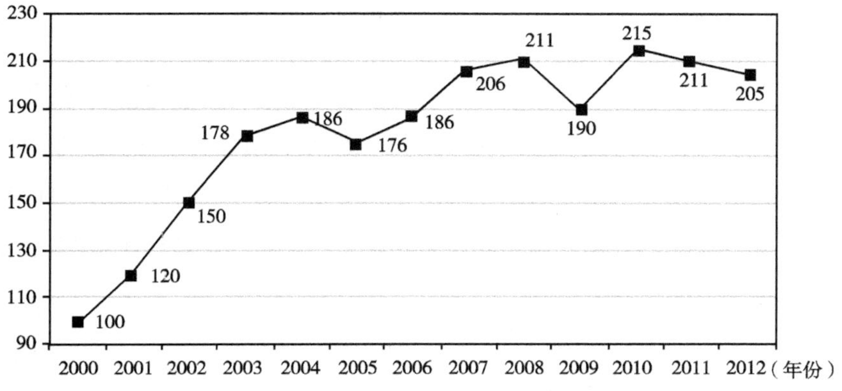


**图 11 -2 2000 ~2012 年浙江民营企业的 TFP 值（2000 年 =100）**

从计算的结果来看，浙江省民营企业全要素生产率自 2000 年以来总体上呈现持续增长的态势。但是以 2008 年为分界点，可以分为两个阶段：2000 ~2007 年，浙江省民营企业全要素生产率保持较快的增长速度；但是 2008 年以来，浙江省民营企业全要素生产率的增长开始放缓，并且呈现出一定的波动性。这可能与当时的经济周期有关，特别是 2008 年以来全球金融危机对以外向型经济为主的浙江民营企业造成了较大的冲击。

## *11.3* 对浙江民营企业 OFDI 逆向技术溢出效应的实证检验

### 11.3.1 计量模型及数据选取说明

以全要素生产率（TFP）来表示浙江民营企业的技术进步水平，作为因变量；以浙江省对外直接投资额（OFDI）为自变量，通过构建回归方程，测度 OFDI增长对浙江民营企业技术进步的逆向溢出效应。为了避免异方差，分别对变量取对数；此外，根据统计学的基本理论，变量取对数之后，回归系数表示变量之间的弹性关系，能够更好地解释全要素生产率和对外直接投资额之间的变动关系。构建如下的线性回归方程：

$$\ln TFP_t = c + \beta \ln OFDI_t + \mu_t \tag{11.8}$$

其中，$TFP_t$ 为计算的全要素生产率；$OFDI_t$ 为浙江省历年的对外直接投资额，考虑到汇率因素，都按照当年平均利率折算为人民币；β 为全要素生产率和对外直接投资额之间的弹性系数，即 $OFDI_t$ 每增长 1%，$TFP_t$ 增长的百分比；c 为常数项，$\mu_t$ 为随机误差项（为剔除单位不同的影响，$TFP_t$ 和 $OFDI_t$ 都是以 2000 年为基期 =100）。

### 11.3.2 实证检验的过程及结果

（1）变量的平稳性检验。

对 lnTFP 和 lnOFDI 进行 ADF 检验，以验证两者的平稳性，结果表明（见表 11-2），两者都是非平稳变量，且都是一阶单整，因此采用 Engle-Granger 两步法对序列进行协整检验，排除“伪回归”现象。

**表 11-2　各变量的 ADF 检验结果**

| 变量 | 检验形式（C，T，K） | ADF 检验统计值 | 5%临界值 | 结论 |
|---|---|---|---|---|
| LNTFP | （C，0，1） | -2.341960 | -3.875320 | 不平稳 |
| LNOFDI | （C，0，1） | -2.413283 | -3.144920 | 不平稳 |
| DLNTFP | （C，0，1） | -2.261998 | -1.977738 | 平稳 |
| DLNOFDI | （C，0，1） | -3.380502 | -3.175352 | 平稳 |

注：ADF 检验采用 EViews 7.2 软件计算。

（2）协整检验。

以 lnTFP 为被解释变量，lnOFDI 为解释变量，对序列进行协整检验，结果如下：

$$\ln TFP = 4.196154 + 0.129395 \ln OFDI + \mu \tag{11.9}$$

$$(28.24695)\ (6.679451)$$

$R^2 = 0.802212$，调整后的 $R^2 = 0.784231$，$F = 44.61506$，F 值统计显著。对回归的残差 μ 进行检验，残差的 ADF 检验统计值为 −4.253703，小于 5% 的临界值 −3.933364，因此，残差 μ 是平稳序列。

以上结果表明，lnTFP 和 lnOFDI 之间存在协整关系，变量之间具有长期稳定的关系。回归系数表示变量之间的弹性关系，具有经济意义：对外直接投资每增长 1%，浙江省的全要素生产率将增长约 0.13%。

（3） Granger 因果检验。

从前面分析可以判断 LNTFP 和 LNOFDI 之间存在长期协整关系，进行 Granger因果检验，发现 LNTFP 和 LNOFDI 存在因果关系（见表 11－3）：OFDI 是浙江民营企技术进步（即 TFP 增长）的 Granger 原因；反正则不明显。

**表 11－3　　Granger 因果检验的结果**

| Null Hypothesis： | Obs | F－Statistic | Prob. |
|---|---|---|---|
| LNOFDI does not Granger Cause LNTFP | 10 | 3.48784 | 0.0698 |
| LNTFP does not Granger Cause LNOFDI | | 0.12429 | 0.7264 |

注：Granger 因果检验采用 EViews 7.2 软件。

实证分析的结果表明，浙江对外直接投资增长率与民营企业全要素生产率增长率之间存在长期稳定的均衡关系；并且从因果关系来看，OFDI 是推动浙江民营企业技术进步的 Granger 原因，浙江民营企业对外直接投资对企业的技术进步起到了促进的作用。但是，两者的相关系数并不高，对外直接投资每增长 1%，浙江省民营企业的全要素生产率增长 0.13%。这可能与浙江民营企业国际化程度不高、技术寻求动机不强等因素有关。

近年来，我国企业走的步伐出加快，但是总体上看去还处于初级阶段，对外直接投资量与传统大国仍有较大差距。根据中国国际贸易促进会所做的调查①，我国对外直接投资企业的海外分支机构的企业员工数、总资产和销售额占公司整体比重在 10% 以下的分别为 65.4%、54.2% 和 42.9%，而在 50% 以上的分别仅

① 中国国际贸易促进会 2012 年 4 月发布了《中国企业海外投资及经营状况调查报告》对中国企业对外直接投资的投资情况作了详细的调查。

为6.4%、7.1%和15%。由此可见，我国企业海外分支机构占公司整体资产、员工和业务量的比例还比较低，企业的国际化水平较低。企业的技术进步还主要靠国内的研发投入和技术积累，海外的生产活动对国内企业的技术进步影响较小。

此外，浙江民营企业技术寻求的动机也不强。目前，浙江民营企业对外直接投资的形式仍然以贸易型和经贸办事处为主。以宁波为例，2011年该市185家对外直接投资企业中，贸易性企业和经贸办事处企业为135家，比例高达73%；而生产性企业和研发机构仅为13家和6家，两者合计占比仅为14%①。可见，浙江民营企业对外投资目前还主要以市场开拓为主，为国内母公司开拓市场或者从事售后服务，技术寻求的动机并不强，导致逆向技术溢出的效果不明显。

## 11.4 结论及政策建议

本章基于知识生产函数，利用统计数据研究了浙江民营企业OFDI逆向技术溢出效应对企业创新能力的影响。主要结论有：浙江民营企业对外直接投资通过其逆向技术溢出效应对企业的创新能力产生了显著的正面效应，促进了企业生产率的提高。但是，两者的相关系数并不高，对外直接投资每增长1%，浙江省民营企业的全要素生产率增长0.13%。这可能与浙江民营企业国际化程度不高、技术寻求动机不强等因素有关。鉴于此，为进一步扩大对外直接投资的逆向技术溢出效应，推动国内创新能力的提升，本章提出政策如下建议。

### 11.4.1 支持民营企业“技术寻求型”OFDI

对外直接投资依其动机可以分为自然资源寻求、市场寻求、生产效率寻求和技术寻求等多种类型。其中，以获取东道国先进技术为动机的技术寻求型对外直

① 李书彦《民营企业“走出去”与政府服务创新研究——以宁波为例》（《中国国情国力》2012年第6期第28～32页）统计了宁波对外直接投资不同性质企业的比例。

接投资能够对母国创新能力产生更大的促进作用。欧洲著名管理咨询公司罗兰·贝格对中国 50 家领先企业实施海外经营目的的调查结果表明，以获取东道国先进技术为目的的对外直接投资仅占 16%①。而商务部研究院一项更大规模的调查则显示，以获得东道国先进技术为动机的对外直接投资仅占 10.3%②。

2000 年以来，浙江省境外投资的行业覆盖面逐步拓宽，几乎涉及了三大产业的各个行业，但境外投资的产业构成层次仍然偏低。主要体现在以下几个方面：一是投资多集中于一般加工、初级产品制造等技术含量不高、附加值低的产业；二是偏重对资源开发、一般服务业等劳动密集型产业的投资，对技术密集型产业和高端服务业的投资偏小；三是境外投资的产业与省内主导产业的关联度较低，不利于浙江省通过境外投资促进省内产业升级、技术进步和外向型经济的全面发展。目前浙江民营企业对外直接投资在行业选择上，主要在设备、技术上有较强比较优势的轻工、纺织、家用电器、机械电子以及服装加工等行业为重点到境外投资办厂，进行产品的组装和加工生产。因此，浙江省“技术寻求型”对外直接投资所占比重明显偏低。2012 年，全省批准设立境外投资项目 634 个，其中营销网络项目 613 个，占 96.7%，而研发项目仅有 13 个，所占的比例非常低。因此，进一步增加技术寻求型对外直接投资的比例，是最大限度地获取对外直接投资逆向技术溢出、提升国内创新能力的重要途径之一。在“走出去”的过程中，应充分利用国外技术资源，通过逆向技术溢出和自主创新，掌握核心技术，形成企业自己的核心竞争力，逐渐摆脱目前不利的国际分工体系。针对浙江的实际，尤其应鼓励汽车、家电、纺织服装、电子信息、机械装备等制造企业“走出去”，通过参与国际市场竞争与分工，打破低端锁定，提高产业的技术水平。

### 11.4.2　鼓励向 R&D 密集的发达国家 OFDI

由于地缘和经济发展相关性等原因，亚洲一直是浙江省境外投资的主要区域，投资项目数占比从 2008 年的 48.9% 逐年提高到 2010 年的 51.4%，中方投资

① 甘子玉．中国企业海外投资年度报告：2005 ~ 2006［M］．北京：社会科学文献出版社，2006：134.

② 商务部研究院课题组．我国对外直接投资战略选择［J］．国际贸易，2006（7）．

额占比从 2008 年的 50.6% 逐年提高到 2010 年的 58.7%（剔除吉利并购沃尔沃的 13.88 亿美元金额）。相对来说，对欧洲、美国、日本等发达国家的投资明显偏少，并且这几年出现投资项目数和中方投资额占比双双下滑的趋势。2008 年，浙江省对欧洲的投资项目数和中方投资额占比分别为 24.6% 和 17.0%，到 2010 年，浙江省对欧洲的投资项目数和中方投资额占比下降到 14.9% 和 10.4%（剔除吉利集团的并购金额），同比分别减少 9.7 个和 6.6 个百分点。由于 R&D 密集的发达国家（美国、欧洲和日本等）是技术创新的主要发源地，只有加大对这些国家的直接投资，才能使国内企业获得更多、更先进的知识和技术，并促进本国创新能力的提升。因此，政府应引导对外直接投资流向技术水平较高的欧美发达国家和地区，鼓励企业通过兼并、收购、知识产权合作等方式，促进技术进步。

### 11.4.3 推动民营企业参与跨国并购

技术研究开发是一个高投入、高风险的长期工程，跨国并购能迅速提升企业技术水平。相对于绿地投资，跨国并购不仅可以获得目标企业的生产要素，还能获得目标企业的核心技术，从而迅速提升企业的技术水平。通过跨国并购，浙江省一些企业甚至获取了国外核心技术。2012 年，吉利汽车与沃尔沃汽车达成协议，使用沃尔沃授权的核心技术，这是吉利跨国并购取得的后续成果，也是跨国汽车公司首次向我国本土企业转让先进技术。此外，跨国并购还能大大缩短企业品牌国际化历程。企业要在国际市场上推出自己的品牌，除了需要质量、技术上的努力外，还需要一个漫长的市场认知、商标认知的过程。而通过海外并购，获得国际品牌，是缩短“贴牌”到自主品牌之间距离的最有效方式。如宁波华翔通过并购，获得具有 85 年历史品牌的汽配品牌劳伦斯；雅戈尔并购新马获得了包括 Nautica、Perry Ellis 等五个授权许可品牌在内的国际服装品牌。

以往的实践表明，通过跨国并购难以获取核心技术和知识产权。一方面是因为核心技术和知识产权是发达国家和跨国公司取得竞争优势进而获取超额利润的主要来源，不会轻易让出；另一方面是由于国内企业本身在技术和管理方面差距较大，对核心技术和知识产权的认知、整合和利用能力不足。但是，随着世界经济结构调整和企业竞争能力提升，浙江省企业正面临着良好机遇，通过并购获取核心技术和知识产权的可能性大大增强。因此，浙江省应选择重点领域，从资金和政策上支持企业开展跨国并购获取国际创新资源，把企业创新能力的提升作为跨国并购项目的重要评价标准之一，引导企业有重点地在战略性新兴产业等领域开展并购，结合国内创新战略部署，实现重点领域的技术突破。

### 11.4.4　加大对民营企业“走出去”政策支持

第一，增加财政扶持资金，加大财政扶持力度。过去外经工作经验表明，财政支持在促进对外投资工作中起着政策导向作用，达到了“四两拨千斤”的效果。应进一步加大财政对对外直接投资的扶持力度。改目前的事后的财政奖励政策为事前的财政扶持政策，优化财政政策体系。

第二，建立含有以财政扶持为基础的融资担保、融资贴息支持政策和投资保险支持政策在内的融资保险财政系列优惠政策。此项政策是课题组在调查过程中了解到的企业最迫切的需要。例如，可将财政奖励变为融资担保或贴息支持，也可将财政支持的形式改为对外直接投资初期阶段的税收延付。

第三，借鉴国际经验制定专项税收优惠政策，完善税收抵免制度，避免重复征税税收延迟，减轻民营企业税收负担，做好税法宣传和涉税政策咨询，使民营企业学会利用国际税收协定来保护自己的合法利益。

第四，建立专项扶持基金。设立民营企业对外投资尤其是跨国并购专项扶持基金，可以参照国家对合乎条件的对外直接投资项目实行的扶持政策措施，结合宁波民营企业对外直接投资的实际，灵活制定扶持专项基金的使用方法。

### 11.4.5　提高国内吸收能力

对外直接投资，特别是对 R&D 密集的发达国家的直接投资能够为投资国企业提供近距离接触国外先进技术的机会，但能否真正获得并掌握这些技术则取决于投资国吸收能力的大小，而吸收能力又主要取决于投资国的 R&D 投入和人力资源状况。因此，加大 R&D 经费和人力资源投入，不仅有利于直接形成国内创新能力，也有利于吸收对外直接投资的逆向技术溢出，从而间接促进国内创新能力的提升。此外，从企业经营的角度来看，浙江民营企业要想通过“走出去”获取持续的技术进步，还需要一流的国际化人才，特别是精通业务、涉外工作能力强、具有国际视野的复合型人才。人才培养具有较强的外部性，因此政府应充分调动社会资源，发挥政府资助的“催化剂”作用，引进高层次国际化经营管理人才，对引进特殊人才的企业给予一定的奖励或财政补贴政策。

# 应用对策篇

# 第 12 章

# 我国利用 FDI 技术溢出效应的对策研究

FDI 能够对东道国产生技术溢出效应已经得到了普遍认同，本章的实证研究也充分证明了 FDI 技术溢出效应的存在。但是，FDI 技术溢出效应在我国工业部门的不同时间、不同行业存在很大差异。从 FDI 对我国技术创新能力的影响来看，FDI 的技术溢出效应主要表现在外观设计和实用新型专利等非核心技术的创新能力上，对我国核心技术的创新能力促进较小。这种差异性表明，FDI 对东道国所产生的外溢效应不是一种自然属性。FDI 能否产生外溢效应及其在多大程度上产生外溢效应，是与内外企业之间能否建立具有效率的传导机制和合适的传播途径相关的。FDI 提供了外溢的条件，而不是技术外溢本身。在目前我国的 FDI 额达到相对饱和、趋于稳定的情况下，人们日益关注 FDI 所出现的一些负面影响：一是我国产业发展已形成对 FDI 的过度依赖；二是本土企业在整个产业价值链增值过程中受益甚微；三是 FDI 溢出效应对我国技术创新、产业升级的作用并不明显。这些都在本书的研究中得到一定程度的证实。因此如何结合我国实际，运用市场机制、发挥政府的管理职能，深化 FDI 的溢出效应，积极引导 FDI 向有利于我国经济发展、技术提升、产业升级的方向良性发展，具有重要的意义。

## 12.1 深化产业关联，促进 FDI 技术溢出

不论是从促进工业经济增长还是提高创新能力的角度来看，关联效应都对 FDI 溢出效应的发生和深化有着重要的作用，因为 FDI 与国内企业发生联系而产生溢出效应的重要前提是内外资企业的产业关联，特别是后向关联。但是目前在

我国内外资企业发展“两张皮”的现象还比较突出，本土企业亟待通过产业关联嵌入跨国公司产业链，从而不断提升本地产业的技术水平和产业结构。

### 12.1.1 FDI 产业关联的内涵

关联是指跨国公司子公司与当地企业之间通过市场关系所长期形成的一种供给方面的契约。通过这种契约关系所形成的关联，对于发展中国家企业竞争力的提高非常重要。联合国贸发会议（UNCTAD）为了在产业的内在机制上探索外商直接投资如何给东道国经济带来更多利益，以“促进联系”（promoting linkages）为主题，发布了《2001 年世界投资报告》。该报告认为促进本土企业、特别是中小企业与外商投资企业在产业上的联系，是建筑在外商投资企业和国内企业共同的利益上的。加强产业联系就是加强本土企业的竞争力，使其立足于国际生产网络，并且是外商投资企业完全扎根于东道国经济的一块“踏脚石”。

报告还认为，“促进联系”是国际上第三代促进外商直接投资的主要政策方式。从整个发展中国家来看，吸引跨国公司投资的政策都在不断变化着，目前已开始进入第三代吸引外资政策的实施阶段。第一代吸引外资政策是指优惠政策，包括财税、土地等方面。这类政策很容易被各国、各地区所仿效，特别是在我国加入世贸组织的新形势下，作为地方政府很难形成政策优势。第二代吸引外资政策，是指各国根据各自的产业化政策和产业化目标，选择外国跨国公司伙伴，然后通过一系列的公关、联络等互动过程，吸引这些公司到本国投资。第三代吸引外资政策，是指发展当地的配套企业，以完备配套的关联企业吸引某个或某几个产业群的跨国公司前来投资。

### 12.1.2 我国 FDI 产业关联现状分析

外资经济的迅速发展是我国改革开放的重要成果之一。经过 40 年的发展，外商投资企业已经发展成为我国经济的重要部分。外资企业总产值占我国工业总产值的比重逐步提高，有 4 个行业的产值比重已经超过 40%，13 个行业外资比重在20%以上，外资在我国经济中的介入程度已经到了举足轻重的重要地位。同时，跨国公司也越来越重视我国的市场和研发资源，越来越多的跨国公司在我国设立的研发机构，利用我国当地人才进行产品研发。从我国国内企业的技术水平来看，在很多行业已经具备嵌入、介入跨国公司全球产业链，参与国际分工，与外商投资企业形成生产网络的能力。

但是目前我国 FDI 也存在着制约产业关联效应的不利因素。主要有以下几点：首先，外商投资企业当地成分偏低。外商投资企业还没有将国内本土企业作为重要的采购市场，国内本土企业与外商投资企业在产业关联上还不够紧密。这一方面反映了我国外商投资企业以加工贸易型为主体，总体上还处于利用国内资源和劳动力成本的优势作为跨国公司国际生产体系的组成部分；另一方面，国内本土企业的配套能力还不能适应国际生产体系的要求，在产品质量和技术要求上，特别在高附加值的核心配件的生产上存在差距。其次，外商投资企业表现出明显的进口依赖的特征。我国外商投资企业的生产和经营更倾向于在国际生产体系中的循环，而在国内生产体系中的循环相对较弱，因而带动国内企业介入国际生产体系，参与国际分工的作用也较弱。最后，骄人的出口业绩并不代表我国本土企业已经利用出口市场、广泛地介入了国际产业链，繁荣出口的业绩仍然是以外商投资企业的活动为主体，而且这种出口是建立在大规模的中间产品进口的基础上的。

### 12.1.3 产业关联促进技术溢出的路径

深化产业关联对国内企业充分利用跨国公司技术溢出效应有着重要的作用。其主要通过以下途径深化了技术溢出效应。

（1）形成并扩大产业聚集。

跨国公司进入东道国后，通过关联会使更多的当地中间品生产商进入跨国公司子公司的配套体系，从而形成相关产业的聚集。而这种产业聚集又会吸引更多的跨国公司子公司来当地寻求供应商，从而形成良性循环。对于外商投资企业而言，一般要将销售收入的50%以上用于购买原材料、零部件和其他中间产品，在电子行业、汽车制造等行业，外购的比例则更高。外商投资企业在东道国获取这些投入只有三种选择：进口、在当地制造或向当地供方购买。对于多数外资企业来说，决定进口还是在国内采购或国内生产，取决于同等标准质量的前提下中间投入品进口成本与国内采购或生产成本的比较。避开跨国公司实施市场内部化战略，仅从成本和利益的角度，外商投资企业决策是在当地制造还是向当地购买，关键取决于当地有没有合格的、符合外资企业生产标准要求的供方。在存在符合需方要求的供方的情况下，外商投资企业不会选择既耗费资金成本又耗费管理成本设立分支企业在当地制造。

为保证所采购的中间投入品能满足跨国公司子公司严格的技术要求，这些公司往往不只是向供应商提出具体的要求，还会帮助供应商的技术能力的提升提供帮助，成为跨国公司形成国际生产体系的重要组成部分。因为通过这种关联，大量的知识、技术、管理经验从跨国公司子公司转移到当地企业。这样东道国企业就有可能通过与跨国公司子公司的合作，逐步提高自己的有效竞争能力，从而引起东道国经济增长的实质性改变。

（2）加强与本土企业技术交流。

处于一个经济结构中一个产业的企业群体之间，或多或少地存在着经济利益关系和生产技术的联系。然而，产业结构不同的成长阶段，联系的程度是不同的，它有一个不断深化的过程。一方面，外资企业的发展会增加生产进程和生产部门，由此自然会发展新的国内供应商；另一方面，本土企业会在供应等联系中，不断参与技术学习和内生技术能力的成长，提高其在产业链分工的专业化程度，并提高其在产业链分工中的地位。企业间的交易活动实质上反映了企业间的技术联系。本土企业通过分包、配套或提供经营服务方式，与外商投资企业建立产品或服务的交易关系，通过产业的后向联系，外资企业会迫使本土企业在质量、供货计划以及价格（核算成本）等方面达到较高标准，而促成本土企业技术水平的提高。更为重要的是作为供应商的本土企业，可以将他们学到的技术和管理方式用于其他的经营中，这样，嵌入式技术发展模式促进的技术进步，不仅发生在与跨国公司建立联系所在的产业，而且也发生于与该产业相关的其他产业。另外，外资企业可以通过当地的销售活动，产生前向关联的技术扩散效果。

外资企业为了向下游企业提供更高质量的产品，促进自身工艺和产品的提高，经由销售服务和培训而产生技术扩散，外资企业的销售服务和示范效果，都会使外资企业与国内企业的技术转让得以完成，从而推动产业的升级。

嵌入式技术发展模式主要是利用跨国公司的内部化技术转移，推动国内本土企业参与跨国公司的国际分工体系，通过与跨国公司的前向和后向产业关联，在跨国公司的某些生产阶段上实现专业化，并利用跨国公司的产业转移和技术转移所提供的发展契机，不断汲取跨国公司所产生的转移技术和创新信息，在消化吸收的基础上，自主创新，从而提升国内的技术能力。

（3）通过“木桶效应”产生技术的带动效应。

跨国公司作为世界先进技术的主要载体，嵌入跨国公司的全球化生产和经营产业链，可以在产品生产配套的生产技术的差距上形成“木桶效应”，而产生技术的挤压和带动效应。

本土企业嵌入跨国公司产业链，在产业价值链上，参与专业化分工，成为生产网络体系中的一个结点或单元：在生产技术链上，由于垂直分离、横向联系的网络生产组织结构，产业的不同部门也自然分化为不同的技术，每一个部门都由该部门技术领域内一组专业化生产的特定的企业组成，这些技术最后在终端产品的生产上相互依赖，因而也必然存在技术系统中各生产环节技术的相互协调和平衡的要求。一个部门的技术发展超前或者滞后对其他部门都具有冲击效应，从而形成技术差距上的“木桶效应”，在相关部门之间形成生产技术上的“挤压效应”和“带动效应”。其结果便会推动产业生产技术的升级。

嵌入技术发展模式的技术带动，还表现在逆向的“木桶效应”。外商投资企业作为跨国公司国际生产链条的一个环节，跨国公司一般按照该企业或分包体系在全球化生产体系中的位置，决定其转移的技术水平。因此，东道国产业发展的技术水平和配套能力，决定了其在全球产业链条的位置，进而确立技术转移的水平。如果东道国不断提高自身产业的配套能力，不断推进本土产业的技术进步，跨国公司也将会适时调整东道国子公司在产业链条中的地位，稳步提高技术转移的水平，从而深化外资技术外溢的效果。韩国三星集团在我国的发展历程，从普通家电、到高档家电、再介入数码和电信产品的发展历程，表明跨国公司转移技术水平逆向“木桶效应”的存在。

（4）促进人力资源的双向流动。

人力资本的流动被认为是技术外溢的重要表现之一。跨国公司海外投资项目的有效运转，往往和当地人力资源的开发结合在一起。他们所到之处，都努力与本土政治制度、经济制度和文化习俗融合，从本土化出发推行企业制度创新，在使企业适应地区市场竞争需要的同时，将新的竞争规则带到了本土文化中，因此，人力资源本土化，已经成为很多跨国公司的重要战略，如摩托罗拉独具特色的人本管理、西门子的培训为发展而不是为工作、LG的管理人员当地化、人才开发本土化等（杨婕、宋红超，2004），说明本土化人才对外资企业发展的重要性。但是随着本土企业的发展壮大和创新能力的增强，人才流动的单向状况开始打破，逐渐出现人才回流的现象，特别是在深度嵌入发展的情况下，如当地技术及管理人员和跨国公司总部派遣的专家一起工作；对供应商企业进行职员培训；当地技术人员参与对技术、产品和工艺的改进工作甚至研发活动，人才的双向流动会进一步频繁。

### 12.1.4 提高技术吸收能力促进产业关联的对策

跨国公司的资本、技术转移不会自动地提高东道国的劳动生产率和创新能力，FDI溢出效应的效果是与当地企业吸纳能力相联系的。如果东道国企业技术吸纳能力不足，就不能形成联系效应。外资企业与当地企业的技术差距越大，则它与当地企业建立后向联系的难度也就越大。如果东道国国内企业技术水平与跨国公司较为接近，东道国本身具有较强的技术学习、吸收能力，投资企业的技术能够较快地适应当地生产条件，并很快地为当地企业所模仿。反之，对于技术水平很低、吸收能力很差的国家而言，外商企业的领先技术并不适宜于直接用于当地生产，而且当地企业缺乏足够的技术学习和吸收能力，因此引进外资未必带来溢出效应。

制约东道国技术吸收能力的因素主要有两个：首先是技术水平差距。在跨国公司技术外溢过程中，技术外溢效果与发展中国家和发达国家的技术差距相关。

当地企业的现有技术能力是决定技术外溢效果的关键因素。而目前我国现有企业的规模、技术、管理水平、产权结构制约了对跨国公司溢出技术的吸收。国内部分大中型国有企业普遍存在生产设备老化，生产流程僵化，研究与开发能力薄弱的问题。而且由于中外双方在规模、技术水平、管理等方面的实力差距，国内企业在与跨国公司合作过程，容易处于不平等的地位，难以通过合作体中的内在约束要求跨国公司加快技术扩散的速度，这样国内企业也无法享受到技术溢出的好处。其次是人力资本水平。东道国获得技术溢出效应的必要条件之一就是东道国拥有经过良好训练的人力资本。而我国由于教育水平落后，致使劳动力供求失衡严重。一方面，能够适应国际化运作、掌握当今世界先进技术的高级管理、技术人才严重匮乏；另一方面，知识水平低的简单劳动者又严重过剩。也就是一方面，大学培养的实践能力差，与社会需求严重脱节的大学生就业难；另一方面，具有一定理论知识、动手能力强的高级技术工人又严重不足。此外，在很多地方的劳动者就业流动中也存在着严重的障碍，如户籍制度、子女入学、医疗保险等都存在着很多不利于人才流动的制度。因此，要想提高我国的技术吸收能力，就要从缩小与跨国公司技术差距、提高人力资本水平等方面入手。

首先，加强国内企业的学习与吸收能力，特别是跨国公司供应商的技术能力。为了改善当地企业的吸收能力，对于个别企业来说，可以加强与大学研究机构合作，培养人才；通过技术交易，引进所需的技术知识；国内企业之间建立技术联盟关系，互换技术成果；等等。从政府部门的角度看，可以考虑采取如下方面的措施：鼓励国内企业与大学、研究机构的技术合作及员工培训方面的合作，并对此类支出给予政策优惠；向当地企业提供金融支持，帮助其解脱技术吸收过程中资金不足的约束；加强教育投入，提高全民族的整体素质。

其次，还应为人员流动创造条件。人员流动是跨国公司技术溢出的主要渠道，为了鼓励人员流动，特别是管理人员、技术人员的流动与创业，应当减少人员流动方面的限制。还应加强风险投资业的发展，以鼓励技术人员与管理人员的创业活动。对于知识产权保护，也应加强执法的力度。对知识产权保护不足，也不利于知识产权拥有者与创新者的创新行为，因而损害了一国长期的技术创新能力。

## 12.2

## 完善法规体系，限制跨国公司垄断行为

自20世纪90年代以来，跨国并购迅猛发展，整个90年代跨国并购的平均增长速度达到30.2%，大大超过了全球对外直接投资（FDI）15.1%的平均增长速度；90年代中后期，跨国并购投资占国际直接投资的70%～90%；尽管21世纪初跨国并购投资有所下降，但仍然占据着国际直接投资的绝大部分份额。联合国贸发会《世界投资报告》显示，2001年中国外资并购占当年外商直接投资不到5%，而2004年就达到了60%以上，3年增长了近12倍。面对跨国公司并购对我国经济的冲击，我国显然缺乏充分准备，没有完备的法律体系以及相应的配套政策对跨国公司的并购活动加以引导和管理。如何运用跨国并购的理论，借鉴发达国家规范跨国并购的经验，有效利用外资从而促进我国经济健康发展是值得我们研究的重要课题。

### 12.2.1 限制外资并购的理论基础

经济学分析和价值判断标准是构成西方国家有关控制外资并购的立法和行政政策的主要理论基础。西方国家限制外资并购的政策源于古典经济理论的基本思想，随着产业组织理论的兴起及其与经济主权、国家安全思想的融合，逐渐形成了当前以产业组织理论为核心的反垄断政策、以经济主权思想为核心的产业保护政策和以国家安全观为核心的特殊政策。

（1）哈佛学派的市场结构理论。哈佛学派的市场结构理论认为，企业的市场结构决定其市场行为进而决定其市场绩效。要维持企业的竞争性的市场行为，保持市场效率，必须使其具有竞争性的市场结构。这里市场结构是决定性因素，因而竞争和垄断问题从根本上来说是结构问题。由于以这一分析框架为基础的政策指向对市场结构的控制，即反对任何导向垄断的市场结构的行为，经济学界将基于这种理论的反垄断政策称为“结构标准”。该理论在西方发达国家20世纪50年代至70年代的经济学中占据主流地位，并对有关行业并购的立法、司法和

政策产生了重大的影响。西方国家早期对垄断行为的判定大多是以市场结构为依据，主要是考察市场份额和市场集中度，如引入了 HHI 指数来衡量市场集中程度。由于跨国公司通过并购会产生市场集中程度增加的可能性，造成对一国市场的垄断，因此限制跨国公司并购造成的垄断性市场结构是西方国家早期对外资并购进行限制的主要动机。

（2）芝加哥学派的市场效率论。以博克、德姆塞兹、波斯纳等为代表人物的芝加哥学派认为反垄断的首要目标在于促进经济效益，对企业合并的分析重点应从市场结构转向经济效益，并以经济效益作为评价和是否干预企业合并的依据。他们并不承认哈佛学派的市场结构决定市场行为决定市场绩效的三框架模式，更不承认市场集中和企业利润之间存在着某种密切的正比关系，而是认为企业的利润取决于多种因素，特别是取决于企业的生产效率。所以对反垄断法关于企业并购控制标准的分析重点，应从市场份额转向效率分析。如今，效率分析在反垄断审查中的势力已大于结构分析。从结构主义向非结构主义变迁，这种变化反映了以结构主义为指向的并购政策向非结构主义的并购政策转变，同时也表明在指导政府处理企业并购问题上，新的产业组织理论取代了老的产业组织理论。

（3）经济主权和国家安全理论。传统的国家主权集中体现在政治、军事和外交领域。随着现代国家之间的经济交往日益密切，主权在经济领域体现的比重日益增加，经济主权的概念孕育而生。政府干预跨国并购也是基于主权理论而成立的，东道国政府会把对跨国并购实行干预和管理作为促进政治上、经济上进一步独立的手段。政府注重保护和扶持那些国际竞争力薄弱的本国产业，推迟其资本自由化的进程限制外资并购，以尽可能避免外国资本对本国产业的支配。与国家主权思想交织在一起的国家安全理论也对跨国并购起着重要的作用。经济全球化的发展导致西方理论界出现许多新国家安全观，这些观点更加注重经济对一国军事、政治的支撑作用，特别是一些与国家安全相关的产业，这些产业往往掌握着国家军事技术、自然资源命脉，对一国的安全起着重要的作用。因此各国都对一些特殊产业设限，禁止或限制外资并购，甚至在一些传统行业中也设置了国家安全审查障碍。

### 12.2.2 西方国家限制外资并购的措施

从东道国的角度来看，规范外资并购的制度主要基于三个方面的动机：维护市场竞争、保护本国产业主权以及保证国家安全。本节将考察美国、英国、德国、法国、加拿大、日本等跨国并购发生率较高的国家的跨国并购控制制度，并对这些制度进行简要评述。

（1）以维护市场竞争为目标的反垄断法律、准则。

西方发达国家对外资并购本国企业进行限制最基本的目标就是限制垄断和促进竞争。由于跨国公司在生产技术和产品销售方面与国际市场有着广泛的联系，因此，与一般的国内企业相比，跨国公司在东道国的市场竞争中常常占据优势地位。为了扼制跨国公司的垄断势力，西方发达国家一般将反垄断法无一例外地也适用于在本国活动的外国企业和跨国公司。

以美国为例，美国的反垄断法律体系是由一系列法律构成，对跨国并购可能形成垄断的限制主要体现在这些法律里面。这些法律的主要目的是保护和促进竞争，但各有其侧重。早在1890年美国国会就通过了第一部反垄断的法律——《谢尔曼法》。《谢尔曼法》是反垄断的基础法，其对垄断的判断依据，一是以市场占有率为依据，如果某个企业的产品市场占有率为80%～90%，可以视为市场力量很高；二是当事企业采取了某些掠夺性定价或排他性的行动。《联邦贸易委员会法》是为弥补《谢尔曼法》的不足而制定的，所涵盖的范围大大拓宽，其主要目的是防止"商业中的不公正竞争和不公正的或欺骗性行为"，以消除企业可能获得的垄断地位。《克莱顿法》对垄断进行了具体的界定，在该法的第7条中，认为如果并购"结果可能使竞争大大削弱或导致垄断"，那么就造成违法的结果。《克莱顿法》颁布以后，先后又进行了四次修正。《罗宾逊－帕特曼法》《赛勒－凯弗尔法》《哈特－斯科特－罗狄洛法》《反托拉斯程序修正法案》分别是对《克莱顿法》的四次修正。

其他国家如法国、英国、德国、日本也都有比较完备的反垄断法律，如表12－1所示，其差别主要在于执行部门对垄断的标准的界定。如法国于1977

年确立的并购控制制度，其控制标准较为宽松，在横向并购案中，只有当并购交易的双方在并购后的市场份额达到 40% 以上时（比美国标准几乎高出一倍），才会受到反托拉斯当局的干预。

表 12－1　　主要发达国家反垄断法律体系概况

| 国家 | 反垄断法律 | 国家 | 反垄断法律 |
| --- | --- | --- | --- |
| 美国 | 《谢尔曼法》《克莱顿法》《塞勒－凯弗尔法》《哈特－斯各特－罗蒂诺法》 | 澳大利亚 | 《澳大利亚交易实践法》《外国并购法》 |
| 英国 | 《公平交易法》 | 加拿大 | 《加拿大投资法》 |
| 德国 | 《反对限制竞争法》 | 日本 | 《禁止垄断法》 |
| 法国 | 《并购法令》 | | |

美国的反垄断法主要明确了反垄断的基本原则、分析因素、审查程序和惩罚措施等，司法部和贸易委员会编制了企业购并准则，为处理并购案提供指导。企业并购准则概括了对并购采取的具体政策，介绍了监管机构在分析并购活动时采用的分析框架和标准，以减少执行反垄断法过程中的不确定性。在并购案件中，受人关注的焦点往往是这些并购准则。因为这些准则往往涉及对垄断标准的认定，在不同时期这些准则对垄断的定义有很大的差异。

以美国为例，美国司法部为了便于执行反托拉斯法，每隔若干年就颁布一次兼并准则，用于衡量什么样的并购可以被批准，什么样的得不到批准。美国司法部先后于 1968 年、1982 年和 1984 年发布了指导控制并购标准的并购指南（为的是执行反托拉斯法，动态地掌握市场份额标准）。最新的并购指南是 1992 由美国联邦贸易委员会会同美国司法部联合发布的。

美国司法部 1968 年的并购准则主要是依据法院根据《克莱顿法》所判决的主要案例而制定的。这个准则规定了一系列的用以确定禁止并购的标准，主要是考察市场份额和市场集中度。1982 年的并购准则首次引入了 HHI 指数来衡量市场集中程度并提出了划分市场范围的方法和规则。在 1984 年的并购准则中，效率因素也开始得到考虑。1992 年美国并购准则是美国反垄断机构处理企业并购的最新指导性规则，这一新准则反映了美国在反垄断经济学理论和法学理论方面的进展。新的兼并准则淡化了市场份额指标，突出了效率指标，强调了并购对竞争趋势的影响分析，提出了评价并购的竞争效应的分析框架和具体标准，详细地解释了如何分析并购行为是否导致反竞争效应，以及特定的市场要素是否影响了这种效应。

（2）以保护经济主权为目的的产业保护措施。

从纯粹经济学的角度看，外资和内资在对东道国经济的贡献上没有什么差别，因此一直有很多经济自由主义的学者反对将外资和内资区别对待。但在现实中，即使是对外资最开放的国家如英美等国都对外资并购本国企业有明显的限制，这些限制大多是以经济安全为目的的产业主权保护措施，防止本国的一些产业被外资所控制而影响到国家的经济安全。

日本是从国内产业发展角度对外资并购进行限制最典型的发达国家。长期以来，日本外资法对待外商投资及并购企业的基本态度是“原则禁止，例外自由”。坚持这种立法原则，一是基于日本根深蒂固的内向的民族意识，担心支配本国资本的经济主导权落入外国人之手；二是基于日本二元经济结构和“日本式”经营方式的特点，深恐外资一旦进入企业，势必削弱日本垄断资本的国际竞争力。

目前，日本根据各产业的国际竞争力的强弱，将本国产业划分为第一类自由化产业、第二类自由化产业和非自由化产业三类，对外商规定不同的出资比例，如表 12－2 所示。在实际执行过程中，日本对外商投资及并购企业的控制往往比法律规定更为严格，特别是对外方持股在 50% 以上或超过日方最大持股者，审批时仍持相当谨慎的态度，有些根本不予批准。日本政府注重保护和扶持那些国际竞争力薄弱的本国产业，采取“先保护育成，再开放竞争”的基本策略，有意推迟其资本自由化的进程，以尽可能避免外国资本对日本产业的支配。

**表 12－2　　　　日本外资法对本国产业的划分**

| | 主要范围 | 行业特点 | 对外资政策 |
|---|---|---|---|
| 第一类自由化产业 | 钢铁、造船、摩托车制造、电子计算机等 | 不仅在技术、资金、设备、材料及其他个别方面，而且在综合竞争能力方面，与外国企业相比差距很小的产业 | 外国投资者在这类企业中可拥有 100% 的股份 |

续表

| | 主要范围 | 行业特点 | 对外资政策 |
|---|---|---|---|
| 第二类自由化产业 | 汽车制造、电话设备、合成纤维、医药品生产等 | 尽管具有相当的国际竞争力，但从资本、技术、设备、资源等个别方面及综合竞争能力方面，与外国企业相比有一定差距的产业 | 外国投资者在这类企业中只能占有50%以下的股份 |
| 非自由化产业 | 农林水产业、皮革制品、石油、矿业等 | 国际竞争力薄弱，与外国企业相比差距较大 | 外商投资和并购日本企业受到严格限制，出资比例上限大大低于自由化产业 |

(3) 以维护国家安全为目的特别限制措施。

发达国家对外资并购的限制措施除了反垄断和维护经济主权的动机外，维护国家安全也是一个重要的因素。各国出于国防和军事方面的考虑，都规定了一些与国家安全相关的产业，这些产业的外资并购案将受到特殊审查。以美国为例，在投资的行业领域方面，军事和国防工业是禁止外资进入的。此外，限制外资进入的行业主要有：通讯和交通业、不动产和自然资源开发业、能源和动力、银行和保险业等。美国政府对跨国并购进行限制的一项重要修正案是《埃克森－弗罗里奥修正案》。根据该修正案规定，外国公司欲并购的美国公司如果涉及与国家安全相关的产业，该项跨国并购案将受到特殊审查。该修正案实施至今，外国投资委员会已审查了数百起外国并购美国公司案，如 1990 年中国航天航空技术进出口公司收购曼可公司，美国政府认为这家公司在国家安全方面较为敏感，不愿让其为中国政府控制该项并购案而被布什总统否决。其他近年涉及我国的案例，如联想并购 IBM 的个人电脑业务部和中海油并购美国石油商优尼科都受到类似的审查。

### 12.2.3　我国限制跨国并购的建议

(1) 要形成以《中华人民共和国反垄断法》为主体的相关法律法规体系，规范外资并购的垄断行为。

过去我国引进跨国公司直接投资的主要形式有三种：外商独资经营、中外合

资经营、中外合作经营。不同投资形式对我国的技术溢出效应是不相同的。外商独资企业的技术不直接向东道国企业转移和扩散，或者说它正是为了严格垄断这种先进技术的控制权才不愿与东道国合资、合作，仅仅将部分技术单项地、分散地传播给东道国企业技术工人。中外合资和合作企业转移来的多属于中间技术和传统技术。外商与东道国双方的共同利益将促使他们共同开发与改进技术。此外，合资企业为了节约成本、提高效益，还将产品的部分零部件委托给同行业及相关产业的当地企业加工生产。这一过程带动同行业或相关产业的技术结构及产品结构的升级换代。由此可见，中外合资企业的技术溢出效应相对于外商独资企业是较理想的。

随着近年来中国对外开放的不断深化，跨国公司对我国企业尤其是国有大中型企业的并购日益引起人们的关注。国家统计局的数据表明，2000 年以来，跨国公司并购中国企业，尤其是行业龙头企业的案例开始逐步增多，并购的目标从一般性企业向效益较好的大中型企业发展，甚至从零散选择转向行业进攻。外资并购具有追求垄断市场的自发倾向，如果不及时加以引导和防范，则可能导致行业垄断，对我国企业利用 FDI 的技术溢出效应提高自身技术水平产生不利的影响。面对新的外资引入方式对我国经济的冲击，我国显然缺乏充分准备，没有完备的法律体系以及相应的配套政策对跨国公司的并购活动加以引导和管理。因此我国应尽快制定和颁布外资并购方面的反垄断法规、条例，防止外资并购形成行业垄断和地区垄断，以维护市场竞争秩序。我国可以在《中华人民共和国反垄断法》里规定对外资并购的控制制度，以克服跨国并购的负面影响。由此可见，如何运用跨国并购的理论，借鉴发达国家规范跨国并购的经验，有效利用外资从而促进我国经济健康、安全、快速发展是值得我们研究的重要课题。

（2）根据各产业在国民经济中的地位以及国际竞争力强弱，建立国家经济安全防范体系。

近年来，我国行业的龙头企业被外资收购的事件引起广泛关注。一些跨国公司或基金在华并购的基本要求是“三个必须”：必须绝对控股，必须是行业龙头企业，预期收益必须超过 15%。这一策略被称为外资并购的“斩首”策略，这一“斩首”策略已经在相当数量的并购案例中得到证实。据国家工商总局调查，美国微软占有中国电脑操作系统市场的 95%，瑞典利乐公司占有中国软包装产品市场的 95%，法国米其林占有中国子午线轮胎市场的 70%，米其林以及旗下品牌在各自细分市场上处于主导地位。对具有国际市场竞争优势的产业要积极开放；对内资企业竞争力较弱但却关系国计民生、需要保护的行业领域，应严格控制外资并购，使外资并购符合我国国民经济发展战略和国家产业政策的要求。《外商投资产业指导目录》作为外商投资的基础性法规对外资进入我国的领域、投资比例、投资方式等已经做出了大致规定。在此基础上，商务部应会同有关部门，针对各行业的情况，完善有关具体细则，形成较完整的法律法规体系对外资进行有效监管。

（3）对涉及国家安全的行业实行特殊控制。直接涉及国家政治和军事机密的军事和国防工业禁止外资进入。外资对于中国内地企业的并购完成后，往往有两种做法，一是终止企业运营，以达到消灭竞争对手，获取国内市场份额的目的；二是把并购获得的企业转变为其下属的加工企业，作为跨国公司全球生产链条上的一个环节，既没有知识产权，也没有核心技术，国内企业成了跨国公司的加工厂，更不用谈利用外资的技术溢出效应提高自身技术实力了。因此，对国家安全有较大影响的行业如能源、电信、航空、航运，金融、保险等涉及国家经济安全的领域，以及广播电视、报纸杂志、教育等涉及国家意识形态安全的文化服务业领域严格控制。同时，根据各产业在国民经济中的地位以及国际竞争力强弱，建立国家经济安全防范体系。目前，在手机芯片行业、网络设备行业、计算机处理器等行业，跨国公司均在中国市场上占有绝对垄断地位。在我国轻工、化工、医药、机械、电子等行业，跨国公司子公司的产品已占据我国 1/3 以上的市场份额。因此，要适时启动国家安全审查，严防这些特殊敏感行业被外资完全垄断。

# 第 13 章

# 对浙江省利用外资优化产业结构的思考

改革开放以来，浙江主动参与国际竞争和国际经济合作，积极发展外向型经济，利用外资的规模不断扩大，质量不断提高，外资已成为浙江省经济发展的强劲引擎。2017 年浙江实际利用外资规模达到 179 亿美元，累计涉及外商投资企业 61080 家，投资总额 6227.6 亿美元，合同外资 3534.3 亿美元，实际外资 1941.3 亿美元。已有 179 家世界 500 强企业在浙江投资企业 581 个，投资总额 322.5 亿美元，合同外资 128.2 亿美元。外商直接投资推动了浙江经济的快速发展，创造了良好的经济效益，同时也促进浙江的产业结构向合理化、高级化发展。本章从浙江利用外资的现状出发，解析浙江外资利用所取得的成就和现状，结合我国改革开放的新形势，剖析浙江在利用外资方面优势与劣势，并对浙江引进外资优化产业结构中存在的问题提出对策建议。

## 13.1 浙江省利用 FDI 的特点和发展趋势

### 13.1.1 规模与速度

从数量看，浙江省 FDI 总量以及占全国的比重均呈上升趋势。浙江省利用外资大致经历了四个阶段。

第一阶段是在改革开放初至 20 世纪 90 年代初，浙江省利用外资从无到有，数量连年成倍增长，但是因为基数低、总量偏小，对经济发展的作用还不大。80年代，我国改革开放的重点主要在以深圳为中心的珠三角地区，珠三角地区利用 FDI 占据全国的 60% 以上的比重。包括浙江在内的长三角地区吸引外资的规模相对还比较小。

第二阶段是 1992 ~ 2002 年，浙江省利用沿海的区域优势和国家政策的倾斜，加快了利用外资的脚步。随着上海浦东新区的开发开放，我国改革开放由点及面、由南向北逐渐辐射。浙江利用杭州、宁波、温州的开放政策，吸引外资的优势开始显现，吸引外资的规模逐渐上升。但在该阶段，浙江与利用外资先进省市如广东、江苏、上海、山东等地区有很大的差距。在该阶段浙江利用 FDI 额稳定在 40 亿美元左右，占全国比重约为 4%。

第三阶段是 2002 ~ 2010 年，浙江利用外资出现了迅猛发展的势头，数量、质量和水平都得到了大幅度的提高。浙江实际利用外资增幅居沿海九省市的前列，特别是甬、杭、湖、绍地区，改变了过去产业层次低、规模小、地区布局分散的格局，带动了高新技术和机电产业的发展，一些大项目开始进入浙江。同时，金融、保险证券、商贸、教育、旅游等服务领域逐步尝试开放。在此背景下，浙江省利用外资数量进入了加速上升的轨道。浙江省实际利用 FDI 数量由 2001 年的 22 亿美元增长到 2006 年的 107 亿美元，首次突破百亿美元大关，5 年增长了近 4 倍；占全国的比重也由 2001 年的 4.7% 上升到 2007 年的约 14%。

第四阶段是 2010 年至今，在全球经济复苏、我国进一步扩大开放政策的激励下，浙江利用 FDI 规模重新开始强劲增长，截至 2017 年达到约 180 亿美元，占全国比重上升到约 14%。这一时期，宁波舟山港、浙江自贸区、“一带一路”建设等一大批开放平台对于促进浙江吸引外资起到了重要的作用（见图 13 - 1）。

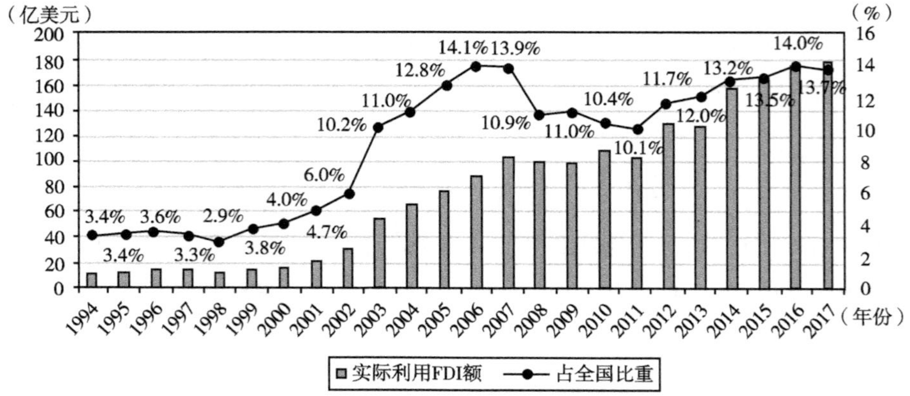


**图 13-1　浙江省利用外资总量及占全国比重的变化**

数据来源：历年《浙江统计年鉴》整理。

### 13.1.2　行业结构变化

制造业仍是外商投资最集中的领域，但所占比重开始有所下降，服务业利用外资增长明显。加入世贸组织以来，中国更加开放的巨大市场和不断提升的制造能力已经逐步替代了低廉的劳动力成本，成为吸引外资的主要因素。在这种背景下，浙江吸引外资出现了新的结构性的变化。2001 年年底至今，虽然外商投资的格局仍以制造业为主，但其所占比重和项目数开始有所下降。在制造业领域内，外资也逐渐向通用设备、交通运输设备、电器制造业、石油化工等行业聚集，资金技术密集型项目明显增加，高附加值、高技术含量的外资投入出现快速增长。从产业层面看，外资的主要投资领域从比较集中在制造业领域开始向第一、第三产业扩散，金融、保险、运输、仓储及公共基础设施等成为外商投资的新热点，第三产业外资增幅显著。2007 年，浙江省第三产业实际利用外资比重提高到 58.6%。其中酒店管理和旅游服务、房产开发和物业管理、仓储物流和管理咨询等第三产业外资项目正逐渐成为外资领域拓展新的亮点，在研发项目、会展项目、直销项目、文化体育项目上也实现了新的突破，有力地助推了浙江省新兴服务业的大发展（见表 13-1）。

表 13－1　　浙江省各细分行业利用外资情况

| 指标 | 项目数（个） | | 合同外资（百万美元） | | 实际利用外资（百万美元） | |
|---|---|---|---|---|---|---|
| | 2015 年 | 2016 年 | 2015 年 | 2016 年 | 2015 年 | 2016 年 |
| 总计 | 1778 | 2145 | 27822 | 28081 | 16960 | 17577 |
| 第一产业 | 13 | 26 | 107 | 417 | 90.0 | 129 |
| 第二产业 | 399 | 401 | 10253 | 9634 | 7193 | 7156 |
| 制造业 | 372 | 366 | 9516 | 9193 | 6943 | 6789 |
| 纺织业 | 18 | 11 | 362 | 128 | 235 | 214 |
| 化学原料及化学制品制造业 | 16 | 19 | 438 | 835 | 389 | 1114 |
| 医药制造业 | 5 | 10 | 418 | 196 | 328 | 111 |
| 通用设备制造业 | 57 | 42 | 994 | 966 | 488 | 440 |
| 专用设备制造业 | 30 | 37 | 362 | 291 | 181 | 277 |
| 通信设备、计算机及其他电子设备制造业 | 32 | 37 | 555 | 1907 | 471 | 698 |
| 电力、燃气及水的生产和供应业 | 21 | 17 | 687 | 191 | 128 | 275 |
| 建筑业 | 5 | 15 | 49.6 | 224 | 51.2 | 89.1 |
| 第三产业 | 1366 | 1718 | 17459 | 18030 | 9677 | 10293 |
| 交通运输、仓储和邮政业 | 31 | 25 | 937 | 616 | 350 | 632 |
| 信息传输、计算机服务和软件业 | 131 | 135 | 2121 | 1791 | 1116 | 1230 |
| 批发和零售业 | 626 | 953 | 3341 | 4964 | 1271 | 2138 |
| 住宿和餐饮业 | 22 | 45 | 58.8 | 38.1 | 51.7 | 23.5 |
| 金融业 | 46 | 32 | 2483 | 2557 | 821 | 1303 |
| 房地产业 | 29 | 25 | 2619 | 554 | 3037 | 2131 |
| 租赁和商务服务业 | 209 | 190 | 2580 | 3040 | 1341 | 1178 |
| 科学研究、技术服务和地质勘查业 | 228 | 273 | 2809 | 3680 | 1386 | 1482 |
| 水利、环境和公共设施管理业 | 3 | 4 | 144 | 88.8 | 108 | 81.0 |
| 居民服务和其他服务业 | 28 | 15 | 261 | 228 | 63.9 | 79.9 |
| 教育 | 2 | 7 | 0.2 | 14.0 | 0.0 | 1.2 |
| 卫生、社会保障和社会福利业 | 3 | 5 | 79.0 | 394 | 105 | 0.0 |
| 文化、体育和娱乐业 | 8 | 9 | 25.3 | 66.8 | 28.0 | 12.2 |

数据来源：《2017 年浙江统计年鉴》。

### 13.1.3 独资化趋势

我国引进跨国公司直接投资的主要形式有三种：外商独资经营、中外合资经营和中外合作经营。在改革开放初期，跨国公司进入浙江主要采取中外合资与中外合作企业的方式，但是加入世贸组织以来，浙江吸引外资的独资项目个数和金额占外资总体比重迅速上升。2016 年浙江引进的外商直接投资中外商独资方式所占的比重达 70%，外商独资企业已经成为跨国公司进入浙江的主流方式。造成这种现象的原因是多方面的：一是中国吸收外资政策更加开放，在大多数领域对外资的限制取消；二是随着投资环境的改善，特别是各种法规政策更加透明，外资企业对我国的经济政策环境更加适应，不通过合资企业也能够比较顺利的运营；三是外资企业日益成为跨国公司全球竞争力中的重要环节，为了更加方便地与其全球布局相协调和融合，所以倾向于通过独资化加强对企业技术、市场的支配（见表 13 - 2）。

表 13 - 2　　浙江省利用外资的形式

| | 项目（个） | | 合同外资（亿美元） | | 实际利用外资（亿美元） | |
|---|---|---|---|---|---|---|
| | 2015 年 | 2016 年 | 2015 年 | 2016 年 | 2015 年 | 2016 年 |
| 总计 | 1778 | 2145 | 278.2 | 280.8 | 169.6 | 1757.7 |
| 合资企业 | 430 | 491 | 555.3 | 449.3 | 444.2 | 351.9 |
| 独资企业 | 1325 | 1637 | 2058.9 | 2082.9 | 1137.9 | 1231.5 |

## 13.2 浙江省利用 FDI 优化产业结构的紧迫性

改革开放 40 年来，浙江利用优越的区位条件、港口优势，大力发展外向型经济，在对外贸易、吸引外资和对外投资等领域均取得了显著的成绩，促进了经济发展，优化了产业结构，成为我国改革开放的高地。但是伴随着国际国内经济形势的变化，浙江在利用外资上也面临着严峻的挑战。

### 13.2.1 创新驱动需要加快产业升级

浙江经济发展进入新阶段，利用外资面临新的战略任务。目前浙江的人均GDP已经达到4000美元，经济社会发展进入全面建设小康社会的战略阶段。在科学发展观指导下，国民经济发展将从高投入、高消耗、低效率、难循环的粗放式增长模式，转向少投入、低消耗、高效率、循环化的集约式增长模式。利用外资将摆脱单纯扩大经济总量、弥补建设资金缺口的初级阶段，转化为发挥推进经济国际化，提高经济素质和经济增长质量的新的历史作用。要通过引进外资，积极发展对经济增长有突破性重大带动作用的高新技术产业，并用高新技术和先进适用技术改造传统产业，才能走出一条具有浙江特色的新型工业化发展路子。因此，紧紧抓住当前高新科技革命迅猛发展和世界范围内产业重组和结构调整的有利时机，大力吸收外资发展高新技术产业，研究开发高新技术，加速应用高新技术改造和提升传统产业，才能较快地建立和发展高新技术产业，逐步形成以高新技术为主导的经济新格局。

### 13.2.2 传统引资路径面临多重约束

从资源状况看，传统引资路径面临多重约束，必须以优化产业结构为突破口打开新局面。

浙江是个经济大省，资源小省，人多地少，资源匮乏。但浙江的经济发展又远远走在全国的前列，较早进入了工业化中后期。经济学家指出，当一个国家和地区进入工业化中后期并处于经济加速发展期时，它同时也进入了资源的高消耗期、财富的积累期和人民生活水平迅速提高的时期。目前，随着经济的快速发展，浙江省土地紧张局面进一步加剧，土地可挖掘的潜力空间越来越小，且价格快速上涨，缓解用地供需矛盾、盘活存量土地、提高土地利用效率和集约化程度的压力十分突出，这对外资企业落户形成明显的制约。同时，浙江省熟练劳动力缺乏，员工成本不断上升，再加上原材料、资源等生产要素的价格都在上升，以传统低成本优势吸引外资的路径必然遇到极大的挑战。

### 13.2.3 新时代需要更开放发展环境

从国际投资的发展趋势看，浙江利用外资优化产业结构面临着重要的战略机遇。从国际上看，经济全球化趋势的加强，跨国并购的加剧，为浙江更好扩大对外开放，利用外资加快发展外向型经济提供了新的机会和可能；世界科技革命飞速发展，经济结构调整步伐加快，为浙江更多地引进世界先进科学技术，进一步发展高新技术产业，提升产业结构创造了条件。我们必须抓住21世纪头20年的重要战略时期，在经济结构调整取得阶段性成果的基础上，进一步扩大对外开放，加快外向型经济发展，推进新一轮经济结构的战略性调整，为浙江经济接轨世贸和参与国际经济大循环创造好的机遇。浙江应在国际产业结构调整中充分利用这一历史机遇，融入国际产业分工产业链，充分利用跨国公司先进的制造技术和管理经验进一步推进产业升级，努力把浙江打造成世界级的先进制造业基地和港口贸易、物流、服务中心。

在新的发展阶段，浙江省必须切实转变招商引资观念，以优化产业结构为核心目标，改善环境、明确重点、创新方法，使浙江在外资引进的数量和质量都得到进一步提高；在利用外资的策略上重视关联环节，完善产业集群，积极融入跨国公司产业链，从而促进经济结构调整和产业结构的优化。通过优化外商直接投资引进策略，对于浙江省进一步扩大开放，以开放推动产业布局和产业结构调整，促进经济增长方式的根本转变有着重要的现实意义。

## 13.3 浙江省利用外资优化产业结构的对策

在新的发展阶段，浙江省必须切实转变招商引资观念，以优化产业结构为核心目标，改善环境、明确重点、创新方法，使浙江在外资引进的数量和质量都得到进一步提高；在利用外资的策略上重视关联环节，完善产业集群，积极融入跨国公司产业链，从而促进经济结构调整和产业结构的优化。

### 13.3.1　改善环境，增加外资的引进数量

投资环境包括硬环境和软环境两个方面。改善硬环境是吸引外资的基础条件。跨国公司往往聚集在管理规范、办事效率高、基础条件比较好的各类国家级的经济技术开发区和高新技术园区，因此重点打造好开发区将是吸引跨国公司来浙江落户的基本硬件条件。除了硬环境外，更重要的是改善软环境，包括政策、法制、人才和服务等方面。必须按照国际惯例改进利用外资的体系和方式，强化涉外窗口经营管理，完善联合办公服务。改进门槛多、手续繁、办事难、效率低的工作方式，提高办事效率，进一步优化浙江外商投资环境。此外，顺应国际资本流动日益向资本密集型和高科技产业集中的趋势，要着力创造适宜高科技产业和先进技术型投资发展的环境，完善基础及应用研究条件，培育风险投资体系，提供自由进出和国内外融资等便利，推广电子商务，加大知识产权保护力度等。总之，要积极创造一个引得进、留得住、能发展的对外开放的环境。

### 13.3.2　明确重点，提高外资的引进质量

长期以来，浙江利用外资技术含量不高，投资规模普遍偏小，有影响的大项目不多。在新一轮引进外资的高潮中，必须在重点上有所突破。要按照国家利用外资的总体规划，结合浙江实际，制定更加规范灵活的引资政策，动态调整“外商投资产业目录”，有重点地在“高端”产业、“关联”产业、技术合作、环境资源、服务贸易、社会事业等方面进一步优化政策环境。

首先，利用外资做大重化工产业和制造业，加强与跨国公司合作，加快钢铁、石化、汽车、机械等重大临港项目的建设。其次，利用外资作强高新技术产业，争取在电子信息、新材料、生物技术和现代医药等领域形成产业优势。再其次，利用外资做优传统产业，加快企业技术创新步伐，重点培育壮大服装、纺织、家电及汽车零部件等传统优势行业。最后，要抓住我国服务业对外开放的机遇，大力引进服务业领域外资项目。要更加注重金融、物流、旅游、文体等服务

业领域，特别是在商贸流通领域引进一批能带来国际先进商务理念、营销网络和服务手段的全球性公司，以及与之相配套的国际性律师、会计、咨询等中介企业；同时，要进一步促成制造业领域引进技术水平和附加值更高的制造环节和研发机构，吸引大型跨国公司在杭州、宁波等中心城市设立综合性的生产与服务配套基地，进一步强化经济中心城市的生产和服务功能。

### 13.3.3 创新方法，拓宽外资的引进渠道

首先，加大产业开放力度，积极探索跨国并购利用外资的新方式。从全球跨国投资趋势看，资本流动的构成正在发生变化，在新建项目中使用的外国直接投资越来越少，更普遍地采取合并与收购方式。伴随着我国改革开放的进一步深化和外资对我国未来经济发展前景的信心增强，并购投资方式将继续增加，所涉及的行业不仅包括电子、家电、机械、钢铁等制造业，还将包括零售业、金融、保险等服务领域。浙江目前外商投资通过并构方式进入极少，我们有必要针对跨国公司对外投资的特点，加大产业开放力度，积极探索跨国并购利用外资的新方式。对于外商特许权项目、向外商转让所有权和经营权、发行股票等多种方式积极争取进行试点；鼓励企业对外投资，以“走出去”促进“引进来”；探索国际组织的投资基金、风险基金和政权投资等利用外资的新方式。

其次，重视发挥民营优势。民营企业是浙江产业中举足轻重的一部分，也是浙江经济发展的一大特色，为浙江经济的发展做出了很大的贡献。但是浙江民营企业一般是以中小规模且布局分散的加工行业为主，这显然难以承载跨国公司的巨额资金投入，而且传统的家族式的管理模式也使之对外资缺乏吸引力。所以必须在提高整体竞争力的基础上对民营企业进行改造，促使其向现代企业方向发展：建立有效的内部管理制度和企业用人制度；加大技术开发投入，研发具有自主知识产权的核心技术和主导产品，增加技术储备，成为技术创新的主体。其中最重要的一点，就是以各种方式进行联合经营，鼓励企业兼并，提高企业的影响力和竞争力。要改变民营企业家对利用外资和全球化趋势的认识，使民营企业更主动地融入其中。

### 13.3.4 重视关联，实施嵌入式发展模式

目前浙江内外资企业发展“两张皮”的现象还比较突出，本土企业亟待通过产业关联嵌入跨国公司产业链，从而不断提升本地产业的技术水平和产业结构。在产业之间及其内部存在着对产业联动、产业链延伸对接、产业跨越式发展起基础性、带动性、技术和网络支撑性的关联环节。加快这些环节的引资步伐，对于推进产业结构升级，强化区域服务功能，有着十分重要的突破性意义，应当成为当前我们提升利用外资水平的重中之重。

首先，重视二三产业之间的关联环节。锁定集研发设计、传媒创意、信息服务、现代物流、总部经济、采购营销等功能为一体的生产性服务业（即“二点五”产业），加快外资进入制造业的分销、决策、研发中试、设计及物流等环节。提升浙江省生产性服务业的层次、规模与能级，打造以技术创新化、产业集群化、标准国际化、资源集约化为特征的新型产业基地，推动服务业与制造业互相促进和协调发展，增强中心城市的国际竞争力。其次，强化第二产业内部关联环节。重点引导外资进入工业生产中的研究开发、原料供给和设备制造等关联产业，特别是对主导产业与传统优势产业起产业链接、提升作用的项目。积极促进研发环节、供应环节、生产环节和营销环节的有机联系，形成工业行业和企业间的技术关联、生产关联和市场关联，提升浙江第二产业的竞争优势和整体竞争力。最后，是服务业内部关联环节。更加注重服务业领域利用外资的功能性作用，重点加速交易市场管理运作、第三方物流、国际性会展、全球性信息咨询等服务业内部基础性环节的引资步伐，尤其是带有全球性网络、世界品牌、先进业态的标志性企业；积极吸引跨国公司设立地区总部、研发机构、采购中心和分销中心，吸引国际组织和大的商会在浙江设立办事机构，带动浙江服务业跨越式发展。

# 第 *14* 章

# 跨国并购对我国制造企业转型升级的影响——以宁波均胜并购德国普瑞为例[①]

我国制造企业跨国并购的关键在于实现转型升级。通过个案分析和专家排序法，按照定量分析与定性分析相结合、静态绩效与动态价值相统一的原则，综合评价跨国并购对企业转型升级的效应，这对我国企业转型升级和对外直接投资决策均有重要意义。宁波均胜并购德国普瑞是我国制造企业“弱并强”的典型案例，通过跨国并购，均胜一步跨越成为拥有自主知识产权的世界一级汽车核心零部件供应商，产品结构优化、技术实力和品牌形象迅速提升，企业发展态势迅猛。因此，该企业跨国并购极具投资价值，转型升级效应显著。

## *14.1* 研究背景及意义

随着经济的高速发展，我国逐渐从对外直接投资（FDI）的接受国向输出国转变，跨国并购成为我国企业实现国际化经营的最重要途径。在美国金融危机和欧债危机的影响下，许多国际优质资源价值大幅缩水，国际资源出现整合浪潮。而此时作为“世界加工工厂”的我国制造企业转型升级正遭遇双重倒逼：一方面，处于全球价值链低端的“加工环节”附加值日益减少，几乎失去生存空间；另一方面，受国际贸易保护主义抬头影响，“中国制造”屡遭“双反一保”的调查与制裁，举步维艰。面对世纪性经济危机给我国企业带来的挑战与机遇，跨国

① 本章成果发表于《江西社会科学》，2014 年 3 月。

并购一度成为热潮。在此背景下，跨国并购对企业转型升级的效应成为许多欲欲跃试“走出去”的企业关注的问题，也是许多亟待转型升级的“中国制造”企业迫切关心的问题，并且受到我国各级政府的重视。因此，研究后危机时代跨国并购对企业转型升级的效应，对我国企业转型升级决策和“走出去”决策均有重要的现实意义。2007 年之前，浙企的海外并购每年都在 20 单以内，2008 年开始有了突飞猛进的发展，到 2015 年浙江海外并购数量居全国第一。浙企借船出海，走出了一条具有浙江特色的海外并购之路（见图 14－1）。

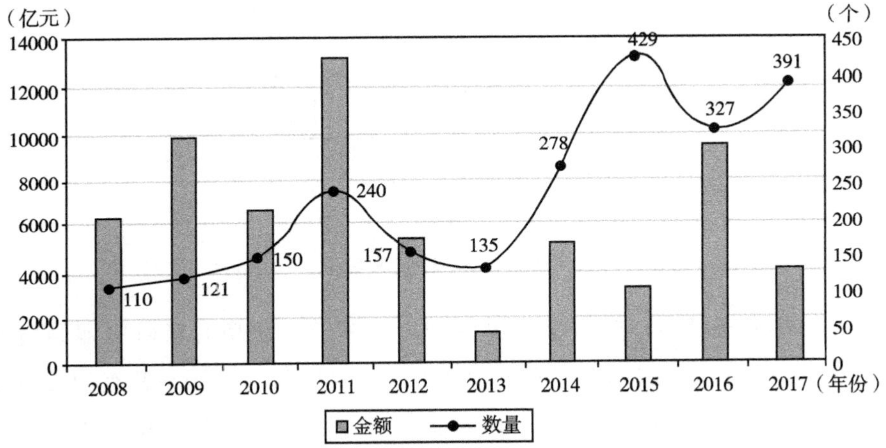


**图 14－1　2008～2017 年我国跨国并购金额和项目数**

注：区域左轴为我国跨国并购金额，右轴为跨国并购项目数。

## *14.2*

## 国内外研究概况

### 14.2.1　概念界定

（1）转型升级。转型升级也称产业升级、产品升级。从宏观层面来看，转型升级是指资本或技术密集型产业对劳动密集型产业的替代，是经济增长方式从高能耗、高污染、粗放型向低能耗、低污染、集约型的转变。从企业层面看，转型升级是以技术创新和进步或经营方向调整为主要途径、以附加值提升为本质特征的转变。在以“微笑曲线”表示的全球价值链中，转型升级表现为企业产品从低附加值的中间生产制造端（见图 14-2）向高附加值、高技术含量的前方研发端和后方营销端的攀升，或者表现为曲线底部抬升（制造产品附加值的提升），最终表现为企业的核心竞争力和可持续发展能力的提升。

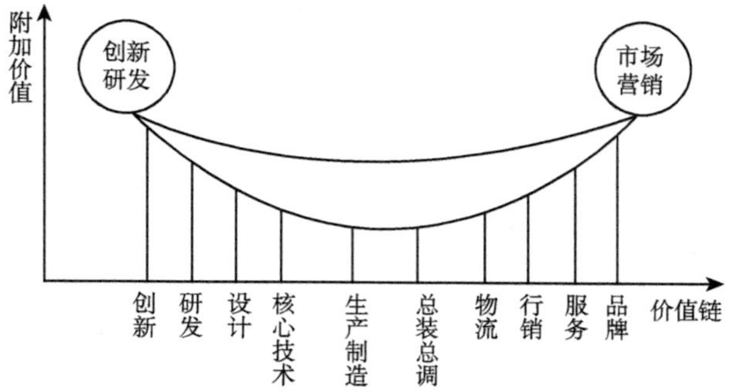


图 14-2　微笑曲线

（2）转型升级效应。效应又称价值创造或绩效，转型升级效应即为转型升级的效果，企业转型升级的程度和能力的变化。跨国并购对转型升级的效应是指跨国并购后企业转型升级的成效，综合体现为企业现有产品附加值的提升程度和企业核心竞争力的变化，具体可表现为微笑曲线底部的抬高程度，或者企业向附加值高的前方研发端和后方销售端攀升的程度。

### 14.2.2　文献综述

自 20 世纪 90 年代的全球第五次跨国并购潮流以来，经济学家从研究并购动因转向以实证方法来研究并购价值创造。国外学者基于证券市场反映的事件研究法和会计指标比较法，以发达国家企业之间的并购为研究样本，主要从财富效应和经营绩效两个角度研究跨国并购的绩效。并购绩效研究一般运用事件研究法，从股票市场对跨国并购的反应，通过股价的波动计算市场价值，从而衡量企业的市场绩效或股东财富效应。Neely 认为收购方和被并购方都有正的超额收益，Kang 和 Cakici 等认为来自不同国家的企业并购美国企业的绩效并不同。许多学者认为美国公司并购外国公司，美国公司并未获利。世界著名管理咨询公司毕马威对 1991 ~ 1998 年全球最大的 107 起跨国并购案例进行研究，发现只有 17% 的跨国并购行为增加了股东价值。Mitchell Madison Group 公司通过对 20 世纪 90 年代发达国家之间跨国并购成功率的研究，发现在美国发生的跨国并购案例中有 60% 没有增加股东价值，欧洲企业之间的跨国并购也有 56% 不成功。Pyykk 的研究则表明，以科技为导向的跨国并购所带来的协同作用能增加收购方股票市场的价值。

国外对跨国并购的经营绩效研究，一般运用基于上市公司公开财务信息的会计指标比较法。S. A. Rhoade 发现，横向并购并未使企业成本降低、效率提高；而 D. P. Ely 和 M. Cran 却发现，并购后的企业的经营效率显著提高。一些学者对不同国家的并购绩效进行对比研究，结论迥异。国内对跨国并购的绩效研究，一般也基于事件研究法和会计指标法。由于样本、指标和方法不同，结论大不相同。

总体来看，国内外关于跨国并购绩效的研究结论趋于悲观，这与 20 世纪 90 年代以来一波强似一波的国际跨国并购潮流明显背离。研究方法基本上是“远距离”的事件研究法和会计指标法，这种方法并不适用我国非上市制造企业。企业跨国并购动因不同，影响并购决策和运作因素不同，衡量成效的标准应该各异，创新研究跨国并购绩效是跨国并购理论和实践发展的需要。

## *14.3*

## 跨国并购促进企业转型升级的评价体系

### 14.3.1　测量维度

跨国并购成功与否的根本标志，在于企业是否具有“动态能力”即可持续发展能力。“中国制造”企业跨国并购的战略目标和根本动因在于实现企业转型升级，企业转型升级效应是“中国制造”跨国并购是否成功的根本标志。综合来看，转型升级的测量维度包括三个方面，既能反映跨国并购的短期绩效变化，也能反映企业可持续发展能力。

（1）产品附加值。在全球价值链中，附加值的高低是衡量企业地位的核心指标，也是企业国际竞争力的综合体现，而提高技术水平与营销能力是企业提高产品附加值的重要途径。

（2）企业研发能力。技术水平是决定产品附加值的重要因素，研发能力是技术水平提升的决定因素。技术水平的提升既能提高现有产品的竞争力和附加值，抬高微笑曲线底部，又是企业向附加值高的前方研发端攀升的基础，还会直接关系企业市场形象、品牌价值和产品附加值的持续提升。因此，企业研发能力是企业转型升级的重要测量维度。

（3）企业品牌形象。企业营销能力是附加值创造的主要来源。在跨国并购中，企业营销能力的提升一般来源于对目标企业品牌的市场协同效应。企业及其产品市场形象和品牌价值提升，既反映企业产品向价值链后端一销售端转移的程度，又与附加值指标互补（由于需求量与价格呈交替关系，只有在市场占有率提高或销售额扩大的前提下，附加值的提高才能表明企业转型升级），对企业产品未来附加值和企业核心竞争力持续提升产生影响。

### 14.3.2 指标体系

（1）附加值指标。附加值是生产经营活动产生的新增价值，是销售额减去原材料采购成本后的余额。产品附加值的高低通常用附加值率来衡量（附加值率=附加值于销售额）。一般来说，附加值率是以 0.3 为临界，大于 0.3 为高附加值，附加值率提高是企业实现转型升级的基本标志。

（2）技术能力指标。技术可以分为专业技术与管理技术。获得并整合目标企业的技术与管理资源，是并购企业向价值链前端攀升的表现。生产和管理的技术提升程度，可以用核心技术产品数量变化、研发硬件数量变化、目标企业技术及管理人才的离职率、知识产权的增加率、技术员工及高级管理人才增长率、研发投入等指标衡量，最终体现为劳动生产率的提高。

（3）企业品牌形象指标。市场形象和品牌价值提升程度，可用主营业务收入、市场占有率、高端客户采购量等指标来衡量。

（4）动态价值指标。动态价值代表并购目标企业未来价值，关乎并购企业可持续发展能力，可用利润增长率等企业发展能力指标和跨国投资收益净现值等指标（如净现值、获利倍数、内部收益率等）来衡量。若并购企业为上市公司，一定时期内股票价格变化也可以在一定程度上反映跨国并购的转型升级效应。

跨国并购促进转型升级的指标体系如表 14－1 所示。

表 14－1　　跨国并购促进转型升级的指标体系

| | | |
|---|---|---|
| 附加值 | 附加值率 | 产品结构 |
| | 研发团队离职率 | 研发硬件 |
| 技术能力 | 管理团队离职率 | 知识产权数量 |
| | 研发投入 | 核心技术产品数量 |
| 品牌形象 | 主营业务收入 | 市场占有率 |
| | 高端客户采购量 | — |
| 动态价值 | 利润增长率 | 内部收益率 |
| | 净现值 | 获利倍数 |

### 14.3.3　评价方法

（1）个案分析法和专家排序法。由于以转型升级为战略动因的跨国并购企业一般为非上市公司，属“弱并强”式并购，其并购绩效和效应研究不适用依赖上市公司公开资料的事件研究法和会计指标法。与事件研究法和会计指标法不同，个案分析法和专家排序法的分析依据和数据，通过对单个企业进行深入调查研究和对企业高层（企业专家）访谈获得。个案分析法和专家排序法适用面广，数据的信度和效度更高。跨国并购转型升级效应分析，宜选用个案分析和专家排序相结合的方法。

（2）静态评价与动态评价相结合。跨国并购成功与否，不能仅仅看并购后的短期经营绩效，关键要看并购后并购企业和并购目标可持续发展能力。仅以跨国并购后的经营绩效作为跨国并购的评价，既不符合企业跨国并购的战略动机和目标，也不能及时满足跨国并购实践对并购效应评价的需要。并购效应评价不仅要做事后评价，更需要前瞻性研究和预测，以降低跨国并购的成本与风险、提高并购效率为目标。转型升级效应评价除静态评价（即测量跨国并购的已实现绩效）外，更需要动态评价（即预测和评价其未来价值）。

（3）定量分析与定性分析相统一。定量分析能具体清晰反映跨国并购效应，但许多转型升级效应构成要素，如行业发展前景、企业管理水平、企业市场形象的提升等不便估值，或无法充分估值。因此，转型升级的效应评价除定量测评外，还需要定性评价进行补充。

## 14.4

## 企业跨国并购转型升级效应实证研究

宁波均胜是一家以生产汽车功能件和饰件为主的中等规模的传统汽车零部件生产企业，均胜并购普瑞是我国制造通过跨国并购实现转型升级的典型样本。均胜集团在跨国并购前为非上市公司，跨国并购后借壳上市更名为均胜电子，并将并购的资产注入上市公司。本节分析数据部分源自均胜电子公开财务报告，部分通过采用个案分析法和专家排序法深入企业调研获得。

### 14.4.1 产品结构与附加值变化

通过并购德国普瑞，均胜拥有了国际领先、附加值高的汽车电子产品（包括驾驶员控制系统、空调控制系统、传感器系统、电子控制单元）和创新自动化生产线（附加值率见图 14－3）。在均胜并购后的主营业务收入构成中（见图 14－4），高附加值的汽车电子及自动化设备的销售收入和利润比重，接近公司收入总额的70%，产品附加值及其结构呈现优化趋势。

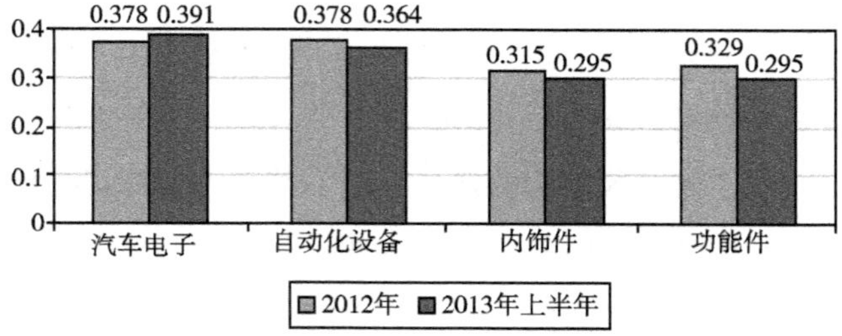


图 14－3 产品附加值率

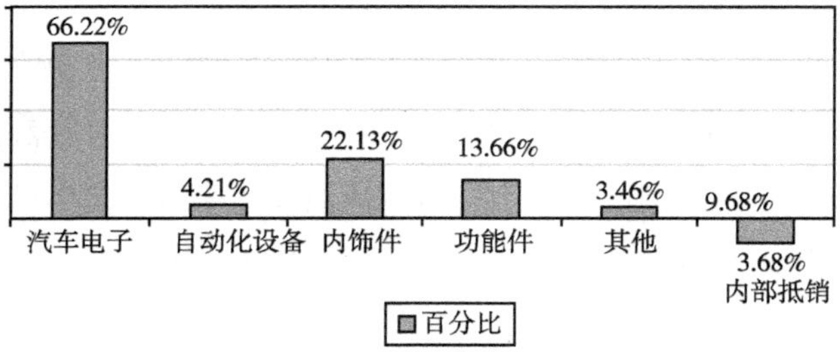


图 14－4　产品销售产值结构

## 14.4.2　技术及研发能力的变化

通过 100% 并购普瑞股权，均胜获得了普瑞所有的技术资源和强大的技术实力，获得了高水平技术研发团队、世界领先的技术硬件和知识产权，具备了汽车电子的产品研发、模具、工装设计和加工能力及产品检测能力，在新能源汽车电子领域居于世界领先地位。

进入国际化经营阶段之后，为保持和加大领先优势，均胜坚持“与主机厂同步研发”的技术发展策略，前瞻性研发投入保持在销售额 10% 的规模。2013 年，公司投入普瑞的研发费用达 5000 万欧元。在充分保留普瑞原有研发团队的基础上，海外机构研究人员从 400 多人增至 600 多人，并与美国密歇根大学、德国汉堡大学、上海同济大学等知名高校建立合作项目，为企业发展储备人才。

基于并购后的良好整合，均胜获得了普瑞的“德国管理”技术，管理协同效应显著。公司通过有效措施，与普瑞高级管理层达成长期服务协议，从而保留了普瑞原有的技术研发团队，消除了客户和员工的顾虑，并为优化均胜总部和均胜国内车间管理机制和管理流程，做出了巨大的贡献。

## 14.4.3　品牌与市场协同效应

均胜充分利用与普瑞各自在品牌和市场方面的优势，通过国内外“联动”战略和资源整合，取得了显著的品牌和市场协同效应。一方面，通过普瑞的全球顶尖整车厂商客户资源，均胜原有的内外饰件和功能件业务拓展了国际高端市场，提升了品牌价值；另一方面，通过均胜优质的国内客户资源及核心供应商地位，普瑞产品开拓了我国及亚洲市场。并购后，均胜合并主营业务收入以约60%增长率增长，外销比例不断增大，国内市场销售额也保持两位数增长。2013年均胜主营业务收入59亿元人民币，外销比例达80%以上。

### 14.4.4 转型升级的动态效应

如图14－5所示，除因研发投入和财务费用大幅增加导致净资产利润率下滑外，均胜主营业务利润率和净利润率呈良好的增长态势。其中，普瑞分公司净利率从2010年的2.8%增长至2013年前三季度的5.6%，如图14－6所示。

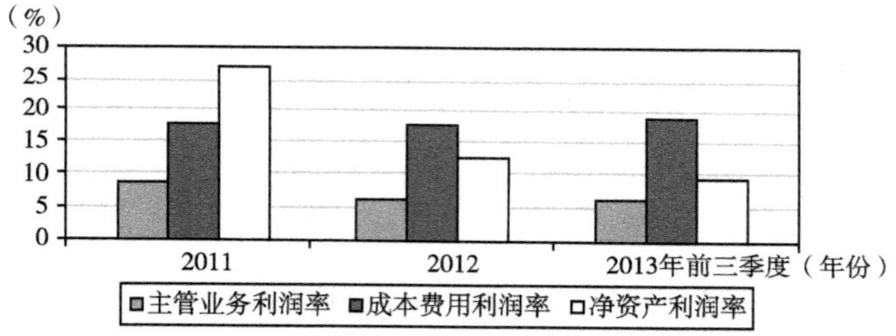


图14－5　利润结构

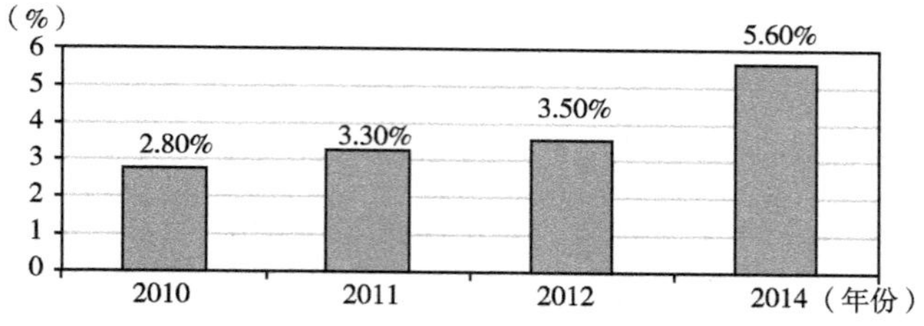


图14－6　利润率变化

根据企业专家对普瑞销售额的预测，以16%保守估算普瑞主营业务利润并替代净现金流入，得到普瑞从被并购至2017年给均胜带来的收益，如图14－7所示。综合来看，均胜并购普瑞对企业转型升级的效应显著。

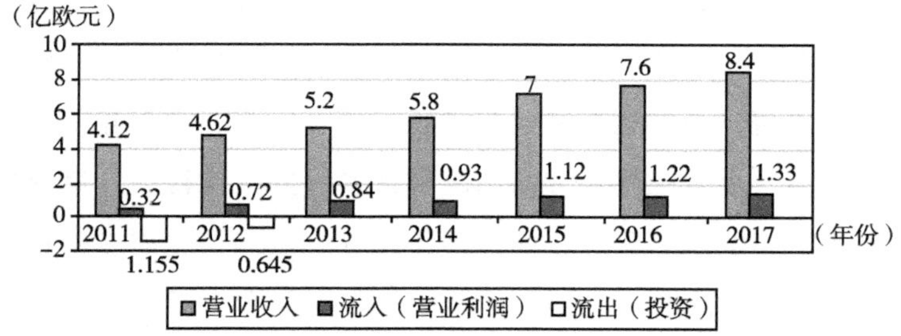


图 14－7　现金流量保守估计

## 14.5

## 结论及启示

（1）转型升级效应是衡量我国制造企业跨国并购成功与否的标准，是企业“走出去”决策的依据。我国制造企业跨国并购的根本目标，是实现企业转型升级，谋求更大的发展。评价跨国并购对企业转型升级的效应，不仅要看短期财务绩效，更要看企业可持续发展能力的提升；不仅要看过往成效，更应注重未来价值。跨国并购对企业转型升级的效应，应将短期、静态和长期、动态价值评价相统一，定量评价和定性分析相结合进行综合评价。评价的结果既要为政府政策调整提供依据，又能为企业跨国并购决策和谈判提供依据。

（2）到发达国家并购优质企业是价值链低端企业转型升级的捷径。像均胜一样，我国制造企业迫切需要核心技术及研发能力、管理经验、品牌，从而实现转型升级。但是，自主研发核心技术、创建品牌尤其是国际品牌，除了需要大量的人、财、物的投入外，还受我国人才短缺和国际市场环境的制约，需要漫长的积累过程。到发达国家并购优质企业，可以在较短时间内获得目标公司的核心技术、国际品牌和营销渠道，迅速提高研发能力、管理能力、营销能力，获得多重收益，这是实现企业转型升级的最有效途径。

（3）符合企业转型升级战略的跨国并购风险低。以转型升级为动因的我国制造企业，一般缺乏跨国并购所需的国际化资本运营与运作经验。只有在跨国并购符合企业发展战略时，并购企业才能未雨绸缪，正确认识国际资源整合形势，把握跨国并购时机，正确选择并购目标企业。只有在并购目标企业与转型升级战略吻合时，并购企业才能运用国内经营经验，把握行业发展趋势，准确判断目标企业的战略价值，合理运作跨国并购后的整合环节。均胜并购普瑞的个案充分证明，符合企业转型升级战略方向的跨国并购只要运作得当，就能实现并购双方的技术、管理、市场、采购等方面的优势互补和协同，达成并购目标。

（4）世界经济低谷期，是我国制造企业跨国并购并实现转型升级的良机。在美国金融危机及欧债危机背景下，许多百年老店经营陷入困境，或面临资金周转不灵，或寻求重组，或破产清算，并购目标企业供给大幅增加。此时，我国制造企业跨国并购选择余地大，找到与自己发展战略相符的目标企业的概率大，跨国并购的投资成本和风险成本均大幅降低。低投资成本是跨国并购提高投资效率的条件之一，也是高动态价值的重要决定因素。各级政府应该出台应对措施，力促企业把握跨国并购时机，实现转型升级。

（5）积极、审慎运作是跨国并购企业实现转型升级的保证。跨国并购的战略方向确定、东道国目标企业的选择、谨慎性调查、并购谈判、并购后的整合，各环节环环相扣，每一环节都至关重要，尤其是并购后的整合。必须准备充分，步步为营。积极、审慎运作跨国并购的每一个环节，尤其是并购后的整合环节。自始至终重视并购后的整合，是均胜并购普瑞取得成功的重要条件。为实现跨国并购后的有效整合，在并购前，均胜就积极与普瑞投资者和高管进行沟通，双方在发展战略上达成相互认同；在达成并购意向之后，在工厂，启动合作与磨合；并购后，与普瑞管理团队共同制定企业未来的战略发展目标和年度计划，达成共识。共同制订详细的沟通计划，能够消除误解、打消顾虑。了解并满足普瑞保持相对独立性和完整性的诉求，充分信任和股权激励普瑞原管理团队并保持高层管理团队的长期稳定性，并通过他们，留住客户，留住人才。

# 第 *15* 章

# "走出去"战略深化与政府服务创新——以宁波为例

"走出去"战略是充分利用国内、国外"两个市场、两种资源"，推动我国经济可持续发展的现代化强国战略。一般来说，"走出去"战略是指企业到国外投资，设立生产经营机构，向境外延伸研发、生产和营销能力，在更多的国家和地区合理配置资源的发展战略。从微观层面讲，"走出去"战略是国际化经营战略，实施主体是各类企业。从宏观层面讲，"走出去"不仅是企业战略，更是国家战略，中国通过进一步扩大对外开放，利用国内外两个市场和两种资源，更大程度地参与国际分工和国际市场竞争。随着我国民营经济实力的不断壮大，以及近年来人民币升值、劳动力成本上升和环境资源等因素的影响，我国民营企业"走出去"的步伐进一步加快。在民营经济发达的宁波，民营企业已经占据"走出去"的主导地位，对外投资的数量和质量都明显提高。从政府服务的角度，要继续发挥财政、税收、金融、信息、人才等手段，积极改进政府支持和服务体系，加大对"走出去"的支持力度。

宁波是典型的民营经济大市，是中国民营企业国际化起步最早的地区之一，以宁波地区为研究对象对进一步深化有关政府支持民营企业"走出去"服务体系的构建具有一定意义。

# 15.1 我国“走出去”战略的重要意义

## 15.1.1 投资发展周期理论视角

从经济发展阶段看，我国需要以“走出去”战略破解结构失衡难题。邓宁的投资发展周期理论认为：一国的国际投资地位与人均国民生产总值成正比关系。2017年，我国人均GDP达8800美元，宁波人均GDP高达18368美元。从理论上来看，我国已经进入邓宁所分析的第三阶段，宁波已经进入了第四阶段，也就是大批企业“走出去”开拓国际市场、打造跨国企业的攻坚阶段。事实上，近年来中国企业对外投资的步伐不断加快，截至2017年年末，中国非金融类领域累计吸收外商投资1.64万亿美元，2017年流量达1263亿美元，连续24年居发展中国家首位。但是从国内看，经济结构失衡的矛盾依然突出，令中国经济可持续发展面临严峻挑战。投资率居高不下，消费增长乏力。后危机时代，调整优化经济结构、推进经济转型升级需要有新的思路、新的方式和新的途径。企业“走出去”应成为经济结构调整优化的重要切入点。在投资和出口遭遇越来越严重的瓶颈制约的背景下，企业“走出去”不仅可以转移过剩产能、实现经济结构再平衡，而且可以避免高投资对资源、环境的依赖，化解贸易保护主义对高出口的冲击，为经济结构调整和经济可持续发展提供更大的动力。

## 15.1.2 资源约束视角

实施“走出去”战略是缓解我国资源紧张和环境压力，实现国民经济可持续发展的需要。我国是资源相对贫乏的国家，如我国人均拥有石油、天然气不到世界人均拥有量的1/8和1/20，在已探明的45种主要有色金属资源中，我国人均储量仅为世界平均水平的一半。中国已成为世界能源、矿产资源生产和消费大国。当前，严峻的形势突出表现为：资源供需矛盾尖锐、有限资源浪费巨大、环境污染和生态破坏严重。进入新一轮经济增长周期以来，一些重要大宗能源资源供给矛盾加剧，对国际市场依赖加深。未来，伴随工业化城市化的推进特别是相当一段时间内重化工业的扩张，能源资源矛盾可能还将持续或加剧。解决我国能源、原材料供需矛盾，除了要立足于国内资源的节约挖潜之外，更重要的是要顺应经济全球化的趋势，提高在全球配置资源的能力和水平。需要推动有实力的企业开展国际化经营，加强海外资源的合作开始与利用，为我国获取重要资源提供相对稳定的来源，实现国民经济的长远发展。

### 15.1.3　经济转型视角

从经济转型的角度看，实施“走出去”战略有利于我国产业结构升级。随着科技发展和世界生产力水平的不断提高，全球范围内的产业结构正在加速调整，产业在发展程度不同的国家间迅速转移，促进了许多国家的产业升级和结构优化。经济结构调整如果仅在国内进行，空间相对较小。我国进行经济结构调整，应当充分利用国际、国内两个市场两种资源，这样才有更大的发展空间。我们要发挥我国的比较优势，推动有条件的企业以成熟技术和设备开展对外投资合作，促进经济结构调整和产业升级，同时也有利于我国集中力量发展高新技术产业和新兴产业。

我国要确保转变经济发展方式取得实质性进展。为实现这一目标，既要统筹兼顾、全面推进，又要找准切入点、有效突破。以企业“走出去”为主要形式的对外直接投资，是中国转变经济发展方式、促进经济可持续增长的抓手之一。经济结构调整如果仅在国内进行，空间相对较小。我国进行经济结构调整，应当充分利用国际、国内两个市场两种资源，这样才有更大的发展空间。我们要发挥我国的比较优势，推动有条件的企业以成熟技术和设备开展对外投资合作，促进经济结构调整和产业升级，同时也有利于我国集中力量发展高新技术产业和新兴产业。

### 15.1.4　对外经贸关系视角

从对外经贸关系角度看，实施“走出去”战略是缓解贸易摩擦和国际收支失衡的需要。随着出口的快速增长和贸易顺差的持续扩大，我国面临的贸易摩擦形势十分严峻。我国已进入贸易摩擦高发期。未来，随着我国国内市场竞争的不断加剧，我国制造业特别是消费品对国外最终需求的依赖也将持续，企业迫切需要开拓国际市场，但却遭到形形色色的贸易保护主义的束缚。而对外直接投资使企业获得的内部化优势，享受国民待遇甚至优惠待遇，跨越国际贸易壁垒，有利于缓解与贸易伙伴国的贸易摩擦。

此外，对外直接投资可以缓解我国国际收支的严重失衡，提高我国外汇储备的使用效率。可以考虑将对外直接投资作为高效利用外汇储备的方式之一。当前应特别鼓励通过投资境外的各种有形资源，解决我国长期发展所需的资源保障问题，进一步掌握一定的原材料定价权，改变我国目前“价格被动接受者”的地位。不妨考虑运用我国巨额的外汇储备，采取灵活多样的投资方式，对境外资源做战略性投资，特别是目前的定价体系是由西方发达国家资本所控制，不能仅仅以目前的价格来评估这些资源的价值。

### 15.1.5 技术进步视角

从技术进步角度看，实施“走出去”战略有利于我国的技术进步。当今世界，经济竞争说到底是科学技术，尤其是高科技的竞争。谁掌握了科技主动权，谁就能在世界经济竞争的舞台上扮演主角。因此，在经济全球化的大背景下，各国都加快了科技创新的步伐，使高科技产业逐步成为支撑国民经济发展的核心动力。世界科技迅速发展给当代国际直接投资带来了广泛而深刻的影响。一方面，作为国际直接投资主要载体的跨国公司可以凭借其先进的科学技术，研究开发新产品，提高原有产品质量，从而更方便地打开东道国大门，在国际竞争中保持和扩大自己的阵地。另一方面，出于当代世界科技创新 80% 以上掌握在发达国家手中的格局尚未改变，它们通过种种措施维持技术的垄断，从而使发展中国家参与国际直接投资的竞争能力减弱。

对我国对外直接投资而言，世界科技加速发展所带来的机遇要大于挑战。改革开放以来，我国科学技术有了长足的进展。但从总体上看，我国目前的科技水平仍落后于发达国家，科技成果能转化为现实生产力的不足 10%，远低于发达国家 60% ~80% 的水平；科技进步对经济增长的贡献率仅为 30% 左右，也低于发达国家 60% ~80% 的水平。缩小这种差距，仅仅靠利用外资和引进技术是不够的。因为发达国家为了延长其对先进技术的垄断时间，往往极力避免先进技术在东道国过快扩散，将许多研究开发活动和关键产品的生产放在其国内母公司进行，而只将成熟技术和最终产品的装配线转移至东道国。在这种情况下，我国很难通过利用外资获得完整的、一流的先进技术。而且过多利用外商直接投资会带来一些负面影响，如部分产品的国内市场被跨国公司所控制，国内企业生存和发展的环境恶化，甚至有可能导致经济结构的失衡。

因此，我们应在积极有效地利用外资的同时，努力拓展对外直接投资，在发达国家购并高新技术企业或者与当地拥有先进技术的高技术企业合资、设立新技术开发公司、雇用当地工程师、科研人员、管理人员和熟练工人，利用当地的先进设备，可以直接吸收许多在国内难以获得的先进技术和管理经验。那些建立在信息资源集中地的国外分支机构还可以将从当地获得的大量技术、市场信息及时准确直接地传递到国内公司总部，有助于国内企业及时了解世界前沿技术动态和国际市场行情，从而优化国内企业的各种经营活动。中国应在世界技术一体化的格局中寻找技术创新的源头，并通过相应的转移机制向国内转移国外的先进技术，提高技术进步对经济发展的贡献度。

## 15.2 对宁波民营企业“走出去”情况的调研

### 15.2.1 投资数量与规模

宁波对外直接投资数量增长迅速，但平均项目规模小。2017 年宁波新批境外投资企业和机构 220 家；核准中方投资额 39.1 亿美元，比上年增长 11.3%。全年完成境外承包工程劳务合作营业额 20.7 亿美元，增长 1.7%。全年承接服务外包执行额 290.8 亿元，其中承接离岸服务外包执行额 135.6 亿元。年末全市服务外包企业 1407 家，从业人员 5.4 万人。企业数量在全省和全国 15 个副省级城市中均居第一。尽管宁波对外投资的企业数量增长迅速，但是这些“走出去”对外投资的企业绝大部分都是民营企业，对外直接投资的平均规模偏小。根据统计，宁波对外直接投资企业平均项目规模不到 400 亿美元，其中 100 万美元以下的对外直接投资占总项目数的 60% 以上，投资额达到 1000 万美元以上的项目仅占不到 10%。

### 15.2.2 投资主体及动机

宁波对外直接投资投资主体形式多样，但规格和层次较低。从整体上看，宁波对外投资的规格和层次仍然较低，投资形式以贸易型和经贸办事处为主（2016 年在宁波对外投资企业中，贸易性企业和经贸办事处所占比达 60% 以上），实体投资少，根植性差；投资项目多属于低附加值、低技术含量的劳动密集型项目；投资的方式多为新建或新设，跨国并购方式屈指可数。

宁波“走出去”民间资本充足，但项目对接与融资平台欠缺。民营经济一直是宁波的特色和优势所在，民间资本更是宁波经济的活力所在。与宁波民营企业在国内投资风生水起、发展良好形成巨大反差的是，宁波民间资本“走出去”的规模显得实在太小。而其中缺少好的投资项目和投资服务是制约宁波民营企业对外投资的重要原因之一。

企业跨国投资意愿较强，但缺少风险防范和保障机制。宁波对外投资以民营企业为主，近年来，伴随着国内经济转型升级、人民币升值和世界金融危机带来的跨国投资机遇，民营企业对外投资的积极性空前高涨。但是对外直接投资面临着经营风险、政治风险、技术风险和外汇风险等各方面风险，很多急于想走出国门的企业存在着饥渴症、盲目性，容易上当受骗。

### 15.2.3 政府服务保障

地方政府在投资促进和产业政策上尚待深化。地方政府在贯彻落实国家相关政策的基础上，应在投资促进和产业政策细化以及政府服务深化上出台更加具体的措施，从而形成全方位的政策服务体系。但是目前来看，宁波作为拥有一定立法权限的较大的市和享有副省级经济管理权限的城市，在政府服务和政策创新上的优势还没有充分体现出来，还没有建立完善的政策支持体系，对宁波企业“走出去”进行产业引导和分类支持不够深入。

## 15.3 政府服务“走出去”的若干建议

### 15.3.1 产业引导

结合宁波实际，制定鼓励海外投资产业目录，细化地方支持“走出去”的产业政策。中小型民营企业是宁波经济发展的主角和经济增长的主要动力，宁波的优势产业主要集中在家电、纺织服装、文具、电子信息、装备制造等。结合宁波实际，制定更加细化、切实可行的地方政策配套体系显得尤为重要。为了更好地帮助企业实施“走出去”战略，充分发挥宁波市主导产业的竞争优势，制定了《宁波市鼓励海外投资产业目录》。围绕重点产业“走出去”的各个环节和不同阶段，以“财政手段为引导，金融支持为主体”，完善政策体系，形成对“走出去”企业的有力促进。

针对《宁波市鼓励海外投资产业目录》内的“走出去”重点产业，宁波市设立“走出去”重点产业专项资金，使企业享受国家和地方的双重财政支持；对符合《宁波市鼓励海外投资产业目录》的建设、入驻境外工业园区的“走出去”企业设立专项资金，适当进行个性化支持；对于参与国际并购，打造国际品牌的“走出去”企业，也要着重从融资担保上给予支持。

### 15.3.2 平台搭建

发挥集群优势，形成以境外经贸合作区为平台的“走出去”新格局。宁波

“轻、小、民、加”的产业结构最大依托就是集群优势，离开了集群的土壤，宁波民营企业的优势就会荡然无存。目前来看，境外经贸合作区是我国企业发挥产业集群优势、探索“走出去”路径的一项重要模式。通过调研分析我国境外经贸合作区的发展模式，采用“政府牵头、大型国企规划建设、中小企业积极参与”的模式，可看作中国企业走出去的一支“混合编队”。这种模式的境外经贸合作区最大特点就是通过地方政府的隐性介入，从产业规划、资金投入等方面高起点、高规格开展，形成了良性发展的机制。建议由宁波市外经贸局牵头，宁波开发投资集团有限公司、宁波城建投资控股有限公司、宁波交通投资控股有限公司、宁波市昆仑国际经贸公司和宁兴（集团）有限公司等公司为投资主体，在详细调研、合理论证的基础上抓住时机“走出去”，开拓境外经贸合作区。通过国有控股的开发区建设企业，“隐性介入”境外经贸合作区的规划和建设，形成“政府牵头、大型国企规划建设、中小企业积极参与”的模式，推进境外经贸合作区的建设。

此外，地方政府通过高层互访、友城关系、国际重要活动和会议等优化对外投资环境。宁波作为我国首批沿海开放城市，在对外开放和国际经贸合作领域取得了丰硕的成果。友城关系已成为宁波对外交流的重要渠道，在促进经济发展、服务企业和市民“走出去”、提高宁波软实力和服务国家总体外交方面发挥重要作用。围绕经贸挖潜力，利用高层互访推动友城关系向纵深发展。要精心安排领导出访，积极推动建立友城关系，不断拓展渠道，加大重点国家和重要区域的交往力度。同时，更要注重实效，建立项目跟踪责任机制，确保市领导出访成果的落实。

以“海外宁波周”和境外经贸合作区为抓手，切实为宁波企业走出去创造良好平台。进一步谋划好“海外宁波周”活动，将“海外宁波周”打造为扩大对外开放的重要平台。此外，宁波市应当在政府领导出访和友城活动中大力推进境外经贸合作区建设，争取建立“海外宁波产业园”，与东道国建立良好的沟通协调机制，通过外交协商为企业争取资源和政策优惠。此外，还可以利用浙洽会、消博会等会展平台，牵线搭桥，推进优势产业、优势企业抱团出海，积极开拓新的境外经贸合作区。

### 15.3.3 加大金融支持

加大金融创新，继续完善宁波市海外投融资平台。宁波市海外投融资平台是由市外汇分局与市外经贸局依托宁波市外经贸企业融资网上登记系统联合建立的集海外投资融资政策宣传、信息交流、产品展示和项目对接功能于一体的网上平台。平台的建成并成功运行，有利于促进市场信息充分传导，有效沟通供需，有利于节约银企双方人力物力资源，加快融资效率，便利企业开展投融资。但是该平台目前的建设处于初步阶段，融资渠道和融资规模还有很大的局限性。建议以该平台为依托，不断拓展服务功能，对接国内外投融资供给与需求，形成涵盖国内与国际，渠道更加多元、规模更大的投融资平台。

引导建立地方性的海外产业投资基金，大力发展股权融资。地方政府应该积极鼓励海外产业投资基金的设立，增强地方企业“走出去”的竞争力。中央的各种产业基金由于规模的限制，大多数企业特别是民营中小企业在融资上还是有很大困难。传统上，国内金融机构对企业“走出去”提供的融资支持都局限于债务融资。然而，对于“走出去”的企业而言，股权融资的意义更为重大。可借鉴渤海产业基金和浙商产业投资基金的运作模式，由政府推动银行、投资机构、大企业集团等多种主体共同出资组建地方性的海外产业投资基金，为地方中小企业“走出去”提供资金保障。

### 15.3.4 服务保障

一是建立“走出去”的协调联动机制，高标准建设“走出去”综合信息系统。建议整合宁波市各有关部门服务“走出去”的信息，以市外经贸局网站为依托，高标准建设“走出去”综合信息系统，使其成为承载“走出去”管理、服务、资讯的主要载体，提供高质量的“走出去”网上政务服务及政策法规、经验交流、投资环境、业务动态等信息资料。利用浙江、宁波驻外机构、办事处和企业提供的信息，结合商务部、国家发改委的信息服务系统，建设国别投资环境信息库、境外合作项目库、国际承包工程招投标资料库、国际知名展览名录库、涉外知识产权维权援助数据库、风险防范数据库及其他相关“走出去”信息资料库，为企业“走出去”提供公共基础信息服务，为企业提供国外环境、市场需求、重大项目、重大工程、资源开发和各地政策举措等信息服务。

二是畅通渠道，创新方式，引进和培养高层次国际化经营管理人才。要发挥政府资助的“催化剂”作用，引进高层次国际化经营管理人才。在人才引进培养上，政府要利用自身的优势，建立起面向全球的开放性、全方位高级人才库或人才交流渠道。进一步推动人才培训机构的发展，提高为地方企业人才服务的水平，改变企业单打独斗的人才引进局面，缓解人力资源缺乏现状。完善人才引进机制，设立“走出去”专项人才基金，着重引进高端、复合型国际化经营管理人才。特别要注重解决人才引进过程中存在的生活成本高、子女就学难、社会保障不足等问题，实施引进高级人才奖励制度，对引进特殊人才的企业给予一定的奖励或财政补贴政策。

# 第 *16* 章

# 新形势下浙江扩大开放的若干对策建议

## *16. 1*

### 加快创建浙江自由贸易港的建议

习近平总书记在党的十九大报告中指出，赋予自由贸易试验区更大改革自主权，探索建设自由贸易港。这是新时代我国深入推进改革开放的重要探索。浙江自贸区港口条件优越，对外贸易发达，大宗商品全球配置能力突出，拥有建设自由贸易港的良好基础和条件，也是国家明确定位“探索建设自由贸易港区”的自贸区之一。加快创建浙江自由贸易港，是契合中央要求和国家战略，再创新时代发展新优势的历史重任。

赋予自由贸易试验区更大改革自主权，探索建设自由贸易港，这是党的十九大作出的重大决策。浙江自贸区是国务院批准设立的拥有深水良港的自贸区之一，也是全国唯一以油品全产业链投资贸易便利化为核心的自贸区。本章在分析当前国内外形势的基础上，结合浙江实际，提出加快创建舟山自由贸易港的思路和建议，提供领导参阅。

#### 16. 1. 1 建设浙江自由贸易港的战略意义

（1）建设自由贸易港是浙江推进新一轮扩大开放的重大战略。习近平总书记在党的十九大报告中指出，“中国开放的大门不会关闭，只会越开越大”。探索建设自由贸易港是我国推动形成全面开放新格局的重大创新，为今后一个时期的开放型经济发展指明了方向。2017 年 3 月，浙江自贸区作为全国第三批自贸区正式挂牌成立。但是从全国来看，经过三轮的发展，自贸区已经从沿海向内地、边疆地区拓展，除了已经获批的 11 个自贸区，还有 14 个省、区市把申报自贸区纳入地方“十三五”发展规划。深化自贸区改革试点，积极创建浙江自由贸易港，是浙江省以更高的站位、更宽的视野、更大的责任，抢抓国家新一轮扩大开放机遇的战略举措。

（2）建设自由贸易港是浙江参与长江经济带和“一带一路”建设的重大平台。当前我国正加快推进“一带一路”倡议和长江经济带战略。浙江自贸区作为长江经济带龙头的龙眼、“一带一路”倡议支点和义甬舟开放大通道的重要极核，只有不断创新，打造高水平、高能级的开放平台，才能集聚高端生产要素，发挥龙头引领作用。目前，我国将要布局的自由贸易港将是我国开放层次最高、引领作用最强的开放平台。创建浙江自由贸易港是浙江打造全国新一轮对外开放重要海上门户和世界级港口经济圈的战略任务，是提升开放层次、水平和高度的战略举措。

（3）建设自由贸易港是浙江谋划“大湾区”建设的重大载体。加快推进杭州大湾区建设，是浙江应对世界经济新挑战、开创经济发展新局面的重大决策。综观世界各地大湾区发展实践，世界级港口集群和高能级开放平台是大湾区的重要依托和核心竞争力。目前，浙江在全国率先完成“五港合一”的一体化港口资源整合，以宁波舟山港为核心，着力打造世界级港口集群。在推进大湾区建设过程中，如果没有自由贸易港这一高水平开放平台，大湾区建设的水平和高度将会大打折扣，导致大湾区港口功能单一化和产业结构低端化。因此，积极创建浙江自由贸易港，是打造湾区发展极核、凝聚湾区建设动能的重大载体。

### 16.1.2 浙江创建自由贸易港的基础和条件

（1）浙江创建自由贸易港具备独特的区位和港航优势。自由贸易港建设必须具有良好的港口和物流设施，所以区位优势和港口条件是创建自由贸易港的重要条件。舟山位于我国南北海运和长江水运“T”字形交汇处，背靠整个长江流域，辐射日本、韩国。目前我国 7 条国际远洋航线中，有 6 条经过舟山海域。舟山深水岸线资源为中国仅有、世界罕见，国家批复建设的 7 个 40 万吨级以上深水码头，舟山占了 3 个。从港口能级看，宁波舟山港连续 8 年货物吞吐量位居世界第一位、集装箱吞吐量跃居世界第四。在完成全省港口一体化整合后，浙江正加快打造以宁波舟山港为龙头的世界级港口集群，经济腹地辐射江苏、安徽、江西、湖南、上海等省市。

（2）浙江创建自由贸易港独具大宗商品资源配置的比较优势。现有的浙江自贸区已经形成了以油品为核心的大宗商品储运、中转、加工、交易等领域具备完善的产业链。2016 年中国原油进口量达到 3.8 亿吨，对外依存度达到了 65.4%，其中 60% 的进口原油在宁波舟山港储运、中转。目前，舟山群岛油品储备能力超过 1950 万吨，并且还正在建设亚洲最大的油品储运和中转基地；绿色石化基地项目进展顺利，保税燃料油加注规模位居全国沿海港口前二，辐射整个南北海运网络；国务院已批准设立中国（浙江）大宗商品交易中心，并具备庞大的油品交割需求。由此可见，创建浙江自由贸易港，对于发挥浙江在大宗商品资源配置中的优势地位，提升我国大宗商品全球配置能力具有战略意义。

（3）浙江创新自由贸易港已具油品全产业链贸易投资便利化的体制机制优势。2017 年 4 月挂牌成立的浙江自贸区，是全国唯一以“油”为特色的自贸区。浙江自贸区将油品全产业链投资便利化和贸易自由化作为建设的核心和重中之重。目前，浙江自贸区已率先在全国突破保税燃油经营资质申请，出台全国首个保税燃油供应业务操作规范，在全国自贸试验区范围唯一的海域锚地——秀山东锚地完成首单保税燃料油加注，实施了外锚地供油、跨关区直供、夜间靠泊供油、“一船多供”等全国首创的贸易便利化举措改革。创建自由贸易港是浙江自贸区继续深化改革的内在要求和核心目标，有利于进一步加快油品全产业链投资贸易便利化，为保障国家能源战略安全、争取国际油品贸易话语权提供有力支撑。

### 16.1.3 浙江自由贸易港的定位和创建策略

（1）对标国际先进标准，打造东北亚乃至全球保税燃料油加注中心。从更高站位谋划浙江自由贸易港的创建工作，为国家增强战略资源保障能力贡献力量。浙江自由贸易港创建就要对标新加坡，实现油品全产业链自由贸易政策的有效突破，早日建成东北亚乃至全球保税燃料油交易中心。与新加坡相比，浙江自贸区在保税燃料油加注市场主要存在燃料油生产、保税燃料油加注资质和金融服务配套等方面的劣势。因此，浙江自贸区要以新加坡为标杆，发挥先行先试的政策优势，着力培育壮大与国际接轨的国际航行船舶保税燃油供应市场。同时，围绕保税燃料油加注，拓展外轮配套服务、仓储物流服务、特色航运交易、船舶及大型配套设备融资租赁和海事衍生服务，增强国际综合竞争力。

（2）对标全球一流强港，打造石油储备、加工、交易、补给、金融配套服务综合性国际港航枢纽。浙江自贸区虽然拥有优越的港口物流条件，但在港口服务水平上距离新加坡、香港、鹿特丹、上海等国际一流港口还有较大差距。因此，要进一步深化浙江自贸区的政策试点，大力发展高端航运服务业，提高航运软实力，打造石油储备、加工、交易、补给、配套服务“五位一体”的自由贸易港。依托中国（浙江）大宗商品交易中心，开展原油、成品油、保税燃料油现货交易，条件成熟时开展与期货相关的业务。加快形成具有国际影响力的原油现货交易市场，在扩大现货交易的基础上，支持自贸试验区发展成品油、保税燃料油交割、仓储、保税等。发挥金融推动石油全产业链作用，探索油品交易贸易金融服务功能创新，构建与国际接轨的金融服务体系。

（3）对接上海自贸区比较优势，增强和发挥龙头龙眼的地位和作用。宁波舟山港是李克强总理确定的长江经济带龙头的加一只龙眼。上海作为我国改革开放的前沿阵地，在建设自由贸易港上具备先行先试的地位。浙江在争创舟山自由贸易港的工作上，要与主动与上海协调联动、错位发展，发挥自身优势，共同打造龙头龙眼的地位和作用。在金融开放、服务贸易等方面，浙江自贸区可更多地复制、推广上海自贸区的改革成果；在以油品为核心的大宗商品贸易投资自由化上，则可更大地发挥舟山的区位和海洋资源优势，承担国家使命，建设高度开放、富有特色的大宗商品自由贸易港。

（4）对准国际市场规则，在商事、海事、司法、人才等方面协同推进各项创建工作。创建浙江自由贸易港是一项重大对策，拟建立创建工作领导小组，推动港务、海关、商检、发改、税务、工商、金融、外管、人社等多部门协同开展建工作，全面推进和落实创建筹办和改革事项，推动舟山自由贸易港在申创中的制度创新。创建浙江自由贸易港在申报的时序上，宜早不宜迟，申报方案拟尽早向中央提交，创建方案可以在探讨中不断完善，争取浙江自由贸易港能作为我国第一批试点获批。

## 16.2

## 宁波争创梅山自由贸易岛的建议①

实施自由贸易区战略是我国新一轮对外开放的重要内容。经过三轮扩容，我国已形成“1 +3 +7”11 个国家自由贸易试验区（以下简称自贸区）梯度发展的新格局。作为我国首批沿海开放城市，宁波外向型经济发达，港口吞吐和集装箱吞吐量分别位居世界第一位和第四位。但是到目前为止，宁波仍然是五个计划单列市中唯一没有获批自贸区的城市。这与宁波建设国际港口名城、打造东方文明之都的目标极不相称。2017 年 9 月省政府批复的《宁波“一带一路”建设综合试验区总体方案》中，首次明确提出“积极争创梅山自由贸易岛”。省长袁家军在省第十四党代会宁波代表团的讲话中也指出，宁波“一带一路”综合试验区建设，第一个就是梅山。由此可见，积极争创梅山自由贸易岛，肩负着宁波“一带一路”综合试验区建设的重要使命，关系到宁波新形势下对接国家开放战略的总体布局。

设立宁波“一带一路”建设综合试验区是省第十四次党代会作出的重大决策，其中探索争创梅山自由贸易岛是试验区建设的重点任务之一。课题组在分析当前国内外形势的基础上，从面临的机遇与挑战出发，提出了宁波争创建梅山自由贸易岛的工作思路和对策建议，提供领导参阅。

① 2017 年宁波市哲学社会科学规划课题《宁波创建国际贸易便利化国家示范区的路径和对策研究》（项目编号：G17 – ZN21）、2013 年宁波市软科学研究计划项目《依托宁波梅山保税港区建设国家自由贸易园区的路径与对策研究》（项目编号：2013A10049）的阶段性成果，入选《宁波社科要报》。

### 16.2.1 争创梅山自由贸易岛的历史机遇

（1）是宁波对接国家长江经济带和“一带一路”倡议，参与浙江省义甬舟开放大通道建设的历史重任。当前我国正加快推进“一带一路”和长江经济带建设，浙江省以义甬舟开放大通道建设积极谋划支撑浙江发展的战略平台。宁波作为长江经济带龙头龙眼、“一带一路”倡议支点和义甬舟开放大通道的重要极核，关键是要打造高水平、高能级的开放平台，不断集聚高端生产要素，发挥龙头引领作用。目前，自由贸易区是我国开放层次最高、引领作用最强的开放平台，也是最契合宁波国际大港优势的开放平台。争创宁波梅山自由贸易岛高度契合中央要求和国家目标，肩负着宁波打造全国新一轮对外开放重要海上门户和世界级港口经济圈的战略任务。

（2）是宁波推进梅山新区、“一带一路”综合试验区和“大湾区”建设的交汇和制高点。宁波是浙江积极参与全球竞争、融入经济全球化的重要窗口和对外开放前沿阵地。浙江省“十三五”规划提出支持宁波建设国家级梅山新区，并将其作为“浙江经济新的动力”和义甬舟开放大通道重要平台来打造，其重要功能定位之一就是构建新型对外开放大平台，争创自由贸易岛是梅山新区建设的题中之义。近日，省政府批复的《宁波“一带一路”建设综合试验区总体方案》明确提出，要探索争创梅山自由贸易岛，推动宁波成为“一带一路”沿线国家投资经贸合作的核心承载区。此外，浙江还在积极谋划“大湾区”建设。梅山作为宁波舟山港的重要港区，必将成为大湾区建设的重要依托。由此可见，争创梅山自由贸易岛已经成为多重发展的交汇点和发展高地。

（3）是宁波建设国际港口名城、打造东方文明之都、跻身大城市第一方队的重要保障。宁波市第十三次党代会确立了宁波建设国际港口名城、打造东方文明之都的奋斗目标。市委书记在梅山调研时强调，要举全市之力推进梅山新区建设，为建设名城名都提供强有力的支撑。建设国际化港口名城的关键是打造港口经济圈，通过自由贸易岛这样的高能级开放平台，集聚以航运金融、保险、法律、信息为代表的高端服务业，提升开放门户功能，推动宁波港口从支撑工业化和对外贸易的物流节点，向贸易、金融等更宽领域拓展，从长三角乃至国内港口竞争的小圈子，向香港、新加坡等国际强港对标看齐。由此可见，争创梅山自由贸易岛是宁波港口经济圈建设的核心任务，是助推宁波名城名都建设、跻身大城市第一方队的重要力量。

### 16.2.2　争创梅山自由贸易岛面临复杂的国内外形势和挑战

（1）逆全球化冲击下国际经贸环境的复杂性。近年来，随着世界经济增长放缓，出现了逆全球化回潮、贸易保护主义加剧的新形势。国际贸易投资格局出现调整，世界进出口贸易额占 GDP 的比重倒退到 21 世纪初的水平，全球对外投资也出现大幅回落。受此影响，我国对外贸易和投资波动加剧，贸易保护主义使得我国面临的贸易摩擦空前增长。争创梅山自由贸易岛所面临的外部环境将更加复杂，一方面，以投资贸易便利化为核心的措施会受到一定的冲击；同时，全球航运业持续处于低谷，对梅山自由贸易岛的集装箱运输业务、航运服务业创新发展都带来了较大压力。

（2）经济新常态背景下宁波的开放优势弱化。改革开放以来，依托深水良港和区位条件，宁波成为全国首批沿海开放城市，较早设立了保税区、出口加工区、保税物流园区以及保税港区等海关特殊监管。但是，随着我国经济发展步入新常态，我国外贸和港口吞吐量也将由过去的高速增长进入中低速增长的新阶段，宁波等沿海港口城市的港口和外贸产业优势相对弱化。同时，随着我国改革开放的推进，中西部地区也逐渐成为国家开放战略布局的重点。总体来看，宁波作为我国改革开放高地的优势在逐渐弱化，争取国家政策支持创建梅山自由贸易岛有一定的难度。

（3）国内自贸区布局中区域竞争异常激烈。自贸区是当前我国开放程度最高、体制机制最灵活的特殊区域，对集聚高端生产要素、拉动地方经济发展、增强城市地位具有重要的作用。因此，全国各地申报自贸区的竞争和博弈异常激烈。从全国来看，经过三轮的发展，自贸区已经从沿海向内地、边疆地区拓展，除了已经获批设立自贸区的 11 个省市外，还有 14 个省、自治区和直辖市把申报自贸区纳入地方“十三五”发展规划。在长三角地区，除了已经获批的上海和浙江自贸区外，江苏提出“要全力做好自贸区争取设立、经验复制推广”，南京市提出“积极申报自贸试验区”；安徽提出“加快推进自由贸易试验区创建”。总体来看，对于已经获批自贸区的浙江来说，新批准设立自贸区的竞争异常激烈、难度很大。

### 16.2.3 争创梅山自由贸易岛的工作思路

（1）调整申创策略，积极推动浙江自贸区扩容并把梅山岛纳入“一区多片”范围。2017 年 3 月，浙江自贸区作为全国第三批自贸区正式挂牌成立。但是对照同批设置的其他自贸区，浙江自贸区功能相对比较单一，主要开展以油品为核心的大宗商品自由贸易；地理范围局限于舟山，没有跨区运营。按照国际成熟自贸区的发展规律，未来浙江自贸区必然要在功能上和区域上均有所突破。在功能上，从油品等大宗商品自由贸易逐渐向全方位贸易投资便利化拓展，从而推动浙江经济双向开放，增强浙江国际竞争新优势。在此背景下，宁波要加大区域协调，积极推动浙江自贸区实行“一区多片”扩容，将自贸区试点范围延伸扩大到梅山岛，打造梅山自贸岛。

（2）谋划单项突破，在贸易便利化、金融保险等领域争取试点并率先达到自贸区标准。依托区位优势、港口条件和雄厚的外贸产业基础，宁波应积极争取国家先行先试和重大项目支持，通过铁海联运综合试验区、中国—中东欧国家贸易便利化国检试验区、国家保险创新综合试验区等，单项突破、逐步推进，在某些领域按照自贸区的标准开展创新试点，为梅山自由贸易岛积累经验、夯实基础。特别是要以宁波“一带一路”建设综合试验区获批为契机，在复制推广国内自贸区经验的基础上，大力开展航运服务、口岸监管、投资贸易体制等领域的创新试点，争创梅山自由贸易岛。

### 16.2.4 创梅山自由贸易岛的若干建议

（1）依托国际海洋生态科技城，打造“一带一路”产业科技合作引领区。

国际海洋生态科技城是宁波梅山新区积极参与“一带一路”倡议和长江经济带战略、建设“港口经济圈”的战略平台和重要抓手。要推动国际海洋生态科技城与宁波“一带一路”建设综合试验区的平台协同和政策协同，重点推进海洋科技、生物医疗及器械、智能装备等高端制造领域科技创新合作，创建“一带一路”知识产权服务中心、中国—中东欧技术转移中心，使梅山产业集聚区成为海洋领域双向产业科技合作平台。

（2）依托中国—中东欧贸易便利化国检试验区，打造“一带一路”投资贸易便利化先行区。2017 年 4 月，中国—中东欧贸易便利化国检试验区落户宁波市。梅山保税港区要充分发挥区位优势、口岸开放优势，深化国检试验区的政策支持，探索和优化针对中东欧 16 国进出口商品的检验检疫模式。集中优势资源，打造特定产品的仓储、交易等中心，吸引更多中东欧商品通过梅山保税港区进入我国，同时探索开展国际中转、国际采购和国际分拨等业务。逐渐将梅山保税港区将打造成为中国进口中东欧商品的首选通道和“一带一路”投资贸易便利化先行区。

（3）依托国家保险创新综合试验区和梅山金融小镇建设，打造“一带一路”金融保险服务示范区。2016 年 7 月，国务院批复宁波建设全国首个保险创新综合试验区，其中明确提出要探索推动保险服务“一带一路”倡议。这与梅山保税港区正在积极开展的国际港航、金融服务创新等紧密契合，也与梅山海洋金融小镇大力发展船舶租赁、航运保险、离岸金融等海洋新兴金融产业相互交融。通过整合以上平台资源，以海外投资保险和面向“一带一路”国家的离岸保险业务为重点，在梅山保税港区建立保险保税区，积极推进航运保险定价中心、巨灾保险定价中心及交易中心建设，不断提高国际金融合作水平，助推宁波成为“一带一路”沿线国家（地区）金融保险服务的示范城市。

（4）依托港口博物馆、盐场旧址、万人沙滩和国际赛车道，打造“一带一路”人文交流门户区。要不断挖掘梅山岛丰富的港口文化、海洋文化资源。以港口博物馆为依托“一带一路”港口文化交流平台；以盐场旧址、渔村风貌为依托，弘扬悠久的海洋文化；以梅山国际赛车场、万人沙滩、国际水上运动中心等项目为先导，大力发展国际体育运动、滨海休闲旅游、海洋文化艺术。通过整合梅山岛海洋文化资源，大力推进“一带一路”国家（城市）间的人文交流合作，争取承接更多国家“一带一路”人文互通重大项目，成为“一带一路”沿线国家（地区）重要的人文交流门户区。

## 16.3

## 加快推进义甬舟开放大通道建设[①]

义甬舟开放大通道是浙江省“十三五”时期规划建设的重大战略平台之一。加快义甬舟开放大通道建设，是浙江省落实国家“一带一路”倡议和长江经济带国家战略，助推长三角世界级城市群建设，加快构筑新的增长极的重大战略举措。义甬舟开放大通道连接义乌小商品市场和宁波舟山港，以宁波舟山港、义乌陆港、雨金高速、金甬舟铁路为支撑，打通义乌—宁波—舟山经济走廊，对内辐射长江经济带、对外辐射“一带一路”，对推动浙江与长江中下游地区产业协作，加强与沿海沿边地区国际贸易合作，构建更高层次的开放型经济，持续增强浙江经济国际竞争力具有重要意义。

### 16.3.1 战略意义

（1）对接国家重大战略布局的现实需要。“一带一路”倡议的提出，描绘出构建我国全方位对外开放新格局的蓝图。国内多个省（市、区）纷纷争取在“一带一路”建设中双向发力。新疆、甘肃、陕西等地通过“向东”推动陆海相通，实现与海上丝绸之路连接；青岛提出要打造“一带一路”综合枢纽城市；连云港提出要打造“一带一路”双向开放窗口和海陆交汇枢纽，建设新亚欧大陆桥头堡；西安致力于做实丝绸之路经济带新起点，通过与上海港、天津港、青岛港、连云港、宁波港等开展战略合作，建设内陆无水港。加快构建义甬舟开放大通道，打造连接陆上与海上丝绸之路的战略大通道，实现双向融入“一带一路”建设，是浙江深度对接“一带一路”倡议布局的现实需要。

① 本部分刊登于《浙江经济》2017 年第 6 期；成果转化刊登于《浙江社科要报》，获得省领导批示。

（2）扩大对外开放，构建全方位开放的重要载体。浙江作为我国率先发展的东部沿海经济大省和外贸大省，是全国乃至全球重要的轻工、日用消费品生产和采购基地。义乌国际采购中心驰名全球，其小商品已辐射到全球 215 个国家和地区。宁波舟山港的货物吞吐量自 2013 年起跃居世界第一；2015 年宁波舟山港集装箱吞吐量达 2063 万标箱，首次超过香港港，成为全球第四大集装箱港口。依托浙江陆海一体的独特优势，以宁波舟山港和义乌陆港为东西两大战略支点，使浙江与国内其他地区相比，具备同时拥有连接海上大通道和陆路大通道的双重优势。加快建设义甬舟开放大通道，打造互联互通经济走廊，推动浙江双向融入“一带一路”，深化对内对外开放格局，有利于浙江更大范围、更高层次参与全球竞争和区域合作，进一步提振浙江外贸经济。

（3）增强浙江海洋经济综合实力的重要抓手。随着我国开放型经济的加快形成，海洋的战略地位日益突出，开发和利用海洋资源，构建现代海洋产业体系，大力发展海洋经济，是缓解国内资源约束、拓展发展空间的迫切需要。2015 年浙江海洋生产总值 6180.4 亿元，比上年增长 7.33%，高于经济增长速度 0.5 个百分点，海洋经济占全省 GDP 的比重为 14.41%。“十二五”期间年均增长 10.3%，高于同期全省 GDP 平均增幅。加快建设义甬舟开放大通道，统筹内陆与沿海协同发展，推进义乌、宁波、舟山区域联动发展，把海洋资源优势与陆域产业、科技、人才等优势有机结合起来，引领陆域经济走向海洋经济，可以进一步提升浙江海洋经济综合实力。

### 16.3.2　建设开放大通道的基础和优势

义甬舟开放大通道连接沪宁合杭甬发展带、沿海发展带、沪杭金发展带等长三角城市群三大发展带，沿线地区经济总量和进出口总额分别占到浙江全省的 40% 和 55%，是浙江开放平台能级和水平最高、空间最为集中的区域。

（1）义乌以商贸著称，是全球最大的小商品批发市场、国家级国际贸易综合改革试点城市。义乌联系全国 20 多万家中小企业，商品辐射 215 个国家地区，与“海上丝绸之路”沿线国家和地区经贸往来密切，是我国商品走向世界和世界商品进入我国的重要平台。在积极参与国际物流大通道建设方面，义乌建有保税物流中心（B 型），设立义乌国际邮件互换局，义乌机场已开通多条国内和国际航线，义乌西站是全省唯一获批的对外开放铁路口岸，“义新欧”中欧班列运行常态化，已往返运行 36 个班列，运输 2192 个标准集装箱。

（2）宁波地处长江流域与东部沿海的“T”，形交汇处以及长三角经济带的核心区，位于“一带”与“一路”的交汇处。宁波作为国内首批 14 个东南沿海开放城市之一，是我国参与国际贸易合作的重要门户城市。目前，宁波舟山港已与世界上 200 多个国家和地区的 600 多个港口通航，2015 年宁波舟山港集装箱吞吐量达 2063 万标箱，货物吞吐量 8. 9 亿吨，稳居全球港口首位。2015 年宁波口岸进出口总额 1936. 4 亿美元，占同期浙江省进出口总额的 56%。2015 年宁波对“一带一路”沿线国家进出口总额 251. 4 亿美元。作为全国首批五个跨境电商试点城市之一，2015 年宁波跨境电商试点业务进出口总额达 81. 4 亿元，其中进口额 29. 3 亿元，出口额 52. 1 亿元，各项指标均稳居试点城市前列。2016 年年初，宁波又入选全国第二批跨境电子商务综合试验区。

（3）舟山是我国江海联运的重要枢纽、“21 世纪海上丝绸之路”的重要区域和港口节点。舟山港域目前已建成各类生产性泊位 317 个，2015 年港口货物吞吐量达到 3. 79 亿吨。依托优越的港口运输条件，目前已建成亚洲最大的铁矿砂中转基地、全国最大的商用石油中转基地、全国重要的化工品和粮油中转基地、国家石油战略储备基地、华东地区最大的煤炭中转基地。继 2011 年舟山新区获批第四个国家级新区以来，舟山港综合保税区、中国（浙江）大宗商品交易中心、舟山江海联运服务中心等多个政策试验区先后获批，自由贸易试验区也已获批。未来，随着各项政策的落地，舟山将迎来新一轮发展机遇。

总体来看，宁波和舟山对内可以通过“长江经济带”辐射内陆中西部地区；对外，作为东部沿海地区重要的对外开放门户，是实现我国与国际沿海港口之间互联互通的重要组成部分。义乌作为全球最大的小商品贸易中心、国际贸易综合改革试点城市，与“新丝绸之路”沿线国家和地区经贸往来密切、经济互补性强。义甬舟开放大通道的规划建设，可以有效贯通丝绸之路经济带和海上丝绸之路，推进东西双向开放，推动内陆与沿海沿边地区协作，形成横贯东中西、连接南北方对外经济走廊，实现“向西借陆出境”和“向东借海出洋”。

### 16.3.3　推进开放大通道建设的举措

（1）江海联动、陆海统筹，打造无缝对接的交通网络。立足“多开新线、多辟新点、进口与出口并举、发运与到达并重”的思路，积极对接长江经济带交通基础设施平台。深化义乌与宁波、舟山的交通战略合作，优化规划金华—宁波客货共线普通铁路运输功能，完善义乌—宁波北仑、义乌—舟山金塘海铁联运通道，加快建设“甬金”“甬舟”城际铁路，支持铁海联运延伸到长江经济带以及中西部内陆地区各铁路枢纽；积极争取义乌铁路口岸全面开放，重点推进“义新欧”班列常态化运行，畅通义乌与中亚、欧洲等地的陆路通道。结合义乌国际陆港的功能定位与宁波—舟山沿海港口的海运能力，打造立体化的现代交通体系，推动铁海联运、江海联运多式联运发展，扩宽对外港口腹地，真正使货物“收得进、走得出、运得快"。

（2）通过义甬舟大通道建设，搭建起跨境电子商务及物流信息协同平台，对浙江全方位构建“买全球、卖全球”的贸易格局，扩大浙江对外贸易影响力具有重要意义。首先，整合义甬舟三地之间公路、水路、铁路、管道及航空货运信息、快递信息等网络资源，连接口岸信息处理与相关行业托管部门的网络资源，形成统一的“公共物流信息平台”，建设一站式的信息网络和电子商务服务平台。其次，义甬舟三地在电商通关、数据交换、外贸协同、商务信息等跨境网购服务上探索数据集成创新，建设一条阳光、便利、快速、放心的跨境网购新渠道。最后，要全方位推进一体化“大通关”建设，尤其是加强在市场采购贸易方式运行和监管方面的跨区域合作，协同协作推进国际贸易“单一窗口”建设，全面、彻底实现“一次申报、一次查验、一次放行”。

（3）加快自贸区建设，扩大对外开放平台。尽快争取舟山自贸区政策落地，以油品全产业链投资便利化、贸易自由化为核心，集中力量建设我国提升大宗商品全球配置能力、保障国家经济安全的重要平台和提升海洋产业开放合作水平的先行区。在此基础上，加快将舟山自由贸易试验区向宁波梅山新区拓展，并以金义综保区和义乌保税物流中心（B 型）为依托，积极谋划金华—义乌小商品自由贸易港区，从而形成自贸区在义甬舟开放大通道的全覆盖。同时，加快优化综合保税区的布局和功能，推动宁波综合保税区的整合，支持义乌升格创建综合保税区，规划布局建设绍兴（新瞬）综合保税区，形成大通道沿线的综合保税区网络，扩大浙江对外开放平台。

（4）打破行政壁垒，加强顶层设计，统筹协调推进。浙江要在顶层设计、体制改革、政策协调、管理创新等方面把握方向。义甬舟三地政府要努力实现一体化发展，自觉打破管好自家“一亩三分地”的思维定势，抱成团朝着顶层设计的目标一起做。在充分借鉴国内外海陆港联动发展的成功经验基础上，明确各地在义甬舟开放大通道建设中的定位和各阶段的重点工作；在顶层设计的指导下，以部门工作为主体，出台相应的政策管理和激励措施，加快推进义乌、宁波和舟山的互联互通、协同发展，在更大范围、更高层次实现资源要素整合和产业优化布局。

# 参考文献

[1] UNCTAD, World Investment Report 2006, http: //www. oecd. org.

[2] 中华人民共和国国家统计局．中国统计年鉴 2006. 中国统计出版社，2006.

[3] 商务部 . 2005 跨国公司在中国报告．中国经济出版社，2005.

[4] 联合国跨国公司与投资司 . 1995 年世界投资报告［R］. 对外经济贸易大学出版社，1996.

[5] 小岛清．对外贸易论［M］. 南开大学出版社，1987.

[6] 中华人民共和国国家统计局．中国统计年鉴 2003. 中国统计出版社，2003.

[7] Caves. R. E. , 1974. Multinational Firms, Competition and Productivity in Host-country Markets [J]. Economica 41.

[8] MacDougall, G. D. A. , 1960. The Benefits and Costs of Private Investment from Abroad: A Theoretical Approach [J]. Economic Record, 36, 13 – 35.

[9] Caves. R. E. , 1974. Multinational Firms, Competition and Productivity in Host-country Markets [J]. Economica, 41, 176 – 193.

[10] Globermans. , 1979. Foreign Direct Investment and "Spillover" Efficiency Benefits in Canadian Manufacturing Industries [J]. Canadian Journal of Economics, 12, 42 – 46.

[11] Blomstrom, M. and Persson, H. , 1983. Foreign Direct Investment and Spill-over Efficiency in an Underdeveloped Economy: Evidence from the Mexican Manufacturing Industry [J]. World Development, 11, 493 – 501.

[12] Blomstrom, M., 1986. Foreign Investment and Productive Efficiency: the case of Mexico [J]. Journal of Industrial Economics, 15, 97-110.

[13] Kokko A., Tansini and M. Zejan, 1996. Productivity Spillovers from FDI in the Uruguayan Manufacturing Sector [J]. Journal of Development studies, 32, 602-611.

[14] Flores, Renato G., Maria Paula Fontoura and Rogerio Guerra Santos, 2000. Foreign Direct Investment Spillovers: What Can We Learn from Portuguese Data [J]. Mimeo, Universidade Tecnica de lisboa.

[15] Sjoholm Fredrik, 1999. Technology Gap, Competition and Spillovers from Direct Foreign Investment: Evidence from Establishment Dada [J]. Journal of Development Studies, 36, 53-73.

[16] Dimelis, S. and Louri, H., 2002. Foreign Ownership and Production Efficiency: A Quantile Regression Analysis [J]. Oxford Economic Papers (forthcoming).

[17] Cantwwell, J. 1989. Technological Innovation and Multinational Corporations [J]. Oxford: Blackwell.

[18] Kokko, A. Foreign Direct Investment, Host Country Characteristics and Spillovers [J]. The Economics Research Institute, Stockholm, 1992.

[19] Findley (1978). Relative Backwardness, Direct Foreign Investment and Transfer of Technology: A Simple Dynamic Model [J]. Quarterly Journal of Economics, 37, 63-87.

[20] Batiz R. &Batiz L. 1991. The Effects of Foreign Direct Investment in the Presence of Increasing Returns Due to Specialization [J]. Journal of Development Economics, 34, 287-307.

[21] Kokko A. 1994. Technology, Market Characteristic, and Spillovers [J]. Journal of Development Economics, 43, 279-293.

[22] Sjoholm Fredrik, 1999. Technology Gap, Competition and Spillovers from Direct Foreign Investment: Evidence from Establishment Dada [J]. Journal of Development Stu dies, 36, 53-73.

[23] Imbriani C. &Reganati F, 1997. International Efficiency Spillovers into the Italian Manufacturing Sector-English Summary [J]. Economia Internazionale, 50, 583 -595.

[24] Liu, Xiaming, Pamela Siler, Chengqi Wang and Yingqi Wei. 2000. Productivity Spillovers from Foreign Direct Investment: Evidence from UK Industry Level Panel Dada [J]. Journal of International Business Studies, 31, 407 -425.

[25] 刘金钵，朱晓明. 跨国直接投资技术溢出效应实证研究 [J]. 世界经济研究，2004 (8).

[26] 姜磊，高云超. FDI 的技术溢出效应与经济增长 [J]. 生产力研究，2004 (8).

[27] 严兵. 外商在华直接投资的溢出效应 [J]. 世界经济研究，2005 (3).

[28] 张雪倩. 跨国公司在中国的技术溢出效应分析：以汽车工业为例 [J]. 世界经济研究，2003 (4).

[29] 俞春娇，郭晓兰. 外商对华直接投资的技术外溢效果——基于产业联系角度的分析 [J]. 湖北经济学院学报，2004 (4).

[30] 包群，赖明初. FDI 技术外溢的动态测算及原因解释. 统计研究. 2003 (6), 33 -38.

[31] 王飞. 外商直接投资促进了国内工业企业技术进步吗 [J]. 世界经济研究，2003 (4).

[32] 潘文卿. 外商直接投资对中国工业部门的外溢效应：基于面板数据的分析 [J]. 世界经济，2003 (6).

[33] 何洁. 外国直接投资对中国工业部门外溢效应的进一步精确量化 [J]. 世界经济，2000 (12).

[34] 魏后凯. 外商直接投资对中国区域经济增长的影响 [J]. 经济研究，2002 (4).

[35] 张诚，张艳蕾，张健敏. 跨国公司的技术溢出效应及其制约因素 [J]. 南开经济研究，2001 (3).

[36] 秦晓钟等. 外商对华直接投资技术外溢效应的实证分析 [J]. 江苏经

济探讨，1998（4）.

［37］沈坤荣等．外国直接投资的外溢效应分析［J］．金融研究，2000（3）.

［38］吴德进．福建省外商工业直接投资溢出效应分析［J］．福建论坛，2003（1）.

［39］周妍．对外商直接投资外溢效应的实证研究［J］．经济问题探索，2002（6）.

［40］张晓峒．计量经济学软件 EViews 使用指南．南开大学出版社，2004（12）.

［41］张晓峒．计量经济分析．经济科学出版社，2000（9）.

［42］毛其淋，许家云．中国企业对外直接投资是否促进了企业创新［J］．世界经济，2014，37（8）：98－125.

［43］陈碧琼，刘会．中国 OFDI 反向产业结构调整关联效应研究［J］．软科学，2014，28（12）：38－41，54.

［44］杜江，宋跃刚．制度距离、要素禀赋与我国 OFDI 区位选择偏好——基于动态面板数据模型的实证研究［J］．世界经济研究，2014（12）：47－52,85.

［45］刘焕鹏，严太华．OFDI 与国内创新能力关系中的“门限效应”：区域金融发展视角的实证分析［J］．科研管理，2015，36（1）：1－7.

［46］冀相豹，葛顺奇．母国制度环境对中国 OFDI 的影响——以微观企业为分析视角［J］．国际贸易问题，2015（3）：76－85.

［47］刘海云，聂飞．中国 OFDI 动机及其双向技术溢出——基于二元边际的实证研究［J］．世界经济研究，2015（6）：102－110，129.

［48］韩玉军，王丽．中国 OFDI 逆向技术溢出效应的影响因素研究——基于国别面板数据的非线性门槛技术回归［J］．经济理论与经济管理，2015（6）：94－105.

［49］李蕾，赵忠秀．中国对外直接投资企业生产率影响因素研究［J］．国际贸易问题，2015（6）：114－124.

［50］邱立成，杨德彬．中国企业 OFDI 的区位选择——国有企业和民营企业的比较分析［J］．国际贸易问题，2015（6）：139－147.

［51］刘慧，綦建红．异质性 OFDI 企业序贯投资存在区位选择的“路径依赖”吗［J］．国际贸易问题，2015（8）：123－134.

［52］王雷，桂成权．OFDI 逆向技术溢出对地区技术创新的影响——基于基础吸收能力的调节作用［J］．南京审计学院学报，2015，12（5）：28－36.

［53］宋跃刚，杜江．制度变迁、OFDI 逆向技术溢出与区域技术创新［J］．世界经济研究，2015（9）：60－73，128.

［54］刘海云，聂飞．中国 OFDI 动机及其对外产业转移效应——基于贸易结构视角的实证研究［J］．国际贸易问题，2015（10）：73－86.

［55］卜伟，易倩．OFDI 对我国产业升级的影响研究［J］．宏观经济研究，2015（10）：54－61.

［56］朱华．基于区位拉动因素的中国企业 OFDI 动机的实证研究［J］．科研管理，2014，35（1）：139－149.

［57］张吉鹏，衣长军．东道国技术禀赋与中国企业 OFDI 区位选择——文化距离的调节作用［J］．工业技术经济，2014，33（4）：90－97.

［58］冀相豹．制度差异、累积优势效应与中国 OFDI 的区位分布［J］．世界经济研究，2014（1）：73－80，89.

［59］蔡冬青，周经．OFDI 反向技术外溢效应研究——一个理论模型［J］．国际经贸探索，2014，30（4）：85－95.

［60］李梅，袁小艺，张易．制度环境与对外直接投资逆向技术溢出［J］．世界经济研究，2014（2）：61－66，74，89.

［61］綦建红，杨丽．文化距离与我国企业 OFDI 的进入模式选择——基于大型企业的微观数据检验［J］．世界经济研究，2014（6）：55－61，88－89.

［62］刘再起，谢润德．中国对东盟 OFDI 的国别贸易效应实证分析［J］．世界经济研究，2014（6）：80－86，89.

［63］符磊，强永昌．OFDI 逆向技术溢出产生的内生机制：理论与启示［J］．投资研究，2014，33（7）：94－109.

［64］潘素昆，袁然．不同投资动机 OFDI 促进产业升级的理论与实证研究［J］．经济学家，2014（9）：69－76.

[65] 刘宏，薛斌．中国对外直接投资逆向技术溢出效应及其技术获取路径比较研究 [J]. 中国科技论坛，2014 (11)：109－114.

[66] 王恕立，向姣姣．对外直接投资逆向技术溢出与全要素生产率：基于不同投资动机的经验分析 [J]. 国际贸易问题，2014 (9)：109－119.

[67] 董有德，孟醒．OFDI、逆向技术溢出与国内企业创新能力——基于我国分价值链数据的检验 [J]. 国际贸易问题，2014 (9)：120－129.

[68] 叶建平，申俊喜，胡潇．中国 OFDI 逆向技术溢出的区域异质性与动态门限效应 [J]. 世界经济研究，2014 (10)：66－72，89.

[69] 李燕，李应博．OFDI 反向技术溢出对我国经济增长的影响——基于对东盟的实证研究 [J]. 科学学与科学技术管理，2013，34 (7)：3－11.

[70] 宋勇超．中国对外直接投资目的效果检验——以资源寻求型 OFDI 为视角 [J]. 经济问题探索，2013 (8)：123－129.

[71] 揭水晶，吉生保，温晓慧．OFDI 逆向技术溢出与我国技术进步——研究动态及展望 [J]. 国际贸易问题，2013 (8)：161－169.

[72] 符磊，李占国．关于 OFDI 逆向技术溢出的文献述评 [J]. 国际经贸探索，2013，29 (9)：70－81.

[73] 陈昊，吴雯．中国 OFDI 国别差异与母国技术进步 [J]. 科学学研究，2016，34 (1)：49－56.

[74] 李洪亚，宫汝凯．技术进步与中国 OFDI：促进与溢出的双重考察[J]. 科学学研究，2016，34 (1)：57－68.

[75] 韩玉军，王丽．OFDI 逆向技术溢出对中国能源利用效率的影响 [J]. 经济问题，2016 (3)：95－101.

[76] 尹东东，张建清．我国对外直接投资逆向技术溢出效应研究——基于吸收能力视角的实证分析 [J]. 国际贸易问题，2016 (1)：109－120.

[77] 李东坤，邓敏．中国省际 OFDI、空间溢出与产业结构升级——基于空间面板杜宾模型的实证分析 [J]. 国际贸易问题，2016 (1)：121－133.

[78] 刘夏明，王珏，逯建．中国 OFDI 的研究综述：理论创新与重构 [J]. 中南财经政法大学学报，2016 (2)：86－95，160.

[79] 黄凌云，王军. 中国对外投资企业跨国投资模式选择及其对劳动者的影响 [J]. 国际贸易问题，2016 (6)：130－142.

[80] 代彬，杨柏，彭程. 股东资源、CEO权力与企业国际化战略——基于上市公司OFDI的经验证据 [J]. 国际商务（对外经济贸易大学学报），2016 (3)：116－128.

[81] 邓明. 制度距离“示范效应”与中国OFDI的区位分布 [J]. 国际贸易问题，2012 (2)：123－135.

[82] 李梅. 国际R&D溢出与中国技术进步——基于FDI和OFDI传导机制的实证研究 [J]. 科研管理，2012，33 (4)：86－92，130.

[83] 高文玲. 中国OFDI与技术进步波及：一个文献综述 [J]. 改革，2012 (3)：124－129.

[84] 茹运青，孙本芝. 我国OFDI不同进入方式的逆向技术溢出分析——基于技术创新投入产出视角的实证检验 [J]. 科技进步与对策，2012，29 (10)：16－20.

[85] 蔡冬青，刘厚俊. 中国OFDI反向技术溢出影响因素研究——基于东道国制度环境的视角 [J]. 财经研究，2012，38 (5)：59－69.

[86] 蒋冠宏，蒋殿春. 中国对外投资的区位选择：基于投资引力模型的面板数据检验 [J]. 世界经济，2012，35 (9)：21－40.

[87] 綦建红，李丽，杨丽. 中国OFDI的区位选择：基于文化距离的门槛效应与检验 [J]. 国际贸易问题，2012 (12)：137－147.

[88] 王胜，田涛. 中国对外直接投资区位选择的影响因素研究——基于国别差异的视角 [J]. 世界经济研究，2013 (12)：60－66，86.

[89] 蒋天颖，王帅. 加快推进义甬舟开放大通道建设 [J]. 浙江经济，2017 (06)：56－57.

[90] 王帅，蒋天颖. 宁波全面参与义甬舟开放大通道建设的对策建议[J]. 宁波经济（三江论坛），2017 (03)：12－14.

[91] 王永龙，李书彦. 我国贸易转型增长的结构性制约与对策——供给侧－需求侧协同发力的作用机制 [J]. 经济学家，2016 (10)：38－45.

［92］李书彦．大宗商品交易市场建设与政府服务——以宁波为例［J］．企业经济，2014（04）：166－169.

［93］李书彦．大宗商品金融化对我国农产品贸易条件的影响［J］．农业经济问题，2014，35（04）：51－57＋111.

［94］陈光梅．跨国并购对我国制造企业转型升级的效应——基于宁波均胜并购德国普瑞个案分析［J］．江西社会科学，2014，34（03）：213－218.

［95］李书彦．OFDI 逆向技术溢出与民营企业技术进步——基于浙江的实证研究［J］．企业经济，2014（02）：83－86.

［96］李书彦．浙江建设大宗商品国际贸易与物流中心的探讨［J］．宏观经济管理，2013（10）：81－82.

［97］李书彦．民营企业“走出去”与政府服务创新——以宁波为例［J］．中国国情国力，2012（06）：28－30.

［98］李书彦，陈光梅．对优化浙江外资结构的思考［J］．企业经济，2008（11）：102－104.

# 附　　录

**附表1　　我国实际GDP、资本存量及全要素生产率（1992～2016年）**

| 年份 | 实际GDP（亿元） | 资本存量（亿元） | 就业人数（万人） | 实际利用FDI额（亿美元） |
| --- | --- | --- | --- | --- |
| 1992 | 2375.6 | 2005 | 8679 | 18.097412 |
| 1993 | 2789 | 2468.6 | 9590 | 29.27366 |
| 1994 | 3448.7 | 3386 | 10384 | 48.776926 |
| 1995 | 3967 | 3846 | 11216 | 64.705472 |
| 1996 | 4585.8 | 4322 | 11726 | 86.129394 |
| 1997 | 5777.2 | 5495 | 12152 | 118.88387 |
| 1998 | 6484 | 6095 | 11976 | 127.74984 |
| 1999 | 6858 | 6444 | 13856 | 166.79018 |
| 2000 | 8087.1 | 7517 | 14015 | 232.41528 |
| 2001 | 10284.5 | 9636 | 14355 | 606.99202 |
| 2002 | 14143.8 | 14998 | 14965 | 1585.4143 |
| 2003 | 19359.6 | 19260.6 | 15312 | 2910.2764 |
| 2004 | 24718.3 | 23877 | 15655 | 3133.3787 |
| 2005 | 29082.6 | 26867.2 | 16203 | 3469.1831 |
| 2006 | 32412.1 | 28457.6 | 16547 | 3751.7148 |
| 2007 | 33387.9 | 29545.9 | 16600 | 3763.9272 |
| 2008 | 35087.2 | 30701.6 | 16421 | 3337.7278 |
| 2009 | 39047.3 | 32499.8 | 16219 | 3370.5506 |
| 2010 | 42374.6 | 37460.8 | 16284 | 3880.0921 |
| 2011 | 45975.2 | 42304.9 | 15780 | 4365.5381 |
| 2012 | 53092.9 | 51554.7 | 16077 | 4428.6089 |
| 2013 | 62815.1 | 62875.3 | 16920 | 5018.2238 |
| 2014 | | | | |
| 2015 | | | | |
| 2016 | | | | |

资料来源：历年《中国统计年鉴》。

附表 2　　我国历年 GDP、资本存量、就业人数及全要素生产率（1992～2016 年）

| 年份 | 实际 GDP<br>（亿元） | 资本存量<br>（亿元） | 就业人数<br>（万人） | 实际利用 FDI 额<br>（亿美元） |
|---|---|---|---|---|
| 1992 | 2375.6 | 2005 | 8679 | 18.097412 |
| 1993 | 2789 | 2468.6 | 9590 | 29.27366 |
| 1994 | 3448.7 | 3386 | 10384 | 48.776926 |
| 1995 | 3967 | 3846 | 11216 | 64.705472 |
| 1996 | 4585.8 | 4322 | 11726 | 86.129394 |
| 1997 | 5777.2 | 5495 | 12152 | 118.88387 |
| 1998 | 6484 | 6095 | 11976 | 127.74984 |
| 1999 | 6858 | 6444 | 13856 | 166.79018 |
| 2000 | 8087.1 | 7517 | 14015 | 232.41528 |
| 2001 | 10284.5 | 9636 | 14355 | 606.99202 |
| 2002 | 14143.8 | 14998 | 14965 | 1585.4143 |
| 2003 | 19359.6 | 19260.6 | 15312 | 2910.2764 |
| 2004 | 24718.3 | 23877 | 15655 | 3133.3787 |
| 2005 | 29082.6 | 26867.2 | 16203 | 3469.1831 |
| 2006 | 32412.1 | 28457.6 | 16547 | 3751.7148 |
| 2007 | 33387.9 | 29545.9 | 16600 | 3763.9272 |
| 2008 | 35087.2 | 30701.6 | 16421 | 3337.7278 |
| 2009 | 39047.3 | 32499.8 | 16219 | 3370.5506 |
| 2010 | 42374.6 | 37460.8 | 16284 | 3880.0921 |
| 2011 | 45975.2 | 42304.9 | 15780 | 4365.5381 |
| 2012 | 53092.9 | 51554.7 | 16077 | 4428.6089 |
| 2013 | 62815.1 | 62875.3 | 16920 | 5018.2238 |
| 2014 | | | | |
| 2015 | | | | |
| 2016 | | | | |

资料来源：历年《中国统计年鉴》。

附表 3　　我国历年 TFP 的测算结果（1992～2016 年）

| 年份 | $Y_t$（亿元）（1992 年不变价） | 就业人员总数 L（万人） | 资本存量 $K_t$（亿元） | | 全要素生产率 $TFP_t$（1992 年 =1） | |
|---|---|---|---|---|---|---|
| | | | δ = 10.96% | δ = 5% | δ = 10.96% | δ = 5% |
| 1992 | 27195 | 64749 | 40488 | 52835 | 1.00 | 1.00 |
| 1993 | 31056 | 65491 | 46376 | 60519 | 1.04 | 1.04 |
| 1994 | 35373 | 66152 | 53486 | 69686 | 1.08 | 1.08 |
| 1995 | 39971 | 66808 | 61150 | 79727 | 1.12 | 1.12 |
| 1996 | 44368 | 67455 | 69333 | 90626 | 1.15 | 1.14 |
| 1997 | 48761 | 68065 | 77666 | 102027 | 1.17 | 1.16 |
| 1998 | 53247 | 68950 | 87335 | 115107 | 1.18 | 1.17 |
| 1999 | 57400 | 69820 | 96949 | 128537 | 1.19 | 1.17 |
| 2000 | 61820 | 70637 | 107247 | 143034 | 1.19 | 1.18 |
| 2001 | 67074 | 71394 | 119052 | 159442 | 1.21 | 1.19 |
| 2002 | 72642 | 72085 | 133489 | 178955 | 1.21 | 1.19 |
| 2003 | 79252 | 72797 | 153212 | 204360 | 1.21 | 1.19 |
| 2004 | 87177 | 73280 | 177681 | 235403 | 1.21 | 1.20 |
| 2005 | 95982 | 73736 | 209361 | 274787 | 1.20 | 1.19 |
| 2006 | 106924 | 74264 | 248863 | 323495 | 1.19 | 1.19 |
| 2007 | 120503 | 74647 | 296622 | 382355 | 1.20 | 1.21 |
| 2008 | 137615 | 74978 | 350828 | 449954 | 1.23 | 1.24 |
| 2009 | 150963 | 75321 | 427841 | 542919 | 1.19 | 1.21 |
| 2010 | 165154 | 75564 | 505841 | 640665 | 1.17 | 1.19 |
| 2011 | 182660 | 75828 | 595397 | 753628 | 1.17 | 1.18 |
| 2012 | 200013 | 76105 | 702664 | 888469 | 1.15 | 1.16 |
| 2013 | 215814 | 76420 | 830527 | 1048920 | 1.12 | 1.13 |
| 2014 | 232648 | 76704 | 973379 | 1230352 | 1.09 | 1.10 |
| 2015 | 249631 | 76977 | 1128109 | 1430247 | 1.06 | 1.07 |
| 2016 | 266855 | 77253 | 1288267 | 1642533 | 1.04 | 1.04 |

**附表 4　　　　我国各省区市全要素生产率（2003～2016 年）**

| 序号 | 省区市 | 年份 | | | | | | | | | | | | | |
|---|---|---|---|---|---|---|---|---|---|---|---|---|---|---|---|
| | | 2003 | 2004 | 2005 | 2006 | 2007 | 2008 | 2009 | 2010 | 2011 | 2012 | 2013 | 2014 | 2015 | 2016 |
| 1 | 北京 | 0.651 | 0.664 | 0.689 | 0.722 | 0.773 | 0.796 | 0.829 | 0.853 | 0.862 | 0.863 | 0.866 | 0.873 | 0.876 | 0.870 |
| 2 | 天津 | 0.983 | 0.995 | 0.982 | 0.985 | 0.980 | 0.984 | 0.962 | 1.039 | 0.931 | 0.909 | 0.886 | 0.862 | 0.861 | 0.875 |
| 3 | 河北 | 0.938 | 0.906 | 0.861 | 0.843 | 0.825 | 0.787 | 0.755 | 0.746 | 0.729 | 0.709 | 0.689 | 0.670 | 0.660 | 0.653 |
| 4 | 山西 | 0.888 | 0.862 | 0.804 | 0.769 | 0.771 | 0.727 | 0.658 | 0.643 | 0.630 | 0.614 | 0.595 | 0.568 | 0.540 | 0.527 |
| 5 | 内蒙古 | 0.942 | 0.889 | 0.850 | 0.820 | 0.799 | 0.788 | 0.758 | 0.733 | 0.714 | 0.684 | 0.637 | 0.616 | 0.613 | 0.617 |
| 6 | 辽宁 | 1.235 | 1.113 | 1.016 | 0.966 | 0.918 | 0.882 | 0.853 | 0.841 | 0.822 | 0.793 | 0.764 | 0.733 | 0.731 | 0.704 |
| 7 | 吉林 | 1.322 | 1.138 | 0.983 | 0.868 | 0.786 | 0.724 | 0.678 | 0.648 | 0.639 | 0.630 | 0.606 | 0.583 | 0.563 | 0.559 |
| 8 | 黑龙江 | 1.071 | 1.028 | 0.978 | 0.955 | 0.953 | 0.906 | 0.861 | 0.849 | 0.842 | 0.818 | 0.782 | 0.748 | 0.725 | 0.718 |
| 9 | 上海 | 1.004 | 1.003 | 1.003 | 1.058 | 1.107 | 1.060 | 1.049 | 1.073 | 1.089 | 1.104 | 1.060 | 1.076 | 1.086 | 1.084 |
| 10 | 江苏 | 0.752 | 0.768 | 0.769 | 0.787 | 0.810 | 0.827 | 0.832 | 0.841 | 0.844 | 0.845 | 0.851 | 0.859 | 0.868 | 0.872 |
| 11 | 浙江 | 0.632 | 0.664 | 0.673 | 0.708 | 0.723 | 0.739 | 0.752 | 0.775 | 0.783 | 0.788 | 0.795 | 0.802 | 0.810 | 0.812 |
| 12 | 安徽 | 0.809 | 0.764 | 0.713 | 0.688 | 0.679 | 0.665 | 0.656 | 0.658 | 0.656 | 0.650 | 0.640 | 0.630 | 0.623 | 0.618 |
| 13 | 福建 | 1.190 | 1.100 | 1.001 | 0.965 | 0.938 | 0.899 | 0.862 | 0.855 | 0.825 | 0.807 | 0.802 | 0.786 | 0.766 | 0.754 |
| 14 | 江西 | 0.661 | 0.644 | 0.625 | 0.614 | 0.605 | 0.604 | 0.604 | 0.613 | 0.619 | 0.622 | 0.625 | 0.634 | 0.638 | 0.637 |
| 15 | 山东 | 0.784 | 0.783 | 0.772 | 0.771 | 0.772 | 0.765 | 0.757 | 0.754 | 0.750 | 0.744 | 0.744 | 0.741 | 0.738 | 0.739 |
| 16 | 河南 | 0.981 | 0.911 | 0.822 | 0.769 | 0.726 | 0.684 | 0.632 | 0.604 | 0.583 | 0.561 | 0.539 | 0.523 | 0.511 | 0.502 |
| 17 | 湖北 | 0.816 | 0.784 | 0.696 | 0.686 | 0.740 | 0.687 | 0.720 | 0.689 | 0.688 | 0.679 | 0.667 | 0.658 | 0.651 | 0.642 |
| 18 | 湖南 | 0.823 | 0.807 | 0.786 | 0.774 | 0.768 | 0.760 | 0.752 | 0.747 | 0.739 | 0.728 | 0.715 | 0.705 | 0.705 | 0.705 |
| 19 | 广东 | 0.996 | 1.013 | 1.016 | 1.018 | 1.047 | 1.045 | 1.024 | 1.027 | 1.019 | 1.002 | 0.984 | 0.967 | 0.962 | 0.950 |
| 20 | 广西 | 0.942 | 0.851 | 0.778 | 0.74 | 0.696 | 0.656 | 0.605 | 0.555 | 0.519 | 0.504 | 0.499 | 0.491 | 0.484 | 0.476 |
| 21 | 海南 | 0.828 | 0.801 | 0.757 | 0.80 | 0.774 | 0.746 | 0.727 | 0.731 | 0.712 | 0.664 | 0.628 | 0.593 | 0.580 | 0.572 |
| 22 | 重庆 | 0.536 | 0.540 | 0.540 | 0.57 | 0.566 | 0.587 | 0.607 | 0.637 | 0.659 | 0.672 | 0.682 | 0.690 | 0.701 | 0.709 |
| 23 | 四川 | 0.691 | 0.681 | 0.671 | 0.71 | 0.664 | 0.651 | 0.658 | 0.670 | 0.686 | 0.692 | 0.689 | 0.683 | 0.679 | 0.675 |
| 24 | 贵州 | 0.403 | 0.406 | 0.430 | 0.50 | 0.468 | 0.475 | 0.482 | 0.495 | 0.509 | 0.511 | 0.502 | 0.489 | 0.476 | 0.465 |
| 25 | 云南 | 0.511 | 0.518 | 0.499 | 0.55 | 0.514 | 0.526 | 0.526 | 0.512 | 0.501 | 0.494 | 0.485 | 0.461 | 0.447 | 0.434 |
| 26 | 西藏 | 0.400 | 0.400 | 0.404 | 0.43 | 0.414 | 0.414 | 0.419 | 0.413 | 0.417 | 0.410 | 0.408 | 0.400 | 0.394 | 0.388 |
| 27 | 陕西 | 0.649 | 0.633 | 0.617 | 0.63 | 0.606 | 0.609 | 0.600 | 0.593 | 0.594 | 0.591 | 0.585 | 0.577 | 0.570 | 0.565 |
| 28 | 甘肃 | 0.545 | 0.541 | 0.554 | 0.60 | 0.561 | 0.554 | 0.546 | 0.547 | 0.552 | 0.560 | 0.558 | 0.549 | 0.539 | 0.529 |
| 29 | 青海 | 0.372 | 0.384 | 0.396 | 0.45 | 0.439 | 0.442 | 0.454 | 0.457 | 0.460 | 0.448 | 0.428 | 0.403 | 0.380 | 0.363 |
| 30 | 宁夏 | 0.511 | 0.491 | 0.473 | 0.48 | 0.465 | 0.460 | 0.434 | 0.427 | 0.420 | 0.415 | 0.406 | 0.384 | 0.363 | 0.349 |
| 31 | 新疆 | 0.528 | 0.537 | 0.532 | 0.57 | 0.551 | 0.565 | 0.563 | 0.566 | 0.570 | 0.561 | 0.537 | 0.517 | 0.497 | 0.481 |
| 全国 | | 0.763 | 0.762 | 0.747 | 0.86 | 0.756 | 0.748 | 0.738 | 0.735 | 0.730 | 0.720 | 0.709 | 0.698 | 0.692 | 0.686 |

资料来源：《中国统计年鉴》。

**附表 5　　2003～2016 年我国各省区市专利授权量**　　单位：件

| 序号 | 省区市 | 年份 | | | | | | | | | | | | | |
|---|---|---|---|---|---|---|---|---|---|---|---|---|---|---|---|
| | | 2003 | 2004 | 2005 | 2006 | 2007 | 2008 | 2009 | 2010 | 2011 | 2012 | 2013 | 2014 | 2015 | 2016 |
| 1 | 北京 | 8248 | 9005 | 10100 | 11238 | 14954 | 17747 | 22921 | 33511 | 40888 | 50511 | 62671 | 74661 | 94031 | 100578 |
| 2 | 天津 | 2505 | 2578 | 3045 | 4159 | 5584 | 6790 | 7404 | 11006 | 13982 | 19782 | 24856 | 26351 | 37342 | 39734 |
| 3 | 河北 | 3572 | 3407 | 3585 | 4131 | 5358 | 5496 | 6839 | 10061 | 11119 | 15315 | 18186 | 20132 | 30130 | 31826 |
| 4 | 山西 | 1175 | 1189 | 1220 | 1421 | 1992 | 2279 | 3227 | 4752 | 4974 | 7196 | 8565 | 8371 | 10020 | 10062 |
| 5 | 内蒙古 | 817 | 831 | 845 | 978 | 1313 | 1328 | 1494 | 2096 | 2262 | 3084 | 3836 | 4031 | 5522 | 5846 |
| 6 | 辽宁 | 5656 | 5749 | 6195 | 7399 | 9615 | 10665 | 12198 | 17093 | 19176 | 21223 | 21656 | 19525 | 25182 | 25104 |
| 7 | 吉林 | 1690 | 2145 | 2023 | 2319 | 2855 | 2984 | 3275 | 4343 | 4920 | 5930 | 6219 | 6696 | 8878 | 9995 |
| 8 | 黑龙江 | 2794 | 2809 | 2906 | 3622 | 4303 | 4574 | 5079 | 6780 | 12236 | 20268 | 19819 | 15412 | 18943 | 18046 |
| 9 | 上海 | 16671 | 10625 | 12603 | 16602 | 24481 | 24468 | 34913 | 48215 | 47960 | 51508 | 48680 | 50488 | 60623 | 64230 |
| 10 | 江苏 | 9840 | 11330 | 13580 | 19352 | 31770 | 44438 | 87286 | 138382 | 199814 | 269944 | 239645 | 200032 | 250290 | 231033 |
| 11 | 浙江 | 14402 | 15249 | 19056 | 30968 | 42069 | 52953 | 79945 | 114643 | 130190 | 188463 | 202350 | 188544 | 234983 | 221456 |
| 12 | 安徽 | 1610 | 1607 | 1939 | 2235 | 3413 | 4346 | 8594 | 16012 | 32681 | 43321 | 48849 | 48380 | 59039 | 60983 |
| 13 | 福建 | 5377 | 4758 | 5147 | 6412 | 7761 | 7937 | 11282 | 18063 | 21857 | 30497 | 37511 | 37857 | 61621 | 67142 |
| 14 | 江西 | 1238 | 1169 | 1361 | 1536 | 2069 | 2295 | 2915 | 4349 | 5550 | 7985 | 9970 | 13831 | 24161 | 31472 |
| 15 | 山东 | 9067 | 9733 | 10743 | 15937 | 22821 | 26688 | 34513 | 51490 | 58844 | 75496 | 76976 | 72818 | 98101 | 98093 |
| 16 | 河南 | 2961 | 3318 | 3748 | 5242 | 6998 | 9133 | 11425 | 16539 | 19259 | 26791 | 29482 | 33366 | 47766 | 49145 |
| 17 | 湖北 | 2871 | 3280 | 3860 | 4734 | 6616 | 8374 | 11357 | 17362 | 19035 | 24475 | 28760 | 28290 | 38781 | 41822 |
| 18 | 湖南 | 3175 | 3281 | 3659 | 5608 | 5687 | 6133 | 8309 | 13873 | 16064 | 23212 | 24392 | 26637 | 34075 | 34050 |
| 19 | 广东 | 29235 | 31446 | 36894 | 43516 | 56451 | 62031 | 83621 | 119343 | 128413 | 153598 | 170430 | 179953 | 241176 | 259032 |
| 20 | 广西 | 1331 | 1272 | 1225 | 1442 | 1907 | 2228 | 2702 | 3647 | 4402 | 5900 | 7884 | 9664 | 13573 | 14858 |
| 21 | 海南 | 296 | 278 | 200 | 248 | 296 | 341 | 630 | 714 | 765 | 1093 | 1331 | 1597 | 2061 | 1939 |
| 22 | 重庆 | 2883 | 3601 | 3591 | 4590 | 4994 | 4820 | 7501 | 12080 | 15525 | 20364 | 24828 | 24312 | 38914 | 42738 |
| 23 | 四川 | 4051 | 4430 | 4606 | 7138 | 9935 | 13369 | 20132 | 32212 | 28446 | 42218 | 46171 | 47120 | 64953 | 62445 |
| 24 | 贵州 | 723 | 737 | 925 | 1337 | 1727 | 1728 | 2084 | 3086 | 3386 | 6059 | 7915 | 10107 | 14115 | 10425 |
| 25 | 云南 | 1213 | 1264 | 1381 | 1637 | 2139 | 2021 | 2923 | 3823 | 4199 | 5853 | 6804 | 8124 | 11658 | 12032 |
| 26 | 西藏 | 16 | 23 | 44 | 81 | 68 | 93 | 292 | 124 | 142 | 133 | 121 | 146 | 198 | 245 |
| 27 | 陕西 | 1609 | 2007 | 1894 | 2473 | 3451 | 4392 | 6087 | 10034 | 11662 | 14908 | 20836 | 22820 | 33350 | 48455 |
| 28 | 甘肃 | 474 | 514 | 547 | 832 | 1025 | 1047 | 1274 | 1868 | 2383 | 3662 | 4737 | 5097 | 6912 | 7975 |
| 29 | 青海 | 90 | 70 | 79 | 97 | 222 | 228 | 368 | 264 | 538 | 527 | 502 | 619 | 1217 | 1357 |
| 30 | 宁夏 | 338 | 293 | 214 | 290 | 296 | 606 | 910 | 1081 | 613 | 844 | 1211 | 1424 | 1865 | 2677 |
| 31 | 新疆 | 752 | 792 | 921 | 1187 | 1534 | 1493 | 1866 | 2562 | 2642 | 3439 | 4998 | 5238 | 8761 | 7116 |
| 全国 | | 136680 | 138790 | 158136 | 208761 | 283704 | 333025 | 483366 | 719408 | 863927 | 1143599 | 1210191 | 1191643 | 1578241 | 1611911 |

资料来源：《中国统计年鉴》。

**附表 6　　　　我国各省区市研发资本存量表（2003～2016 年）**

**（以 2003 年不变价计算）**　　　　单位：亿元

| 序号 | 省区市 | 年份 | | | | | | | | | | | | | |
|---|---|---|---|---|---|---|---|---|---|---|---|---|---|---|---|
| | | 2003 | 2004 | 2005 | 2006 | 2007 | 2008 | 2009 | 2010 | 2011 | 2012 | 2013 | 2014 | 2015 | 2016 |
| 1 | 北京 | 1272.5 | 1436.0 | 1640.9 | 1870.0 | 2129.3 | 2364.9 | 2692.5 | 3101.1 | 3519.9 | 3984.5 | 4496.3 | 5019.1 | 5604.1 | 6211.1 |
| 2 | 天津 | 133.3 | 164.9 | 208.6 | 266.2 | 331.5 | 412.5 | 505.2 | 622.7 | 766.6 | 939.4 | 1143.0 | 1348.7 | 1564.8 | 1778.8 |
| 3 | 河北 | 141.0 | 164.5 | 197.9 | 241.9 | 289.8 | 340.3 | 408.3 | 480.6 | 571.7 | 684.0 | 809.9 | 943.7 | 1094.9 | 1254.8 |
| 4 | 山西 | 61.9 | 77.5 | 93.4 | 116.5 | 147.0 | 179.5 | 223.8 | 267.8 | 320.5 | 379.9 | 448.5 | 508.0 | 548.7 | 585.0 |
| 5 | 内蒙古 | 16.6 | 22.0 | 30.0 | 41.0 | 56.6 | 76.5 | 108.8 | 144.1 | 187.7 | 236.7 | 291.5 | 343.9 | 402.1 | 462.5 |
| 6 | 辽宁 | 428.5 | 483.6 | 546.3 | 609.9 | 687.3 | 763.8 | 871.5 | 1005.2 | 1167.3 | 1328.8 | 1513.5 | 1670.9 | 1763.5 | 1855.4 |
| 7 | 吉林 | 167.3 | 182.6 | 199.1 | 214.4 | 235.4 | 252.7 | 291.7 | 320.4 | 352.9 | 397.1 | 444.0 | 493.9 | 548.9 | 598.1 |
| 8 | 黑龙江 | 123.7 | 144.1 | 174.3 | 207.7 | 243.1 | 286.6 | 345.6 | 404.5 | 454.5 | 510.7 | 574.3 | 628.5 | 675.2 | 713.7 |
| 9 | 上海 | 551.4 | 649.1 | 769.1 | 921.9 | 1093.0 | 1264.8 | 1484.2 | 1714.1 | 1983.5 | 2289.1 | 2634.9 | 3004.9 | 3413.2 | 3869.2 |
| 10 | 江苏 | 549.1 | 682.2 | 848.9 | 1061.9 | 1308.2 | 1610.1 | 1984.3 | 2407.2 | 2888.1 | 3484.4 | 4151.6 | 4849.6 | 5624.3 | 6495.6 |
| 11 | 浙江 | 266.4 | 346.8 | 463.2 | 621.2 | 804.5 | 997.7 | 1225.2 | 1489.5 | 1775.0 | 2127.0 | 2512.0 | 2919.3 | 3379.9 | 3886.6 |
| 12 | 安徽 | 119.0 | 142.5 | 170.7 | 207.5 | 248.5 | 301.0 | 382.9 | 472.3 | 579.8 | 723.2 | 902.0 | 1090.9 | 1296.9 | 1516.1 |
| 13 | 福建 | 153.6 | 181.3 | 213.0 | 253.3 | 298.7 | 351.7 | 429.4 | 524.4 | 640.2 | 781.5 | 940.6 | 1113.1 | 1301.5 | 1517.6 |
| 14 | 江西 | 58.4 | 72.3 | 91.1 | 115.4 | 144.8 | 178.3 | 220.4 | 263.8 | 304.1 | 351.2 | 408.3 | 471.4 | 545.8 | 636.8 |
| 15 | 山东 | 343.6 | 433.3 | 555.7 | 695.1 | 875.9 | 1111.2 | 1398.9 | 1756.9 | 2165.9 | 2649.7 | 3187.0 | 3752.9 | 4366.9 | 5023.5 |
| 16 | 河南 | 114.5 | 140.1 | 174.1 | 224.8 | 284.7 | 347.2 | 448.1 | 561.2 | 688.9 | 833.5 | 994.1 | 1168.8 | 1356.7 | 1569.9 |
| 17 | 湖北 | 193.2 | 225.4 | 269.9 | 326.0 | 387.3 | 463.5 | 584.8 | 724.0 | 876.5 | 1051.4 | 1249.2 | 1467.0 | 1698.7 | 1931.3 |
| 18 | 湖南 | 99.6 | 120.3 | 143.9 | 171.1 | 208.0 | 262.8 | 340.1 | 426.8 | 524.5 | 642.3 | 768.6 | 902.4 | 1047.1 | 1208.0 |
| 19 | 广东 | 679.6 | 802.2 | 938.2 | 1120.9 | 1358.2 | 1621.5 | 1997.7 | 2444.8 | 2993.0 | 3615.6 | 4314.1 | 5040.9 | 5845.7 | 6736.5 |
| 20 | 广西 | 36.9 | 44.2 | 53.1 | 64.3 | 77.3 | 96.5 | 126.6 | 165.4 | 211.1 | 264.1 | 319.4 | 370.6 | 412.6 | 459.6 |
| 21 | 海南 | 7.2 | 8.4 | 9.0 | 10.0 | 11.1 | 12.5 | 15.7 | 19.2 | 24.4 | 31.2 | 38.1 | 45.7 | 52.5 | 61.8 |
| 22 | 重庆 | 69.3 | 84.1 | 104.2 | 125.7 | 151.9 | 181.1 | 222.9 | 274.5 | 336.7 | 413.3 | 492.7 | 580.8 | 694.4 | 837.4 |
| 23 | 四川 | 370.2 | 403.4 | 447.6 | 494.9 | 559.1 | 619.9 | 718.4 | 840.0 | 959.4 | 1103.3 | 1265.0 | 1442.9 | 1645.4 | 1872.3 |
| 24 | 贵州 | 32.3 | 37.0 | 43.4 | 52.1 | 58.8 | 67.9 | 82.2 | 97.1 | 114.0 | 132.7 | 153.3 | 177.6 | 205.3 | 238.5 |
| 25 | 云南 | 41.5 | 48.4 | 61.9 | 73.2 | 86.6 | 101.0 | 119.3 | 140.1 | 165.8 | 197.3 | 232.9 | 268.2 | 317.5 | 379.7 |
| 26 | 西藏 | 1.0 | 1.2 | 1.4 | 1.7 | 2.1 | 2.9 | 3.7 | 4.4 | 4.8 | 5.5 | 6.5 | 7.5 | 8.8 | 9.4 |
| 27 | 陕西 | 369.1 | 404.9 | 441.9 | 480.4 | 528.1 | 578.2 | 658.6 | 745.7 | 836.4 | 938.3 | 1064.2 | 1192.3 | 1326.6 | 1464.0 |
| 28 | 甘肃 | 52.3 | 60.1 | 71.7 | 85.1 | 97.9 | 112.9 | 130.2 | 148.2 | 167.7 | 192.9 | 219.0 | 248.7 | 279.9 | 310.8 |
| 29 | 青海 | 17.8 | 18.8 | 19.6 | 20.6 | 21.7 | 22.5 | 26.2 | 31.0 | 36.8 | 42.1 | 47.2 | 52.2 | 54.9 | 59.2 |
| 30 | 宁夏 | 9.1 | 11.0 | 12.8 | 16.0 | 20.9 | 24.9 | 30.7 | 36.4 | 43.6 | 52.0 | 61.2 | 71.3 | 81.8 | 94.4 |
| 31 | 新疆 | 15.2 | 19.3 | 23.1 | 28.3 | 34.0 | 42.8 | 55.6 | 70.0 | 85.9 | 104.8 | 125.7 | 146.7 | 168.3 | 191.1 |
| 合计 | | 6495.1 | 7611.5 | 9018 | 10739 | 12781.3 | 15049.7 | 18133.5 | 21703.4 | 25747.2 | 30487.5 | 35808.6 | 41342.4 | 47326.9 | 53828.7 |

资料来源：《中国统计年鉴 2006》。

**附表 7　　我国对世界主要国家 OFDI 存量表（2003～2016 年）　　单位：亿美元**

| 国家 | 年份 | | | | | | | | | | | | | |
|---|---|---|---|---|---|---|---|---|---|---|---|---|---|---|
| | 2003 | 2004 | 2005 | 2006 | 2007 | 2008 | 2009 | 2010 | 2011 | 2012 | 2013 | 2014 | 2015 | 2016 |
| 美国 | 5.0 | 6.7 | 8.2 | 12.4 | 18.8 | 23.9 | 33.4 | 48.7 | 89.9 | 170.8 | 219.0 | 380.1 | 408.0 | 605.8 |
| 新加坡 | 1.6 | 2.3 | 3.3 | 4.7 | 14.4 | 33.3 | 48.6 | 60.7 | 106.0 | 123.8 | 147.5 | 206.4 | 319.8 | 334.5 |
| 英国 | 0.8 | 1.1 | 1.1 | 2.0 | 9.5 | 8.4 | 10.3 | 13.6 | 25.3 | 89.3 | 118.0 | 128.0 | 166.3 | 176.1 |
| 荷兰 | 0.1 | 0.1 | 0.1 | 0.2 | 1.4 | 2.3 | 3.4 | 4.9 | 6.6 | 11.1 | 31.9 | 41.9 | 200.7 | 205.9 |
| 俄罗斯 | 0.6 | 1.2 | 4.7 | 9.3 | 14.2 | 18.4 | 22.2 | 27.9 | 37.6 | 48.9 | 75.8 | 86.9 | 140.2 | 129.8 |
| 加拿大 | 0.5 | 0.6 | 1.0 | 1.4 | 12.5 | 12.7 | 16.7 | 26.0 | 37.3 | 50.5 | 62.0 | 77.9 | 85.2 | 127.3 |
| 法国 | 0.1 | 0.2 | 0.3 | 0.4 | 1.3 | 1.7 | 2.2 | 2.4 | 37.2 | 39.5 | 44.5 | 84.4 | 57.2 | 51.2 |
| 德国 | 0.8 | 1.3 | 2.7 | 4.7 | 8.5 | 8.5 | 10.8 | 15.0 | 24.0 | 31.0 | 39.8 | 57.9 | 58.8 | 78.4 |
| 韩国 | 2.4 | 5.6 | 8.8 | 9.5 | 12.1 | 8.5 | 12.2 | 6.4 | 15.8 | 30.8 | 19.6 | 27.7 | 37.0 | 42.4 |
| 瑞典 | 0.1 | 0.1 | 0.2 | 0.2 | 1.5 | 1.6 | 1.1 | 14.8 | 15.3 | 24.1 | 27.4 | 30.1 | 33.8 | 35.5 |
| 日本 | 0.9 | 1.4 | 1.5 | 2.2 | 5.6 | 5.1 | 6.9 | 11.1 | 13.7 | 16.2 | 19.0 | 25.5 | 30.4 | 31.8 |
| 巴西 | 0.5 | 0.8 | 0.8 | 1.3 | 1.9 | 2.2 | 3.6 | 9.2 | 10.7 | 14.5 | 17.3 | 28.3 | 22.6 | 29.6 |

资料来源：《中国统计年鉴 2006》。

**附表 8　　样本国家 R&D 投入（2003～2016 年）　　单位：亿美元**

| 国家 | 年份 | | | | | | | | | | | | | |
|---|---|---|---|---|---|---|---|---|---|---|---|---|---|---|
| | 2003 | 2004 | 2005 | 2006 | 2007 | 2008 | 2009 | 2010 | 2011 | 2012 | 2013 | 2014 | 2015 | 2016 |
| 美国 | 2939 | 3056 | 3281 | 3533 | 3803 | 4072 | 4064 | 4101 | 4298 | 4371 | 4576 | 4794 | 5029 | 5129 |
| 新加坡 | 20 | 24 | 28 | 32 | 42 | 50 | 42 | 48 | 59 | 58 | 61 | 68 | 61 | 62 |
| 英国 | 325 | 371 | 394 | 427 | 500 | 471 | 403 | 407 | 439 | 427 | 451 | 504 | 487 | 440 |
| 荷兰 | 103 | 118 | 122 | 128 | 142 | 154 | 145 | 144 | 170 | 161 | 169 | 176 | 151 | 153 |
| 俄罗斯 | 52 | 64 | 76 | 100 | 136 | 163 | 143 | 162 | 208 | 227 | 236 | 224 | 155 | 140 |
| 加拿大 | 176 | 205 | 231 | 256 | 280 | 288 | 264 | 297 | 322 | 327 | 310 | 288 | 263 | 254 |
| 法国 | 390 | 443 | 451 | 476 | 538 | 602 | 595 | 576 | 627 | 598 | 629 | 638 | 543 | 551 |
| 德国 | 616 | 682 | 693 | 737 | 842 | 975 | 932 | 927 | 1051 | 1016 | 1059 | 1120 | 967 | 992 |
| 韩国 | 160 | 194 | 236 | 286 | 337 | 313 | 297 | 379 | 450 | 492 | 542 | 605 | 585 | 596 |
| 瑞典 | 120 | 129 | 132 | 147 | 159 | 180 | 148 | 157 | 183 | 178 | 191 | 181 | 162 | 165 |
| 日本 | 1398 | 1509 | 1573 | 1544 | 1563 | 1747 | 1756 | 1854 | 2082 | 2073 | 1795 | 1740 | 1530 | 1739 |
| 巴西 | 39 | 49 | 73 | 88 | 111 | 156 | 138 | 181 | 223 | 226 | 224 | 201 | 1588 | 1561 |

附表 9　　我国各省区市 OFDI 研发资本存量（2003～2016 年）　　单位：亿美元

| 序号 | 省区市 | 年份 | | | | | | | | | | | | | |
|---|---|---|---|---|---|---|---|---|---|---|---|---|---|---|---|
| | | 2003 | 2004 | 2005 | 2006 | 2007 | 2008 | 2009 | 2010 | 2011 | 2012 | 2013 | 2014 | 2015 | 2016 |
| 1 | 北京 | 3.68 | 5.31 | 7.33 | 7.30 | 16.76 | 26.85 | 36.94 | 42.20 | 68.04 | 89.96 | 140.33 | 328.23 | 392.90 | 436.44 |
| 2 | 天津 | 0.09 | 0.28 | 0.68 | 1.54 | 2.30 | 3.40 | 5.54 | 7.37 | 9.94 | 12.59 | 19.10 | 47.64 | 47.15 | 99.78 |
| 3 | 河北 | 0.05 | 2.23 | 2.92 | 3.18 | 3.49 | 5.54 | 8.45 | 10.49 | 14.00 | 14.21 | 18.55 | 23.38 | 24.67 | 32.82 |
| 4 | 山西 | 0.90 | 0.69 | 0.99 | 1.81 | 2.49 | 1.92 | 5.08 | 4.85 | 5.95 | 6.31 | 8.18 | 8.80 | 9.09 | 12.03 |
| 5 | 内蒙古 | 0.12 | 0.19 | 0.46 | 0.86 | 1.28 | 2.16 | 3.82 | 3.58 | 4.05 | 7.28 | 8.92 | 12.34 | 13.49 | 18.88 |
| 6 | 辽宁 | 0.46 | 1.00 | 0.92 | 2.71 | 4.06 | 6.41 | 14.22 | 25.95 | 31.22 | 41.39 | 41.09 | 47.76 | 48.77 | 50.29 |
| 7 | 吉林 | 0.62 | 0.87 | 0.89 | 1.05 | 1.97 | 4.01 | 6.74 | 6.85 | 7.99 | 8.66 | 11.37 | 12.54 | 13.50 | 12.89 |
| 8 | 黑龙江 | 0.95 | 1.70 | 3.64 | 5.83 | 6.50 | 10.51 | 10.12 | 9.75 | 12.38 | 15.06 | 17.80 | 20.75 | 18.16 | 21.84 |
| 9 | 上海 | 15.46 | 18.86 | 20.53 | 25.32 | 27.64 | 23.13 | 34.21 | 46.41 | 45.67 | 83.05 | 94.83 | 131.49 | 251.48 | 319.80 |
| 10 | 江苏 | 1.02 | 3.56 | 4.36 | 5.71 | 10.64 | 18.27 | 23.81 | 29.61 | 40.85 | 46.62 | 59.33 | 80.54 | 97.44 | 132.96 |
| 11 | 浙江 | 1.12 | 2.53 | 4.54 | 6.81 | 10.62 | 16.37 | 28.20 | 44.52 | 51.51 | 50.89 | 58.40 | 79.32 | 96.37 | 124.35 |
| 12 | 安徽 | 0.24 | 0.29 | 0.47 | 0.98 | 1.40 | 2.16 | 2.63 | 8.44 | 11.85 | 14.12 | 20.17 | 22.03 | 27.00 | 22.14 |
| 13 | 福建 | 2.09 | 2.50 | 2.33 | 5.08 | 8.37 | 11.98 | 15.13 | 14.99 | 17.54 | 19.27 | 21.09 | 25.14 | 35.34 | 42.36 |
| 14 | 江西 | 0.07 | 0.08 | 0.10 | 0.20 | 0.50 | 0.97 | 1.23 | 1.69 | 2.85 | 4.70 | 6.33 | 10.39 | 11.18 | 13.58 |
| 15 | 山东 | 5.09 | 6.34 | 7.55 | 10.69 | 14.74 | 22.01 | 24.99 | 37.76 | 61.80 | 71.26 | 85.28 | 101.64 | 117.66 | 156.73 |
| 16 | 河南 | 0.25 | 0.73 | 1.97 | 0.84 | 1.98 | 3.49 | 5.49 | 5.38 | 6.98 | 8.58 | 10.38 | 12.87 | 17.21 | 33.07 |
| 17 | 湖北 | 0.19 | 0.20 | 0.26 | 0.39 | 0.45 | 0.59 | 0.95 | 1.36 | 6.33 | 8.19 | 9.21 | 11.78 | 12.33 | 15.91 |
| 18 | 湖南 | 0.15 | 0.09 | 0.39 | 1.00 | 2.68 | 7.13 | 19.52 | 20.69 | 23.61 | 24.61 | 24.17 | 28.45 | 34.92 | 38.71 |
| 19 | 广东 | 23.55 | 29.24 | 35.47 | 40.45 | 66.17 | 91.88 | 90.97 | 88.57 | 128.82 | 149.87 | 181.94 | 255.28 | 295.83 | 475.75 |
| 20 | 广西 | 0.40 | 0.21 | 0.59 | 0.43 | 0.88 | 1.46 | 2.87 | 4.00 | 4.92 | 5.16 | 5.64 | 7.63 | 7.95 | 13.06 |
| 21 | 海南 | 0.10 | 0.15 | 0.13 | 0.13 | 0.40 | 0.47 | 1.07 | 2.56 | 11.84 | 19.81 | 18.25 | 19.38 | 21.09 | 19.06 |
| 22 | 重庆 | 0.07 | 1.57 | 0.70 | 0.72 | 1.47 | 2.93 | 2.89 | 4.99 | 7.92 | 10.18 | 10.31 | 13.71 | 16.84 | 24.22 |
| 23 | 四川 | 0.34 | 0.38 | 0.97 | 1.39 | 4.05 | 4.21 | 5.10 | 9.55 | 13.79 | 13.37 | 14.12 | 18.18 | 20.08 | 22.25 |
| 24 | 贵州 | 0.03 | 0.03 | 0.04 | 0.02 | 0.04 | 0.20 | 0.21 | 0.15 | 0.35 | 0.52 | 1.74 | 1.76 | 1.85 | 1.83 |
| 25 | 云南 | 0.20 | 0.22 | 0.59 | 1.00 | 2.39 | 6.03 | 9.03 | 11.84 | 13.10 | 17.61 | 20.54 | 26.53 | 25.97 | 25.93 |
| 26 | 西藏 | 0.03 | 0.02 | 0.02 | 0.02 | 0.01 | 0.02 | 0.01 | 0.01 | 0.03 | 0.06 | 0.07 | 0.08 | 1.35 | 0.30 |
| 27 | 陕西 | 0.15 | 0.11 | 0.15 | 0.28 | 0.52 | 2.04 | 3.96 | 5.31 | 8.15 | 10.68 | 10.64 | 12.72 | 12.30 | 13.74 |
| 28 | 甘肃 | 0.24 | 0.26 | 0.67 | 0.79 | 2.24 | 6.27 | 5.82 | 5.42 | 9.60 | 15.99 | 16.79 | 16.53 | 13.84 | 15.51 |
| 29 | 青海 | 0.02 | 0.01 | 0.02 | 0.03 | 0.03 | 0.05 | 0.07 | 0.07 | 0.09 | 0.19 | 0.48 | 0.52 | 0.96 | 1.03 |
| 30 | 宁夏 | 0.00 | 0.02 | 0.13 | 0.28 | 0.24 | 0.39 | 0.38 | 0.36 | 0.43 | 0.71 | 1.04 | 2.57 | 6.90 | 9.41 |
| 31 | 新疆 | 0.22 | 0.24 | 0.48 | 0.87 | 1.30 | 4.06 | 4.92 | 5.25 | 7.41 | 8.66 | 9.30 | 12.07 | 12.78 | 15.24 |
| 合计 | | 61.70 | 83.70 | 103.30 | 129.30 | 195.40 | 286.60 | 373.30 | 454.40 | 604.20 | 734.70 | 872.90 | 1210.80 | 1480.70 | 1992.40 |

资料来源：历年《中国统计年鉴》。

**附表 10　　我国各省区市国外研发资本存量表（2003～2016 年）**　　单位：美元

| 序号 | 省区市 | 年份 | | | | | | | | | | | | | |
|---|---|---|---|---|---|---|---|---|---|---|---|---|---|---|---|
| | | 2003 | 2004 | 2005 | 2006 | 2007 | 2008 | 2009 | 2010 | 2011 | 2012 | 2013 | 2014 | 2015 | 2016 |
| 1 | 北京 | 7.47 | 9.11 | 10.36 | 8.90 | 14.54 | 26.55 | 35.82 | 36.62 | 43.23 | 45.11 | 67.84 | 146.98 | 167.18 | 206.91 |
| 2 | 天津 | 0.09 | 0.28 | 0.68 | 1.54 | 2.30 | 3.40 | 5.54 | 7.37 | 9.94 | 12.59 | 19.10 | 47.64 | 47.15 | 99.78 |
| 3 | 河北 | 0.05 | 2.23 | 2.92 | 3.18 | 3.49 | 5.54 | 8.45 | 10.49 | 14.00 | 14.21 | 18.55 | 23.38 | 24.67 | 32.82 |
| 4 | 山西 | 0.90 | 0.69 | 0.99 | 1.81 | 2.49 | 1.92 | 5.08 | 4.85 | 5.95 | 6.31 | 8.18 | 8.80 | 9.09 | 12.03 |
| 5 | 内蒙古 | 0.12 | 0.19 | 0.46 | 0.86 | 1.28 | 2.16 | 3.82 | 3.58 | 4.05 | 7.28 | 8.92 | 12.34 | 13.49 | 18.88 |
| 6 | 辽宁 | 0.46 | 1.00 | 0.92 | 2.71 | 4.06 | 6.41 | 14.22 | 25.95 | 31.22 | 41.39 | 41.09 | 47.76 | 48.77 | 50.29 |
| 7 | 吉林 | 0.62 | 0.87 | 0.89 | 1.05 | 1.97 | 4.01 | 6.74 | 6.85 | 7.99 | 8.66 | 11.37 | 12.54 | 13.50 | 12.89 |
| 8 | 黑龙江 | 0.95 | 1.70 | 3.64 | 5.83 | 6.50 | 10.51 | 10.12 | 9.75 | 12.38 | 15.06 | 17.80 | 20.75 | 18.16 | 21.84 |
| 9 | 上海 | 15.46 | 18.86 | 20.53 | 25.32 | 27.64 | 23.13 | 34.21 | 46.41 | 45.67 | 83.05 | 94.83 | 131.49 | 251.48 | 319.80 |
| 10 | 江苏 | 1.02 | 3.56 | 4.36 | 5.71 | 10.64 | 18.27 | 23.81 | 29.61 | 40.85 | 46.62 | 59.33 | 80.54 | 97.44 | 132.96 |
| 11 | 浙江 | 1.12 | 2.53 | 4.54 | 6.81 | 10.62 | 16.37 | 28.20 | 44.52 | 51.51 | 50.89 | 58.40 | 79.32 | 96.37 | 124.35 |
| 12 | 安徽 | 0.24 | 0.29 | 0.47 | 0.98 | 1.40 | 2.16 | 2.63 | 8.44 | 11.85 | 14.12 | 20.17 | 22.03 | 27.00 | 22.14 |
| 13 | 福建 | 2.09 | 2.50 | 2.33 | 5.08 | 8.37 | 11.98 | 15.13 | 14.99 | 17.54 | 19.27 | 21.09 | 25.14 | 35.34 | 42.36 |
| 14 | 江西 | 0.07 | 0.08 | 0.10 | 0.20 | 0.50 | 0.97 | 1.23 | 1.69 | 2.85 | 4.70 | 6.33 | 10.39 | 11.18 | 13.58 |
| 15 | 山东 | 5.09 | 6.34 | 7.55 | 10.69 | 14.74 | 22.01 | 24.99 | 37.76 | 61.80 | 71.26 | 85.28 | 101.64 | 117.66 | 156.73 |
| 16 | 河南 | 0.25 | 0.73 | 1.97 | 0.84 | 1.98 | 3.49 | 5.49 | 5.38 | 6.98 | 8.58 | 10.38 | 12.87 | 17.21 | 33.07 |
| 17 | 湖北 | 0.19 | 0.20 | 0.26 | 0.39 | 0.45 | 0.59 | 0.95 | 1.36 | 6.33 | 8.19 | 9.21 | 11.78 | 12.33 | 15.91 |
| 18 | 湖南 | 0.15 | 0.09 | 0.39 | 1.00 | 2.68 | 7.13 | 19.52 | 20.69 | 23.61 | 24.61 | 24.17 | 28.45 | 34.92 | 38.71 |
| 19 | 广东 | 23.55 | 29.24 | 35.47 | 40.45 | 66.17 | 91.88 | 90.97 | 88.57 | 128.82 | 149.87 | 181.94 | 255.28 | 295.83 | 475.75 |
| 20 | 广西 | 0.40 | 0.21 | 0.59 | 0.43 | 0.88 | 1.46 | 2.87 | 4.00 | 4.92 | 5.16 | 5.64 | 7.63 | 7.95 | 13.06 |
| 21 | 海南 | 0.10 | 0.15 | 0.13 | 0.13 | 0.40 | 0.47 | 1.07 | 2.56 | 11.84 | 19.81 | 18.25 | 19.38 | 21.09 | 19.06 |
| 22 | 重庆 | 0.07 | 1.57 | 0.70 | 0.72 | 1.47 | 2.93 | 2.89 | 4.99 | 7.92 | 10.18 | 10.31 | 13.71 | 16.84 | 24.22 |
| 23 | 四川 | 0.34 | 0.38 | 0.97 | 1.39 | 4.05 | 4.21 | 5.10 | 9.55 | 13.79 | 13.37 | 14.12 | 18.18 | 20.08 | 22.25 |
| 24 | 贵州 | 0.03 | 0.03 | 0.04 | 0.02 | 0.04 | 0.20 | 0.21 | 0.15 | 0.35 | 0.52 | 1.74 | 1.76 | 1.85 | 1.83 |
| 25 | 云南 | 0.20 | 0.22 | 0.59 | 1.00 | 2.39 | 6.03 | 9.03 | 11.84 | 13.10 | 17.61 | 20.54 | 26.53 | 25.97 | 25.93 |
| 26 | 西藏 | 0.03 | 0.02 | 0.02 | 0.02 | 0.01 | 0.02 | 0.01 | 0.01 | 0.03 | 0.06 | 0.07 | 0.08 | 1.35 | 0.30 |
| 27 | 陕西 | 0.15 | 0.11 | 0.15 | 0.28 | 0.52 | 2.04 | 3.96 | 5.31 | 8.15 | 10.68 | 10.64 | 12.72 | 12.30 | 13.74 |
| 28 | 甘肃 | 0.24 | 0.26 | 0.67 | 0.79 | 2.24 | 6.27 | 5.82 | 5.42 | 9.60 | 15.99 | 16.79 | 16.53 | 13.84 | 15.51 |
| 29 | 青海 | 0.02 | 0.01 | 0.02 | 0.03 | 0.03 | 0.05 | 0.07 | 0.07 | 0.09 | 0.19 | 0.48 | 0.52 | 0.96 | 1.03 |
| 30 | 宁夏 | 0.00 | 0.02 | 0.13 | 0.28 | 0.24 | 0.39 | 0.38 | 0.36 | 0.43 | 0.71 | 1.04 | 2.57 | 6.90 | 9.41 |
| 31 | 新疆 | 0.22 | 0.24 | 0.48 | 0.87 | 1.30 | 4.06 | 4.92 | 5.25 | 7.41 | 8.66 | 9.30 | 12.07 | 12.78 | 15.24 |
| 合计 | | 61.69 | 83.71 | 103.32 | 129.31 | 195.39 | 286.61 | 373.25 | 454.39 | 604.2 | 734.71 | 872.9 | 1210.8 | 1480.68 | 1992.38 |

资料来源：《中国统计年鉴 2006》。